中国近现代史纲要
实践实训教程

主　编　邹庆华
副主编　张春波　马伟
主　审　彭立学

图书在版编目(CIP)数据

中国近现代史纲要实践实训教程/邹庆华主编. —北京：北京大学出版社，2016.12
ISBN 978-7-301-27772-0

Ⅰ.①中⋯　Ⅱ.①邹⋯　Ⅲ.①中国历史—近现代—高等学校—教材　Ⅳ.①K25

中国版本图书馆CIP数据核字（2016）第277664号

书　　　名	中国近现代史纲要实践实训教程 ZHONGGUO JINXIANDAISHI GANGYAO SHIJIAN SHIXUN JIAOCHENG
著作责任者	邹庆华　主编
责任编辑	高桂芳
标准书号	ISBN 978-7-301-27772-0
出版发行	北京大学出版社
地　　　址	北京市海淀区成府路205号　100871
网　　　址	http://www.pup.cn　　新浪微博：@北京大学出版社
电子信箱	zyjy@pup.cn
电　　　话	邮购部62752015　发行部62750672　编辑部62754934
印　刷　者	三河市博文印刷有限公司
经　销　者	新华书店
	787毫米×1092毫米　16开本　15.75印张　376千字 2016年12月第1版　2016年12月第1次印刷
定　　　价	39.00元

未经许可，不得以任何方式复制或抄袭本书之部分或全部内容。
版权所有，侵权必究
举报电话：010-62752024　电子信箱：fd@pup.pku.edu.cn
图书如有印装质量问题，请与出版部联系，电话：010-62756370

前　言

为贯彻落实教育部关于加强高校思想政治理论课实践教学的相关要求，充分发挥思想政治理论课在培养中国特色社会主义事业的建设者和接班人方面的主渠道作用，帮助广大青年学生养成乐于并善于实践的优秀品质，锻炼和提高社会实践的能力，我们编写了这部《中国近现代史纲要实践实训教程》。

本书按照"中国近现代史纲要"课程的教学大纲编写，其内容涵盖"中国近现代史纲要"课程的所有知识点并加以拓展延伸。每个部分均按照课堂理论教学的章节顺序编排，依次为"知识提要""重点搜索""深度阅读""案例解析"和"实践项目"五个板块。全书内容规范、结构合理、实践性强。

本书的编写，是针对目前高校中一定程度上存在的课堂理论教学较强而课外实践教学相对较弱的状况，力求使学生增强理论与实践相结合的能力。我们在各个板块中，围绕增强实践教学效果、提高学生实践能力这个中心，编制了内容充实、形式多样、操作性强的实践项目，一些项目还兼有地方特色。指导学生完成这些项目，对于提高学生学习理论并运用理论解决实际问题的兴趣和能力，对于引导学生走向社会、了解社会进而服务社会，对于激励学生奋发有为、投身中国特色社会主义建设的伟大事业，应该会起到重要的促进作用。

我们编写本书付出了很大的努力。编者都是长期从事思想政治理论课教学的高校教师，在优选、加工大量最新资料的基础上，融入多年实践教学的成果和经验，精心打造出这样一部与课堂理论教学相辅相成的实践教材。我们诚挚地希望这部《中国近现代史纲要实践实训教程》会受到高校思想政治理论课教师和广大在校大学生的欢迎，成为他们的好朋友。

编　者

2016 年 10 月

目 录

上篇　中国近代史部分

第一章　反对外国侵略的斗争 3
　　一、知识提要 3
　　二、重点搜索 3
　　三、深度阅读 10
　　四、案例解析 14
　　五、实践项目 19

第二章　对国家出路的早期探索 24
　　一、知识提要 24
　　二、重点搜索 24
　　三、深度阅读 39
　　四、案例解析 41
　　五、实践项目 44

第三章　辛亥革命与君主专制制度的终结 49
　　一、知识提要 49
　　二、重点搜索 49
　　三、深度阅读 62
　　四、案例解析 67
　　五、实践项目 71

第四章　开天辟地的大事变 75
　　一、知识提要 75
　　二、重点搜索 75
　　三、深度阅读 81
　　四、案例解析 83
　　五、实践项目 88

第五章　中国革命的新道路 92
　　一、知识提要 92
　　二、重点搜索 92
　　三、深度阅读 94
　　四、案例解析 98

1

五、实践项目 ………………………………………………………………… 102

第六章　中华民族的抗日战争 …………………………………………………… 106
　　一、知识提要 ………………………………………………………………… 106
　　二、重点搜索 ………………………………………………………………… 106
　　三、深度阅读 ………………………………………………………………… 109
　　四、案例解析 ………………………………………………………………… 115
　　五、实践项目 ………………………………………………………………… 119

第七章　为新中国而奋斗 ………………………………………………………… 126
　　一、知识提要 ………………………………………………………………… 126
　　二、重点搜索 ………………………………………………………………… 126
　　三、深度阅读 ………………………………………………………………… 137
　　四、案例解析 ………………………………………………………………… 142
　　五、实践项目 ………………………………………………………………… 145

下篇　中国现代史部分

第八章　社会主义基本制度在中国的确立 ……………………………………… 153
　　一、知识提要 ………………………………………………………………… 153
　　二、重点搜索 ………………………………………………………………… 153
　　三、深度阅读 ………………………………………………………………… 164
　　四、案例解析 ………………………………………………………………… 174
　　五、实践项目 ………………………………………………………………… 179

第九章　社会主义建设在探索中曲折发展 ……………………………………… 182
　　一、知识提要 ………………………………………………………………… 182
　　二、重点搜索 ………………………………………………………………… 182
　　三、深度阅读 ………………………………………………………………… 187
　　四、案例解析 ………………………………………………………………… 203
　　五、实践项目 ………………………………………………………………… 210

第十章　改革开放与现代化建设新时期 ………………………………………… 214
　　一、知识提要 ………………………………………………………………… 214
　　二、重点搜索 ………………………………………………………………… 214
　　三、深度阅读 ………………………………………………………………… 220
　　四、案例解析 ………………………………………………………………… 224
　　五、实践项目 ………………………………………………………………… 242

后　记 ……………………………………………………………………………… 245

上篇

中国近代史部分

第一章 反对外国侵略的斗争

一、知识提要

通过了解西方资本—帝国主义入侵中国及其与中国封建势力相结合给中华民族带来的深重灾难，认识造成近代中国落后、贫困的根本原因；了解近代中国人民抵御外国侵略斗争的历史，充分认识反侵略斗争的意义；了解近代中国历次反侵略战争失败的根本原因，认识社会制度腐败必然导致战争失败的深刻历史教训；懂得只有首先争取民族独立，才能为实现国家富强创造前提；继承、发扬以爱国主义为核心的民族精神，认识正是严重的民族危机激发了中华民族的觉醒，促使中国人民去努力探索救亡图存、振兴中华的道路。

二、重点搜索

重点1：西方资本—帝国主义入侵给中华民族造成的深重灾难

从1840年鸦片战争开始，西方资本—帝国主义国家相继对中国发动侵略战争，迫使中国的反动统治者屈服，使中国逐渐变成一个表面独立而实际受西方列强全面控制的半殖民地半封建国家，给中华民族造成深重灾难。

1. 军事侵略

第一，发动侵略战争，屠杀中国人民。在历次侵华战争中，西方列强都大肆屠杀中国人民，制造了许多骇人听闻的惨案。例如，中日甲午战争中，日军攻陷旅顺后，4天内屠杀中国居民2万余人。1900年，八国联军进攻天津，日军将大炮放置城门上，对准城内最稠密的居民区猛轰。攻入北京后，有一队侵略军将居民赶往一个死胡同，用机枪扫射，"直到不留一个人而后已"。俄国除参加八国联军侵华外，还单独出兵中国东北，先后制造了海兰泡和江东六十四屯两起惨案，将中国居民赶往黑龙江边，用机枪扫射，"伤重者毙岸，伤轻者死江，未受伤者投水溺亡"。

第二，侵占中国领土，划分势力范围。西方列强通过战争以及武力威胁、讹诈等手段，强迫清政府签订不平等条约，割占中国土地，致使香港、九龙、台湾等一块块国土被割裂。最为严重的是，第二次鸦片战争中，沙俄利用英法攻打北京的机会趁火打劫，1858年胁迫清政府签订《瑷珲条约》，割占中国黑龙江以北60万平方公里土地；1860年胁迫清政府签订《北京条约》，进一步割占乌苏里江以东40万平方公里土地；1864年沙俄又胁迫清政府签订《勘分西北界约记》，割去中国西北44万平方公里土地；1881年《伊犁条约》割去中国西北7万平方公里土地。沙俄前后共割占中国150多万平方公里土地，其数量之大，在世界历史上都是罕见的。西方资本—帝国主义又掀起瓜分中国的狂潮，中国被瓜分殆尽。除此之外，西方列强还在中国通商口岸设立完全由他们直接统治的租界，1845—

1911年，共设立了30多个租界。租界里的一切都由外国人管理，中国无权干涉，号称"国中之国"。租界是西方列强侵略中国的据点和武装干涉中国革命的大本营。

第三，勒索赔款，抢夺财富。西方列强发动侵略战争，屠杀中国人民，却要中国人民加倍承担其战争费用。他们向中国勒索巨额赔款，造成中国严重的财政危机，直接阻碍中国经济的发展。中英《南京条约》规定中国赔款2100万银圆，开了赔款先例。以后历次战争失败都有赔款。中日甲午战争失败，中国赔给日本共2.3亿两白银。日本用这些钱扩充军备，发展军事工业，军国主义势力迅速膨胀起来。《辛丑条约》规定中国支付赔款4.5亿两白银，分39年还清，本息合计10亿两白银之巨。除此之外，侵略者还大肆抢劫中国财富，肆意破坏中国的文物和古迹。在第二次鸦片战争中，英法联军闯入圆明园。圆明园是中国园林艺术的典范，是世界最壮观的博物馆和艺术馆，内有精美建筑200余座，收藏了大量的珍贵文物、图书字画和金银珠宝。侵略者把凡能搬动的都搬走，搬不动的则捣毁，最后为掩盖抢劫丑行，放火烧毁了圆明园。八国联军攻入北京后，允许士兵公开抢劫。紫禁城、北海、中南海、颐和园等禁苑无数金银财宝、文物古籍被他们肆意抢劫。这次抢劫使中国"自元明以来之积蓄，上至典章文物，下至国宝奇珍，扫地逐尽"。

2. 政治控制

第一，控制中国的内政、外交。西方列强对中国政治上的控制是逐步实现的。第一次鸦片战争时，西方列强还只是通过清政府内部的妥协派来对清政府施加压力和影响，清政府内部的一些权贵们对西方还抱有疑虑甚至敌对态度。在第二次鸦片战争中，西方列强采取又打又拉的手段，强迫清政府签订《天津条约》《北京条约》，使清政府基本屈服了。《天津条约》规定，允许外国公使常驻北京。这些外国公使不是普通的外交官，而是清政府的"太上皇"。他们经常教训清政府的大臣，什么事要做，什么事一定不许做。这就是说，外国公使可以在北京直接向清政府发号施令。第二次鸦片战争后外国侵略势力逐渐直接插手中国的内政和外交，1868年清政府派出的第一个出访欧美各国的外交使团——蒲安臣使团就是典型的例子。清政府的外交使团竟然聘请刚卸任的美国驻华公使蒲安臣为团长，给予"大清国皇帝特派钦差办理各国中外交涉事务大臣"的头衔和大权。为了维持西方列强之间的平衡，又聘请英国驻华使馆翻译柏卓安和海关法籍职员德善为"左、右协理"，再加上记名海关道志刚和礼部郎中孙家谷这两名作为点缀的中国使臣，拼凑成一个不伦不类的外交使团，表现了清政府外交浓厚的半殖民地色彩。除此之外，西方列强在中国还享有领事裁判权。1843年中英《五口通商章程》规定，在通商口岸，中国人如与英侨"遇有交涉诉讼"，英国领事有"查察""听诉"之权，"其英人如何科罪，由英国议定章程、法律，发给管事官照办"。从此，外国人可以在中国横行不法，而清政府却无权处理。西方列强还通过把持中国海关来控制中国的政治、经济和外交。近代中国海关的职权范围，除了征收进出口关税外，还管理港口，主办邮政，甚至涉及与外国人交涉的各种事务。它的高级职员竟然全部都由外国人充任。海关总税务司俨然成了清朝中央政府的最高顾问，而各通商口岸的海关税务司则成了各地方政府的高级顾问。由于他们任期长、熟悉中国情况，因而往往比外交官所起的作用还要大。

第二，镇压中国人民的反抗。西方列强勾结清政府，残暴地镇压中国人民的反抗斗争。在庆祝《北京条约》签订的宴会上，法国、英国、俄国的公使就表示要帮助清政府镇压太平天国。西方列强不但向清政府提供军火、船只，而且派外国军官组织并指挥"洋枪队"，甚至直接动用陆海军参与镇压。当中国人民掀起反对外国教会侵略的斗争，即发生所谓"教案"时，西方列强更是指使清政府屠杀中国人民，惩办对中国人民镇压不力的官员。特别是在1901年签订的《辛丑条约》中，西方列强还强迫清政府做出永远禁止中国人成立或加入任何反帝组织的承诺，并以此作为中国地方官员嘉奖或罢免的条件。西方列强还获得在北京使馆区的驻兵特权，随时可用武力干涉清政府和镇压中国革命。

第三，扶植、收买代理人。为把中国变成驯服的工具，西方列强特别注意在中国扶植、收买代理人。第二次鸦片战争之后，奕䜣、文祥等满族贵族掌握了负责对外交涉的总理各国事务衙门，得到西方列强的支持。在中外联合镇压太平天国的过程中，他们又扶持了曾国藩、李鸿章等，帮助他们制造枪炮，举办军事工业。清政府崩溃时，他们又看中握有军权的袁世凯、段祺瑞等，支持他们篡夺辛亥革命果实，建立北洋军阀的独裁卖国政权。清政府的最高统治者慈禧太后对西方列强的扶植"感激涕零"，表示要"量中华之物力，结与国之欢心"。

3. 经济掠夺

第一，剥夺中国的关税自主权。关税自主权是国家重要的经济主权。中英《南京条约》规定协定关税，使中国丧失了关税自主权。1843年中英《五口通商章程》中协定"海关"税则用中英协定形式固定下来。1844年中美《望厦条约》和中法《黄埔条约》进一步规定，如中国以后要变更税例，需得到对方"议允"。1858年，在《天津条约》中规定外国商品在各通商口岸转口，其商品不需要重新课税，只需交2.5%的子口税，就可以在中国内地通行。这造成外国商品依仗侵略特权，在中国市场上大量倾销，排挤中国的民族经济。

第二，控制中国的通商口岸。鸦片战争前，清政府实行闭关政策，只允许广州一地贸易。1842年中英《南京条约》规定开放广州、厦门、福州、宁波、上海五处通商口岸，以后历次战争失败都新增开放口岸。在这些通商口岸里，西方列强依仗不平等条约，控制当地经济，设立租界，实行殖民统治。这些通商口岸大多成了西方列强在中国进行经济侵略的基地。

第三，实行商品倾销和资本输出。西方列强凭借不平等条约所赋予的特权，把中国变成了他们的原料产地和产品销售地，不仅使中国对外贸易由出超变为入超，而且使中国失去了独立主权。他们还通过控制洋行垄断中国的进出口贸易，到19世纪90年代，外国在中国的洋行有500多家。他们还利用不平等条约在中国开工厂、修铁路、开矿山等，特别是1895年《马关条约》规定允许外国人在中国投资建厂，他们更是争先恐后到中国来投资，致使民族企业更加无力与之竞争。

第四，操纵中国的经济命脉。西方列强大肆地进行商品倾销和资本输出，并不是为了推动中国经济的发展，而是为了控制中国的经济命脉，为其获得最大限度的利润。在中国近代工业中，1913年外国资本占中国机械采煤投资总额的79.6%，并且控制了41.2%的纱锭和49.6%的布机，控制了中国铁路里程的93.1%。除此之外，他们还在中国开设银行，利用存款汇款、投资、贷款、发行纸币、操纵汇价，逐步控制了中国的财政金融。西方列强就是凭借强大的经济控制，使中国民族企业无力与之相抗衡，许多民族工业逃避不了破产或被兼并的命运。他们不仅阻碍民族工业的发展，而且对中国的农业经济也造成严重的破坏。他们依仗不平等条约，低价收购中国农副产品作为其工业生产的原料。还通过垄断价格和工农业产品价格"剪刀差"进行不平等交换来获得利润。同时还在国际市场限制、打压中国农产品出口，使它们没有销路。这一切致使中国农业经济衰败。

4. 文化渗透

第一，披着宗教外衣，进行侵略活动。在西方列强对中国进行侵略的过程中，有一部分西方传教士积极参与对中国的侵略活动。他们搜集军事情报，充当翻译，甚至起草谈判的文本。美国驻华公使田贝非常赞扬传教士的侵华功劳。他说："开放整个中国的更大工作，是辛勤的传教士之功。"除此之外，不法传教士还霸占土地，建造教堂，剥削佃户，出租房产。有的还包揽诉讼，私设武装，甚至公开干预中国内政，以致激起了中国人民的义愤和反抗。19 世纪 60—90 年代，各地群众反对外国教会侵略的斗争此起彼伏，连绵不断，并不是偶然的。

第二，为侵略中国制造舆论。西方列强利用在中国办报纸、杂志，出版书籍等形式，介绍他们的政治观点，影响中国的政治方向，并宣传殖民主义奴化思想。同时为制造侵略有理的舆论，大肆宣传"种族优劣论"，污蔑中国人是愚昧落后的"劣等民族"，应该接受"优等民族"白种人的开导和奴役。19 世纪末，他们还炮制了所谓"黄祸论"，宣传中国人等黄种人对白种人构成威胁，以此论证西方列强侵略中国有理。

综上所述，西方资本—帝国主义的入侵没有给中国带来近现代化，而是中断了中国独立走资本主义道路的进程，造成了中国综合国力的低下，拉大了中国与西方国家发展的距离，给中华民族造成深重灾难。西方资本—帝国主义入侵是近代中国贫穷落后和一切灾难的总根源。

重点 2：近代中国人民反侵略战争屡遭失败的原因

1840—1919 年的 80 年间，中国的广大群众和爱国官兵在反抗外来侵略中进行了英勇的斗争，但为什么每一次都以失败而告终呢？影响战争胜负的因素有很多，涉及时代、国情和国内、国际以及主观、客观等多方面，如果着重从中国内部来分析，主要有以下两个方面的原因。

1. 社会制度的腐败

这是根本的原因。1840 年前后的清王朝，从皇帝到权贵，大都昏庸愚昧，不了解世界大势，不懂得御敌之策。例如，道光皇帝不知英国在什么地方，版图有多大，不知英国人是从陆上来还是从海上来，甚至不知道自己所统治的版图有多大。当英国政府向中国提出割香港岛屿时，道光皇帝问群臣：香港在什么地方，有多大？大臣们或沉默无语或信口开河。咸丰皇帝以及后来的慈禧太后在外敌入侵时，根本不做抵抗准备，只知外逃。至于其他各级官吏，更是爱钱惜命，只想高官厚禄、吃喝玩乐，在战争中指挥无能、惊惶失措、节节败退。第一次鸦片战争中，在虎门炮台，提督关天培率兵英勇抵抗，但钦差大臣琦善不发援兵，致使关天培战死。在吴淞口，江南提督陈化成驻守西炮台，两江总督牛鉴率重兵守东炮台。牛鉴一见敌人来攻，首先率军逃走，致使英军在东炮台登陆，水陆夹攻西炮台，陈化成势孤援绝，壮烈牺牲。第二次鸦片战争中，英法军舰闯入白河口，炮轰大沽炮台。直隶总督谭廷襄正在海神庙抽大烟，率众仓皇出逃，致使大沽炮台失陷。甲午战争期间，在平壤战役中，清军统帅叶志超率部仓皇逃出平壤，退入中国境内。黄海战役中，"济远"舰管带方伯谦率舰仓皇出逃，慌乱中撞沉自己的一艘战舰。在威海卫战役中，驻守陆地的清军闻风溃败，造成北洋水师腹背受敌，全军覆没。更为戏剧性的是，中法战争中，由于中国爱国官兵的英勇奋战，取得了镇南关大捷，扭转了整个战局，使法国处于内外交困境地，内阁倒台。但清政府却在胜利有望的时候，向战败者求和，使得法国在战败的情况下，达到了发动战争的主要目的。这也进一步暴露了清政府的腐败。

在反抗外来侵略的过程中，除少数爱国官兵英勇抵抗外，清政府不仅不依靠人民，反而站在人民的对立面，极端惧怕和仇视人民群众，因而失去了战胜外来侵略者的强大后盾。能否得到人民群众的支持是战争胜负的极端重要因素。清政府为维护其反动统治，在军事、政治上执行"患不在外而在内""防民甚于防寇"的反动方针。在鸦片战争中，琦善为讨好英军，自动撤防、解散林则徐招募的水勇。奕山则诬蔑百姓为汉奸、贼党，对各省调来的绿营军也不放心。在三元里人民抗英取胜之时，奕山派广州知府余保纯出城去分化、瓦解抗英队伍，致使英军逃脱重围。在义和团反帝斗争中，清政府非但不支持义和团，反而派人向各国使馆送去蔬菜、水果、酒、粮食等表示慰问。在仓皇逃离北京时，慈禧太后发布镇压义和团的上谕，命令清军对义和团要"严行查办，务净根株"，公开与八国联军勾结，一同屠杀义和团团民。这样的政府及军队必然失去人民群众这一最有力的后盾，因而战争的失败是无疑的。虽然统治阶级中的林则徐、邓廷桢等坚信"民心可用"，但由于他们没有实权，力量微弱，虽在一定程度上依靠人民群众，反对侵略，但起不了决定作用。

2. 经济技术的落后

战争失败的重要原因是国家综合实力特别是经济技术和作战能力的落后。鸦片战争前，中国同西方处于两种完全不同的社会制度：一种是腐朽没落的封建制度，另一种是迅速上升的资本主义制度。这两种不同社会制度的差异，在战场上主要表现为武器装备、军队素质、综合实力上的差距。在鸦片战争中，清政府常备军（包括绿营兵和八旗兵）共80万人，而当时英国全国军队20万人，侵华军队最多只有2万人，但双方武器装备、军队素质、综合实力相差悬殊。

就武器装备来看，多数清军还在使用刀、矛、弓箭等冷兵器，火器也不过是用火绳点放的鸟枪、抬枪，炮台所有大炮还是明末制造；而英军则普遍使用步枪、大炮，大炮威力大，杀伤力强。中国水师的战船都是木船，吨位小，载炮少，经不起风浪；而英国水师多为帆船，吨位大，载炮多，而且还拥有少量蒸汽动力的轮船，速度快。可以说，在鸦片战争中，中国是用血肉之躯对抗西方的坚船利炮。

就军队的素质和战斗力来看，双方也相差悬殊。清军素质差，文化水平低，操练废弛，军纪败坏。许多官兵抽鸦片，聚赌嫖娼，抢劫殴斗，勒索民财。军官不通兵法，更不懂近代军事指挥，战争时各军缺乏配合，军事运输手段落后，效率低下。相比之下，英军训练有素，指挥统一，各兵种协同作战，后勤供应及时。

由此可见，鸦片战争中中国虽然总兵力占优势，但在武器装备、军队素质、综合实力等方面相差悬殊，这是中国军队失败的重要原因。

经济技术落后是中国反对外来侵略战争失败的重要因素，并不意味着经济技术落后的国家就一定打败仗。中国当时经济的确很落后，但如果当时的政府能够制定正确的方针、政策，能够发动人民、依靠人民，中国是有可能取得一定胜利的。

重点3：近代中国人民反侵略战争的伟大意义

1840—1919年的80年间，中国人民进行了一次又一次的反侵略战争，但都失败了。可以说，屡战屡败。但并不意味着这些斗争都是徒劳的，它们有着伟大的意义。

1. 粉碎了西方资本—帝国主义瓜分中国的图谋

帝国主义侵略中国的最终目的，并不限于把它变成半殖民地，而是要瓜分中国、灭亡中国。

19世纪70年代开始，西方主要资本主义国家先后由自由资本主义阶段向垄断资本主义即帝国主义阶段过渡。在这一过渡过程中，他们对世界的掠夺更加疯狂。此时，非洲已基本被瓜分完毕；在亚洲，名义上还独立的半殖民地国家——中国，成了他们争夺的主要目标，为此，19世纪70—80年代，西方列强从侵占中国周边邻国发展到蚕食中国边疆地区，使中国陷入"边疆危机"。西方列强蚕食中国边疆的目的，是在进一步侵略或瓜分中国的争夺中占据有利地位。

西方资本—帝国主义对中国的争夺和瓜分的图谋，在1894年甲午战争爆发后达到高潮。在《马关条约》签订前半个月，日本驻德公使与德国外交部参事会谈时，提出将南满给日本，北满归俄国，舟山预定给英国，"而德国完全有权在东南要求一省"的瓜分方案。《马关条约》规定把台湾、辽东半岛、澎湖列岛割让给日本，极大地刺激了西方资本—帝国主义瓜分中国的野心，于是他们在1898—1899年掀起了瓜分中国的狂潮。西方列强先后强租中国港湾和划分势力范围，并在1900年借口义和团反帝运动，开始公开谋求瓜分中国，将其变成殖民地。

但西方资本—帝国主义列强最终没有瓜分中国，其原因有以下两点：

一是西方列强在瓜分中国问题上的矛盾和互相制约。如《马关条约》规定把台湾、澎湖列岛和辽东半岛割让给日本，俄国极力反对，认为日本割占辽东半岛损害了俄国在中国的利益，于是联合德国、法国干涉日本，迫使其放弃辽东半岛，（日本勒索中国3000万两白银作为"赎辽费"）俄、德、法因"功"租借中国港湾作为补偿。在瓜分中国的过程中，西方列强反复争吵、协商，无法达成共识，因此保全清政府作为其继续统治中国的工具。

二是中华民族不屈不挠的反侵略斗争。这是粉碎西方列强瓜分中国图谋的根本原因。由于义和团的英勇抵抗，致使八国联军从天津到北京，每前进一步都要付出血的代价。八国联军统帅瓦德西得出结论："无论欧、美、日本各国，皆无此脑力与兵力，可以统治此天下生灵四分之一。""故瓜分一事，实为下策。"中国海关总税务司英国人赫德也说："如瓜分，西方将处于被动地步。"孙中山赞扬说，义和团"用大刀、肉体和联军相搏，虽然被联军打死了几万人，伤亡枕藉，还是前仆后继，其勇锐之气殊不可当，真是令人惊奇佩服。所以经过那次血战之后，外国人才知道中国还有民族思想，这种民族是不可消灭的"。正因为中国人民不屈不挠、英勇顽强的反侵略斗争，才使中国屡遭侵略而不亡。

2. 民族意识的觉醒

历次反侵略战争的失败，极大地激发了中国人民的觉悟和奋起。鸦片战争特别是甲午战争后中国人民族意识的觉醒，就是有力的证明。

鸦片战争像晴空霹雳，惊破了中国封建统治者"天朝上国"的迷梦。鸦片战争失败、丧权辱国的结局，说明了对世界愚昧无知的可悲。受鸦片战争失败的强烈刺激，中国官僚和知识分子中间的一批爱国开明之士，开始睁眼看世界，了解国际形势，研究外国史地，总结失败教训，寻找救国的道路和御敌的方法。

林则徐是近代中国睁眼看世界的第一人。他在广东领导查禁鸦片和抗英斗争时，就曾组织人翻译各种西方书刊。1841年，他组织翻译了英国人慕瑞的《地理大全》，并亲自加以修改润色，编成《四洲志》一书。书中叙述了世界五大洲三十多个国家的地理、历史，是中国近代第一部比较系统地介绍世界地理的书籍。1843年，魏源在《四洲志》的基础上编写了《海国图志》，这是当时东亚国家关于世界知识最丰富的一部巨著。《海国图志》冲破了"天朝上国"等传统旧观念，树立了中国并非世界中心而只是世界一员、应向外国的长处学习的新世界观念。书中强调"以夷人谈夷地"，利用外国资料，力图介绍世界各国的真实情况及各种近代自然科学知识。更可贵的是，魏源在《海国图志》中提出了"师夷长技以制夷"的思想，主张了解世界形势，学习外国先进的军事技术和科学技术，实现富国强兵以抵御外国侵略。这开创了中国近代向西方学习、探索近代化道路的时代新风，对以后的洋务运动、维新运动都具有重要的思想启蒙意义。

19世纪70年代以后，王韬、薛福成、马建忠、郑观应等人不仅主张吸收西方的科学技术，同时也要求吸纳西方的政治、经济学说。他们的共同特点，就是具有比较强烈的反对外国侵略、希望中国独立富强的爱国思想，以及具有一定程度的反对封建专制的民主思想。如郑观应在所著《盛世危言》中指出，大力发展民族工商业，同西方国家进行"商战"，设立议院，实行"君民共主"制度。这些早期维新主张，具有重要的思想启蒙意义。

鸦片战争后少数精英产生的朦胧的民族意识，到了甲午战争后，因中华民族面临生死存亡的危急关头，发展为全民族普遍的民族意识的觉醒。参加过辛亥革命的吴玉章回忆当时的思想经历道："从前我国还只是被西方大国打败过，现在竟被东方的小国打败了，而且失败得那样惨，条约又订得那样苛刻，这是多么大的耻辱啊！"梁启超认为："吾国四千余年大梦之唤醒，实自甲午战败割台湾偿二百兆以后始也。"接踵而来的西方列强争夺租借地和势力范围引发的瓜分危机，更使中华民族的各阶级、各阶层普遍产生了亡国灭种的危机感和难以立足世界民族之林的耻辱感，并形成了中华民族整体利益休戚与共、命运相连的民族认同感。于是有了康有为、梁启超的资产阶级维新思想和孙中山的资产阶级民主革命思想。

近代中国的志士仁人正是怀着强烈的危机感和民族意识，历经千辛万苦，不怕流血牺牲，去探索挽救中华民族危亡的思想和道路的。甲午战争以后的戊戌维新、辛亥革命以及五四运动，都是在救亡图存、振兴中华这面爱国主义大旗下发生的。正是这些斗争和探索，使中华民族看到了新的出路，燃烧起新的希望，标志着中华民族进一步的觉醒。

三、深度阅读

阅读1：《不列颠在印度的统治》与《不列颠在印度统治的未来结果》

写作背景：

1853年6月和7月，马克思先后写下两篇论文，即《不列颠在印度的统治》和《不列颠在印度统治的未来结果》。在这两篇著作中，马克思在揭露英国殖民侵略罪行的同时，指出了殖民者担负的"破坏"与"建设"的"双重的使命"；他还指出，殖民地人民只有打碎侵略者殖民奴役的枷锁，才能获得解放，才能使物质文明成果为广大人民所共享。

马克思的这两篇著作虽是针对英国殖民地印度所写，但其基本思想对半殖民地的近代中国来说，也是适用的。

原著节选：

但是，不列颠人给印度斯坦带来的灾难，与印度斯坦过去的一切灾难比较起来，毫无疑问在本质上属于另一种，在程度上不知要深重多少倍。我在这里所指的还不是不列颠东印度公司在亚洲式的专制基础上建立起来的欧洲式的专制，这两种专制结合起来要比萨尔赛达庙里的狰狞的神像更为可怕……

内战、外侮、政变、被征服、闹饥荒——所有这一切接连不断的灾难，不管它们对印度斯坦的影响显得多么复杂、猛烈和带有毁灭性，只不过触动它的表面，而英国则破坏了印度社会的整个结构，而且至今还没有任何重新改建印度社会的意思。印度失掉了他的旧世界而没有获得一个新世界，这就使它的居民现在所遭受的灾难具有了一种特殊的悲惨的色彩，并且使不列颠统治下的印度斯坦同自己的全部古代传统，同自己的全部历史，断绝了联系。

……从遥远的古代直到十九世纪最初十年，无论印度的政治变化多么大，可是它的社会状况却始终没有改变。曾经产生了无数纺工和织工的手纺车和手织机是印度社会结构的枢纽。欧洲从很古的时候起就得到印度制作的绝妙的纺织品，同时用贵金属去交换，这样就给当地的金匠提供了原料，而金匠则是印度社会里的必要成员，因为印度人极其爱好装饰品，甚至最低阶级中的那些几乎是裸体的人们通常都戴着一副金耳坠，脖子上套着某种金饰品。手指和脚趾上戴环戒也很普遍。妇女和孩子常常戴着沉甸甸的金银臂镯和脚镯，而金银的神像在普通的家庭中都可以看到。不列颠侵略者打碎了印度的手织机，毁掉了它的手纺车。英国起先是把印度的棉织品挤出了欧洲市场，然后是向印度斯坦输入棉纱，最后就使这个棉织品的祖国充满了英国的棉织品。从1818年到1836年，大不列颠向印度输出的棉纱增长的比例是1∶5200。在1824年，输入印度的英国细棉布不过100万码，而到1837年就超过了6400万码。但是在同一时期内，达卡的人口却从15万人减少到2万人。然而，曾以制造业闻名于世的印度城市遭到这样的衰落绝不是英国统治的最坏的结果。不列颠的蒸汽和不列颠的科学在印度斯坦全境把农业和手工业的结合彻底摧毁了。

的确，英国在印度斯坦造成社会革命完全是被极卑鄙的利益驱使的，在谋取这些利益的方式上也很愚钝。但是问题不在这里。问题在于，如果亚洲的社会状况没有一个根本的革命,人类能不能完成自己的使命。如果不能,那末,英国不管是干出了多大的罪行,它在造成这个革命的时候毕竟是充当了历史的不自觉的工具。

——《不列颠在印度的统治》

英国在印度要完成双重的使命:一个是破坏性的使命,即消灭旧的亚洲式的社会;另一个是建设性的使命,即在亚洲为西方式的社会奠定物质基础。

我知道,英国的工业巨头们之所以愿意在印度修筑铁路,完全是为了要降低他们的工厂所需要的棉花和其他原料的价格。但是,只要你把机器应用到一个有煤有铁的国家的交通上,你就无法阻止这个国家自己去制造这些机器了。如果你想要在一个幅员广大的国家里维持一个铁路网,那就不能不在这个国家里把铁路交通日常急需的各种生产过程都建立起来,这样一来,也必然要在那些与铁路没有直接关系的工业部门里应用机器。所以,铁路在印度将真正成为现代工业的先驱。何况,正如英国当局自己所承认的,印度人民特别有本领适应完全新的劳动并取得管理机器所必需的知识。在加尔各答造币厂看管蒸汽机多年的本地技师们表现出来的本领和技巧,在哈尔德伐尔煤区看管各种蒸汽机的本地人的劳动情况以及其他许多实例,都令人信服地证明了这个事实。甚至受了东印度公司的偏见影响很深的坎伯尔先生本人也不得不承认……

由铁路产生的现代工业,必然会瓦解印度种姓制度所凭借的传统的分工方式,而种姓制度则是印度进步和强盛道路上的基本障碍。

英国资产阶级看来将被迫在印度实行的一切,既不会给人民群众带来自由,也不会根本改善他们的社会状况,因为这两者都不仅仅决定于生产力的发展,而且还决定于生产力是否归人民所有。但是,为这两个任务创造物质前提是英国资产阶级一定要做的事情。难道资产阶级做过更多的事情吗?难道它不使个人和整个民族遭受流血与污秽、穷困与屈辱就达到过什么进步吗?

在大不列颠本国现在的统治阶级还没有被工业无产阶级推翻以前,或者在印度人自己还没有能够完全摆脱英国的枷锁以前,印度人民是不会收到不列颠资产阶级在他们中间播下的新的社会因素所结的果实的。

——《不列颠在印度统治的未来结果》

原著解析:

认真研读马克思的科学著作,全面准确地领会和理解马克思著作的基本内容和精神,学习马克思主义分析历史问题的立场、观点和方法,结合中国近代以来的历史正确理解马克思关于殖民主义具有"双重使命"的论断。

首先,从主观动机与客观结果的角度看。英国侵略印度的目的是把印度变成其殖民地,而英国发动鸦片战争和其他资本—帝国主义列强侵略中国的主观动机也是要掠夺、压迫中国,企图把中国变成其殖民地或半殖民地,这完全是由他们"极卑鄙的利益驱使的",而绝不是为了给中国带来"近代文明",帮助中国变成独立、富强的现代化国家。但是同时,我们也应该承认西方列强在实现其利益和目的的过程中不能不带来的客观结果,如瓦解中国的封建自然经济,把中国卷入世界市场和世界资本主义经济体系,传播西方资本主义生产方式和物质文明,并客观上为中国资本主义的产生、发展和中国资产阶级、无产阶级、新型知识分子的产生"创造物质前提"。这就是马克思所说的殖民主义"充当了历史的不自觉的工具",具有"破坏性"和"建设性"的"双重的使命"。

其次,从正义和非正义、是非善恶等道德判断的角度看。英国发动鸦片战争以及资本—帝国主义列强接连侵略中国是非正义的。它们向中国走私毒品鸦片、贩卖人口以至发动战争,运用各种手段掠夺、屠杀、压迫、剥削中国人民,这些都是极其野蛮的、可耻的、不道德的。马克思在著作中愤怒揭露和谴责了殖民主义的这些侵略罪行。因此决不能因其客观结果而替西方资本—帝国主义侵略进行辩护、美化,评功摆好。

最后,从生产力和生产关系的角度看。虽然西方资本—帝国主义势力侵入中国,为中国资本主义的产生创造了物质基础,但这也使中国人民付出了极大的牺牲和痛苦的代价,使中华民族遭受了"流血与污秽",蒙受了"穷困与屈辱"。西方资本—帝国主义的侵略,是近代中国落后贫穷的根源,也是中国独立、民主、富强和现代化的最大障碍。西方资本—帝国主义为了其自身利益,在把西方资本主义生产方式传入中国的同时,又有意保留了中国的落后生产关系,扶植中国封建势力,阻碍中国民族资本主义的发展,并使中国走上半殖民地经济的畸形发展道路。更重要的是,中国的资本主义生产方式及其带来的物质文明,绝大多数中国人民是享受不到的。正如马克思指出的,因为这"不仅仅决定于生产力的发展,而且还决定于生产力是否归人民所有"。因此,中国人民必须首先通过革命来推翻帝国主义和封建主义的统治,争取民族独立和人民解放,否则是不可能真正实现中国的富强和现代化的。

阅读2:《英人在华的残暴行动》

写作背景:

本文由马克思写于1857年3月,作为社论载于1857年4月10日《纽约每日论坛报》。在这篇文章中,马克思揭露英国1856年为扩大自己的在华利益,以"亚罗号"划艇事件为借口挑起第二次鸦片战争。英国政府和英国媒体竭力掩盖事实真相,为英国发动侵华战争编织合理理由。

原著节选:

几年以前,当在印度施行的可怕的刑罚制度在议会中被揭露的时候,极可尊敬的东印度公司的董事之一詹姆斯·霍格爵士曾厚颜无耻地硬说这种说法是没有根据的。可是后来的调查证明,这种说法有事实作根据,而且这些事实对东印度公司的董事们来说应当是十分清楚的。因此,詹姆斯爵士对于东印度公司被指控的那些可怕的事情,只有或者承认是"有意不闻",或者承认是"明知故纵"。看来,英国现任首相帕麦斯顿勋爵和外交大臣克拉伦登伯爵现在也处于同样的窘境。首相在市长不久前举行的宴会上的演说中,企图为施于中国人的残暴行为进行辩护……

但是,无论英国人民和全世界怎样为这些讲得头头是道的解释所迷惑,勋爵大人自己当然不会相信这些解释的真实性,要是他们信以为真,那就表示他故作不知,这同"明知故纵"几乎同样是不可原谅的。自从关于英国人在中国采取军事行动的第一个消息传来以后,英国政府报纸和一部分美国报刊就不断诬蔑中国人——不分青红皂白地非难中国人违背条约的义务、侮辱英国国旗、羞辱旅居中国的外国人,等等。可是,除了"亚罗号"划艇事件以外,它们举不出一件确凿的罪名,举不出一件事实来证实这一切诬蔑。而且就连这个事件的实情也被议会中的花言巧语歪曲得面目全非，以致使那些认真地想弄清这个问题真相的人大感不解。

这场极端不义的战争就是根据上面简单叙述的理由而举行的——现在向英国人民提出的官方报告完全证实了这种叙述。广州城的无辜居民和安居乐业的商人惨遭屠杀，他们的住宅被炮火夷为平地，人权横遭侵犯，一切都是在"中国人的挑衅行为危及英国人的生命和财产"这种荒唐的借口下发生的！英国政府和英国人民——至少那些愿意弄清这个问题的人们——都知道这些非难是那么虚伪和空洞。有些人企图回避对主要问题的追究，硬要大家相信，似乎在"亚罗号"划艇事件以前发生的一系列侮辱行为本身已足以构成宣战的理由。可是这些不分青红皂白的说法是毫无根据的。中国人针对英国人提出的每一件控诉，至少可以提出九十九件控诉。

可是英国报纸对于旅居中国的外国人在英国庇护下每天所干的破坏条约的可恶行为是多么沉默啊！非法的鸦片贸易年年靠摧残人命和败坏道德来充实英国国库的事情，我们一点也听不到。外国人经常贿赂下级官吏而使中国政府失去在商品进出口方面的合法收入的事情，我们一点也听不到。对那些被卖到秘鲁沿岸去充当牛马都不如的奴隶以及在古巴被卖为奴的受骗的契约华工横施暴行"以至杀害"的情形，我们一点也听不到。外国人常常无耻地欺凌性情软弱的中国人的情形以及这些外国人在各通商口岸干出的伤风败俗的事情，我们一点也听不到……

原著解析：

"亚罗号"划艇是一只并不大的中国船，船员都是中国人，但是船只被几个英国人所雇用，所以这只船曾经一时获得悬挂英国国旗航行的执照。可是在1856年用作借口的"侮辱事件"发生以前，这张执照已经满期了。据说，这只船曾被用来偷运私盐，而且船员中有几个歹徒——中国的海盗和走私贩子，当局早就因为他们是怙恶不悛的罪犯而想予以逮捕。当这只船不挂任何旗帆停泊在广州时，水师听说这些罪犯藏匿船中，便逮捕了他们，这本是维护我们自己的主权。可是船长却向英国领事控告，这位领事用命令式的口吻向两广总督提出书面要求：放回被捕者并道歉，同时致书香港的约翰·包令爵士和海军上将西马縻各厘，硬说什么他和英国国旗遭到了不可容忍的侮辱，并且相当明显地暗示说，期待已久的向广州举行示威的良机来到了。在中国地方政府释放被捕者并道歉后，英国仍发动了对中国的战争。

马克思写作这篇文章的时候，英国正为扩大自己的领土到处挑起事端，引发战争，于是有了开始让中国陷入更大困境的第二次鸦片战争。当时英国政府和媒体发布各种各样的新闻报道，编纂事实，扭曲真相，为发动侵略战争寻找借口，他们做得心安理得而没有半点惭愧。事情的真相是：1856年，英国为了扩大自己的在华特权，以"亚罗号"事件为借口挑起了第二次鸦片战争。英国政府和英国媒体竭力掩盖事实真相，为英国发动侵略战争编织合法的理由。原著大致可以分为三个部分。第一部分是第一、二自然段。在这里马克思直接引用英国首相帕麦斯顿勋爵的演说，说明英国政府正在重施东印度公司的伎俩，用谎言掩盖英国军队对中国人的残暴行动。第二部分是第三、四、五自然段。在这里马克思叙述了所谓"亚罗号"事件的经过，揭露"亚罗号"事件实际是英方蓄意挑起的事件，其目的在于寻找向中国发动战争的合理借口。正是在这个借口下，英国军队杀害了无辜的中国人民，犯下了侵犯人权、破坏中国人民财产的暴行。第三部分是第六、七自然段。马克思揭露了英国媒体的虚伪，指出英国媒体对于外国人在中国所犯下的种种罪行只字不提，而用错误的报道误导英国民众。马克思认为英国人在中国的暴行必然激起中国人民的强烈反抗。他表达了对英国人所作所为的深恶痛绝，揭露英国掌权者侵华的丑恶嘴脸，更在文章末尾写道"与此同时在中国，压抑着的、鸦片战争时燃起的仇英火种，爆发成了任何和平和友好的表示都未必能扑灭的愤怒烈火"。其文字无疑推动了处在水深火热之中的广大中国人民反抗的决心，就等着一把火更加轰轰烈烈地烧起来。

四、案例解析

案例1：林则徐与虎门销烟

案例来源：马谧挺：《微历史：鸦片战争的正面与侧面》，团结出版社2011年版，第73—79页。

案例内容：

与邓廷桢不同，林则徐在近代中国威名之盛，无与伦比。在170多年里，他被无数的人所歌颂，他被誉为近代以来最重要的民族英雄。有些时候，他甚至被神化得过了头。

他是福建人，父亲是一位老师，家里生活还过得去。26岁那年，他考中了进士，而且名列二榜第四名，也就是全国第七名，之后仕途便一帆风顺。他曾经先后被几位大名鼎鼎的人物看中，这些人都间接帮助了他。比如名臣张师诚，道光前期的首辅曹振镛，当然还有名满天下的陶澍。

与其他的官员相比，林则徐在官场上，没有深厚的背景，也没有复杂的人际关系。这一点反倒成了他的优势，更加衬托出他清正廉明、公正无私、事必躬亲、忠君爱民。他与其他官员最大的不同，就是雷厉风行，不像其他官员那么颟顸。现在他成了钦差大臣，全权负责广州的禁烟运动。

他是整个中国唯一一个认为鸦片可以导致亡国的大臣，这可不是危言耸听，而是非常准确的前瞻。他认为严禁鸦片本身就是富国强兵，这更是彻底让中国人认识到了毒品的危害。但是林则徐也有致命的缺点，就是好大喜功，做事容易冒进冲动，而且奏折写得不够真实，甚至到了胡编乱造的程度。他的这个缺点最后导致道光皇帝的决策失误。他是禁烟的大英雄，但他也是鸦片战争的导火索。现在，他要来广州禁烟了。

实际在离开北京的那一天，他就已经想好了禁烟的办法。他的办法比任何一个官员所想的都要严厉得多，这个办法叫三管齐下。

首先他要严惩广州参与鸦片走私的官员，通过深入的反腐败，彻底拔掉走私的保护伞；其次，他要将禁烟深入到百姓当中，不但实行五户连保，而且用最大的力度掀起一场禁烟的全民风暴；最后，他要把矛头指向鸦片的乱源——那些从事走私的洋人，他要以整个中国的对外贸易为代价，彻底铲除掉鸦片走私活动，让所有的洋人再也不敢、再也不能贩卖鸦片。

这就是林则徐的真实想法，他要把所有接触鸦片的人都逼入绝境，特别是那些贩运鸦片的洋人，他要在中华大地上杜绝鸦片。林则徐的决心非常大，他深信自己可以办到。

在经历了 61 天的跋涉之后，1839 年 3 月 10 日，林则徐抵达了广州。

……

林大人发动的这场声势浩大的人民禁烟战争，不敢说收效甚微，至少也是成效不大。他把禁烟的主角放在了老百姓身上，效果比起邓大人把目光放在走私犯身上，自然效果不大。何况邓大人自己就是烟贩子，比林则徐更了解烟贩子的运作情况。而且，林则徐如此大规模的扰民，也已经传到了道光皇帝的耳中。

……

林则徐在广州搞禁烟，不敢说民不聊生吧，至少没有达到实际效果，这一点从收缴鸦片烟的数量上可以看出。他收缴的鸦片，只有邓大人收缴的三分之一还不到，相比同期鸦片每年进口 4 万箱，实在是天壤之别。一箱鸦片大约重一百多斤（有一百斤一箱的，也有一百二十斤一箱的），而林大人总共只收缴了不到 20 万两，大约一万多斤，比起虎门销烟时收缴的 20283 箱，240 多万斤，那实在是天壤之别。

不过，林则徐并不会就此罢休，现在整个广州几乎都没有鸦片烟了，除了伶仃洋上的英国趸船，但是大清的水师力量有限，无法收缴这些鸦片。接下来，林则徐要把矛头对准商馆里的洋人了。

案例点评：

19 世纪初，英国已经基本上完成工业革命，成为世界资本主义最强大的国家。19 世纪中叶，这个只占世界人口 2% 的岛国生产的工业品约占世界工业总产量的 45%，并占有世界商船舰队数量的 1/3，拥有全世界国际贸易总量的 1/5。为了对外扩张、掠夺殖民地、扩大商品市场，英国先后挫败了西班牙、荷兰、法国，成为"海上霸王"，在美洲、非洲、亚洲、大洋洲建立了号称"日不落"的殖民大帝国。在亚洲，英国占领了印度，并入侵阿富汗、新加坡和缅甸等国家和地区，它的下一个侵略目标就是中国。

英国对华贸易长期处于入超状态，英国工业品遭到中国自然经济和闭关政策的顽强抵抗，销量不大，而英国商人却需要用大量银圆购买中国的茶叶、生丝等商品。于是，英国殖民者以走私毒品鸦片作为牟取暴利及改变贸易逆差的手段，强迫其殖民地印度种植鸦片，再由英国东印度公司垄断收购、加工，然后走私到中国贩卖。据不完全统计，鸦片战争前 40 年间，英国走私到中国的鸦片约有 40 万箱，从中国掠走了 3 亿至 4 亿银圆。鸦片走私不仅使英国鸦片贩子和英国东印度公司获得惊人的暴利，而且英印殖民政府通过征收鸦片税，英国工商业资产阶级通过中、印、英三角贸易，英国政府通过征收进出口税，都获得了巨额收入。

鸦片的大量输入，给中国带来严重危害。一方面，随着鸦片大量输入，吸食者日众，不但严重伤害中国人的身心健康，也加重了中国老百姓的赋税负担，严重阻碍着整个国民经济的发展；另一方面，鸦片大量输入还直接造成清王朝统治的严重危机。鸦片烟贩的贿赂，使清政府上上下下的官吏形成了一个庞大的保护鸦片走私的受贿集团，从而腐蚀了整个统治机构；大批官僚嗜食成瘾，甚至军队官兵也吸食成风，军队战斗力完全丧失；而大量白银外流，又必然造成清政府国库空虚，财政陷入严重危机。所以，当时林则徐在给道光皇帝的奏折中指出，如果听任鸦片烟害泛滥下去，"是使数十年后，中原几无可以御敌之兵，且无可以充饷之银"。

清政府自嘉庆元年（1796年）以后曾多次下令禁烟，但都因各级官吏贪污受贿，营私舞弊，包庇纵容鸦片走私而有名无实。后来，统治集团中又出现严禁与弛禁的分歧。弛禁派竭力阻挠对鸦片走私的查禁。直到1838年年底，面对着鸦片祸害所造成的"兵弱银涸"的严重形势，以道光皇帝为首的清朝统治者为自身利害计，不得不倾向严禁派的主张，并决定派林则徐为钦差大臣到广东查禁鸦片。

林则徐（1785—1850年），福建侯官（今福州）人，是当时清政府中极少见的有见地、有作为、主张对黑暗的现实政治有所改革的高级官员。他曾先后在各地任清政府的地方官，比较了解民情；道光十二年（1833年）任江苏巡抚，受任钦差大臣前为湖广总督。1839年3月林则徐到达广州，经过周密的调查，确定禁烟方针"先以断绝鸦片为首务"。他责令外国鸦片贩子必须将所存鸦片全部交出，并具结保证"嗣后来船，永不敢夹带鸦片，如有带来，一经查出，货尽没官，人即正法，情甘服罪"。林则徐还严正宣布，"若鸦片一日未绝，本大臣一日不回，誓与此事相始终，断无中止之理"，表示了禁绝鸦片的决心。在广大人民群众的协助下，林则徐以严厉而果断的措施，迫使英商在4—5月间陆续交出鸦片2万余箱共237万多斤。从1839年6月3日起，连续20天，在虎门海滩将这些鸦片当众销毁。

虎门销烟是林则徐广州禁烟的一个重大胜利，它向全世界表明了中国人民维护民族尊严和反对外国侵略的坚强意志与决心，沉重地打击了英国资产阶级。林则徐广州禁烟的消息于1839年8月传到伦敦，英国资产阶级纷纷发出侵华叫嚣。英国资产阶级及其政府对中国发动武装侵略蓄谋已久。1832年，东印度公司派林德赛化名胡夏米由澳门乘船北上，测探中国沿海港湾及搜集情报。1835年，林德赛致函英国外交大臣巴麦斯顿子爵，建议对中国发动战争，而且提出了具体的作战方案和所需的兵力及时间、路线等。在华鸦片贩子、伦敦东印度和中国协会、曼彻斯特商会和利物浦印度协会等，都曾经上书英国政府，要求动用武力打开中国市场。1825年和1837年英国发生了两次资本主义经济危机，商品滞销，工厂倒闭，银行破产，工人失业，人民不满。正如列宁指出的："资本主义如果不经常扩大其统治范围，如果不开发新的地方并把非资本主义的古老国家卷入世界经济旋涡之中，它就不能存在与发展。"为了摆脱危机和转移国内人民的视线，为了开拓更为广阔的殖民地市场，英国资产阶级正在寻找适当的借口，打开古老中国的大门。

虎门销烟的消息传到英国后，英国资产阶级纷纷叫嚷决不轻易放过这样一个战争的机会。外交大臣巴麦斯顿公然煽动说：对待中国的唯一办法，"就是先揍他一顿然后再说道理"，并提出要乘战胜之余威，提出条件强迫中国接受。1839年10月，英国政府决定出兵中国，并于1840年2月正式任命乔治·懿律为侵华军总司令和谈判全权代表，查理·义律为谈判副代表。1840年6月，由48艘舰船、540门大炮、4千名士兵组成的侵华军——"东方远征军"抵达中国广东海面，鸦片战争正式爆发。

鸦片战争的爆发，并不是林则徐禁烟行为过激、举措失当造成的。虎门销烟只不过是英国发动侵略战争的借口而已。近几年来，新出现了一些"历史家""文学家"，他们在"还原真实历史"的旗号下，进行了大量的重新描述中国近现代史的活动。在他们笔下，历史人物的形象完全变了样，英雄人物变得浑身污渍，汉奸反动派变得光彩照人。难道这就是"真实的历史"吗?!难道他们笔下的林则徐就是"真实"的林则徐,而过去人们心目中的林则徐就是"虚假"的林则徐。以上所引案例,恐怕有为汉奸卖国贼鸣冤叫屈、为外国侵略者涂脂抹粉之嫌,未必就是"真实的历史"。

案例2:资本—帝国主义侵略有功论

案例来源:http://www.axhu.cn/szb/contents/398/25716.html。

案例内容:

近年来一些史学工作者和网络观点:"鸦片战争一声炮响,给中国带来了近代文明""殖民主义在世界范围内推动了现代化进程""没有西方的殖民侵略,东方将永远沉沦"。

案例点评:

很显然,殖民侵略有功论是一种颠倒是非黑白的歪理邪说,是一种典型的强盗逻辑。我们要分析西方资本—帝国主义对中国的侵略问题,就必须首先批判这种殖民强盗历史观。

我们怎样看待西方的殖民问题呢?

既然谈到西方资本—帝国主义的殖民侵略这个历史问题,那么我们有必要回顾欧洲殖民历史,对殖民主义的表现进行分析,进而揭示出殖民主义的本质。

殖民主义的表现在各个历史时期是不一样的。在资本主义初始时期,殖民主义大都采取赤裸裸的暴力手段,比如武装占领、海盗式的掠夺、罪恶的奴隶买卖、欺诈贸易、海外移民等。到了自由资本主义时期,殖民主义的表现形式有了某种改变,主要通过贸易形式把不发达国家、民族和地区变成自己的商品倾销市场、原料掠夺地以及廉价劳动力和雇佣兵的来源地。进入帝国主义时期以后,除了继续采取上述各种手段以外,资本输出是剥削的主要手段,通过政治性贷款来控制殖民地半殖民地政治经济命脉。

西方的殖民主义侵略曾经大大地促进西方自由资本主义的发展。可以这样说,殖民主义和资本主义是本质地联系在一起的,剥削和奴役殖民地和半殖民地,也就是将别国殖民地化是资本主义生存和发展的必要条件。

当然我们也承认,西方殖民势力统治了殖民地半殖民地之后,为了最大限度地获取自己的利益,必然要按照自己的面貌去改造殖民地半殖民地国家,在这个过程中,会不可避免地向这些国家和地区传播资本主义的文明。如把一些资本主义的生产方式、一些管理经验和某些科学技术引到殖民地或半殖民地。再如,外国资产阶级为了倾销商品和掠夺原料,为了维护侵略权益,以及满足再生产的需要,也兴办了一些近代工业和设施。毫无疑问,这些在客观上会对这些地区的发展产生一定的积极影响。这就是马克思所说的"殖民者充当了历史不自觉的工具"。也就是说,殖民主义客观上的历史作用,我们还是要实事求是地肯定。对此我们不必要回避,也不应该回避。因为要辩证看一个问题,就不能只看一面。

但是,我们绝对不能一味地过分夸大殖民统治的积极作用,以至于像前面所说的把殖民统治看作是传播文明的天使,看作是引领历史前进的先贤,看作救世主。因为,问题还存在着更加本质、更加具有根本意义的方面,那就是殖民统治者实行殖民统治的根本目的绝不是要把这些国家变成资本主义国家,也绝不容许这些地区真正走上现代化,以至于让它们由自己的经济附庸变成自己的经济竞争者。我们且不说殖民统治者在殖民掠夺中带给这些国家的种种令人发指的暴行，通过战争赔款、投资利润，以及欺诈贸易等攫取的大量财富，我们仅仅从强迫订立的各种条约，它们取得的政治的、经济的、外交的、军事的种种特权来看，这些特权就像一根根巨大的绳索，把被压迫民族捆绑得死死的，扼杀了这些民族新政治新经济的生机与活力，无耻剥夺了这些国家地区生存发展的权利。

西方资本—帝国主义国家通过军事征服、政治控制、经济掠夺以及文化渗透，占领、奴役和剥削弱小民族国家和落后地区，将它们变成附从自己的殖民地或半殖民地。这种本质必然要给落后民族国家和地区带来灾难。

从主观动机和客观效果全面看，殖民侵略并没真正实现落后地区走向现代化。殖民者来中国的主观目的正如马克思所批判的那样是"为极其卑鄙的利益所驱使"，而绝不是为了给中国带来近代文明，来帮助中国发展。而恰恰相反，为了罪恶的殖民利益，殖民者如强盗一般在中国烧杀抢掠、走私鸦片、贩卖人口、掠夺资源、发动战火，极其野蛮无耻。从历史道德的角度，我们一定要批判殖民侵略，而绝不能为殖民侵略美化邀功。

尽管殖民侵略使中国出现了新的资本主义生产方式，但是它的殖民过程并没有使中国自由地发展资本主义，反而为了其自身的殖民利益，外国资本帝国主义又刻意扶持保留腐朽的中国封建生产关系，严重阻碍中国资本主义的发展，使中国走上了半殖民地经济的畸形发展道路。我们知道近代中国的社会性质是半殖民地半封建社会，而不是独立的资本主义社会。

所以，正是西方资本—帝国主义对中国疯狂的殖民侵略，成为中国真正实现独立富强和走向现代化的最大障碍。我们也可以说，正是近代西方殖民侵略，用血与火在中国制造了血迹斑斑的历史长卷，把中华民族一次又一次地推向了亡国灭种的境地，给中华民族带来了深重的灾难。

现在有人说：香港是个殖民地不是很好吗？中国应该多划几个香港出去，中国就发展了。所以20世纪80年代末，中国社会出现了一种美化侵略的思潮，有人甚至感叹：中国要发展，再被西方殖民150年甚至300年也不为过。

我们说，这种人的观点是典型的"只见树木，不见森林"的错误观点。因为香港之所以发展得好，绝对不是仅仅因为是个殖民地就发展起来那么简单。它是由一系列特殊条件造成的，首先它是天然良港，再就香港人秉承中国人勤劳智慧的品质，并且还有内地人口资源供应等大力支持。有人说"内地一天不供水，香港也成臭港"，这是事实。

世界上有那么多殖民地半殖民地，有几个像香港发展起来的？几乎找不到。我们看看印度，印度是英国的殖民地，被殖民了100年，但是印度根本没有因为当了殖民地而成为现代化的国家。再看看当今最不发达的非洲国家，这没有一个在历史上不是殖民地，殖民侵略并没有发展它们，反而它们今天的贫穷和落后本身就是当年殖民统治者对它们战火摧残、残酷掠夺、无情榨取的结果。不仅如此，殖民统治留下的种种问题到今天仍然严重地困扰着这些国家，成为它们前进道路上的制约因素和障碍。正像德国《民进周刊》1999年发表的一篇文章里所讲："现在非洲后殖民遗留问题仍有许多，当年的殖民者应该要为此负责。"殖民地半殖民地必须挣脱殖民统治才能得到正常的发展，这是历史证明了的规律。所以第二次世界大战以后，民族独立成为历史潮流。为什么脱离殖民统治？就是因为殖民统治不正常。

所以,一个国家要得到正常发展,必须挣脱殖民统治的枷锁,而不是感谢殖民统治。

五、实践项目

项目1:文献研读心得

篇目:(1)马克思:《英人在华的残暴行动》(1857年3月)

(2)列宁:《对华战争》(1900年9—10月)

(3)毛泽东:《把我国建设成为社会主义的现代化强国》(一)(1963年9月)

(4)孙中山:《檀香山兴中会章程》(节选)(1894年11月24日)

流程:(1)教师向学生提供阅读文献信息:可从图书馆借阅的参考书目,可供下载比较可靠的网络地址,电子版的可阅读文献需设置并发送到公共邮箱供学生下载。

(2)教师在课堂上对阅读文献做简单讲解,提出撰写读书心得的具体要求。

(3)学生阅读文献,撰写并按时提交读书心得报告。成果可以PPT、经过整理的资料片、学术论文等形式呈现。

(4)教师评定成绩并做简要小结、反馈。

评价:

考核指标	考核结果			
	优	良	中	差
学习态度				
自主学习能力				
合作学习能力				
知识运用能力				
学习效果				
总体评价				

项目2：观看音像资料

资料：

1.《林则徐》

《林则徐》是由上海电影制片厂1958年摄制，郑君里、岑范执导，赵丹、岑范主演的历史人物传记片。《林则徐》是1959年国庆十周年的十部献礼影片之一。该片既是新中国电影中的经典作品，也是在美国上映的第一部中国彩色故事片。该片是一部历史人物传记片，围绕虎门销烟和鸦片战争的史实，成功地将爱国封疆大吏林则徐的形象再现于银幕。影片塑造人物着意于意境的创造，在意境中烘托人物的感情。该片的美术和音乐，在民族风格上进行了探索，使影片具有一种含蓄、和谐、疏密得当的意境以及鲜活、洗练、韵味久长的抒情色彩。

该电影主要讲述19世纪上半叶，英国资产阶级将大量鸦片走私到中国，中国百姓深受其害。清道光皇帝命林则徐为钦差大臣去广州禁烟；反对派头目穆彰阿和琦善暗中将此事告知英国大鸦片贩子颠地。

林则徐到广州后，立刻采取行动，联合两广总督，加强海防，并通知外国商人在3天内将所存鸦片烟土全部上缴，同时扣留可疑英国商船，收缴大量鸦片烟土。随后，林则徐亲自督导，将收缴的2万余箱鸦片在虎门海滩当众销毁。

虎门销烟的举动严重触动了英国资产阶级在华的利益。他们遂于1840年6月悍然发动鸦片战争，一路挥军北上打到天津，震慑北京。

道光帝昏庸无能，为讨好英国，以林则徐禁烟不力为名将其职位革除，另派琦善前往广州，商量向英国投降。后道光帝又将林则徐发配到新疆，但英国资产阶级并不满足，将侵华的战火由沿海烧到内地。面对敌人的侵略，广州三元里人民展开了一场英勇的抗英斗争。

2.《火烧圆明园》

《火烧圆明园》是由新昆仑影业有限公司、中国电影合作制片公司联合出品的历史片，由李翰祥执导，刘晓庆、梁家辉、陈烨、张铁林等主演。该片1983年9月21日在香港首映。同年获得文化部颁发的优秀影片特别奖。

该片以英法联军火烧圆明园为历史背景，讲述了慈禧是如何从一位不被人注意的少女成长为咸丰帝宠妃的故事。1852年，出身宦门、颇具姿色的玉兰被选入宫，册封为贵人。但因玉兰所属的叶赫那拉家族与爱新觉罗家族有宿怨，而未能得到咸丰帝的注目。玉兰苦思进身之计，终以一曲缠绵哀怨的小调吸引咸丰，进而博取宠幸。以后，聪明伶俐的玉兰，经常伴随在皇帝身旁。一年后，玉兰因生子载淳，被咸丰封为懿贵妃，在宫内的地位已与皇后相仿。此时，清王朝内忧外患，危机四起。英、法联军进攻广州、天津，后直达北京，朝廷上下一片混乱。

咸丰采纳懿贵妃主张，命僧格林沁亲王率兵御敌。八里桥一战，清兵败北，参战将士全部阵亡。咸丰即率嫔妃及大臣肃顺等逃往热河行宫，留弟弟恭亲王奕䜣在京与洋人谈判。热河行宫里，咸丰不理朝政，犹自整日寻欢作乐，奏章由懿贵妃代为批阅。骄横不可一世的英法联军欺其昏庸，仗着洋枪洋炮，攻入北京城。到处烧杀抢掠，无恶不作。

1856年10月6日,英法联军占领圆明园。从第二天开始,军官和士兵就疯狂地进行抢劫和破坏。为了迫使清政府尽快接受议和条件,英国公使额尔金、英军统帅格兰特以清政府曾将英法被俘人员囚禁在圆明园为借口,命令米启尔中将于10月18日率领侵略军3500余人直趋圆明园,在大肆抢掠之后,放火将其烧毁。英、法侵略者"就这样以最野蛮的方式摧毁了世界上最宝贵的财富"。

3.《圆明园》

2006年当进口大片和国产的商业片几乎占领整个电影界的票房时,著名纪录片导演薛继军拍摄的我国第一部具有史诗风格的数字纪录片《圆明园》隆重上映。在影片的审查期间,影片的导演金铁木说,他听到最多的是"震撼"两个字。要什么样的影片才能让这么多专家都有同一个评价"震撼"?《圆明园》将为我们揭开这神秘的面纱。

项目3:《圆明园》纪录片影评分析范文

请您用大理石、汉白玉、青铜和瓷器建造一个梦,用雪松做屋架,披上绸缎,缀满宝石,这儿盖神殿,那儿建后宫,放上神像,饰以琉璃,饰以黄金,饰以脂粉。请诗人出身的建筑师建造一千零一夜的一千零一个梦,添上一座座花园,一方方水池,一眼眼喷泉,请您想象一个人类幻想中的仙境,其外貌是宫殿,是神庙。

——维克多·雨果

有一天,两个强盗闯进了圆明园,一个强盗大肆抢劫,另一个强盗纵火焚烧,原来"胜利"就是进行一场洗劫的两个征服者平分赃物,一个把口袋装满,一个把箱子装满,然后手挽手,笑嘻嘻地回到欧洲。这就是两个强盗的一段经历,这两个强盗,一个叫法兰西,另一个叫英吉利。

——维克多·雨果

这是出现在《圆明园》里的两段话。前一段在片头,后一段在片尾。鲁迅说过,悲剧就是把美好的事物撕碎给别人看。而这部数字电影沿承的就是这样一个典型的悲剧发展路线。

圆明园对我来说,永远都是个谜。不管看再多的资料或图片,仍然是个神秘的谜。它的神秘就在于它的不存在性和它的不可重复性,就如同《天方夜谭》里梦幻的东方城堡一样。因为再奇巧的工艺,再极致奢华的建筑,现在都只是荒烟蔓草残垣断壁罢了。那曾经只属于全天下唯一一个人专用享乐的梦幻园子,现在则成了万千普通百姓凭吊历史的遗迹。盛极而衰,中国两千年王权和奴性堆砌到顶峰而产生的标志,就这样在一场火光中轰然崩塌。后人只能从故纸堆里翻出只言片语的叙述,妄自遐想。

《圆明园》是一部很精彩的纪录片,它恢宏的画面和气势让人觉得50元的票价比《夜宴》值十倍。这是一部相当低调的片子,上映一个多月却几乎没做过什么宣传,要不是在机场大巴上的偶遇,我至今也不会知道它的存在。然而,就是那惊鸿一瞥,却让它的美驻留在了我的脑海里,挥之不去。那是怎样的一个画卷,当3D模型从脚底的废墟里蹭蹭地拔地而起的时候,当立体的园林从二维平面图站立起来的时候,我觉得除了壮观还是壮观,除了震撼仍然震撼,除了激动唯有激动。于是,我一直寻觅着这部电影的芳踪,在得知网上无法下到,碟贩亦无货源的时候,我义无反顾地走进了影院。恐怕也只有宽银幕环绕立体声的小剧场才能完整地显示影片的精髓，才能真实地再现电脑特技所展现的圆明园无与伦比的梦幻效果。雨果还曾这样描述：在东方有一个神奇的世界，这个世界就叫作圆明园。几乎是神奇的人民运用想象能力创造的一切，在这里都得到了体现。你只管去想象那是一座令人神往的，如同月宫仙境一样的建筑。你尽管去想象这座建筑是精雕细刻出来的，全是用洋漆漆过的，上了珐琅的，镀金的，用最珍贵的宝物装饰起来的。四周全是花园，到处都有喷水的水池、天鹅、孔雀。艺术家，诗人，哲学家，个个都知道这座皇宫。人们常常这样说，希腊有帕德嫩神殿，埃及有金字塔，罗马有大剧场，巴黎有圣母院，中国有圆明园。这是一个令人叹为观止的、无与伦比的艺术杰作，是亚洲文明的一个剪影。而这部电影，真的可以带你感受到那种虚缈的梦幻。

这部纪录片并不是以往那种唱高调的宣传材料的教育片，到处都高唱着爱国主义的高调，它只是试图用最逼真的手段去还原一个万园之园从修建、扩建到焚毁的整个过程，去再现一段皇家林苑的历史，一段国家的历史，一段民族的历史。这部国产大型数字影片堪称史诗性的巨制，与荷马的《伊力亚特》所不同的是，后者用文字的描摹刺激着我们的想象，而前者则直接用直观的画面惊艳着我们的眼睛。这种感官上多方位、全角度的移步换景似的立体刺激，比单看清宫画师创作的《圆明园四十景》的效果图的冲击力大得多。

150年的修建，耗费了6代皇帝的心血，囊括了东西方建筑艺术的精髓，它是整个东方灿烂文明的代表，是几十万能工巧匠智慧的结晶。它不仅见证了康雍乾盛世的繁荣，甚至一度成了类似罗斯福新政里的那个大坝，是政府花销银两促导货币正常流通的公共工程。盛世危言，但它同样奏响了一个王朝衰亡的挽歌，这颗东方明珠甚至同曾经叱咤在白山黑水之间征服了北戎南蛮的那个马背上的民族一起湮灭在了历史的尘埃里。难以想象，那些扩张奠定了中国超大版图的彪悍草原骑士的后代竟然能被鸦片蚕食的不成人形，终日沉湎于花柳莺燕之间；难以想象，血性汉子皇太极的纯种基因世代遗传竟然孕育出了没有脊梁骨的无能懦夫、胆小怕事的咸丰之流；难以想象，一国之君竟然能丢盔弃甲地舍下祖宗几百年开创的基业，仓皇四逃抱头鼠窜；难以想象，当英法联军都在使用先进的远程大炮和来复枪的时候，我们奋勇的将士却还在拉弓射箭，挥刀肉搏；更难以想象，耗费数十万劳力修建起来的圆明园竟然最后只靠着20来个赤手空拳的小太监来保卫，150年财力基业所构建的鸿篇巨制的神话世界竟然在三天三夜火光冲天的焚烧之后化为灰烬。华夏史上最后一代王朝的历代先王在专门供奉他们画像的庙堂之中冷眼看着这场世间浩劫，并随着庙堂的焚毁一起化为灰烬，变成了笼罩在北京城上空那遮天蔽日、挥之不去的黑云，和着圆明园的阴魂始终不散。

以史为镜，鉴往知来。146年前的今天，正是英法联军进攻圆明园的日子。对于这段历史的反思我不想再费笔墨，闭关锁国、妄自尊大的教训我也不必再提，因为听得太多，也说得太多。仅仅就是走进影院吧，去体验一下东方夏宫卓尔不群万世瞩目的独特魅力，去感受一下八里桥一战数万蒙古铁骑在几千敌兵的洋枪大炮下几乎全军覆没的悲壮。历史总是波澜壮阔地奔涌向前，而我们需要历练自己的大气和智慧，才能从容地应对历史，平心静气地回顾过去，并淡定自若地面对未来。

资料来源：——http：//www.798edu.com/biandao/yingpinfw/5861.html。

流程：（1）教师提供音像资料来源，提出撰写观后感的评审标准和要求。

(2) 学生在观看影视资料的基础上撰写观后感。观感可有多种形式,包括学术论文、PPT、经过整理的资料片等。
(3) 学生提交观后感并进行交流。
(4) 教师根据学生完成情况评定成绩并计入平时成绩。

第二章 对国家出路的早期探索

一、知识提要

1851—1864年的太平天国农民战争、19世纪60—90年代前期清朝部分统治者推行的洋务运动以及19世纪90年代后期资产阶级的戊戌维新,都是中国近代以来不同阶级及其代表人物对国家出路的探索。在了解太平天国农民战争、洋务运动和戊戌维新运动等史实的基础上,掌握太平天国农民战争、洋务运动和戊戌维新这三场运动斗争的历史地位及其失败原因,了解农民阶级、地主阶级洋务派、资产阶级维新派由于其自身的阶级局限性,不可能为中国之独立和富强找到真正的出路。

二、重点搜索

重点1:太平天国的历史进程和历史功绩

1. 历史进程

(1)兴起原因。

鸦片战争后,清政府为了支付高达7000万元的战费和赔款,增收赋税比过去高出数倍,人民负担加重。鸦片输入量到19世纪50年代已增至每年6万多箱,白银外流更加严重。五口通商后,洋货大量输入。东南沿海地区的自然经济遭到破坏,破产失业的农民和手工业者日益增多。外国资本主义的侵略掠夺,清政府的腐败统治和残酷的封建剥削,逼得人民群众走上了反抗的道路。1842—1850年间,全国各族人民的反清起义在百次以上。清政府四处调兵镇压,但群众斗争彼伏此起,酝酿着更大规模的反抗。太平天国农民战争就是在这种情况下爆发的。

(2)金田起义。

洪秀全,原名仁坤,1814年出生,广东花县(今广州市花都区)人。1828年起,他曾多次到广州参加秀才考试,均不中。鸦片战争后,动荡的社会、复杂的矛盾、尖锐的阶级斗争,以及自身的坎坷失意,使他产生了推翻清政府的思想。1843年,洪秀全撷取西方原始基督教教义中反映下层民众要求的平等思想和某些宗教仪式,从农民斗争的需要出发,加以改造,创立了拜上帝会,利用它来发动和组织群众。洪秀全的同乡塾师冯云山和族弟洪仁玕最早加入拜上帝会。

1844年,洪秀全和冯云山到广西桂平县一带传教。那里形势险要,清政府统治力量比较薄弱,群众生活困苦。不久,洪秀全返回广东,写下《原道救世歌》《原道醒世训》《原道觉世训》等文章,在浓厚的宗教色彩下,形成了拜上帝会的理论基础。冯云山留在广西发展会众,在当地的信徒日增。经过两年多艰苦的宣传和组织工作,团聚起3000多信徒，并逐步形成以洪秀全为首，包括冯云山、杨秀清、萧朝贵、韦昌辉、石达开等组成的领导核心，奠定了农民起义的组织基础。1850年前后，拜上帝会众与地主团练武装的冲突日趋激烈，实力迅速增强。此时，广西省发生大饥荒，农民到处成帮结伙，分吃大户，全省震动。拜上帝会起义的时机已经成熟。

1850年6月，洪秀全为准备起义发布总动员令，通告拜上帝会成员在当年秋天赶赴桂平金田村集中团营。各地会众多把房屋、田产变卖，扶老携幼到指定地点集合，然后分赴金田村。1851年1月11日，洪秀全率领拜上帝会众万余人在广西桂平县金田村举行武装起义，建号太平天国，起义军称太平军。起义后的第三天，天地会首领罗大纲率部来归。3月23日，洪秀全在广西武宣东乡称天王，建立了军师和五军主将制度。

(3) 永安建制。

1851年秋，太平军攻占广西永安州（今蒙山县），洪秀全在永安下诏设官封王，相继建立各项制度。封原中军主将、左辅正军师杨秀清为东王、九千岁；封原前军主将、右弼又正军师萧朝贵为西王、八千岁；封原后军主将、前导副军师冯云山为南王、七千岁；封原右军主将、后护又副军师韦昌辉为北王、六千岁；封原左军主将石达开为翼王、五千岁，并规定西王以下各王"俱受东王节制"。同时，颁布了《太平礼制》《天历》，进行了整饬军纪、清除内奸等工作。

1852年4月，太平军自永安州突围，大破清军，北上围攻广西省城桂林。不克，继续北上，在全州以北湘江蓑衣渡遭遇清军江忠源部拦截袭击，损失惨重，冯云山战死。5月，太平军离开广西进入湖南境内，克道州、郴州。8月，西王萧朝贵闻长沙兵力空虚，率偏师进攻长沙，9月12日在攻城时中炮牺牲。洪秀全、杨秀清闻讯后急率主力来到长沙城下，久攻长沙不克，乃撤围北上攻克岳州。

(4) 定都天京。

1853年1月，太平军攻克湖北省城武昌，军威大振。太平军沿途杀逐豪绅地主，烧田契，散粮物，加之军纪严明，大得人心，从者如云，人数很快增至50万。2月，太平军放弃武汉，水陆并进，沿长江东下，势如破竹，3月19日攻克南京。3月29日，洪秀全在杨秀清和文武百官、黎民百姓的欢呼声中进入南京城。洪秀全宣布改南京为天京，定为都城，正式建立了与清王朝相对峙的太平天国农民政权。

(5) 北伐和西征。

太平天国定都天京后，为巩固和发展胜利成果，又进行了北伐和西征。1853年5月，太平天国派天官副丞相林凤祥、地官正丞相李开芳等率师2万余人，从扬州出发，北上进军北京。北伐军遵照洪秀全"师行间道，疾趋燕都，无贪攻城夺地"之命，出江苏，过安徽，进河南，渡黄河，入山西，直捣直隶。京城震动，巨商富民挈家迁逃。北伐军虽然一度进至天津附近，但因孤军深入，给养、武器等供应不足，被清军围困。1855年3月，林凤祥在直隶东光县连镇受伤被俘，槛送北京后英勇就义。5月，李开芳在山东茌平县冯官屯被俘，不久在北京被杀害。北伐虽然最终失败，但太平军长驱北上，半年内横扫6省，转战5000多里，极大地鼓舞和支援了北方人民的反清斗争。

1853年5月，为夺取长江中游各省以巩固天京，太平天国派春官正丞相胡以晃、夏官副丞相赖汉英等将领督率战船千艘，溯长江西征。西征军先后攻下安庆、九江、武昌等战略要地。1854年，西征军在湖南遭遇曾国藩所率湘军的抵抗，湘军反攻至九江附近。1855年初，翼王石达开大破湘军，复陷武昌。至1856年上半年，西征军取得辉煌胜利，控制了湖北省东部和江西省、安徽省大部的长江中下游地区。太平军还先后击破清军建立在扬州附近的江北大营和天京城外的江南大营，解除了威胁天京3年之久的肘腋之患，军事上达到了全盛时期。

(6) 天京变乱。

随着太平天国的胜利发展，领导集团思想意识的封建化趋势越来越明显地表现出来。定都天京后，洪秀全大修宫殿，大选嫔妃，深居天王府，少理朝政，严重脱离群众。天国的军政大权掌握在东王杨秀清手上。杨秀清虽有杰出的军事才能和组织才能，做出过很大贡献，但他居功自傲，一切专擅，压制将领，甚至折辱天王。洪杨之间争夺最高领导权的矛盾日益激化，终于酿成一场天京变乱的悲剧。

1856年8月，东王杨秀清假托"天父下凡"，要求天王将自己由"九千岁"封为"万岁"。洪秀全被迫表示同意加封，但密令在江西的北王韦昌辉、湖北的翼王石达开以及江苏镇江的燕王秦日纲等火速回京。

早有个人野心的北王韦昌辉先期回京。9月2日凌晨，韦昌辉率军包围东王府，杀死杨秀清及其家人，并殃及东王部属和其他军民共2万多人被杀。9月中旬，翼王石达开自武昌返天京后，责备韦昌辉滥杀无辜，韦昌辉又欲对石达开下毒手。石达开当夜缒城逃出天京。韦昌辉尽杀翼王家属。

石达开在安徽举兵讨伐韦昌辉，上书天王，请杀北王以平民愤。天王洪秀全下诏诛韦，杀掉韦昌辉及其追随者两百多人，结束了为时两个多月的内乱。11月，石达开奉诏回京，被军民尊为"义王"，合朝同举"提理政务"。洪秀全碍于众议，被迫诏准。石达开不计私怨，追究屠杀责任时只惩首恶，不咎部下。北王亲族也得到保护和重用，人心迅速安定下来。

尽管在石达开回京后不久武昌即因粮尽援绝而陷落，但在石达开的部署下，太平军稳守要隘，伺机反攻。陈玉成、李秀成、杨辅清、石镇吉等年轻将领开始走上一线，支撑危局，内讧造成的被动局面逐渐得到扭转。1857年春天，李秀成与陈玉成击败清军，北上安徽六安、霍邱，与捻军会合，兵锋直指湖北。

(7) 翼王出走。

天京变乱后，太平天国合朝推荐石达开主持朝政。但洪秀全经历杨、韦事件，心存疑忌，另封其长兄洪仁发为安王、次兄洪仁达为福王，以牵制石达开。1857年5月，石达开因"恐天王有加害之意"，从天京出走，途中张贴布告，鼓动军民"或随本主将，亦足标元勋"。未几，洪秀全削两兄王爵，送去镌刻义王金牌一道，表示尽弃前嫌，并附合朝文武求援表章。石达开置之不理，带走皖、赣精锐部队约20万人独立行动，走上了分裂的道路。天京变乱使太平天国元气大伤，是其由盛入衰的转折点。

1858年，清军乘太平天国内讧之后，重建江北大营和江南大营，进行反扑。同年4月，洪仁玕从香港辗转到达天京，被洪秀全封为干王、精忠军师，总理朝政。

1859年春，石达开率军进入湖南，发动宝庆会战，配合安徽太平军作战，并伺机分兵入川。此时湘军正计划分兵三路进攻安庆，闻石达开长驱直入湖南腹地，军心全线动摇，只得因势利导，全力援湘。面对湘军的重兵驰援，石达开孤军作战，未能攻克宝庆，被迫退入广西境内休整。

1861年9月，石达开自桂南北上，转战蜀、黔、滇三省，于1863年4月渡过金沙江，突破清军长江防线，但为大渡河涨水所阻，陷入重围，多次突围均不成功。石达开进退无路，辎重尽失，妻儿7人投河自尽。石达开致书四川总督骆秉章，希望清朝皇帝"宥我将士，请免杀戮，禁无欺凌，按官授职，量才擢用，愿为民者散为民，愿为军者聚为军"。敌人假作应允，他传令弃械。1863年6月13日，石达开带亲信数人及5岁儿子石定忠到清营，随即被解往成都。25日，受酷刑而死。其所遗部属被清军施计杀害。

（8）天京陷落。

1858年9月，陈玉成、李秀成率军攻占浦口和扬州，大破清军江北大营。但清军乘太平军东下之机，攻安徽，据太湖，扑安庆。湘军连陷潜山、桐城、舒城，攻三河镇，进逼庐州（今合肥）。陈玉成率兵救援，李秀成援军继进。11月，陈玉成部攻克三河镇清营，次日两军决战。太平军歼清军6000人，击毙湘军悍将李续宾、曾国华。清军从安庆外围撤走。1860年2—5月，李秀成在第二次击破清军江南大营后，乘胜攻下江苏南部多地。

1861年，太平天国计划以陈玉成、李秀成两支主力分别从长江南北进攻武昌，以援救安庆。陈玉成进军迅速，一举攻克黄州，直逼武昌。但由于外国领事干涉，要求太平军撤军，同时由于李秀成部进军迟缓，太平军并无把握在短期内攻下武昌，且湘军加紧对安庆的围攻。陈玉成遂决定部分太平军留在武昌附近，继续等候李秀成部，本人率主力返回安庆。李秀成进至湖北东南部，就近招兵30万人。他得知东线太平军作战不利，又听说陈玉成已经返回安庆，遂放弃进攻武汉三镇，改向东进军，与李世贤部共同攻占浙江大片土地。

陈玉成回救安庆，但作战失利。1861年9月，湘军曾国荃部攻克安庆。太平军守将叶芸来、吴定彩率领1.6万余将士拼死抵抗，全部战死，无一投降，写下了太平军战史上最为悲壮的一页。

1862年1月，李秀成率军进攻上海，清军和外国侵略者联合抵抗，由美国人华尔组成洋枪队阻击太平军。太平军久攻未能占领上海，损失很大，退回苏州。曾国藩指挥湘军再次包围安庆。在安庆附近，陈玉成和湘军鏖战几个月，安庆陷落，陈玉成退守庐州。5月，陈玉成在安徽寿州被叛徒出卖遭逮捕，押送清军将领胜保处。胜保劝说陈玉成投降，陈玉成大义凛然地回答："大丈夫死则死尔，何饶舌也！"1862年6月，陈玉成在河南延津英勇就义，年仅26岁。

1862年6月，洪秀全命令各地太平军回援天京。太平军集结20万兵力，10月起与湘军激战40多天，未能取胜。1863年12月，太平军苏州守将谭绍光被部下杀死，苏州失守。1864年5月，常州失陷，太平军守将陈坤书被俘牺牲。

1863年12月，天京外围要塞尽失，城内粮缺兵弱，将士食野草来充饥。忠王李秀成建议"让城别走"，另辟根据地，但洪秀全不准。1864年6月1日，洪秀全在其亲手创建的天国即将倾覆之际病逝，幼天王洪天贵福继位。7月19日，湘军攻陷天京，大肆杀戮。李秀成、洪仁玕保护幼天王突围。李秀成于22日在南京城外失散被俘，亲书"供词"数万字（即《李秀成自述》）后，于8月7日被曾国藩杀害。幼天王洪天贵福和干王洪仁玕在江西石城被清军俘获，11月23日在南昌被杀害。洪仁玕在《绝命诗》中说："一言临别赠，流露壮思飞。我国祚虽斩，他日必复生。"表现了一位农民革命家的高尚气节和对未来的必胜信念。太平军余部转战大江南北，一直奋战到1868年。

2. 历史功绩

太平天国农民战争是中国近代史上规模巨大、波澜壮阔的一次伟大的反封建反侵略的农民运动，也是几千年来中国农民战争的最高峰。它坚持了14年，势力发展到18个省，占领长江中下游富庶地区多年，战事波及半个中国，严惩了中外反动势力。同时，太平天国农民战争发生在鸦片战争后外国资本主义侵入中国的特殊历史时期，太平天国的领袖们还对中国的未来进行了超出农民小生产者眼界的新颖设计。因此，它具有重大的历史影响和历史功绩。

(1)《天朝田亩制度》在本质上是进步的、革命的。

太平天国农民战争前夕，中国大地上"豪强兼并，一人而兼数十人之产，一家而兼数十家之产"，"一邑之中，有田者什一，无田者什九"。农民求生无路，才被迫起来造反。

太平天国定都天京后，颁布《天朝田亩制度》，规定："凡天下田，天下人同耕"，彻底否定封建社会的基础即地主土地所有制，将土地按人口平均分配给农民；凡16岁以上，不论男女，每人皆可分得一份数量相同的土地，不满16岁的减半，目的是建立一个"有田同耕，有饭同食，有衣同穿，有钱同使，无处不均匀，无人不饱暖"的理想社会。这在东亚古国的中华文明史上，是第一次以法令的形式把土地平均分配给农民，这就意味着铲除封建制度的根基，挖掉封建政体的墙角。所以说，《天朝田亩制度》有巨大的革命性，它在本质上是进步的、革命的。这符合中国历史发展的要求和近代化的需要。

对《天朝田亩制度》的性质，历来争议最多，分歧最大。其中最受非难和指责的，是它对农产品和收入的平均主义分配方式与"天下人人不受私，物物规上主"的原则。《天朝田亩制度》规定：农村政权的基层组织叫作"两"，民每25户为"两"，生产所得，"除足其25家每人所食可接新谷外，余则归圣库"；"凡麦、豆、苎麻、布帛、鸡、犬各物及银钱亦然。""所有婚娶弥月喜事，俱用国库，但有限式，不得多用一钱。"鳏寡孤独废疾者，"皆颁国库以养"。这个办法当然是落后的、行不通的。但是，在一百多年前的反封建历史时期，它却并非是反动的。试想，贫苦的小生产者，既没有文化，更不是先进生产力的代表，他们在反封建斗争中所提出的平分土地之方案，很自然地带有空想和落后的成分。他们希望把"天下处处平均，人人饱暖"的平均主义生活长期保持下来，永远不再出现贫富悬殊、饥寒冻馁的可悲现象，其主观愿望未尝不是好的，但这却不利于生产力的进一步发展。对这种落后和空想，不必看得过于严重，以致掩盖了它的反封建的革命本质。两相比较，正如列宁所言："农民希望立即把土地从地主那里夺过来，加以平分，这不是空想，而是革命。"① 革命是它的本质和主流，而空想和落后的成分则是非本质的和次要的。《天朝田亩制度》是作为封建制度的对立物而出现的，它对于推动广大贫苦农民参加太平天国农民战争，起了巨大的作用。

(2) 太平天国的土地政策促进了当时农业生产力的发展。

太平天国在其所统辖地区施行"照旧交粮纳税"的政策，即按照原清政府征收田赋的

---

① 《列宁全集》第15卷，人民出版社1988年版，第336页。

方式，随田派征土地税，以此"充军储而裕国课"。这种政策的纳粮赋人，既可以是原产业所有者的地主，也可以是在地主逃亡后承种田地的佃农。也就是说，这种政策即允许地主存在和收租完粮，也允许佃农代纳田赋，即所谓"着佃交粮"。这种"着佃交粮"的土地政策，稳定了中小地主，以争取他们投向太平天国，也得到了佃农的支持。因为许多佃农耕种的是豪绅地主的土地，这些大地主或已逃亡，或被镇压。太平天国实行"着佃交粮"，佃农交粮后便不再交纳地租。这样，佃农的租田无形中变成自身的产业，所以佃农十分高兴，对田赋"踊跃完纳"，无所拖欠。"实种作准，着令佃户完纳"的"着佃交粮"政策，是太平天国的历史创举。

既已实行"着佃交粮"制，太平天国便在颁发"田凭"（土地所有权证书）的过程中，把"田凭"直接发到佃农手中。这样，昔时大地主、大豪绅的世代业田，便从法权上转移到了农民佃户的手中。虽然这是局部的而未在所有地区全面推行，但人们注意到经此以后，苏浙地区原来高度集中的土地变得平均化了。这个历史性的功绩，是此前历代圣君贤相所无法企及的。

太平天国在所辖苏浙地区的州县，实行大幅度的减租减赋。大体上，田赋降低了一成至五成；地租则斫削得更多，一般是五成至七成，换言之，地主只能收半租或三分租。若地主以这半租或三分租去交纳国课田赋，则所剩无几。狡黠的地主明白这无利可图，因此不肯去收租，拒领"田凭"，宁肯逃亡流徙，免受牵累。这表明，太平天国的减租减赋措施是有利于贫苦农民，而不利于地主的。这促进了农业生产力的恢复和发展，使苏浙农村在太平天国的治理之下，迅速呈现出欣欣向荣的景象。

（3）镇压清朝大官僚、豪绅地主，削弱了清王朝的统治，加速了它的衰败过程。

太平天国所进行的战争，是一次反对清政府腐朽统治和地主阶级压迫、剥削的正义战争。太平天国对清政府的官僚大吏、土豪劣绅以及地主团练的头目等，实行坚决打击和镇压，绝不宽待和手软。大量史料证实，苏浙地区经过太平天国农民战争，"富户百无一存"，"世家大族，转瞬几成绝户，其间衣冠世族，在此四五年中，生计已绝"。许多记载表明，太平天国时期地主阶级中的巨富豪绅遭到了劫运。他们或被镇压，或逃亡远徙，甚至乘轮出海，外逃至日本长崎等地。

镇压这些大官僚、豪绅地主，既大快了贫苦人之心，使太平军受到群众的拥护和欢迎，得到迅速发展，又削弱了清政府的统治根基，加速了它的衰败，这对中国社会的发展是有利的。

（4）《资政新篇》描述了中国的资本主义蓝图。

《资政新篇》是太平天国后期由干王洪仁玕设计、得到天王洪秀全批准的一个趋向资本主义的政治改革方案。《资政新篇》从西方吸取了很多营养，是太平天国的领袖们为营造未来中国而提出的一个具有历史价值的崭新方案。

在《资政新篇》中，洪仁玕继承了清初黄宗羲提出的"工商皆本"的思想，并把它具体化，拟订为政策，以期使中国与西方列强并驾齐驱。洪仁玕认为，工商科技是"正正堂堂之技"，是经纬于天地之间，"永古可行者也"。这种认识冲破了中土士大夫的水平，是近代化的一个新观念。

太平天国后期，保护和奖励私人工商业，发展国内和国际的通商贸易，态度鲜明，效果十分显著。太平天国地区出现农商并茂的新景象。由是可见，太平天国的近代化趋势是鲜明的，它推动了中国历史前进的步伐。

重点 2：太平天国的历史意义、失败原因及其教训

1. 历史意义

太平天国虽然失败了，但它具有不可磨灭的历史功绩和重大的历史意义。

第一，太平天国是中国近代民主革命准备时期的重要事件。从近代中国的主要矛盾和历史任务来看，太平天国农民战争反抗西方资本主义国家的侵略，沉重打击了封建统治阶级，强烈撼动了清政府的统治根基，加速了清王朝的衰败过程。因此，太平天国的打击目标与日后的反帝反封建的资产阶级民主革命之任务是一致的，它是中国近代民主革命准备时期的重要事件。

太平天国消灭了百万清军，沉重地打击了清王朝中央集权君主专制统治秩序，冲击了封建思想文化。这场战争之后，清王朝不得不授予镇压太平天国的湘军、淮军头目越来越大的权力，军权、财权、人事行政权下移，地方督抚权力大增，清廷对地方控制的能力减弱。几十年后辛亥革命爆发，各地纷纷响应，清王朝迅速土崩瓦解，很大程度是因为太平天国以后形成的这种政治格局。太平天国在其统治区对地主阶级的打击，使不少地主家族死亡殆尽，大量田册、地契焚毁；太平天国虽然没有实施《天朝田亩制度》关于土地分配的方案，但在一些地区实行"着佃交粮"的政策，实际上承认了佃农对所耕土地的所有权。起义失败后，清朝虽实行"田归原主"的政策，但很多土地已经无法归还原来的地主，于是，部分耕作这些土地的农民成为土地的新主人，这就使长江中下游地区出现了一批新自耕农，这在经济上有利于资本主义生产关系的产生。

太平天国拒绝承认不平等条约，要求外国不得干涉中国的内政和遵守太平天国的法律，严禁鸦片贸易。当外国侵略者扬言，如果太平天国触犯他们的侵略利益，他们将会以武力对待时，太平天国并没有在其威胁下屈服。据李秀成说，外国侵略者曾经向洪秀全提出以"平分"中国为条件联合反对清朝，被洪秀全严词拒绝。当中外反动派勾结起来向太平军举起屠刀时，太平天国起义者毫不犹豫地同英、法军队以及由外国军官组织和指挥的"常胜军""常捷军"进行斗争，表现出英雄的气概。1862 年 4 月，太平军在上海郊区与英、法、俄军队激战，打伤英国海军司令何伯；5 月，击毙法国海军司令卜罗德；6 月，俘虏"常胜军"副统领法尔思德；9 月，"常胜军"头目华尔被太平军打伤毙命。太平军在同外国侵略者作战时的表现远远优于清军。

第二，太平天国是中国旧式农民战争的最高峰。太平天国历时 14 年，转战 18 省，建立了与清王朝对峙的政权。列宁说过："历次革命的一般进程表明了这一点，在这些革命中，往往有过短时间的、暂时得到农村支持的劳动者专政，但是却没有过劳动者的巩固政权。"列宁的这段话对理解太平天国政权的性质有很大的帮助。尽管农民建立的政权只能模仿封建王朝的君主制度，但因为太平天国打击的是官绅地主，给贫苦农民带来了利益与希望，所以得到广大农民的支持、拥护，数以百万计的农民参加了起义。起义初期，太平天国连老弱妇孺在内不足万人，两年以后迅速壮大为数十万人的队伍；太平天国北伐军出发时不足两万人，但沿途贫苦农民不断加入，转战期间队伍曾不断壮大。如果不代表农民

利益，这是不可能做到的。

太平天国把千百年来农民对拥有土地的渴望在《天朝田亩制度》中比较完整地表达了出来。《资政新篇》则是中国近代历史上第一个比较系统地发展资本主义的方案，这反映了太平天国某些领导人在后期试图通过向外国学习来寻求出路的一种努力。因此，太平天国农民战争具有了不同于以往农民战争的新的历史特点。从中国的农民战争史看，太平天国是中国旧式农民战争的最高峰。

第三，太平天国对日后的反帝反封建斗争的启迪和鼓舞。作为一场空前的农民战争，太平天国撒播的反抗火种仍然在延续。孙中山早年就听过太平天国的故事，这是他青年时代决志走上反清革命道路的重要动因。辛亥革命时期，孙中山和他的同志们更是以太平天国的后继者自居，革命党人在自己的报刊中赞扬和宣传太平天国的斗争精神。在新民主主义革命时期，中国共产党人也十分注意吸取太平天国的经验和教训。所以说，太平天国对日后的反帝反封建斗争有很大的启迪、鼓舞作用。

2. 失败的原因

第一，太平天国之所以最终失败，从客观方面来看，是因为在当时太平天国面对的敌人不只是清王朝，还有外国侵略者。在第二次鸦片战争结束后，清政府公开宣布实行"借师助剿"的政策，与西方国家联合起来镇压，而西方国家也认定维护清王朝更符合它们的利益，于是以各种办法支持清王朝，西方国家的军队甚至直接同太平军作战。外国资本主义和中国封建主义联合起来的政治、军事、经济、文化等方面的总体实力，远远超过太平天国。因为双方力量对比悬殊，太平天国的失败是难以避免的。

第二，从主观方面来看，太平天国是一场农民战争，农民阶级的局限性也不可避免地影响了起义的进程和归宿。首先，太平天国用拜上帝教的教义来发动农民是有成效的，但这种宗教不是科学、先进的思想，它既有西方的色彩，又含有大量俚俗、粗鄙、迷信的内容（例如"上帝附体"之类），不容易取得有文化的士大夫的支持。太平天国是中国历史上规模最大的农民起义，但在吸收士大夫参加方面却不如其他规模小得多的农民起义。士大夫阶层的精英人物基本站在清王朝一边，这与太平天国的宗教、文化政策有很大关系。洪秀全在后期不仅没有对宗教进行必要的改造，反而强化了其迷信、鄙俗的一面，对群众已经没有号召力，只有洪秀全本人依然沉迷于自己制造的虚幻神话之中。

第三，太平天国是一场农民起义，小生产者之自私、狭隘的一面，导致享乐主义、腐败、分裂甚至自相残杀。进入天京之后，太平天国领导人很快就抛弃了早期的艰苦奋斗作风，极力追求物质享受，并以物质享受激励官兵、群众。例如，洪秀全所做的《天理道情书》说："试问尔等，当凡情在家之时，或农或工或商贾，营谋衣食，朝夕不遑，手足胝胼，辛苦备尝。孰如我们今日顶天扶主，立志勤王，各受天恩、主恩及东王列王洪恩，畀及荣光，出则服御显扬，侍从罗列，乃马者有人，打扇者有人，前呼后拥，威风排场，可谓盖世。试思尔等在凡情时有如此之荣耀者乎？"太平天国诸王在建都后不久就大兴土木，建立豪华府邸。天王洪秀全、东王杨秀清及其他诸王"为繁华迷惑，养尊处优，专务于声色货利"；诸王与部将及广大士兵逐渐疏离，诸王之间更是"彼此暌隔，猜忌日生"。即使是比较清醒的李秀成，忠王府也修得十分壮丽，连李鸿章都叹为观止。太平天国的高层都有很多妻妾，如洪秀全有王娘88人，杨秀清有王娘54人。1856年9月发生的天京事变，更是小生产者的自私、狭隘之恶性发作。这场流血大内讧，打破了洪秀全等人制造的神话，造成了信仰危机，拜上帝教也失去了早期的凝聚功能。

第四，在对内对外政策方面，太平天国也有很多失误。例如，太平天国不明世界大势，对外国侵略者虽有反抗，但缺乏深刻的认识，一方面有幻想，另一方面仍持"天朝上国"心态。不仅无法利用清政府与西方国家的矛盾，也无法阻止两者的联合，并不止一次地受到侵略者的欺骗。在军事战略战术、经济政策等方面，太平天国也有很多失误。

3. 教训

在半殖民地半封建的中国，农民虽有巨大的革命潜力，是反帝反封建的主力军，但农民阶级不是新生产方式的代表，它不可能彻底摧毁旧的封建制度，建立一个完全崭新的社会制度，因而农民自身不能担负起领导反帝反封建斗争取得胜利的重任。单纯的农民战争不可能为中国找到出路，不可能完成争取民族独立和人民解放的历史任务。

重点3：洋务运动的历史背景和历史作用

1. 历史背景

洋务运动是在19世纪60年代初清政府镇压太平天国的过程中和第二次鸦片战争结束后兴起的。经过两次鸦片战争的失败以及太平天国农民战争的打击，清朝的一部分官僚开始认识到西方坚船利炮的好处。为了解除内忧外患，实现富国强兵，以维护清朝统治，他们主张学习和引进西方先进的科学技术和军事装备。这些人被称为洋务派，这一事件被称为洋务运动。

因为清政府用国家领土、主权以及一系列经贸特权暂时满足了外国侵略者的需求，国内的农民战争也进入低潮，因而呈现了暂时稳定的局面，即所谓中外和好的"和局"。但是在清朝统治集团中，一些头脑比较清楚的当权者，如曾国藩、李鸿章、左宗棠以及恭亲王奕䜣等洋务派，并没有因此而减少他们对清政府统治的危机感。曾国藩、李鸿章、左宗棠等人在借助外国侵略者镇压太平天国的"华洋会剿"中，亲身感受到外国侵略者坚船利炮的巨大威力，从而感受到一种潜在的长远威胁。面临中国"数千年未有之变局"，他们继承了林则徐、魏源等人提出的"师夷长技以制夷"的思想并极力将这种思想付诸实践。

洋务派兴办洋务事业，首先是为了购买和制造洋枪洋炮以镇压农民起义，同时也有借机加强海防和边防，并乘机发展本集团的政治、经济、军事实力的意图。洋务派官员、恭亲王奕䜣认为，太平天国、捻军等农民起义是"心腹之害"，沙俄是"肘腋之忧"，英国是"肢体之患"，因此"灭发（指太平天国）、捻（指捻军）为先，治俄次之，治英又次之"。奕䜣提出，"探源之策，在于自强。自强之术，必先练兵"。

洋务运动的指导思想是"中学为体，西学为用"。郑观应提出"主以中学，辅以西学"的学习西方原则。对兴办洋务事业的指导思想，最先做出比较完整表述的是洋务派思想家冯桂芬。1861年，他在《校邠庐抗议》一书中说："采西学""制洋器""以中国之伦常名教为原本，辅以诸国富强之术"。这个思想后来被概括为"中学为体，西学为用"，简称"中体西用"。所谓"中体西用"，就是以中国封建伦理纲常所维护的统治秩序为主体，用西方的近代工业为辅助，并以前者来支配后者。

2. 历史作用

洋务派提出"自强""求富"的主张，通过所掌握的国家权力集中力量首先发展军事工业,继而发展若干民用企业,这在客观上刺激了中国早期工业和民族资本主义的发展,对外国经济势力的扩张,也起了一定的抵制作用。

(1) 对近代军事的作用。

洋务派主张"师夷长技"以富国强兵,试图抵抗外国侵略,挽救统治危机。为实现军事"自强",洋务派主要抓了三个方面的工作:一是建立近代军事工业;二是建立近代海防、海军,同时改进陆军的武器装备和训练;三是建立近代军事学堂,培养新式陆海军人才。在李鸿章等人的主持下,一大批大型近代军事工业相继问世。1885年设立的海军衙门,统领海军、海防事宜,推进了海军建设和国防的现代化建设。清朝军队的战斗力有所提高。洋务运动的军事自强,使中国军队以近代新式武器装备投入反对日本侵略的甲午战争,开始了中国军队的近代化进程。

(2) 对近代经济的作用。

洋务派兴办军事工业的过程中,遇到的最大困难是资金紧张、原料缺乏、交通不便等。于是,在"自强"口号兴办军事工业之后,洋务派又提出"求富"口号,开始兴办民用企业,重点在于采矿、冶炼、航运、铁路等配合军事工业的部门。在洋务派的倡导下,许多达官显贵以兴办洋务为荣,这就动摇了从商鞅变法开始的、中国几千年文明中"重农轻商"的观念,促进了中国近代经济的发展,刺激了中国资本主义的产生并使其在社会经济中明显增长。

(3) 对近代政治的作用。

洋务运动自身的封建性和腐朽性导致了其最终的失败,由此使一些有识之士看到了洋务运动的缺陷,认识到单纯模仿西方的坚船利炮是不够的,必须对腐朽的封建制度有所改革。这样,就产生了早期的维新思想,从而促进了中国近代化的历史进程。

(4) 对近代文化的作用。

洋务运动是中国近代教育的开端。由于中国传统的科举制度无法满足洋务运动对人才的需要,因此兴办新式学堂、派遣留学生,就成了洋务运动进行下去的一项重要的举措。从19世纪60年代到90年代,洋务派创办了24所新式学堂,主要为翻译、工程、兵器、通信、医等学堂。虽然这些学堂规模都不大,但是依旧打破了古老的科举制度,培养了一批近代科技知识分子,在一定程度上打通了社会文化风气。为了更系统地学习西方先进的科学技术,洋务派向欧美派遣了两百多名留学生。虽然后来大多撤回,半途而废,但毕竟为洋务事业培养了一大批具有西学知识的新式人才,对中国的教育近代化起了很大的推动作用,为中国社会迈向近代化准备了最初始的文化条件。

重点4:洋务运动的性质与失败原因

1. 洋务运动的性质

第一,洋务运动也是近代中国人探索国家出路的一次尝试。洋务运动是一场地主阶级的自救运动。近代中国地主阶级的一部分人即洋务派,希望通过学习西方,使中国走上富国强兵之路。洋务派搞洋务运动是为了挽救大清王朝。说洋务派搞军事工业、建新式海陆军主要是为了镇压人民反抗,这一判断是正确的;但是,也应看到,洋务派这样做也是为了抵御外侮,因为镇压人民反抗并不一定需要购买7000多吨位的军舰建成舰队,建设海军主要是为了保卫中国海防。对此应给予适当的肯定。

第二，洋务运动对中国资本主义的产生和发展具有两重性。近代以来中国人民面对两大历史任务：争取民族独立、人民解放和实现国家富强、人民富裕。洋务派所办的军用、民用企业是中国人举办的最早的一批使用机器的近代企业，这些企业引进了一些现代科技、管理方法，客观上对中国资本主义的产生和初步发展起了一定的示范和促进作用；办学堂、派留学生等在传播近代科技知识、培养科技人才方面也有积极作用，而且对封建思想文化也产生了冲击。

但是，对洋务运动也不能评价过高，它对中国资本主义产生和发展的作用有两重性：既有促进的一面，也有阻碍的一面，而且到了后期，阻碍是主要的方面。在洋务运动中办了一批企业，但这些企业带有浓厚的封建衙门色彩，办得成功的不多。这些企业除少数采取官办或官商合办的方式外，多数都采取官督商办的方式。所谓官督商办，就是官府负责保护、扶植，派官员（多为亦官亦商者）监督管理，有时也借垫部分资金，而主要由商人投资认股，商务由商人管理（产、运、销），盈亏由商人承受。官督商办的做法早期有其合理性，因为中国封建顽固势力强大，一切新事物都会遭到反对，必须利用官府的权威才能减少阻力。如果没有大官僚李鸿章等人的提倡、支持和批准，新式企业无法取得合法地位，资金、用地的困难无法解决，遇到阻力、破坏更无法应付。当时商智未开，商力不足，商人没有官府的出面也不敢投资，因此，这个阶段，不能说"官督"没有一定的积极作用。但到了19世纪80年代特别是90年代以后，一方面，商智、商力已经有明显的进展，不必时时、事事靠官府出面；而官府这一方面，提倡、扶持从来都不是无偿的，即使在早期，也大大加重了企业的成本，朝廷、地方官府、官员个人都要谋取利益，越来越多的官员把近代企业作为牟利的新途径，商人没有多少发言权，这样，"官督"的负面作用也就越来越明显。"官督商办"受到商人广泛的反对，就无法再推行下去了。

洋务运动的其他方面也是如此。洋务运动虽然办了一些新式学校，但30年间全国总共办了20多个，所培养的学生不过几千人，几乎都是技术型的人才。洋务运动最重要的标志北洋海军，据说曾经在世界上排第八位、亚洲排第一位，但在甲午中日战争中全军覆没。通常以中国在甲午战争中的失败作为洋务运动破产的标志。

2. 失败原因

第一，洋务运动的封建性。毛泽东指出："地主阶级是帝国主义统治中国的主要的社会基础，是用封建制度剥削和压迫农民的阶级，是在政治上、经济上、文化上阻碍中国社会前进而没有丝毫进步作用的阶级。"毛泽东这一论断是对近代中国整个地主阶级做出的，尽管这个阶级会出现个别有作为的人物，但他们也不能不受地主阶级本质的制约。洋务运动由地主阶级部分当权人物倡导，在对清王朝不作任何根本改革的前提下进行，洋务派主要人物的阶级性并没有发生转化，这个时期中国地主阶级也没有出现本质性的分化，洋务派和顽固派虽有矛盾和争论，但在维护清王朝统治这个根本问题上是一致的。因此，地主阶级的反动性和腐朽性决定了洋务运动的过程和归宿，这不是少数有能力的洋务官僚就能改变的历史命运。

洋务运动封建性的一个非常重要的表现，是洋务派不敢、不愿对清王朝的政治制度作任何真正的改革。历史经验表明，所有现代化成功的国家，必须有一个能够主导现代化的中央政府，以及与此相适应的政治结构，这样才能利用政府的权威，全面推行经济、政治、文化、社会的改革，在改革过程中排除各种阻力。有的事情，表面看来是具体问题，但不实行政治改革是无法解决的。例如，兴办近代企业、建立新式海陆军需要大量经费，但在没有政治改革的情况下，财政制度还是封建王朝的旧模式，经费就无法保证，甚至会被挪用。又如人才培养，科举制度若不废除，新式教育就不可能发展，但废科举本身是一项带政治性的改革。洋务派坚持所谓"中学为体，西学为用"，只是在器物、技能层次学习西方，在政治、经济、法律制度这个层次，则不作任何改革。他们企图以吸取西方近代生产技术为手段，来达到维护和巩固中国封建统治的目的，这就决定了它必然失败的命运。因为新的生产力是同封建主义的生产关系及其上层建筑不相容的，是不可能在封建主义的桎梏下充分地发展起来的。

清朝的政治制度不合世界潮流，洋务派并非毫无察觉。洋务派自身有其局限性。他们有一定抱负，洋务运动是他们理想、功业、实力、地位的保证，但他们自身的经济利益很少同现代企业联系；相反，他们之中的多数人都是大官僚大地主，政治改革将会损害他们本人、家庭以及小集团的眼前利益。他们都忠于清王朝，但清王朝最高统治者慈禧太后，不会允许洋务派进行任何政治改革。洋务派多数又是科举中人，思想上还保持着封建的三纲五常那一套。支持洋务运动的人物，在整个官僚体制、整个士大夫阶层中，并不占优势。洋务派在政治、经济、文化等各方面同清王朝整个统治集团、同整个地主阶级是一致的，这是洋务派不敢、不愿对清王朝的政治制度作任何真正改革的最根本原因。

第二，洋务运动的依赖性。在洋务运动进行之时，清政府已与西方国家签订了一批不平等条约，西方列强正是依据种种特权，从政治、经济等各方面加紧对中国的侵略和控制，它们并不希望中国真正富强起来。洋务派不敢、不能坚决维护国家主权，不敢、不能坚决抵抗外国侵略，一味迷信所谓"国际公法"，希望用妥协换取清朝统治的苟安。洋务派所办的企业、学堂、海陆军，在设备、装备、技术、管理、训练等方面都要依赖外国人。李鸿章可以说是洋务运动的核心人物，对清朝外交政策有着举足轻重的影响，他曾经幻想借助俄国的力量来抵御其他帝国主义国家对中国的侵略，结果却使中国失去了更多的权益。洋务运动搞了30年，中国半殖民地化反而加深了，越来越弱、越来越贫。

第三，洋务运动的腐朽性。从根本上来说，这是由其封建性决定的。洋务派以不改变落后和腐朽的政治、经济制度为前提，开展洋务运动，腐朽性是必然的产物。洋务企业除少数以外，管理仍是封建衙门式的，充斥着任人唯亲、营私舞弊、贪污受贿、挥霍浪费等官场恶习。督办、总办等大小官员既不懂生产技术又不懂经营管理，无法维持企业的正常运行。一些曾经办得不错的企业，最终也无法维持。洋务派创办的新式陆海军和军工企业，也有很多腐败的事例。洋务派所谓"自强、求富"只能是句空话。

重点5：戊戌维新运动的历史背景和主要内容

1. 历史背景

（1）民族危机的进一步加深。

19世纪末，世界上主要的资本主义国家英、法、美、德、意、日、俄等相继进入帝国主义阶段，因此加紧对落后的国家和地区进行侵略和争夺。甲午战争的惨败加速了中国社会半殖民地化的进程。西方列强趁机掀起瓜分中国的狂潮,偌大的中国被分割成了一块块列强的"势力范围"。亡国灭种的危急形势,迫使一些先进的中国人开始寻找新的救亡图存的道路。

(2) 民族资本主义的初步发展。

这一时期民族资本主义得以初步发展的原因有三个:一是帝国主义的入侵所带来的刺激。《马关条约》中允许列强在通商口岸开设工厂,列强纷纷加紧资本输出,中国自给自足的自然经济遭到进一步破坏。这在客观上促使中国城乡的商品经济进一步发展,为中国民族工业的发展创造了一些条件。二是在洋务运动中,洋务派打着"自强""求富"的口号,兴办了一批近代工业企业,对中国民族资本主义的发展起到了引导和刺激作用。三是一些觉醒的国人把发展民族资本主义、抵制洋货看作是挽救民族危亡的手段之一,他们发出了"实业救国"的呼声,利用有利时机大力发展民族工业。19 世纪末,中国民族资本主义得到了初步发展,为资产阶级开展维新变法运动提供了经济基础。

随着民族资本主义的初步发展,中国民族资产阶级的经济实力不断增强,他们开始谋求与其经济地位相符合的政治权利。民族资产阶级作为新的政治力量开始登上政治舞台,为戊戌维新运动奠定了阶级基础。

(3) 近代以来新思想的发展。

鸦片战争后,中国的民族危机日益严重,封建统治的危机也一步步加深,先进的中国人开始思考"中国向何处去"的问题。林则徐、魏源发出了"师夷长技以制夷"的呼声,成为学习西方的先声。他们的思想由于受到种种限制,并没有付诸实践。洋务派将"师夷长技"的思想付诸行动,学习和引进西方先进的科学技术和军事装备,希望以此达到"自强""求富"的目的。洋务运动开启了中国近代化的进程。但是甲午战争的惨败已表明洋务运动并不能救中国。

19 世纪 60 年代以后,由于西方资本主义思想的传入和洋务运动的兴起,在一些知识分子中间产生了早期的资产阶级维新思想,代表人物有王韬、薛福成、马建忠等。他们认为,洋务运动仅将"制器"作为学习的重点是不够的,中国真正要学习的应是西方先进的政治经济制度。尽管早期维新派主要针对具体问题提出了一些改革方案,没有形成完整的理论体系,他们也仅限于舆论鼓吹,很少从事实际的政治活动,但他们掀起的维新思潮仍然产生了广泛影响,并对康有为、梁启超等维新思想的产生起到了思想先导的作用。

到了 19 世纪 90 年代,资产阶级维新思想进一步发展,代表人物有康有为、梁启超、谭嗣同、严复等。康有为打着"托古改制"的旗号,将西方资本主义的政治学说与中国传统的儒家思想结合起来,宣传变法维新。康有为的维新思想在当时社会上极具震撼力,为维新变法奠定了理论基础。但是,他的思想中带有浓厚的封建色彩,体现了他对封建守旧势力的妥协。

梁启超在上海创办《时务报》并担任主笔,发表《变法通议》等一系列论文,猛烈抨击封建顽固派的因循守旧,阐述变法图存的道理。他提出,"法者天下之公器,变者天下之公理","变亦变,不变亦变"。只有实行变法,革除积弊,才是救亡图存的唯一出路。梁启超的维新思想在当时的一些爱国知识分子和开明官僚中产生了较大反响,大大增强了维新变法的声势。

谭嗣同、严复运用西方资产阶级政治学说，对封建君主专制作了猛烈批判。谭嗣同指出，"君末也，民本也"；严复甚至认为，国家是"民之公产"，王侯将相不过是"通国之公仆隶"，而专制帝王则是"窃国者耳"。所有这些，在近代中国掀起了第一次思想解放的潮流，推动了变法维新运动的高涨。

2. 主要内容

1898 年 6 月 11 日，光绪皇帝在维新派的推动下颁布"明定国是"诏书，宣布开始变法。在此后的 103 天中，接连发布一系列推行新政的诏令。其内容归纳起来，主要有以下几个方面。

（1）政治方面。

改革行政机构，删改则例，裁撤闲散、重叠衙门；裁汰冗员，澄清吏治，倡导廉政；准许"旗人"自谋生计，取消他们享受国家供养的特权；广开言路，提倡官民向皇帝上书言事。

（2）经济方面。

保护、奖励农工商业和交通采矿业，中央设立农工商总局，各省设立商务局；提倡开办实业，奖励发明创造；设立铁路矿务总局，修筑铁路，开采矿藏；开办邮政，开办商会、商报，设立商会等各类组织；注重发展农业，提倡西法垦殖，建立新式农场；改革财政，编制国家预决算。

（3）军事方面。

裁汰旧式绿营兵，改练新式陆军；采用西洋兵制，练洋操，习洋枪等。

（4）教育方面。

创办京师大学堂，各省书院改为高等学堂，各地设立中、小学堂；废除八股取士，提倡西学，改试策论，设经济特科；设立译书局，翻译外国书籍，派遣留学生；准许自由开办报馆、学会，奖励科学著作和发明。

变法诏书的颁布，有利于西方科学技术的传播和中国资本主义的发展，有利于具有维新思想的知识分子参与政权。新政的内容，虽然没有涉及维新派提出的设议院、开国会、定宪法等政治主张，但毕竟对腐朽的封建制度的许多方面都有所触动。

重点 6：戊戌维新运动的失败原因和历史意义

1. 失败原因

戊戌维新运动的失败，主要是由于维新派自身的局限性和以慈禧太后为首的强大的守旧势力的反对。当时中国的民族资本主义经济力量还十分微弱，民族资产阶级的社会基础也相当狭窄。民族资产阶级的政治代表维新派的势力更是非常弱小，很多人自身还保留着封建士大夫的痕迹。他们既没有严密的组织，也不掌握政权和军队，更没有去发动群众。因此，他们就只能把自己实行改革的全部希望，寄托在一个没有实权的光绪皇帝和极少数官僚的身上。当时清朝的最高领导权由以慈禧太后为首的王公大臣所掌握。慈禧最初曾表示"今宜专讲西学"，但是，当她感到变法触及自己的权力和清廷王公贵族的利益时，就动手遏制、镇压。这样一来，失败便不可避免。

维新派自身的局限性突出地表现在以下三个方面。

首先，不敢否定封建主义。他们在政治上不敢根本否定封建君主专制，只是企图依靠光绪皇帝"以君权雷厉风行"，通过和平、合法的手段，实现自上而下的改良，让资产阶级和开明士绅的代表参加政权，在中国逐步实现君主立宪。在经济上，他们虽然要求发展民族资本主义，却未触及封建制度的经济基础即封建土地所有制。在思想文化上，他们虽然提倡西学，却仍要打着孔子的旗号，借古代圣贤之名"托古改制"。康有为的《新学伪经考》指责西汉的古文经书全系刘歆伪造，是为王莽篡汉、建立"新"朝服务的"新学""伪经"；在《孔子改制考》中，康有为将孔子打扮成"托古改制"的祖师爷，以此为自己的变法维新提供理论依据。康有为的变法理论是自相矛盾的：既想实行资本主义性质的改革，又不敢根本否定封建制度；既要反对儒家思想，又要借助儒家传统来制造变革理论。之所以如此，客观上是由于变法遇到的阻力非常大，主观上则反映了资产阶级维新派在政治上、思想上的软弱性。

其次，对帝国主义抱有幻想。维新派虽然大声疾呼救亡图存，但又幻想西方列强能帮助自己变法图强。维新派尖锐地揭露了俄国侵华的事实，却幻想与英、日结成同盟来抵抗俄国。有人甚至建议聘请日本前首相伊藤博文来中国任维新顾问。英、日帝国主义虽然表面上同情维新派，但实质上只是为了乘机扩大在华侵略势力，寻找他们在中国的代理人，同时也是为了与俄国进行争夺。因此，在戊戌政变前夕，维新派分别乞求英、美、日驻华公使的支持，结果都落了空。

最后，惧怕人民群众。维新派的活动基本上局限于官僚士大夫和知识分子的小圈子。他们不但脱离人民群众，而且惧怕甚至仇视人民群众。康有为在每次上书中，都反复提醒光绪帝不要忘记人民反抗的危险，要警惕"金田之役""乱民蠢动"。他告诫皇帝，"既无强敌之逼，揭竿斩木，已可忧危"；如果不实行变法，下层群众将会起来造反，使皇帝和大臣们虽欲苟安，而"歌舞湖山"却不可得，甚至"求为长安布衣而不可得"。正因为没有人民群众作为后盾，所以当他们得悉守旧派要发动军事政变时，只得打算依靠掌有兵权的袁世凯，结果反而被袁世凯出卖。而一旦守旧派反戈一击，维新派也就没有丝毫的抵抗能力。

另外，维新派及光绪皇帝在实施变法上的某些冒进措施，也是失败的原因之一。例如，大量裁减冗官，仅京师一地，涉及闲散衙门十多处，失去职务者近万人，但是又没有安排出路。因王照上书被阻而一下子罢免六个部长级官员，也属操之过急、失之过重。

2. 历史意义

（1）戊戌维新运动是一场挽救国家危亡的政治运动。康有为等人希望通过这场运动使中国富强，免受外国欺凌，因此，这场运动带有反帝爱国性质。戊戌维新运动又是一场资产阶级政治改革运动，康有为等人要求对封建君主专制制度进行改革，在经济上要求发展民族资本主义，在思想文化领域则宣传近代科学和资产阶级文化，因此，它带有反封建的性质。

戊戌维新突破了洋务派所谓"中体西用"的樊篱，提出了变革清王朝政治制度的要求，而且付诸实践，维新派最终的主张，是用资产阶级的君主立宪制度取代封建主义的君主专制制度。所以说戊戌维新是一场代表新兴的民族资产阶级利益的政治运动。戊戌维新运动虽然失败，但在政治、经济、文化等领域都冲击了封建主义。戊戌维新运动也是使清王朝"不能照旧统治下去"的重要政治事件,是中国资产阶级民主革命的重要酝酿阶段。它为这个革命的发生,在政治上、思想上做了必要的准备。

(2) 戊戌维新运动在思想文化领域产生了很大的影响。维新派在思想文化方面的影响超过了他们在政治、经济等方面的影响。戊戌维新运动是一场思想启蒙运动。在戊戌维新运动期间,维新派大力传播西方资产阶级的社会政治学说和自然科学知识,宣传自由平等、社会进化观念,批判封建君权和封建纲常伦理,有利于民主思想在中国的传播,有利于人们的思想解放,全面掀起了近代中国第一次思想解放运动的潮流,推动了中华民族的觉醒。在文化的其他领域,由于维新派的推动,"诗界革命""文体革命""小说界革命""戏剧改良""史学革命"等相继而起,梁启超、黄遵宪、谭嗣同、汪康年等人身体力行,掀起了广泛的文化革新运动。以维新运动为起点,资产阶级新文化开始打破封建文化独占文化阵地的局面。在教育方面,维新派主张采用西方近代教育制度,兴办新式学堂,这对中国近代教育的发展起了积极的推动作用。京师大学堂的创设,更成为中国近代国立高等教育的发端。维新派不仅在思想启蒙和文化教育方面开创了新的局面,而且在改革社会风习方面也提出了许多新的主张。如要求革除吸食鸦片及妇女缠足等恶俗陋习,提出"剪辫易服"的主张,倡导讲文明、重卫生、反跪拜等。其移风易俗、开启社会新风的效用不可低估。

(3) 戊戌维新运动对资产阶级革命运动的促进。维新运动对日后的资产阶级革命运动产生了促进作用。尽管康有为、梁启超等人后来成为资产阶级革命运动的阻力,但他们在戊戌维新时期的启蒙工作,点燃了爱国、民主的火种,促使大批知识分子觉醒,其中不少人后来走上反清革命的道路。当然,这并非维新派的初衷,但却是客观事实。特别是在19世纪末到20世纪头两三年,虽然以孙中山为首的资产阶级革命派已经开始进行反清革命,但他们的宣传工作在全国的影响不大,因此,维新派的启蒙工作更显得重要。维新运动的失败也使大批爱国志士明白清王朝已无可救药,不能指望它进行和平改革,从而放弃改良的道路而转向革命。例如,章太炎曾加入康有为创办的强学会,参与梁启超创办的《时务报》的撰述,赞同康、梁的变法维新主张。但戊戌维新运动的失败激起了章太炎对政治改良的怀疑,不久,他就和维新派决裂,走上了反清革命的道路。

三、深度阅读

阅读:《论人民民主专政》

写作背景:

1949年年初,辽沈、淮海、平津"三大战役"结束后,中国民主革命在全国的胜利已成定局。中国共产党和各民主党派以及无党派民主人士筹备建立民主联合政府。1949年6月30日,毛泽东发表了《论人民民主专政》一文,向全国人民公开阐明了中国共产党在建立新中国问题上的主张。毛泽东明确指出,资产阶级民主主义的思想不能救中国,资产阶级共和国的方案在中国行不通。在中国,只能建立工人阶级领导的、以工农联盟为基础的人民民主专政的国家政权。

原著节选：

自从一八四〇年鸦片战争失败那时起，先进的中国人，经过千辛万苦，向西方国家寻找真理。洪秀全、康有为、严复和孙中山，代表了在中国共产党出世以前向西方寻找真理的一派人物。那时，求进步的中国人，只要是西方的新道理，什么书也看。向日本、英国、美国、法国、德国派遣留学生之多，达到了惊人的程度。国内废科举，兴学校，好像雨后春笋，努力学习西方。我自己在青年时期，学的也是这些东西。这些是西方资产阶级民主主义的文化，即所谓新学，包括那时的社会学说和自然科学，和中国封建主义的文化即所谓旧学是对立的。学了这些新学的人们，在很长的时期内产生了一种信心，认为这些很可以救中国，除了旧学派，新学派自己表示怀疑的很少。要救国，只有维新，要维新，只有学外国。那时的外国只有西方资本主义国家是进步的，它们成功地建设了资产阶级的现代国家。日本人向西方学习有成效，中国人也想向日本人学。

原著解析：

洪秀全发动的太平天国农民战争，从根本上说，是与中国历史上无数次农民起义性质相同的一场旧式农民战争。例如，《天朝田亩制度》虽勾画了一个"有田同耕，有饭同食，有衣同穿，有钱同使，无处不均匀，无人不饱暖"的理想天国，但它体现的是与历史发展规律背道而驰的树立在小生产经济基础上的绝对平均主义的幻想，是一种不可能实现的农民乌托邦；农民的阶级局限性，导致他们所建立的政权迅速封建化；领导集团的腐朽与奢华不亚于清朝皇帝，并最终因争权夺利而相互砍杀，发生天京事变。所有这些，给太平天国革命打上了依然没有摆脱旧式农民战争的深刻烙印。

但是，太平天国农民战争发生在外国资本主义已侵入中国、中国原有的自给自足的自然经济趋于解体，并逐渐产生资本主义生产方式的时期，就使这场农民革命不能不带有不同于以往农民战争的一些新的历史特点。

太平天国后期，得到天王洪秀全信任、主政于危难之际的干王洪仁玕，制定了一个统筹全局的改革方案——《资政新篇》。这是一个向西方学习的较为全面的方案。《资政新篇》的主要内容是：在政治方面，主张"禁朋党之弊"，加强中央集权，并学习西方，制定法律、制度；在经济方面，主张发展近代工矿、交通、邮政、银行等事业，奖励科技发明和机器制造，尤其是提出"准富者请人雇工"，对穷人"宜令做工，以受所值"，这就把向西方的学习，从生产力的领域扩展到生产关系的领域，即开始提倡资本主义的雇佣劳动制；在思想文化方面，建议设立新闻官、新闻馆，破除陈规陋俗，提倡兴办学校、医院和社会福利事业；在外交方面，主张同外国平等交往、自由通商，"与番人竞雄"，但严禁鸦片入口，对来华的外国人，"但准其为国献策，不得毁谤国法"。洪秀全看到后，非常重视。几乎逐条加以批示，对其中绝大部分条款都表示赞同（如"此策是也""钦定此策是也"），并下令镌刻颁布。

《资政新篇》对中国未来做出了大胆的、超出了农民小生产者眼界的新颖设计，代表了未来中国前进的方向。它是近代中国第一部比较完整的资本主义建设方案，是太平天国历史上一个光辉的亮点，使这次农民战争鲜明地不同于中国历史上的其他农民战争，反映了以洪秀全为代表的太平天国领导人向西方寻找真理、探索国家出路的努力。虽然《资政新篇》与《天朝田亩制度》一样没能付诸实践，但它却为后人留下了珍贵的思想材料。

正因为如此，毛泽东在为纪念中国共产党成立 28 周年而写的《论人民民主专政》一文中，把洪秀全列为近代中国"向西方国家寻找真理"的"一派人物"之一。这是完全恰当的。

四、案例解析

案例：康有为的变法理论

案例来源：朱志敏：《"毛泽东思想概论"课教学案例解析》，高等教育出版社 2004 年版，第 46—48 页。

案例内容：

康有为决心领导一场变法运动，使中国走出危机。然而，当时中国人所了解的现代知识还很有限，他只能到传统经学中去寻找变法理论依据。提起经学，还有一段故事。

两千多年前，在华夏大地上出现的第一个自命皇帝、君临天下的秦始皇，为了巩固其专制统治，听从丞相李斯的建议，"焚书坑儒"。460 多名借古讽今、讥刺朝政的儒生被活埋，儒家经典和前代各国史书一概投入火中烧掉。秦皇的统一大业功垂青史，而其高压专制的政策却导致王朝的速亡。汉高祖刘邦接受教训，重新启用儒生。至汉武帝时，立五经博士。太学传授经书需要教材，因没有原本可参考，就请精通儒学的遗老根据记忆讲授，再用当时已改进了的隶书体文字抄出来。汉武帝末年，有人重修山东曲阜孔子家宅，在残破的墙壁中发现了部分用先秦时代篆文书写的经书。这些书连同其他一些收自民间逃过焚书劫难的篆文经书上缴皇宫后藏于密室。到汉哀帝时，担任领校秘书官职的刘歆发现篆文经书的内容与隶书体经书不完全一致，于是把前者命名为古文经书，后者命名为今文经书。他说今文经书为秦火之余，残缺不全。由此引起了延续近两千年的今、古文学之争。

儒学是依据儒家经典解释历史、说明道理的学问。儒家最初的经典有六部：《诗》《书》《礼》《易》《乐》《春秋》。今文学家认为这六部经书是孔子写的，其中表达了孔子的政治理想。这种认识给人一个改革思想家孔子的形象。与《春秋》相关的有三传：《公羊传》《谷梁传》《左传》，是解释《春秋》经文的。今文经学者尊奉《公羊传》和《谷梁传》。这两部书以阐发《春秋》文字的"微言大义"（是说经书中的词句里边隐含着不易察觉的深层含义）为特征，与人一种按自己的理解或需要解说经文的方便。因此，今文经学适合于变革时代经世致用的需要。古文学家则认为，孔子"述而不作，信而好古"，六经是他对前代已有材料的编辑整理。他们反对今文经学家随意解释经书的倾向，注重经书文字的训诂、考证。这样，古文经学易于学问上的严整、缜密、广博，而不利于借经书阐发现实需要的道理。

康有为从小受过儒家思想熏陶，青年时拜主张经世致用的学者朱次琦为师，后又与推重今文的经学家廖平交游，终于集晚清今文经学大成，被誉为今文经学的"最后一位大师"。他的《新学伪经考》一书从考证秦始皇焚书说起，对《史记》《汉书》《后汉书》等著名典籍所载经说部分做了考察，得出的结论是：秦皇焚书时并未烧毁六经，汉朝所流行的经书都是孔门原本，并无残缺。所有的古文经都是刘歆伪造的。刘歆伪造经书时为了掩盖真相，把一切古书都做了不同程度的篡改。刘歆改经是为王莽篡夺汉室改号"新"朝服务的，是"新学伪经"。其结果：东汉以来两千多年，莘莘学子、饱学之士所萦萦追求的学术，20余朝代尊严与礼乐制度的维系，全都以此"新学伪经"为依据。"诵读尊信，奉持施行"，无人敢于违逆，无人敢于怀疑。于是本来创于孔子的六经被说成是周公所作，孔子被说成是传述古人之道，隐含着孔子改制大义的《春秋》只被视为残缺不全的朝廷文告、记录了。

康有为的看法一方面打破了顽固派坚持不能更改而普通人忌讳更改的古法经典原则的神圣性，另一方面把孔子说成是一个托古改制的先知先圣，为自己提出变法主张树立了一位有力的庇护神。其实他的看法有不少主观武断之处，他加给刘歆的罪名也不符合史实。但是对于冲破旧思想的束缚，运用传统经学直接为现实改革服务来说，康有为此举无疑是有意义的。

在1897年写成的《孔子改制考》中，康有为依照他所解释的孔子经书中的"微言大义"阐述了一套变革逻辑。他把孔子说成是托古改制的"素王"，认为孔子生于乱世，有承王命、救民患、为圣王、为万世作师之志，因而作"三世之法"。但他身为布衣，人微言轻，倡行改制若不托于古事，不会有人相信，因此，采取了"托先王以行之"的办法创作"六经"。六经表面说是古代先圣先王的典章制度、规范，实际上却是孔子自己的理想。"六经中的尧舜、文王，皆孔子民主君主之所寄托"，不一定真有事实。康有为又把孔子改制的思想用"公羊三世说"加以概括。"公羊三世说"最初出自汉初成书的《公羊春秋》，内容是说孔子写《春秋》时根据事情发生时间的远近有所见事、所闻事、所传闻事的不同记法。后来董仲舒依据这种说法说《春秋》所记鲁国240多年的历史可以分为所见世、所闻世、所传闻世三个阶段。东汉时何休在《春秋公羊解诂》一书中又把这三世与衰乱、升平、太平相比附。康有为依这些说法，进一步发挥说："三世之说"正是孔子"非常大义"之所在。孔子把他所生时代说成是乱世，把先秦周文王、武王时代说成是升平之世，把更早的尧舜时代称作太平之世。但他实际的意思是要人们先使国家成为文、武时代那样的升平世，再进而实现尧舜那样的太平世。康有为又把据乱、升平、太平的"三世演进"说和经书《礼记·礼运》篇的"小康""大同"说相附会，提出升平世就是小康社会，太平世是大同社会；说历史就是由据乱世到升平世，又到太平世向前发展的，这三个时代要依次经过，不能超越。后来他又把三世说同君主专制、君主立宪、民主共和相比附，指出当时中国应抛弃君主专制，实行君主立宪制度，以适应历史发展需要，向民主共和即大同世迈进。

案例点评：

康有为（1858—1927年），广东省南海县人，出身于官僚地主家庭。他从小接受传统的儒家思想的系统教育，博通经史，尊崇孔学。康有为1879年和1882年先后到过香港、上海，接触到西方的物质文明和法律制度，大为敬佩，开始精心研读各种西方译著和报刊，探究西方国家进步的原因。1895年春，当中日签订《马关条约》的消息传来，康有为联合在京参加会试的举人1300多人，联名给皇帝上书，提出"拒和、迁都、变法"的主张，这就是历史上著名的"公车上书"。它揭开了变法维新运动的序幕。

整个变法维新运动期间，康有为先后7次上书光绪皇帝，系统地阐述了自己的变法主张。康有为的变法维新主张，概括起来就是：在政治上，兴民权，实行君主立宪；经济上，兴办实业，发展民族资本主义；文化上，倡西学，兴学堂，开发民智。这些主张反映了当时新兴的民族资产阶级要求挽救民族危亡和发展民族经济的两大愿望，所以说"戊戌维新是一场资产阶级性质的改良运动"，符合中国历史前进的方向，具有进步的意义。

虽然康有为发动的是一场资产阶级性质的改良运动，但是他所依据的理论武器，却不是诸如"自由""平等""博爱"和"天赋人权"之类的资产阶级民主主义思想，而是中国传统的今文经学思想。他把儒家学派的创始人孔子打扮成一位改革思想家，借孔子的"托古改制"来阐发自己的变法维新理论。

康有为阐发变法理论的著作有两部——《新学伪经考》和《孔子改制考》。在《新学伪经考》中，康有为把东汉以来一直被封建统治者奉为经典的古文经学，宣布是西汉刘歆为帮助王莽篡汉建"新"而伪造的，是"新学伪经"，从根本上否定了封建顽固派"恪守祖训"的理论依据，用以打击怀古守旧的思想。在《孔子改制考》中，他借宣传孔子的"托古改制"来宣传变法维新，着重地发挥了今文经学派的"三统"说、"三世"说。所谓"三统"说，即认为夏、商、周三代的制度也是有所演变、不尽相同的；所谓"三世"说，认为社会历史总是按"据乱世、升平世、太平世"即由君主专制到君主立宪再到民主共和这三个阶段，由低级到高级阶段不断发展的，并据此着重阐发了"变"的思想，用以打击万世不变的守旧观点，为变法维新提供理论依据。

康有为发动的是一场代表新兴的民族资产阶级利益的改良运动，而运用的思想武器却没有超脱中国传统儒学的范畴，以孔子为其倡言改革的庇护神。这是为什么呢？

19世纪八九十年代，中国人对西方资产阶级思想的了解非常有限，即便是康有为，也仅是初识西方自然科学知识和社会政治思想而已。他的西学知识，一方面从游历香港、上海的观察而来，一方面则来自魏源的《海国图志》、徐继畬的《瀛环志略》以及洋务运动时期出版的介绍西方政治、社会的译著和时评。康有为尚且如此，其他中国人的西学知识更是少得可怜。而当时中国的封建势力是非常顽固而强大的，他们视西方资产阶级思想为"异端邪说""洪水猛兽"。在这种情况下，康有为进行变法维新，是不敢也不会运用西方资产阶级民主主义思想之理论武器去与封建势力发生正面冲突的，只能到中国传统文化思想中去寻找理论武器。于是，康有为依托自身的今文经学优势，把孔子说成是"托古改制"的改革家，利用孔子的权威来打击守旧势力，以施行各项变法维新的主张。康有为的《新学伪经考》和《孔子改制考》在变法维新运动期间确实影响很大，被其弟子梁启超称作"大飓风"和"火山大喷火"，给予封建顽固派以有力的打击。

在看到康有为的变法理论在当时之积极作用的同时，我们也应看到其不可克服的局限性。戊戌维新的目的是要建立起资产阶级的君主立宪制度，以取代封建主义的君主专制制度，而以孔子为代表的儒学是历代封建王朝的正统思想，是封建专制主义的精神支柱，这就是说，要变法维新、进行资产阶级性质的改革，就必须彻底批判、推倒封建的儒学思想，而康有为不但没有这样做，反而在封建儒学的范畴内阐发他的变法维新理论。这是康有为的变法理论之阶级的和历史的局限性，因而这一变法理论是自相矛盾和软弱无力的。康有为在理论上依据今文经学，在实践中依靠没有实权的光绪皇帝，这就在相当程度上注定了戊戌维新运动悲剧的命运。

除了《新学伪经考》和《孔子改制考》以外，康有为还写了一部描述人类未来美好前景的著作，即从 1885 年开始撰写、初名《人类公理》，以后屡经增补，直到 1902 年才改写而成的《大同书》。在这一著作中，康有为拼凑了儒家、佛家的思想和资产阶级民主思想，甚至还加上空想社会主义思想，把他心目中未来的"太平世"勾画成一个"无私产""无家族""无邦国、无帝王，人人相亲，人人平等"的大同世界。这种大同世界，显然是不可能实现的。毛泽东指出："康有为写了《大同书》，他没有也不可能找到一条到达大同的路。"

五、实践项目

项目 1：文献研读心得

篇目：（1）马克思：《中国革命和欧洲革命》（1853 年 6 月）

（2）《天朝田亩制度》（1853 年）

（3）洪仁玕：《资政新篇》（1859 年）

（4）康有为：《上清帝第二书》（1895 年 5 月）

（5）梁启超：《变法通议》（节选）（1896 年）

（6）严复：《原强》（1895 年 3 月）

流程：（1）教师向学生提供阅读文献信息：可从图书馆借阅的参考书目，可供下载比较可靠的网络地址，电子版的可阅读文献需设置并发送到公共邮箱供学生下载。

（2）教师在课堂上对阅读文献做简单讲解，提出撰写读书心得报告的具体要求。

（3）学生阅读文献，撰写并按时提交读书心得报告。成果可以 PPT、经过整理的资料片、学术论文等形式呈现。

（4）教师评定成绩并做简要小结、反馈。

评价：

考核指标	考核结果			
	优	良	中	差
学习态度				
自主学习能力				
合作学习能力				
知识运用能力				
学习效果				
总体评价				

项目2：观看音像资料

资料：

1. 电视连续剧《太平天国》（部分内容）

《太平天国》以中国历史上的太平天国农民战争（1851—1864 年）为背景，演绎出一段历史故事。

19 世纪中叶，清朝正在衰落中，吏治败坏，民不聊生。洪秀全与冯云山、杨秀清、萧朝贵、韦昌辉、石达开等人在广西以拜上帝会组织群众，密谋举事反清。1851 年，洪秀全等人在广西桂平县金田村宣布起义，揭起反清大旗，建立太平天国。太平军离开广西后，北上湖南、湖北，沿长江顺流而下，清军无力阻挡。1853 年，太平军占领江苏南京，定都在此，改名天京，分兵北伐及西征。太平天国在最盛时占有长江中下游大片土地，本来形势大好，可是诸王之间的矛盾日渐加剧，终于酿成 1856 年的天京事变，太平天国从此走下坡路。清政府在汉人把持的湘军、淮军及外国势力协助下，在 1864 年消灭太平天国。太平天国农民战争悲壮地失败了。

电视连续剧《太平天国》，由黑龙江省著名作家张笑天编剧，剧组成员阵容强大，演技精湛。该剧全方位展现了太平天国农民战争从金田起义到天京陷落的全部历史，成功地塑造了洪秀全、杨秀清、石达开、洪宣娇、陈玉成、李秀成等太平天国之群体英雄形象。

2. 电视纪录片《幼童》

留美幼童的故事和一个人的名字联系在一起，他就是被称为"近代中国留美第一人"的容闳。容闳（1828—1912 年），广东香山南屏镇（今属珠海）人。1841 年入澳门马礼逊学堂。1847 年，该校校长、美国传教士布朗因病提前回国，要带几名学生赴美留学，容闳在其帮助下来到美国，入麻省孟松学校。1850 年容闳考入耶鲁大学，1854 年毕业，为中国最早的留美毕业生。回国后的容闳得到曾国藩的重用，大胆提出了他的"留学教育计划"，得到清政府的批准。到 1872 年中国开始派遣第一批留美学生，其间历经 18 年的风云变幻和漫长等待。有人说，如果没有容闳，中国肯定迟早也会派遣学生出洋，但既不可能这样早，更不可想象会有幼童出洋的奇想。容闳个人的传奇经历，造成了清王朝历史上出现的留美幼童这样一个破天荒的事件。一个从来自诩为天朝上邦的古老帝国为何要做出这一千古奇事？这 120 名幼童都是谁？当年谁家的父母甘愿送年幼的孩子出洋？

1872 年 8 月 11 日，容闳率领幼童 30 人赴美并担任留美学生监督。他们从上海出发，开始了计划 15 年的留学生活。他们从上海起航，跨越太平洋，在美国旧金山登陆，来到了一个建立尚不足百年的年轻共和国。他们乘坐刚刚贯通北美大陆的蒸汽火车，到达美国东部的新英格兰，分散居住在美国友人家中。中国留美幼童以惊人的速度越过了语言障碍，成为他们就读的各个学校中成绩优异的学生。在世界格局发生巨大变化的时刻，他们来到了引领这场工业革命变化的最前沿。1876 年，中国幼童在美国参观费城世界博览会时，在西式服装外面仍然加罩长衫，而若干年后当他们脱去长衫和美国孩子一起在运动场上追逐，甚至剪去辫子的时候，命运将把他们推向何方？

在美国新英格兰工业重镇的机器声中，在马克·吐温的小说的陪伴下，中国幼童在一天天地长大。中国学生分散在康州和麻省不同的中学学习，他们群体所取得的优异成绩，让美国人惊叹不已。根据不完全统计，到1880年，共有超过50名中国幼童进入美国大学学习，其中22名进入耶鲁大学，8名进入波士顿的麻省理工学院，1名进入哈佛大学，3名进入纽约哥伦比亚大学。中国学生迅速适应了在美国的生活、学习。当他们平时心灵上受到的沉重压力一旦排空飞去，言论思想便都和旧教育的规范不合；当他们脱去长袍厚靴，穿上运动装；当他们学会划船、溜冰、跳舞、唱歌、野营，日甚一日地爱上异国的文化习俗，他们已经身不由己地踩到了危险的禁区边界……

1876年，清政府改派吴子登出任留美学生监督。吴子登虽支持洋务运动，自身也通晓英文，但思想不够开明，且官僚习气严重，对派遣留学生常持异议。1881年，吴子登请求清政府将幼童们全部撤回，迅速得到批准。从8月21日起，除少数人抗拒不归外，首批留美幼童分3批启程回国。回国后的留美学生参与了中国最早的电报、矿山、铁路的建设。他们历经了中法海战、中日甲午战争等中外战争。当年，李鸿章和曾国藩策划选送幼童出洋这一"千古未有之奇事"时，满怀期望这些出洋学生在掌握西人擅长之技后，可以帮助中国渐图自强。但是，当留美幼童回国之后，在变革的道路上举步维艰的国家，却接二连三地遭受致命的重创，濒临亡国的边缘。20世纪初年，在灾难深重的中国，留美幼童——这些西学所造之子的命运又将如何？他们是否已经成为李鸿章的陪葬？

晚清政坛的变化，使得这批西学所造之子的命运也随之发生变化。曾经被认为西化过重、失信于朝廷的这一批留美学生，在20世纪初年，纷纷成为朝廷重臣，他们活跃在铁路、电报、矿冶这些新兴产业。在外交领域，他们更是当仁不让地代表清王朝，足迹遍布世界各地。1919年，这些当年的留美幼童平均年龄已是六十岁的时候，中国爆发了五四运动。这群号称在民主、科学国度长大的留学生，显然已经被高举"德先生""赛先生"这两面大旗的新青年们遗忘。他们满口地道的英文，保留着西方人的生活习惯，但在一个革命了的社会，他们不但会被人看成前清遗老，还有洋奴之嫌。在中国的历史舞台上，是他们谢幕的时间了。这是一个百年的传奇：一群孩子的悲欢离合，一个古老国家的命运跌宕。他们是荒原中第一批探路人，是惊涛里最早的远航者。他们欢乐、哭泣、成功、失败。他们亲历激荡的百年，被遗忘，又被重新发现。

3. 电影故事片《甲午风云》

鸦片战争后，清政府摇摇欲坠，日本帝国主义蓄谋侵华，于1894年在中国沿海挑衅生事。北洋大臣李鸿章及亲信"济远"舰管带方伯谦等畏惧日寇，极力主和。日寇得寸进尺，击沉中国商船，百姓无辜遭难。以"致远"舰管带邓世昌为代表的爱国官兵和威海百姓，面对日寇的嚣张气焰，毫不畏惧，坚决要求与日寇开战。但李鸿章借口保存海军实力，多次拒绝官兵们的请战要求，邓世昌还因揭露方伯谦而被革职。日寇不宣而战，清军爱国官兵和百姓的主战声浪一浪高过一浪，李鸿章被迫起用邓世昌。北洋水师右翼总兵刘步蟾贪生怕死，在海战中故意打错旗号，使北洋舰队旗舰被日击沉。邓世昌率领"致远"舰代替旗舰指挥出战，全舰官兵英勇作战，击中日军舰"吉野"号。战事愈发激烈，但我方弹药却已用光，作战形势非常不利，邓世昌决定直接硬撞敌舰"吉野"号，不幸遭遇鱼雷，全舰官兵以身殉国。

4. 电视连续剧《北洋水师》

"此日漫挥天下泪，有公足壮海军威。"这是光绪皇帝悼念邓世昌的挽联。曾经威震世界的北洋水师是如何建立,成为亚洲第一的?又是如何葬身大海,最终走向覆灭?《北洋水师》真实再现了丰岛海战、黄海海战、朝鲜平壤大战、辽东战役、旅顺大屠杀、山东威海大战等历史场景。

1855年船政大臣沈葆桢创办福州船政学堂,培养了中国第一批年青的海军军官,他们先后成为福建水师、北洋水师的指挥官。1877年3月,这些优秀的海军军官一部分到英国海军学院留学,背负了国家给予他们的厚望重托。而明治维新后的日本,抓紧购买和制造军舰,加速发展海军,派遣的军官也在英国留学,成为他们后来的对手。1874年,日本借口琉球渔民被杀侵略台湾,派兵在琅峤登陆。

1884年8月,福建马江海战爆发。1888年,威震世界的北洋海军正式成立,拥有大型铁甲舰2艘、巡洋舰8艘、炮舰6艘、鱼雷艇16艘、练习舰5艘……合计56艘,官兵4000多人。

1894年7月25日,日本海军在朝鲜牙山口外丰岛海面突然袭击清军运兵船,中日甲午战争爆发。日本陆军在舰队护送下强行登陆朝鲜,向驻防在平壤的清军猛攻。9月17日,在黄海大东沟海域,北洋舰队与日本联合舰队爆发了规模空前的大海战,双方互有损失。日本陆军在辽东半岛登陆,11月6日攻占金州。11月7日是慈禧太后60大寿,她置国家安危于度外,传谕听戏3天。同日,日军攻占大连,开始向旅顺进攻。占领旅顺后,日军进行了疯狂的大屠杀。两万中国人被杀害,旅顺全城仅幸存日军为掩埋尸首而留下的36人。随后,日军占领海城,攻占辽东半岛并向山海关逼近。1895年1月,日军在山东半岛登陆。北洋水师退守威海刘公岛,坐以待毙,最终全军覆没。

5. 电影故事片《谭嗣同》

1898年6月11日,清光绪皇帝颁布诏书,决心变法维新。他召见康有为,电召梁启超、谭嗣同赴京。慈禧太后闻讯,任命亲信荣禄任直隶总督兼北洋大臣,拱卫京畿。

谭嗣同在应诏路上看到黄河岸边哀鸿遍野,深感不变法不足以强国。谭嗣同来到京城与康有为、杨深秀等维新派相聚。他们感到皇上下诏变法以来,总是步履艰难,慈禧太后处处阻挠,王公大臣阳奉阴违,而一般小民更有不问是非、妄想借变法以自肥。守旧与维新势同水火,光绪的政令根本无法实施。新旧两派为了扩充实力,又都瞄准了新军首领袁世凯。老奸巨猾的袁世凯八面玲珑,两边讨好,不动声色。

1898年9月,光绪帝召见谭嗣同。君臣二人一言一行都被左右太监密报慈禧太后。刚毅、怀塔布等旧臣也从中阻挠,架空光绪;更有光绪皇后等人不知国家危难,一味陷害翁同龢、珍妃等变法的支持者。谭嗣同等为推行新政,革除积弊,抓住礼部六堂阻挠维新派王照奉折事,奉请皇上罢免了怀塔布等6大臣。维新派初战告捷,满朝大臣则如丧考妣,状告到慈禧那里。慈禧悲叹:这天下乱了!守旧势力开始调兵遣将,伺机反扑。荣禄奉慈禧太后令暗调董福祥、聂士诚部进驻天津,调袁世凯进京,密谋借9月天津阅兵之机废掉皇上。

光绪实际被软禁了,他传出密诏:"今朕位几不保……设法相救……"情况紧急,谭嗣同决定亲自出面力劝袁世凯起兵勤王,拯救变法,背水一战。谭嗣同冒雨会见袁世凯,要他率兵杀掉荣禄,对慈禧太后实行兵谏。袁世凯表示:一定竭尽死力,诛除奸贼,保护圣上。谭嗣同以为乌云散走了,袁世凯却飞驰京城,将谭嗣同此行密报慈禧。慈禧、荣禄等火速由颐和园返回紫禁城,发动了戊戌政变。光绪被幽禁,慈禧太后重新垂帘听政,清兵开始满街搜捕维新派人士。大刀王五想保护谭嗣同杀出京城,谭嗣同却要他先救出皇上。王五告诉他力量微小,难以成事。谭嗣同长叹一声,表示放弃逃出,要取义成仁。梁启超也劝谭嗣同随他出走日本,亦为其拒绝。谭嗣同最后拒绝了刚从家乡赶来的妻子的劝阻,终于将机会变成永别,被清兵押走。

京城西南菜市口刑场,临刑的谭嗣同高呼:"有心杀贼,无力回天。死得其所,快哉快哉。"慷慨赴死。

血水和雨水一起洒满了菜市口。

6. 话剧《北京法源寺》

《北京法源寺》根据李敖先生同名小说改编。它讲述的是,"天公无语对枯棋"的沉疴晚清,以康有为、梁启超、谭嗣同为首的爱国维新派人士,在光绪皇帝提出维新变法、颁布"明定国是"诏书之后,为中国寻找出路的"百日维新"过程。

故事起自唐代古刹北京法源寺。康有为、梁启超、谭嗣同三位变法核心人士,住家离寺庙很近,三位经常庙里走动。谭嗣同、梁启超虔诚信佛,二人结拜法源寺,缘定三生。光绪皇帝召见康有为,完成了等待多年的一次相见。康有为提出变法主张,得到皇帝信任。变法93天,慈禧干涉。眼看变法失利之时,光绪帝命秘书杨锐带出"密诏",着维新派人士火速筹谋"救驾"事宜。康有为想到握有兵权的袁世凯,着谭嗣同夜访住在法华寺的袁世凯,商议营救光绪皇帝之策。袁世凯最终没有完成使命,揭发变法为"政变"。慈禧废黜光绪皇帝,变法在轰轰烈烈的103天后失败。慈禧训政,康有为、梁启超海外流亡,以谭嗣同为首的"戊戌六君子"血溅北京菜市口。

1921年,康有为与梁启超重游法源寺,原本要好的师徒二人,因"保皇还是革命"的政见不同,而缘尽法源寺。该剧的核心思想为"庙堂高耸,人间戏场",试图堪破生老病死,堪破政治棋局,堪破人伦俗世,堪破道德文章,堪破社会纲纪,堪破历史千载,堪破宇宙万象……

流程:(1)教师提供音像资料来源,提出撰写观后感的评审标准和要求。

(2)学生在观看影视资料的基础上撰写观后感。观感可有多种形式,包括学术论文、PPT、经过整理的资料片等。

(3)学生提交观后感并进行交流。

(4)教师根据学生完成情况评定成绩并计入平时成绩。

第三章　辛亥革命与君主专制制度的终结

一、知识提要

　　了解辛亥革命爆发的历史条件，分析革命派与改良派论战的内容与结局，认识进行资产阶级民主革命的必要性、正义性和进步性；了解孙中山的三民主义和资产阶级共和国方案，认识辛亥革命推翻封建帝制、建立民国的意义与近代中国的第一次历史性巨变；了解辛亥革命失败的原因，总结其失败的教训，正确认识资产阶级民主共和国方案的局限性，认识资产阶级领导的旧民主主义革命让位于无产阶级领导的新民主主义革命是历史的必然趋势。

二、重点搜索

　　重点1：辛亥革命爆发的历史条件

　　革命是历史前进的推动力量。但革命的发生，绝不是少数几个人可以制造出来的，而是特定历史条件下的产物。中外历史上无数次的革命证明，当统治者无法照旧统治下去，人民无法照旧生活下去，也就是社会矛盾尖锐之时，革命就会不可避免地发生。辛亥革命的发生、发展就充分证明了这一点。

　　1. 民族危机的加深

　　《辛丑条约》订立后，列强采取"以华治华"政策，继续利用清政府作为其统治中国的工具。但帝国主义的侵略并没有丝毫减弱。1904—1905年，在我国东北地区发生了日俄战争，双方订立《朴次茅斯条约》，俄国将在我国旅顺、大连的租借地及相关权益转让给日本。日本侵略势力深入到东三省南部。这期间，英国1903—1904年发动了对中国西藏的侵略，强迫西藏地方政府签订《拉萨条约》，阴谋分裂中国领土，而沙俄也想出兵控制西藏，我国边疆危机又一次显现。

　　20世纪初，列强对华经济侵略进一步扩张。除输出商品外，他们还争相在华投资设厂，夺取修筑铁路和开采矿山的权利。据估计，1895—1914年，各国在中国设立工矿企业130家，新设银行13家共85个分支机构，直接投资修筑了东清、胶济、滇越、广九等铁路。1894年外国在华企业投资1.09亿美元，1914年达到9.61亿美元。铁路投资成为列强在华投资的重点，到1914年，列强的铁路直接投资约2.92亿美元，筑成铁路3772公里。此外，列强还通过贷款来控制中国的铁路。1902年以前，列强借给中国的铁路借款不过4800多万美元，1903—1914年间就达2.05亿美元。投资铁路不仅包括修路权，而且包括对铁路的所有权和经营管理权，甚至还囊括了对铁路沿线矿产的开采权。各国在修路过程中还千方百计扩大权益。如俄国在修筑东清铁路时，以枕木需要木料为由，取得了

24.5万平方公里内森林的采伐权,平均每年采伐木材约值1亿银圆。

2. 清政府的新政与统治危机

革命酝酿之际,也正是清政府处于内外交困之时。1901年《辛丑条约》的签订,标志着以慈禧太后为首的清政府已彻底放弃了抵抗外国侵略者的念头,甘当"洋人的朝廷"。为了摆脱困境,清政府于1901年4月成立督办政务处,宣布实行"新政"。新政并没有脱离"中学为体,西学为用"的窠臼,因此"新政不新"。当时有报纸评论道:"新政"是"以貌不以心新,以浮不以实新,以外不以内新,以伪不以真始"。各种不满之声日益增多。

当时的国内,一方面资产阶级革命派的反清武装起义开始发展,另一方面1904年在中国东北发生了日俄战争。一些官僚和资产阶级上层人士认为,日胜俄败的结局正表明了立宪国对专制国的胜利。他们把立宪看作能够阻止革命的法宝,一时之间,要求立宪的呼声越来越高。迫于内外各种压力,清政府不得不于1906年宣布"预备仿行立宪",并于1908年颁布了《钦定宪法大纲》,宣称要学习日本实行君主立宪,宣布"预备立宪"以9年为期,9年后才正式召开国会,推行宪政。

1911年5月为形势所迫成立的内阁,13名大臣中满族有9人,其中皇族占7人,被社会讥为"皇族内阁"。种种事实表明,清政府没有立宪的诚意。它的所作所为,不仅使立宪派大失所望,也使统治集团内部因满汉矛盾和中央与地方矛盾的尖锐而分崩离析。武昌起义后,立宪派和一部分官僚转向共和革命,这是重要因素。

辛亥革命的前夜,整个社会经济也到了崩溃的边缘。《辛丑条约》规定的4.5亿两白银的战争赔款,加上利息,清政府每年需偿还2200余万两白银。1900—1911年,清政府举借的外债高达3.4亿两白银,其中铁路借款占76.86%,财政军火借款占14.66%。再加上练兵等"新政"的开展,财政支出急剧增长。1903年,清政府财政收入10492万两白银,支出13492万两白银,亏空3000万两白银,赤字比1900年以前增加1倍以上。1910年,清政府制定的宣统三年财政预算收入为296962719两白银,支出338652272两,亏空约达4169万两。为了解决财政困难,清政府把大量赔款、偿还外债的负担分摊到各省,这样就扩大了中央与地方间的矛盾。清政府还不断加捐加税,除田赋、厘金、盐课等旧税一再追加外,各种巧立名目的新税层出不穷,致使人民生活苦不堪言,社会矛盾空前尖锐。当时梁启超在一篇文章中写道:"中国亡征万千,而其病已中于膏肓,且其祸已迫于眉睫者,则国民生计之困苦是已。盖就国家一方面论之,万事皆有可补救,而独至举国资本涸竭,驯至演成国家破产之惨剧,则无复可补救。所谓四海困穷,天禄永终,虽有善者,亦无如之何也。就个人一方面论之,万事皆可忍受,而独至于饥寒迫肌肤,死期在旦夕,则无复可忍受。所谓铤而走险,急何能择,虽有良善,未有不穷而思滥者也。呜呼,今日中国之现象当之矣。"

3. 人民群众的反抗与社会矛盾的尖锐

20世纪头10年,伴随着新政、预备立宪的进行,社会矛盾日益尖锐,被统治者无法照旧生活下去了,革命成了历史的必然选择。

20世纪初,一场轰轰烈烈的收回铁路、矿山利权的运动开展起来。湖南、湖北、广东三省绅商要求收回粤汉铁路主权的斗争,是全国收回路权斗争的发端。1905年8月,美国迫于压力,同清政府议定以 675 万美元赎回粤汉铁路已筑未筑的权利(本来被清政府出卖给了帝国主义)。之后,三省人民分别成立铁路公司,筹集资金,分段修筑铁路。与收回路权斗争遥相呼应,收回矿权的斗争于 1905 年以后也日益高涨起来。斗争首先发生在山西。经过艰苦斗争,1908 年英商福公司被迫同意与山西省商务局订立《赎回英商福公司开矿合同》,山西绅民以 275 万两白银的代价赎回福公司凭一纸合同所攫得的山西矿权。

"皇族内阁"成立后,清廷以"上谕"形式宣布铁路干线均归国有,接着和英、美、德、法四国银行团签订了粤汉、川汉铁路借款合同,借"国有"名义把原来由各省铁路公司商办的铁路利权出卖给帝国主义,激起湖北、湖南、广东、四川等省的保路风潮,其中四川的反抗风潮尤为炽烈。处于领导地位的立宪派本来打算把斗争限制在"文明争路"的范围。然而,清政府却诱捕了立宪派谘议局正、副议长蒲殿俊、罗纶以及保路同志会和川路股东会的负责人,并造成骇人听闻的"成都血案"。四川各地爆发武装斗争,"保路运动"成为辛亥革命的导火线。

在反抗中外反动势力的斗争中,各地的会党起义是一支重要力量,其中声势较大的 1903 年广西会党起义,席卷全省。清政府调集湖北、湖南、广西等省兵力,历时 3 年才把起义镇压下去。此外,在义和团运动失败后,一些义和团余众继续坚持斗争。年轻的中国工人阶级也开始发动罢工运动。据不完全统计,从 1905 年到 1911 年,规模较大的罢工斗争有 55 次,显示了工人阶级的伟大力量。

此起彼伏的民众斗争表达了人们对清王朝的不满和愤怒,削弱了清政府的统治基础,为辛亥革命的爆发创造了客观的社会环境和群众基础。孙中山曾满怀信心地说:"全国革命的时机,现已成熟。""满清王朝可以比作一座即将倒塌的房屋,整个结构已从根本上彻底地腐朽了,难道有人只要用几根小柱子斜撑住外墙就能够使那座房屋免于倾倒吗?""中国现今正处在一次伟大的民族运动的前夜,只要星星之火就能在政治上造成燎原之势。"资产阶级民主革命已经成为不可抗拒的历史潮流。

4. 资产阶级革命派的阶级基础和骨干力量

19 世纪末到 20 世纪初,中国民族资本主义工业有了一定的发展。其原因,一是甲午战争失败以后,民族意识的觉醒和反帝爱国运动的发展,直接推动了设厂热潮的到来;二是这一时期清政府也调整了经济政策,允许和奖励民间设厂,这有利于民族资本主义的发展。据统计,1895—1911 年间,新设立的资本额超过万元的民族资本厂矿达 800 家,资本额超过 1.6 亿元。需要指出的是,虽然民族资本主义有了某些发展,但在半殖民地半封建的社会条件下,发展是非常困难的。它们仍然存在着资金少、规模小、设备不全、技术落后等弱点。

随着民族资本主义的发展,中国民族资产阶级的力量也在增长,日益成为社会经济生活中不可忽视的新生力量。1904 年以后,各地民族工商业者纷纷组织商会。与此同时,在拒法运动、拒俄运动、反美爱国运动、收回路矿利权运动、立宪运动、保路风潮和国会请愿中,资产阶级都起了重要的作用。然而,由于中国的资本主义是在西方列强侵入的情况下发生的,中国民族资产阶级的大多数是由商人、官僚、地主、买办转化而来,他们虽然有冲破帝国主义、封建主义的桎梏,发展资本主义的要求,但即便是到了 20 世纪初,他们仍然没有发展到能够独立地进行反帝反封建革命的程度。

20世纪初,在中国政治舞台上出现了一支引人注目的资产阶级、小资产阶级知识分子队伍。这些人接受了西方教育,因而具有与封建士大夫完全不同的特点。他们观察世界的世界观是进化观;在价值取向上,他们以美、法资产阶级革命和资产阶级共和国作为自己追求的最高目标。许多人以孟德斯鸠、卢梭、罗伯斯庇尔、华盛顿自诩,以国家大事为己任。他们的眼界比较开阔,对中国的贫穷落后、民族危机有着深刻的体会,对前途充满信心。他们之中大多数人社会地位较低,因此,现实生活中的一切,更容易激起他们的愤慨和不满。正因为有这些特点,使他们成为中国民主革命中首先觉悟的成分。

资产阶级革命派的骨干是资产阶级、小资产阶级的知识分子。知识分子从来不是一个独立的阶级。他们主要是通过不同的信念和趋向,来反映某个阶级、阶层的利益和意愿,用自己的知识为这个阶级、阶层服务。从这个角度来看,以孙中山为代表的革命派的纲领、思想以及他们的社会实践都代表了中国民族资产阶级的利益。

革命派代表了资产阶级的利益,但并不是每一个资本家都能够深刻理解革命派的思想和纲领。如资产阶级革命派政治纲领中的平均地权、节制资本的提法,着眼于防止贫富差别悬殊,有利于社会经济的发展,但并不能得到大多数资本家的认同。再加上中国资本主义经济比较弱小,大多数资本家都希望维持现有的社会秩序,能够在稳定的环境中发展资本主义,所以对革命党人的激进做法采取抵制甚至敌视的态度。这就使当时的大多数资本家在政治上表现出拥护和参与立宪运动的倾向,而对革命的支持却很不够。这深刻地说明,辛亥革命的阶级基础是十分薄弱的,这种状况将深刻地影响辛亥革命的进程和结局。

重点2:孙中山三民主义学说及评析

1. 孙中山三民主义学说

孙中山在《民报·发刊词》中曾指出:"余维欧美之进化,凡以三大主义:曰民族,曰民权,曰民生。罗马之亡,民族主义兴,而欧美各国以独立。洎自帝其国,威行专制,在下者不堪其苦,则民权主义起。十八世纪之末,十九世纪之初,专制仆而立宪政体殖焉。世界开化,人智益蒸,物质发舒,百年锐于千载,经济问题继政治问题之后,则民生主义跃跃然动,二十世纪不得不为民生主义之擅场时代也。是三大主义皆基本于民,递嬗变易,而欧美之人种胥冶化焉。"

民族主义的内容是:"驱除鞑虏,恢复中华"。具体而言,民族主义的内容有以下三方面。

第一,以革命手段推翻满洲贵族的统治。"反满"是民族主义的核心。同盟会宣言曾尖锐地指出:"今之满洲,灭我中国,据我政府,迫我汉人为奴隶,有不从者,杀戮亿万。"可见孙中山非常痛恨满洲人。但"反满"并不是盲目排满,不是种族复仇,而是推翻满洲贵族把持的卖国专制的清政府,所以他又指出:"民族主义并非是遇着不同种族的人便要排斥他",更不是"要灭尽满洲民族",而"是不许不同族的人来夺我民族的政权"。"我们并不是恨满洲人,是恨害汉人的满洲人,假如我们实行革命的时候,那满洲人不来阻害我们,绝无寻仇之理。"这样民族主义就抛弃了狭隘的民族复仇主义,正确地处理了与满族的关系,把斗争的矛头对准了少数满洲贵族统治阶级,所以"反满"的实质是资产阶级同封建统治阶级之间的阶级斗争。

第三章 辛亥革命与君主专制制度的终结

第二，避免"共管""瓜分"，争取民族独立，把"反满"和反帝国主义侵略的民族解放运动结合起来。孙中山对帝国主义的侵略有一定程度的认识，在《民报》发刊词中将"外邦逼之"和"异种残之"并列为实行民族主义"殆不可须臾缓"的原因。他尤其对清政府与帝国主义的关系有清醒的认识，明确指出清政府充当帝国主义的走狗，使帝国主义对华侵略"有予取予携之便矣"，孙中山在《驳保皇报书》一文中指出："曾亦知瓜分之原因乎？政府无振作也，人民不奋发也。政府若有振作……外人不敢侧目也。""故欲避免瓜分，非先倒满清政府，则无挽救之法矣。"就是说，反帝必先倒满，通过"反满"来消除帝国主义的侵略，"反满"成为反帝的间接途径。

第三，以"五族共和"作为解决国内民族问题的基本原则。孙中山认为，处理各民族间关系的基本准则是民族平等，反对一个民族"宰制于上"，任何民族不得享有特权，同样也不受歧视。他在辛亥革命后提出"五族共和"的主张，宣布汉、满、蒙、回、藏"五族一家，立于平等地位，都有参政权利，同心协力，共策国家之进行"。

孙中山的民族主义继承了中国历史上传统的民族反抗思想和西方资产阶级的民族思想。民族主义抨击了清政府的民族压迫政策，将斗争的矛头指向已成为各种矛盾焦点的清政府，直接反映了资产阶级的民族觉醒和政治独立的愿望，符合历史发展潮流；它将"反满"和争取民族独立结合起来，主张推翻作为帝国主义走狗的清政府，间接地反映了中国人民反帝和民族解放的要求；它强调民族平等，一定程度上消除民族隔阂，孤立了清政府，加速了其灭亡的进程。因此，民族主义具有巨大的历史进步意义。但它仍存在着不足。首先，民族主义缺乏明确的彻底的反帝内容，而是将反帝寓于"反满"之中，没有把矛头对准当时的主要敌人，因而不能科学地揭示出近代中国社会民族矛盾的深刻历史内容。其主要原因，一是孙中山对帝国主义的认识尚停留在感性阶段，对帝国主义仍抱有某些幻想。孙中山长期受资本主义教育，受欧美思想影响很深。尽管他对欧美的社会问题的弊端有所察觉，但对欧美各国的资产阶级民主却备极推崇，他是不可能认识到帝国主义的侵略本质的。二是为了避免正面与西方资本主义国家发生矛盾冲突而采取的一种斗争策略。三是孙中山未能充分认识到人民群众，特别是农民阶级的作用，对于人民群众的反帝斗争觉悟缺乏正确的估计。从本质上讲，近代中国的民族问题，主要应是反对外国帝国主义侵略，反对帝国主义的民族压迫，而不是对内反对清朝统治。其次，民族主义带有大汉族主义和种族主义色彩。孙中山提出任何外族（不只是满族）都不能主掌政权，政权只能由汉族人主掌，这就有大汉族主义的倾向。此外，孙中山"五族共和"的主张实际上就是要把汉、满、蒙、回、藏五族汇为一族，即同化于汉族，融合成一个中华民族，成立一个大民族主义的共和国，这显然带有大汉族主义和种族主义的倾向。

民权主义的内容是："创立民国"，即推翻封建专制制度，建立资产阶级民主共和国。具体说来，它有三个方面的内容。

第一，根本否定封建君主专制制度。孙中山认为封建君主专制与资产阶级共和制是水火不相容的，封建专制制度是恶劣政治的根本，是造成国家纷乱和分裂的重要原因。封建暴政造成了贫困和落后，使得中国人民处于黑暗之中。无论为朝廷之事，为国民之事，为地方之事，百姓均无发言及参与权。孙中山在《在东瀛〈民报〉创刊周年庆祝大会上的演说》中指出："中国数千年来都是君主专制政体，这种政体，不是平等自由的国民所堪受的。""照现在这样的政治论起来,就是汉人为君主,也不能不革命",仅有民族革命还不够,还必须实行政治革命,推翻君主专制。这是国民革命的首要目标,是建立资产阶级共和国和发展资本主义的前提。

第二,经由"国民革命"的途径,采取革命暴力的手段,建立资产阶级共和国。政权的阶级转换需要暴力革命,否则很难达到目的。孙中山总结"上书当道"的经验教训,逐渐认识到采用和平的方法进行改革是不可取的。因为,"由满洲人将国家加以改革是不可能的","改革意味着给他人以损害",改革"就会丧失他们现在所享受的各种特权"。因此,只有以革命的暴力推翻满洲贵族的反动统治,才能建立一个"平等"的、"民治"的、"国民"的资产阶级议会制共和国。孙中山在他一生的革命活动中,始终将争取民权和武装斗争联系在一起,坚信摧毁封建暴政、建立民国的途径只能是革命的暴力。

第三,建立与新国体相适应的新政体——以总统议会为组织形式和以宪法为指导法规的国民政府。孙中山主张的新政体,基本上采用了西方以议会政治为核心的共和政体,但在某些环节上又有自己的独创。这主要体现在两个方面:一是"革命程序论"。他把建设民主共和政治的过程分为三个时期,即军政、训政、宪政时期。军政时期以武力扫除一切障碍奠定民国基础;训政时期以文明法理督率国民建设地方自治;宪政时期俟地方自治完备之后,由国民政府选举代表组织宪法委员会创制并颁布宪法,革命即告成功。二是"五权宪法"。所谓"五权",即在行政权、立法权、司法权之外,另加考选权和监察权。考选权可以保证合格的官吏得以选拔和任用,监察权可以保证不合格的官吏得以罢免,使官吏真正成为"国民公仆"。

孙中山的民权主义是对西方资产阶级民权思想的继承与发展。他将自由、平等、博爱以及民有、民治、民享的思想融入他的民权主义思想中,他的民权主义体现了旧民主主义革命时期的历史特点和发展趋势,既反映了中国社会政治生活中的主要矛盾,也表达了中国人民反对封建专制,渴望民主自由的强烈愿望。它不仅是批判和结束清朝君主制的有力武器,也是反对封建复辟势力,进行民主主义启蒙的有力武器。但是,民权主义也存在着严重的缺陷。首先,民权主义缺乏深刻的、明确的反封建内容,没有提出一个彻底的民主纲领,因而未能扫除封建暴政的社会基础。从民权主义的内容来看,它并没有把地主阶级作为整个封建统治阶级来反对,仅仅把矛头指向皇帝和满洲贵族的专制统治,而忽视了汉族封建势力,对汉族地主阶级抱有不切实际的幻想,这就给汉族旧官僚、地主军阀混入革命阵营以可乘之机。其次,民权主义还缺乏彻底实现人民权力的重要内容。所谓民权,主要是指以资产阶级为核心为领导的权利,并不是"为一般平民所共有"的权利。由于这个原因,孙中山虽为实现资产阶级民主政治,进行了很大努力,然而由于封建势力的强大,资产阶级的历史与阶级局限性,资产阶级共和国的方案在中国始终行不通。

民生主义的内容:平均地权,即核定全国土地的地价,其现有之地价,仍属原主,革命后的增价,则归国家,为国民共享。孙中山看到,在欧美资本主义国家富者极少,贫者极多,善果被富人享尽,贫民反食恶果,总有少数人把持文明幸福,这种社会问题已积重难返,以致引起新的革命。为了防止资本主义制度下贫富分化与对立,避免资本主义发展过程中的种种弊端,为了解决"农民"这个中国的重大民生问题,必须解决农民的土地问题。只有解决土地问题,才能发展资本主义,即从封建所有制下解放劳动力,扩大农村市场，解决原料供应问题。因此，中国不能只进行民族革命和政治革命，还必须进行社会革命，即所谓毕其功于一役。而进行社会革命，解决农民土地问题的基本途径就是"平均地权"。其具体办法和步骤有以下方面。

第一，核定地价。由地主自报地价，国家按亩征税，又可将土地随时收归国有。他认为这样地主不敢以少报多，因为地主每年都要缴纳最高的税额，本身已负累不堪；同时又不敢以多报少，国家可以随时购买其土地。这样既解决了地主利用土地垄断经济，又可促进工商业发展。从国家的角度，无论收税还是买地，都有益；地主方面，也不吃亏。

第二，土地国有。办法是：土地现价，仍属原主所有；其革命后社会改良进步之增价，则归于国家，为国民所共享。孙中山在《三民主义与国家前途》中举例说："比方地主有地价一千元，可定价为一千，或多至二千。就算那地将来因交通发达，价涨至一万，地主应得两千，已属有益无损，赢利八千，当归国有，这对国计民生皆有大益。"这样做虽然没有直接剥夺地主土地，但实际上地主对土地只保留名义上的所有权。如若实施，必然否定地主土地所有制。

孙中山的民生主义、"平均地权"是中国近代历史上第一个把土地问题同发展资本主义联系在一起的经济纲领，反映了劳动人民摆脱封建剥削、要求获得土地的强烈愿望。它力图打碎封建主义的枷锁，解放农业生产力，因而有利于资本主义的发展，是有进步意义的。列宁称之为"进步的、战斗的、革命的资产阶级民主主义土地改革纲领"。然而它的民生主义带有浓厚的空想色彩。"平均地权"的指导思想是依靠国家采取自上而下的行政手段来解决土地问题，反对夺富人之田为农有，不赞成发动群众用暴力革命的手段铲除封建剥削制度。同时尽量考虑并尊重地主阶级的利益，用相当的代价来收买地主土地，本质上是资产阶级国家对地主的一种赎买政策。因此"平均地权"只是一种温和的社会改良方案，只能防止地主垄断土地，而不可能真正消灭地主土地所有制，解决中国农民的土地问题。

2. 三民主义在孙中山死后的流变

三民主义思想的发展变化比较复杂。革命派与改良派论战时，三民主义得到充分阐释，代表人物是：胡汉民、汪精卫、朱执信。孙中山革命受挫后，总结革命经验，构建革命理论，代表作有：《孙文学说》《实业计划》《民权初步》，进一步完善了三民主义思想。1924年，国民党改组，孙中山晚年政治思想发生巨大转变，实行联俄、联共、扶助农工的三大政策，赋予三民主义思想以新的内涵。孙中山死后，三民主义被国民党不同的政治力量曲解，出现了戴季陶的三民主义、蒋介石的三民主义和汪精卫的三民主义等。

戴季陶的三民主义——戴季陶主义。戴季陶主义认为，孙中山三民主义的哲学基础是继承尧舜以至孔孟的仁义道德思想，完全渊源于中国正统思想的中庸之道。只有以儒家伦理思想为基础的三民主义，才是"纯正的三民主义"，才是"指导国民革命的最高原则"。戴季陶主义认为仁爱是人类的生性，爱人利他的仁心，更不是一定要同阶级才能够具备，革命就是行"仁"，革命是从仁爱的道德律产生出来，并不是从阶级的道德律产生出来的，因此，拥护工农群众的利益，不需要取阶级斗争的形式，因为人类是具有仁爱性能的，可以仁爱之心感动资本家，使之尊重工农群众的利益。戴季陶主义以"共信不立，互信不生，互信不生，团结不固，团结不固，不能生存"为由，主张共产党员必须退出国民党，或者放弃共产主义信仰,去做一个纯正的国民党党员。戴季陶主义的实质是反对唯物史观,反对马克思主义的阶级斗争学说,反对国共合作。戴季陶主义对国民革命后期的历史产生了重大的影响,是1927年以后,国民党建立政权的理论基础。

蒋介石的三民主义。蒋介石在巩固了自己的政治地位后,也大谈特讲三民主义。他把三民主义具体化为心理建设、伦理建设、社会建设、政治建设、经济建设五个方面的内容。其中,心理建设、社会建设、政治建设、经济建设是对孙中山《建国方略》原封不动的照搬,伦理建设则是蒋介石后来补充进去的。蒋介石的伦理建设强调:政治上,一切法律制度,和负政治责任者的生活行动态度,皆要合乎礼;人在处世行事之时,应贯彻智、仁、勇三达德,对他人则要讲究五达道,即君臣、父子、夫妇、兄弟、朋友要坚持忠、孝、仁、爱、信、义、和、平。这样由内而外、由己及人、由亲至疏的秩序,便能达到政治上各得其所的目的,因此,蒋介石认为政治的条件虽然包含着军事、经济、文化的种种,但政治的基础,是建筑在伦理上面的。蒋介石因此发动了一场新生活运动。蒋介石的三民主义和戴季陶的三民主义有很大的相似性,他们的基本特征都是将三民主义"儒化"。这样的思想,不仅为其推行军事独裁专制统治提供了理论,而且与现代政治理念相违背,因此是不值得提倡的。

汪精卫的三民主义。汪精卫在投敌叛国后,建立了伪政权。他用孙中山的三民主义,为其叛国行为"正名"。他也声称孙中山的思想是以中国固有的传统思想为基础的。他认为民族主义产生在中国固有的和平思想上,根本就没有排外的意思;儒家思想是教人确立"信"的,这个"信"就是"信念",是对"和平运动"要有的坚定信念。汪精卫把三民主义说成是为反共、反苏俄、反英美而作的思想,这就使得汪伪政权也有了"合理性"。在处理对日关系时,汪精卫又抬出孙中山的"大亚洲主义"(孙中山的大亚洲主义思想主要体现在1924年11月孙中山在《对神户商业会议所等团体的演说》中),胡说什么"近卫声明提出三个原则,就第一个原则来说,善邻友好正是大亚洲主义的理想,也就是三民主义的根本精神;就条约第二个原则来说,共同防共,固然不是对俄,然而是要防止第三国际的扰乱阴谋,使共产主义不能流毒于中国,不能流毒于东亚,就是大亚洲主义的理想,也就是三民主义的根本精神;就第三个原则来说,经济提携,是以中日两国的协力,发展中日两国的经济力量,抵抗殖民主义的经济压迫、经济侵略,就是大亚洲主义的理想,也就是三民主义的根本精神"(《汪主席和平建国言论选集》)。可见,孙中山的三民主义思想被歪曲到何种地步!

重点3:南京临时政府是资产阶级共和国性质的革命政权

南京临时政府的成立是资产阶级民主革命的成果。南京临时政府虽然容纳了表面上赞同革命的一些立宪派和旧官僚的头面人物,但在孙中山的领导下,革命党人利用手中掌握的权力,为建设一个真正的民主共和国付出了极大的努力。

(1) 表现在国家机关人员的安排上。以孙中山为首的革命党人谋求政府组织"由党决定",而立宪派也极力争夺,据此黄兴提出"部长取名,次长取实"的变通之法。在南京临时政府的九个部中,虽然只有陆军、外交、教育三部的总长为同盟会会员,但九名次长除一人外均为同盟会会员。其中陆军总长兼参谋总长黄兴职权最重,所以被称"虽无内阁之名，实各部之领袖也"。在作为国家立法机关的临时参议院中，同盟会会员也占多数。这表明革命党人在国家政权中居主导地位。

（2）通过立法的形式确定民主共和国政体。1912年3月11日，孙中山以临时大总统名义公布《中华民国临时约法》，共七章56条。总纲规定，中华民国之主权属于国民全体，中华民国领土由全国22个行省加上内外蒙古、西藏、青海组成。中华民国以参议院、临时大总统、国务院、法院行使其统治权。第二章《人民》规定：中华民国国民一律平等，无种族、阶级、宗教之区别，国民享有人身、居住、财产、言论、出版、集会、结社、通信、信仰等自由，享有请愿、诉讼、考试、选举及被选举等民主权利，有纳税、服兵役等义务。其他各章规定，参议院行使立法权，临时大总统、副总统由选举产生，国家政体为内阁制，法院独立审判，不受上级官厅之干涉等。这鲜明地体现了资产阶级民主共和国的性质。

（3）南京临时政府颁布的一系列法令和措施，集中代表和反映了中国资产阶级的愿望和利益。在扫除封建陋习方面：限期剪辫，劝禁缠足，禁止刑讯，保障人权，改变所谓"贱民"身份，禁止买卖人口，严禁鸦片，禁止赌博；改变"老爷"称呼为先生或某君，废止跪拜；提倡廉洁奉公，临时政府各级职员，都未规定薪金，除政府提供食宿外，每人只给军用券30元。这些措施，有力地触动了封建专制的弊政，起到了解放思想、移风易俗的作用。在经济政策方面：宣布保护私有财产，保护工商业，鼓励人们兴办实业，把发展工商各业作为"富国裕民之计"。制定商业注册章程、商业银行暂行条例，奖励华侨在国内投资，提倡垦殖事业，废除清政府的一些苛捐杂税。在教育方面：把旧时学堂一律改为学校，男女同校；提倡以"自由平等博爱为纲"的"公民道德"，否定忠君尊孔的封建教育，废止小学读经；增加自然科学等方面的课程，禁用前清学部颁布的各种教科书。

以上各项无不体现出南京临时政府是资产阶级民主共和国性质的政府。它的成立，是资产阶级民主革命胜利的重要标志。

重点4：辛亥革命的历史意义、失败原因和教训

辛亥革命是资产阶级领导的以反对君主专制制度、建立资产阶级共和国为目的的革命，是一次比较完全意义上的资产阶级民主革命。在近代历史上，辛亥革命是中国人民为救亡图存、振兴中华而奋起革命的一个里程碑，它使中国发生了历史性的巨变，具有伟大的历史意义。

第一，辛亥革命推翻了清王朝的统治，结束了统治中国两千多年的封建君主专制制度，沉重打击了中外反动势力，使中外反动统治者在政治上乱了阵脚。辛亥革命把"皇帝拉下马"了，把统治中国几千年的君主专制制度推倒了。它带来的直接后果，就是使中国反动统治者在政治上乱了阵脚。中国封建社会本来有个"头"，那就是皇帝。它是大权独揽的绝对权威，是反动统治秩序赖以保持稳定的重心所在。辛亥革命突然把这个"头"砍掉了，整个反动统治就乱了套了。这以后，从袁世凯到蒋介石，像走马灯似的一个接着一个登场，却始终建立不起一个统一的稳定的统治秩序来。不用说人民革命的浪潮一浪接着一浪，就是反动阵营内部也无法再保持统一。这自然有很多原因，而辛亥革命在这里所起的巨大作用是无法抹杀的，它为中国人民革命的胜利开辟了道路。

第二，辛亥革命结束了统治中国两千多年的封建君主专制制度，建立了中国历史上第一个资产阶级共和政府，使民主共和的观念开始深入人心，并在中国形成了"敢有帝制自为者，天下共击之"的民主主义观念。正因为如此，当袁世凯、张勋先后复辟帝制时，均受到了社会舆论的强烈谴责和人民群众的坚决反抗。

林伯渠同志在40年前曾经很有感慨地说："对于许多未经过帝王之治的青年，辛亥革命的政治意义是常被过低估计的，这并不足怪，因为他们没看到推翻几千年因袭下来的专制政体是多么不易的一件事。"（《荏苒三十年》）林老亲身参加过辛亥革命。他这段语重心长的话，说得何等中肯！

辛亥革命的历史功绩可以举出很多条。其中突出的一条，就是推翻了统治中国几千年的君主专制制度。这在当时确实是一件了不得的大事。我们不能把从君主专制到建立共和国，只看作无足轻重的政体形式上的变化，甚至只看作是换汤不换药的招牌的更换。

中国在君主专制政体统治下经历过几千年的漫长岁月。这是一个沉重得可怕的因袭重担！多少年来，至高无上的君权一直是封建主义的集中象征。人们从幼年起，头脑中就不断被灌输"三纲五常"这一套封建伦理观念，把它看成万古不变的天经地义。"国不可一日无君"。君主成了代表天意、站在封建等级制度顶端的最高代表。每个人在这种制度面前，必须诚惶诚恐地遵守"名分"，不容许有丝毫逾越。这就是所谓"父子君臣，天下之定理，无所逃于天地之间"（《河南程氏遗书》卷五）。谁要是敢有一点怀疑，轻则叫作"离经叛道""非圣无法"，重则成了"乱臣贼子，人人得而诛之"。《红楼梦》里的王熙凤有一句名言："舍得一身剐，敢把皇帝拉下马。"可见，在那个时候，谁要是想"把皇帝拉下马"，那就得有"舍得一身剐"的大无畏气概，一般人是连想都不敢想的。

到了近代，民族矛盾、阶级矛盾的急剧激化，使中国社会处于剧烈的动荡和变化中。人民群众的反抗斗争前仆后继。但是，直到孙中山为代表的资产阶级革命派登上历史舞台前，还没有一个人提出过推翻君主专制制度的主张来。轰轰烈烈的太平天国革命是中国旧式农民革命的最高峰。洪秀全做了天王，其实还是皇帝。义和团运动的口号更只是"扶清灭洋"。资产阶级改良派鼓吹爱国救亡，介绍了不少西方资产阶级的社会学说、政治制度到中国来，起了巨大的启蒙作用。可是，他们把忠君和爱国看作一回事。康有为那些声泪俱下、处处不忘"列祖列宗及我皇上深仁厚泽涵濡煦育数百年之恩"的话，是最能打动当时一般士大夫的心的。而那时世界上的主要资本主义国家，除法美两国外，英国、日本、德国、意大利、奥匈帝国、沙俄等无一不保留着君主制度。所以，康有为提出以俄国彼得大帝和日本明治天皇的改革作为中国学习的榜样，在许多人看来是很有理由的。

以孙中山为首的资产阶级革命派正是在这样的历史条件下，破天荒地在中国历史上第一次提出了推翻君主专制制度、建立民主共和国的主张。孙中山在几次演讲中旗帜鲜明地指出："中国数千年来，都是君主专制政体，这种政体，不是平等自由的国民所堪受的。"（《三民主义与中国前途》）"且世界立宪，亦必以流血得之，方能称为真立宪。同一流血，何不为直截了当之共和，而为此不完不备之立宪乎？"（《中国民主革命之重要》）1905年8月成立的中国同盟会明确地把"创立民国"作为自己的奋斗目标之一。它在第二年冬颁布的《革命方略》中更是响亮地宣告："今者由平民革命以建国民政府。""敢有帝制自为者，天下共击之！"这在当时确实是石破天惊之论！比一比，从"乱臣贼子，人人得而诛之"

到"敢有帝制自为者,天下共击之",这是何等巨大的根本性的变化!他们坚韧不拔地通过报刊鼓吹、秘密宣传,使这种观念越来越深入人心。到辛亥革命爆发时,推倒君主专制制度,建立民主共和国,已成为大势所趋、人心所向。任何反动势力都已无法把它再扭转过来了。

第三,辛亥革命给人们带来了一次思想上的大解放。皇帝,该算是至高无上、神圣不可侵犯的了,如今都可以被打倒,还有什么陈腐的东西不可以怀疑、不可以打破?陈独秀在五四运动前夜写过一篇《偶像破坏论》说道:"君主也是一种偶像,他本身并没有什么神圣出奇的作用;全靠众人迷信他,尊崇他,才能够号令全国,称作元首。一旦亡了国,像此时清朝皇帝溥仪,俄罗斯皇帝尼古拉斯二世,比寻常人还要可怜。这等亡国的君主,好像一座泥塑木雕的偶像抛在粪缸里,看他到底有什么神奇出众的地方呢?但是这等偶像,未经破坏以前,却很有些作怪;请看中外史书,这等偶像害人的事还算少么?"思想的闸门一经打开,这股思想解放的洪流就奔腾向前,不可阻挡了。尽管辛亥革命后,一时看来政治形势还十分险恶,但人们又大胆地寻求新的救中国的出路了,再加上十月革命炮声一响和中国工人阶级力量的发展,不久便迎来了五四运动,开始了中国历史的新纪元。从这个意义上可以说:没有辛亥革命,就没有五四运动。

第四,辛亥革命促使社会经济、思想习惯和社会风俗等方面发生了新的积极变化。临时政府成立后,颁布了一系列新的政策法令和革新措施,主要包括:(1)革除社会陋习,如禁止续辫、缠足、赌博,严禁种植和吸食鸦片。(2)树立民主新风,如官员、官民之间均为平等关系,废除清朝官场称呼"大人""老爷"的恶习,废除跪拜之礼,改行鞠躬礼。(3)保障人权平等,允许女子参政权,禁止买卖奴婢,禁绝贩卖华工,禁止刑讯、体罚等。(4)鼓励实业发展,保护私人财产和工商业者的经营活动。颁布一系列保护工商业发展的章程、则例,提倡垦殖事业。(5)实行教育改革,提倡男女同校、奖励女学,将各种旧式学堂改为学校,禁止使用清廷学部颁行的教科书,增设自然科学、工商业和工艺方面的课程。毫无疑问,这些措施的推行,对社会经济、思想习惯和社会风俗等方面产生了新的积极的影响。

第五,辛亥革命不仅在一定程度上打击了帝国主义的侵略势力,而且推动了亚洲各国民族解放运动的高涨。列宁指出:"中国人民的革命斗争具有世界意义,因为它将给亚洲带来解放并将破坏欧洲资产阶级的统治。"(《列宁全集》第21卷)

毛泽东指出,辛亥革命"有它胜利的地方,也有它失败的地方。你们看,辛亥革命把皇帝赶跑,这不是胜利了吗!说它失败,是说辛亥革命只把一个皇帝赶跑,中国仍旧在帝国主义和封建主义的压迫之下,反帝反封建的革命任务并没有完成"。(《毛泽东选集》第2卷)

那么,革命党人何以不能保持政权,辛亥革命失败的原因在哪里呢?

毛泽东指出:"资产阶级的共和国,外国有过的,中国不能有,因为中国是受帝国主义压迫的国家。"(《毛泽东选集》第4卷)西方资本—帝国主义列强来到中国,不是为了使中国成为一个独立、富强的资本主义国家,而是为了掠夺中国来发展它们自己的资本主义。中国不过是它们竞相争夺的一块肥肉而已。对于它们来说,一个政治上、经济上不独立的地大物博、人口众多的半殖民地的中国,是一个极其广大的倾销商品的市场,一个理想的资本输出的对象,廉价原料、廉价劳动力的供应地。如果中国成为一个独立、富强的资本主义国家,它当然还会同西方发达国家打交道,同它们发展经济文化往来,但那时的中国将作为一个主权国家同它们在平等的基础上,而不是如同半殖民地时期那样在不平等的基础上同它们建立和发展关系。这是它们所不能容忍的。它们既不愿意失去在中国的殖民主义利益,也不愿意看到中国在国际市场上成为它们的一个强有力的竞争对手。所以,无论怎样虔诚地向西方国家学习,怎样热烈地向它们表示友谊,中国的资产阶级革命派还是不能得到它们的同情和支持。事实上,袁世凯就是在帝国主义势力的支持下窃取辛亥革命的果实的。毛泽东指出:"帝国主义侵略中国,反对中国独立,反对中国发展资本主义的历史,这就是中国的近代史。历来中国革命的失败,都是被帝国主义绞杀的,无数革命的先烈,为此而抱终天之恨。"(《毛泽东选集》第 2 卷)这是讲得十分深刻的,也是完全符合历史实际的。

再从国内因素分析。资产阶级的政治统治来自现代生产关系,现代生产关系没有确立,或不稳固,资产阶级的政治统治不可能巩固地存在下去。辛亥革命推翻清朝统治,建立了共和国,可是资产阶级还远没有成熟到足以独立缔造这个制度并把政权掌握在自己手里。此外,还必须注意到,由于中国的特殊历史环境,资产阶级特别缺乏独立性。中国的资产阶级很少是由手工工场主发展起来的,而主要是由官僚、买办、地主和商人转化来的。这些人转化为资产阶级,长久地保持着他们原来所从属的那个阶级或阶层的思想和心理特征。而且,即在经济上也没有割断同封建经济的联系。这样,就造成了他们在政治态度上不同程度地依附于原来所从属的阶级或阶层的情况。同时,由于中国是个幅员非常辽阔的中央专制的大帝国,政权层次很多,封建统治特别严密,严重地妨碍了资产阶级在全国范围内形成一个统一的独立的政治力量。1905 年成立的同盟会,只是几个地方反满革命小团体的联盟,不能把它当成国内资产阶级的统一和独立的政治团体。由于思想先进的资产阶级知识分子有多数拥护孙中山,并在同盟会中居领导地位,为它规定了资产阶级性质的斗争目标。所以同盟会首先是代表资产阶级利益的革命团体,它所领导的革命是资产阶级性质的革命。但不能把同盟会与国内资产阶级看作一回事。与国内资产阶级关系比较密切的资产阶级立宪派团体,1906 年后才出现,带有强烈的地方色彩。预备立宪公会和宪政公会似乎稍稍打破了狭隘的地方性。其他如湖北的宪政筹备会、贵州的宪政预备会、广东的粤商自治会等,都是与当地士绅联合而成的纯粹地方性团体。

全国性的资产阶级统一独立的政治行动,直到 1910 年的国会请愿高潮才出现。但是他们中间的联系还是很薄弱的。到 1911 年武昌起义前夕成立宪友会,表明资产阶级政治上统一和独立的趋势又向前进了一步。但这是在清朝专制统治迅速走向瓦解,新的统治力量尚未形成的时刻出现的情况。一旦清朝统治崩溃,中华民国建立,袁世凯做了总统,宪友会的力量很快就涣散、分裂,大部分被袁世凯的势力吸引过去了。统一的资产阶级政党,连影子都不见了。革命党人也正在经历着同样的过程,即涣散、分裂、重新组合。一个本身力量很微弱的阶级,又不能比较巩固地形成统一的独立的政治力量,要想掌握政权,自然是不可能的。

在考察辛亥革命时,我们看到一个极为特殊的情况,即经过革命一度建立起来的政权,没有哪一个阶级真正充当它的坚强支柱。前面已经指出,资产阶级革命党人只在很短

第三章 辛亥革命与君主专制制度的终结

的时间内赢得资产阶级比较一致的支持，中华民国建立后不久，就失掉了这种支持。其他的阶级或阶层怎么样呢？地主买办阶级不支持它，这是显而易见的。农民群众支持它吗？也不。革命党人的一个最大的失策就是没有认真发动农民，农民没有在革命中得到好处。海外华侨曾经给予革命运动以很大的支持。但武昌起义后，人们陶醉于"革命成功"的幻景，华侨再也不曾提供过可观的支持力量。孙中山曾希望得到资本主义列强的同情和支持。当得知武昌起义成功的消息时，他放弃回国的强烈愿望，而"决意先从外交方面致力"，在列强间折冲樽俎。可是，结果两手空空。帝国主义者早已选定了袁世凯做他们的代理人，给他以很大的财政支持。

这样，在辛亥革命后不久，革命党人及其所领导的革命政权便失去了任何支持力量，以致根本无法对付拥有强大反革命实力的袁世凯的政治、军事压力。

武昌起义前和起义后，包括孙中山在内的绝大多数革命党人，都不曾认真考虑过革命后如何保持革命政权的问题。孙中山想积极从事实业建设，为祖国的富强贡献力量；另一些人则有功成身退的思想；还有相当一部分人准备恃功邀禄，升官发财，做民国的新贵。这种状况引出两种结果：一是革命党本身涣散、分裂、瓦解，不能成为吸引群众、巩固政权的中心力量；二是革命党人急于议和，以为清帝退位，革命就成功了，对革命胜利后的政治斗争毫无思想准备。

本来这一切都根源于革命党力量的脆弱，但他们当时并不正视这一点。他们常常表示的某些良好的主观愿望，例如，建立法国或美国式的民主制度等，把他们自己欺骗了。

武昌起义后一个月，黄兴写信给袁世凯，推举袁世凯出任总统。孙中山在归国前也赞成与袁世凯妥协。不过，孙中山在政治上考虑得比黄兴多，他的一个最大的隐忧就是清朝政府继续维持不倒，一旦获得外国援助，革命有可能重蹈太平天国的覆辙。因此，他认为利用袁世凯迫使清帝及早退位，是争取革命胜利的重要策略。问题是孙中山始终没有建成一个坚强的革命团体，他的策略思想不能为多数党人所理解；又没有可供调遣的武装力量，很难同袁世凯较量获胜。

当然，我们不能说革命党人对他们牺牲奋斗得来的革命果实毫不珍惜，随意掷弃。他们曾努力设法使袁世凯就范，迫其忠于共和制度。主要办法有两条：第一是把首都定在南京，把袁世凯调离旧势力的巢穴，到受过革命洗礼的南方执政；第二是制定《约法》，要袁世凯遵守。革命党人祈望这两条办法能使袁世凯完全就范。袁世凯根本不把这些放在眼里，第一条完全不曾实行，第二条也成了一纸空文，毫无效力，反而施展阴谋，步步进逼。

可是孙中山对袁世凯的本质仍旧缺乏了解。1912年8月，孙中山应邀到北京与袁世凯会见，接谈多次，竟做出了错误的判断，认为袁氏"绝无可疑之余地"。事后，又给海外同志写信说："南北意见之疑团，至此乃涣然冰释。"袁世凯到底搞什么鬼，这个革命党领袖仿佛在五里雾中。

资产阶级共和制度在辛亥革命后不久即遭失败这一事实说明，无论是宪法或任何法律，如果立法者本身没有足以保证实行的力量，人民及其代表无从加以监督，那么，当权者就不会尊重它，它就形同废纸，毫无实际意义。宋教仁多少看出了一些问题，企图发展政党的力量来加强国会的作用，并力图用责任内阁来限制总统的权力，以防君主专制的变相复辟。从资产阶级维护其政治制度的需要而言，宋氏不为无见。然而，他不识袁世凯为何人，不懂政治斗争的复杂性，以致成为中华民国成立后以身殉国的第一人。

总之，不论是从辛亥革命时资产阶级的实际力量看，还是从资产阶级革命党人的政治经验看，他们丧失政权是必然的。

可见，辛亥革命的失败，有其深刻的社会历史原因：帝国主义决不容许近代中国成为一个独立、富强的资产阶级共和国，他们对中国革命采取破坏、不支持的政策；封建主义在军事实力、政治经验及社会基础等方面，都大大超过革命派，这是其失败的客观原因；资产阶级革命派政治上的软弱性和妥协性，则是革命失败的主观原因。其具体表现为以下几个方面。

第一，没有提出彻底的反帝反封建的革命纲领。除了上面对三民主义的分析外，从辛亥革命的历史史实，我们还看到，同盟会反满、反君主政体，却放过了主要敌人，因此在清帝退位后，就失去前进的目标。他们不敢和外国资本主义进行正面斗争，幻想以妥协和退让来得到外国资本主义的同情与支持，结果革命却被外国资本主义所绞杀。他们只关注建立"共和"政权，没有认识到必须反对封建地主阶级，结果让袁世凯篡夺了革命果实。

第二，不能充分发动和依靠人民群众。辛亥革命没有触动半殖民地半封建社会的经济基础，不能充分发动和依靠群众特别是农民群众。他们利用会党、新军，却不发动广大农民，在革命的高潮时期，甚至镇压农民的反封建斗争。革命党人没有建立自己的革命武装，以推翻旧政府，保卫新政权。他们依靠的是清军士兵和民间秘密反清会党。武昌起义后，各地建立的民军，大部分是由原来的旧军和会党改编而成，领导权也掌握在立宪派和旧官僚手里。

第三，不能建立坚强的革命政党，作为团结一切革命力量的强有力的核心。中国同盟会，从成立时起，思想上就缺乏统一信仰，组织上也不够巩固。这样的政党，不可能领导革命走向胜利。

辛亥革命的失败，给中国革命留下了两点最重要的教训。

第一，中国民族资产阶级，不可能彻底推翻外国列强和封建主义的反动统治，不可能领导中国革命取得胜利。第二，半殖民地半封建制中国不能重走西方的老路，资产阶级共和国的救国方案，在中国是行不通的。先进的中国人需要进行新的探索，为中国谋求新的出路。

三、深度阅读

阅读1：《军政府宣言》

写作背景：

1905年8月，近代中国的第一个资产阶级革命政党——中国同盟会在日本东京成立，资产阶级革命进入一个新阶段。1906年冬，中国同盟会领导人孙中山、黄兴、章炳麟等制定了《军政府宣言》（又称《同盟会宣言》），阐述了"驱除鞑虏，恢复中华，建立民国，平均地权"的纲领。在建立民国的步骤上，规定了"军法之治""约法之治""宪法之治"

三个相嬗的时期,以逐步实施上述纲领。《军政府宣言》是中国资产阶级民主革命的纲领性文件。

原著节选:

一、驱除鞑虏。今之满洲,本塞外东胡。昔在明朝,屡为边患。后乘中国多事,长驱入关,灭我中国,据我政府,迫我汉人为其奴隶,有不从者,杀戮亿万。我汉人为亡国之民者二百六十年于斯。满政府穷凶极恶,今已贯盈。义师所指,覆彼政府,还我主权……二、恢复中华。中国者,中国人之中国;中国之政治,中国人任之。驱除鞑虏之后,光复我民族之国家。敢有为石敬瑭、吴三桂之所为者,天下共击之!三、建立民国。今者由平民革命以建国民政府,凡为国民皆平等以有参政权。大总统由国民公举。议会以国民公举之议员构成之,制定中华民国宪法,人人共守。敢有帝制自为者,天下共击之!四、平均地权。文明之福祉,国民平等以享之。当改良社会经济组织,核定天下地价。其现有之地价,仍属原主所有;其革命后社会改良进步之增价,则归于国家,为国民所共享。

原著解析:

孙中山是一位伟大的爱国主义者,也是一个伟大的民主主义者。他1894年在檀香山成立革命小团体兴中会的时候,第一次响亮地喊出了"振兴中华"的口号。他在1905年发起成立的中国同盟会,完整地提出了一个以建立资产阶级民主共和国为目标的政治纲领,并且努力用革命的手段来实现这个纲领。1905年11月,在同盟会机关报《民报》发刊词中,孙中山将同盟会的16字纲领概括为三大主义:民族主义、民权主义、民生主义,后被称为三民主义。

民族主义即"驱除鞑虏,恢复中华"。它包括三层意思:一是"反满",也就是推翻清朝政府。《军政府宣言》中说:"满政府穷凶极恶,今已贯盈。义师所指,覆彼政府,还我主权。"明确表示要武装夺取政权。二是独立,建立"民族独立的国家"。"中国者,中国人之中国;中国之政治,中国人任之。"其中蕴含了摆脱外来压迫的民族独立思想。三是孙中山的民族主义在一定程度上提出了国内民族平等的进步思想。1906年,孙中山在《民报》创刊周年纪念会上提出:"民族主义,并非是遇着不同种族的人,便要排斥他。"这一思想后来发展成汉、满、蒙、回、藏"五族共和"思想。1912年,孙中山在《临时大总统就职宣言》中说:"国家之本,在于人民。合汉、满、蒙、回、藏诸地为一国,即合汉、满、蒙、回、藏诸族为一人。是曰民族之统一。"

孙中山的民族主义把"排满"与反对君主专制结合起来,把推翻清朝统治与建立民族独立国家结合起来,指明了资产阶级革命的斗争目标,在当时有着巨大的进步意义。但是,在半殖民地半封建的历史条件下,帝国主义与中华民族的矛盾是中国社会的最主要矛盾,也是阻碍中国国家独立的最主要障碍。建立民族独立的国家,必须清除帝国主义在中国的侵略势力。但在孙中山的民族主义中,却没有正面提出反对帝国主义的主张,甚至幻想在不触动帝国主义在华权益的条件下建立民国,这一局限必将影响整个革命的进程和结局。

民权主义的内容是"建立民国",即推翻封建专制制度,建立资产阶级民主共和国,也就是孙中山所说的政治革命。这是三民主义纲领的核心内容。

孙中山把民权主义作为政治革命的根本,并认为民族革命与政治革命是同一件事情的两个方面,"我们推倒满洲政府,从驱除满人那一面说,是民族革命,从颠覆君主政体那一面说,是政治革命,并不是把革命分两次去做"。政治革命的目的,是建立民国政府。《军政府宣言》描绘了民国的基本内容:"凡为国民皆平等以有参政权。大总统由国民公举。议会以国民公举之议员构成之,制定中华民国宪法,人人共守。"其中,"凡为国民皆平等以有参政权"是指导思想,也就是建立资产阶级议会制共和国。

孙中山还把建设资产阶级共和国的过程分成三期:第一期为"军法之治",即"军政府督率国民扫除旧污之时代",为期三年;第二期为"约法之治",即"军政府授地方自治权于人民,而自总揽国事之时代",为期六年;第三期为"宪法之治",即"军政府解除权柄,宪法上国家机关分掌国事之时代"。西方资产阶级民主政体是"三权分立",孙中山则在三权之外又加上考试权和监察权,成为"五权分立"。孙中山提出五权分立,是因为他看到西方三权分立在实践中所产生的流弊,如选举和委任中的营私舞弊,议院滥用监督权等。所以他借鉴中国古代官制的经验,把考试权从行政中分出,把监察权从议院中分出,使五权各自独立,互相牵制,以保证政府机器的运转。

孙中山的民权主义指明了资产阶级革命的最终目的是结束封建专制制度、建立民主共和国,这代表了当时最大多数人民群众的迫切要求,是历史的巨大进步。但民权主义也是有局限的。孙中山一方面主张要使人民享有民权,另一方面又对人民能否享有民权表示怀疑。在他的制度设计中,无论是军法之治、约法之治,还是五权宪法中的"政权"与"治权"的区分,都包含了要由"先知先觉"者掌握国家权力,以教育和管理"后知后觉"者、"不知不觉"者的思想。这样,在实践中,就很容易使人民的主权落空。这种严重轻视和脱离人民群众的倾向,使孙中山及其革命党人的民主革命实践难以得到广大人民群众的认同与支持。

民生主义即"平均地权",也就是孙中山所说的社会革命。孙中山主张:"核定天下地价,其现有之地价,仍属原主所有;其革命后社会改良进步之增价,则归于国家,为国民所共享。"并认为实行此社会革命之后,私人永远不用纳税,但收地租一项,已成地球上最富的国,从而实现"举政治革命、社会革命毕其功于一役"。

孙中山的"平均地权"思想来源于美国亨利·乔治的单一税学说。其中心就是国家通过向土地征收单一的地价税,使地租转交给国家。通过这种办法,限制以至取消土地私有权,从而达到土地国有。乔治的理论是针对土地垄断现象提出的。乔治认为土地垄断是贫穷和不幸的根源,想通过把地主的地租作为国税征收来达到土地国有。1895年广州起义失败后,孙中山先后到达日本、欧美,他看到了资本主义制度下的尖锐对立,看到贫富悬殊现象和社会主义运动的兴起。因而他试图探讨一种一劳永逸的办法,既使中国富强,又避免产生贫富悬殊现象,避免社会危机。在这种情况下,看到乔治的理论,他很快认为"此种方法最适宜于我国社会经济之改革"。

资本主义社会贫富悬殊现象的根源,是资本主义生产的社会化和生产资料的私人占有之间的矛盾。孙中山还看不到这一点,只想用土地国有的办法来避免社会革命。从现实看,这是根本无法实现的。在当时的中国,占人口最大多数的是农民,他们要求废除封建土地所有制和分得土地,而孙中山讲的则主要是城市土地问题,主要是针对香港、上海等地"地价一定跟着文明日日涨高"的情况,不是针对广大农村的封建土地制度,所以"平均地权"并不能真正解决农民的土地问题。这也决定了他们领导的资产阶级革命无法动员广大的农民。但正如列宁所指出的,"孙中山纲领的每一行都渗透了战斗的、真诚的民主主义","是真正人民的真正伟大的思想",因为它反映了孙中山对广大劳动人民受压迫、受剥削的苦难境遇的真挚同情,它力图打碎封建主义的枷锁,解放农业生产力,因而有利于资本主义的发展,具有进步意义。

孙中山的三民主义是近代中国第一次详细阐述的比较完备的资产阶级民主革命政纲。它集中地反映了中国资产阶级在政治上、经济上的要求,同时也反映了当时广大的中国人民要求民族独立、民主权利、民生富裕的愿望,因而它不但受到资产阶级的拥护,也受到包括广大劳动人民在内的一切民主派的拥护。在一个时期内,它成为革命党人战斗的口号和团结的旗帜,对推动中国资产阶级民主革命运动的发展,起了重大的积极作用。

阅读2:《建国方略》之实业计划

写作背景:

第一次世界大战期间,中国的资本主义生产有了进一步的发展,民族资产阶级投资办工业的要求大为增强,振兴实业的呼声很高。孙中山看到,战争结束后欧美帝国主义国家为战争服务的工业设备将大批闲置无用,众多的技术人员及技术工人将面临严重的失业问题,如果中国能够趁机利用这些设备和人才进行实业建设,就可大大加速中国经济的发展。为此,他于1919年用英文写了此书,以呼吁"国际共同发展中国实业"。

原著节选:

中国实业之开发应分两路进行,一个人企业,二国家经营是也。凡夫事物之可以委诸个人,或其较国家经营为适宜者,应任个人为之,由国家奖励,而以法律保护之。今欲利便个人企业之发达于中国,则从来所行之自杀的税制应即废止,紊乱之货币立需改良,而各种官吏的障碍必当排去;尤须辅之以利便交通。至其不能委诸个人及有独占性质者,应由国家经营之。今兹所论,后者之事属焉。此类国家经营之事业,必待外资之吸集、外人之熟练而有组织才具者之雇佣、宏大计划之建设,然后能举。以其财产属之国有,而为全国人民利益计以经理之。关于事业之建设运用,其在母财、子利尚未完付期前,应由中华民国国家所雇专门练达之外人任经营监督之责;而其条件,必以教授训练中国之佐役,俾能将来继承其乏,为受雇于中国之外人必尽义务之一。及乎本利清偿而后,中华民国政府对于所雇外人当可随意用舍矣。于详议国家经营事业开发计划之先,有四原则必当留意:

一必选最有利之途以吸外资。

二必应国民之所最需要。

三必期抵抗之至少。

四必择地位之适宜。

今据上列之原则,举其计划如下:

一筑北方大港于直隶湾。

二建铁路统系,起北方大港,迄中国西北极端。

三殖民蒙古、新疆。

四开浚运河,以联络中国北部、中部通渠及北方大港。

五开发山西煤铁矿源，设立制铁、炼钢工厂。

原著解析：

《实业计划》是孙中山关于中国经济现代化的宏伟而具体构想，由八个方面和六大计划共33个部分组成。

这八个方面是：交通建设；开辟商港；在铁路中心、商港等地的都市建设；发展水力；建立钢铁、水泥工厂以供国内建设所需；发展矿业；发展农业、灌溉、移民东三省、蒙古、新疆、青海、西藏；在中国北部、中部造林。

六大计划是："第一计划"包括建筑北方大港、西北铁路系统、殖民蒙古新疆、开浚河道、开发山西煤矿设立钢铁工业等五项内容；"第二计划"包括建造东方大港、整治扬子江、建设内河商埠、改良水路及运河、创建大士敏土厂等内容；"第三计划"以南方大港为中心，在中国北部、东部和南部由沿海至内地整修水道、修建铁路、公路，开发资源，移民垦荒和发展工农业生产；"第四计划"包含改良广州水路系统，建设西南铁路系统，建设全国铁路之总规划，分为中央、东南、东北、西北、高原五大铁路系统以及建设火车工厂的计划；"第五计划"中孙中山提出了吸引外资，发展中国民生工业的主张；"第六计划"为采矿计划。最后，孙中山在《结论》中提出和平开发中国实业的思想。

对《实业计划》，孙中山认为："交通为实业之母，铁路又为交通之母。"发展工矿业是致富良策，矿业是"实业之母"和"工业之根"，"人尽其才，地尽其利，物尽其用，货畅其流"是富强治国的根本。抓住机遇，实行"门户开放主义"，是振兴实业的有效途径。加快发展，赶超西方经济发达国家，在地球上"占一席"是《实业计划》的最终目的。《实业计划》在《建国方略》中具有极其重要的地位，孙中山认为振兴中国使之富强并追赶列强的关键在于"物质建设"，因此他把发展实业看作是"中国存亡之关键"。《实业计划》中的六大计划正是他解决民生问题、实现国富民强、全面推进经济现代化的具体构想和发展蓝图。振兴实业以改善民生的思想至今仍有着极强的现实意义。

一是全面协调、统筹兼顾的思想。在《实业计划》中，孙中山对实现中国经济现代化提出了具体构想，涵盖了港口、铁路、公路、航运、城市、水利、工业、农业、林业、矿业等领域，六大计划既全面系统又重点突出并且相互联系，是一个以交通和基础设施建设为重点，内陆与海洋、内地与沿海、产业行业与区域经济共同全面协调发展的计划。

二是发展"个人企业"和"国营经营"的思想。孙中山指出："中国实业之开发应分两路进行，一个人企业，二国家经营是也。""凡夫事物之可以委诸个人，或其较国家经营为适宜者，应任个人为之，由国家奖励，而以法律保护之。""至其不能委诸个人及有独占性质者，应由国家经营之。""此类国家经营之事业，必待外资之吸集，外人之熟练而有组织才具者之雇佣，宏大计划之建设，然后能举。以其财产属之国有，而为全国人民利益计，以经理之。"这些论述体现了重视个人企业（私人经济）和国营经济发展、利用外资发展中国经济的思想。

三是提出国家经营事业开发计划的四项原则：必选最有利之途以吸外资，必应国民之所最需要，必期抵抗之至少，必择地位之适宜。这四项原则实际上提出了引进外资、外才发展中国经济应遵循的主要原则，具有特定的历史性，也具有较强的现实启示性。

四是利用外资、外才实行开放主义的经济建设思想。为解决"苦无资本"的问题，孙中山提出利用外资、外才的思想。为解决国人"生产方法不良"的问题，他提出利用外国资本、专门家、机器、发明家为我所用，"发达工业以图全国民之福利"。在主张利用外资实行开放主义的同时，在《实业计划》中孙中山还提出"发展权操之在我"的可贵思想。这些思想在今天看来也是有远见卓识的。

四、案例解析

案例：宋教仁遇刺

案例来源： 朱志敏：《"毛泽东思想概论"课教学案例解析》，高等教育出版社2004年版，第57—62页。

案例内容：

1912年8月10日，中华民国临时政府以临时大总统袁世凯的名义公布了《中华民国国会组织法》及参议院、众议院议员选举法。国会组织法规定：中华民国国会由参议院和众议院构成。参议院议员274名，分别由各省议会及西藏、青海、华侨选举会、中央学会按一定数额选出；众议院议员596名，由各省有选举权的公民按人口比例选出。议员选举工作将于是年年末开始，国会则于次年3月正式召开。

国会是国家最高的立法机关。在国会中占有多数席位的政党可望在内阁中得到较多的部长位置，或可直接组成政党内阁，掌握国家权力，进而使本党的党纲通过法定方式成为国家的法律、法令。因此，即将到来的国会议员选举成为各政党新一轮斗争的焦点。各党早已秣马厉兵，准备在选举中大干一番。就在这时，为组织国民党日夜奔忙的宋教仁忽然接到了来自几个方面的请其出任国务总理的劝邀。

原来，唐绍仪内阁解体后，由袁世凯采取胁迫方式征得参议院同意任命的总理陆徵祥，因看到自己不为参议院信任，不免心灰意冷，上任以来，迄无建树，颇为各方面所不满，故向袁提出辞呈。袁世凯一面令内务总长赵秉钧暂时代理总理职务，一面派教育总长范源濂和工商总长刘揆一找宋教仁，请他出任内阁总理。

宋教仁早在决定退出内阁之时就已认定，只有实行政党内阁，才能保证政府运转正常，使国家政治走上正轨。因此他毫不犹豫地拒绝了范、刘的邀请。几天之后，孙中山到北京与袁世凯会谈，再次提起宋教仁任总理一事。同时，黄兴自上海给宋教仁打电报，亦劝他接受该职。随后唐绍仪在天津也劝他勉为其难。宋教仁也一一回绝了他们。他的理由是：内阁当中，总理同阁员应负连带责任，若是只换个总理，与阁员意见仍不能经常保持一致，工作无法开展。另外，国会选举已将进行，临时政府维持时间已没有多久，目前任总理，不可能在任上从容推行自己的主张，况且当时南北势力多有不合，须威望素著的人出掌内阁更为妥当。

其实，袁世凯内心里觉得惬意的总理人选还是其亲信赵秉钧。他做出请宋的表示，不过是笼络一下国民党人罢了。国民党的领导者考虑到国会选举在即，临时政府中许多工作尚待完成，不如先支持袁，以实现平稳过渡，因而同意由赵任总理。不仅如此，唐绍仪还提出将袁世凯发展为国民党党员，当即得到孙中山、黄兴等的赞成。不过，老奸巨猾的袁世凯当然不会轻易加入某党，受人摆布，但他同意赵秉钧和全体阁员加入国民党。此事一时传为政坛佳话。一些人由此认为，赵秉钧内阁已经成为国民党党员组成的政党内阁。宋教仁则清醒地提出：赵内阁不过是袁派内阁而已。

推辞了出任总理的邀请，而国民党的组织工作亦告一段落，宋教仁打算离京南下部署国会议员选举工作，就便回乡探望老母及妻儿。袁世凯闻讯，派人送他一张50万元的支票。宋教仁知道此馈赠来者不善，即于第二天将支票奉还，并附上一封信。

慰公总统钧鉴：

绨袍之赠，感铭肺腑。长者之赐，仁何敢辞？但惠赐50万元，实不敢受。仁退居林下，耕读自娱，有钱亦无用处。原票奉璧，伏祈鉴原。知己之报，期以异日。

教仁百拜

10月18日，宋教仁自北京乘京汉路火车南下，沿途多有停留，三个星期后，终于回到阔别了8年之久的桃源湘冲。

……

1913年1月，宋教仁乘船抵达长沙，又从那里北上武汉，东下九江、上海，再折向杭州、南京……沿途了解国民党各地支部选举工作情况，演讲国会选举工作的重要及他本人对大政方针的看法。他说：民主国家，权威集中于国会。在国会中占有多数席位的政党，才是有政治权威的党。因此国民党人应当停止一切运动，专注于选举。选举的竞争是公开的，光明正大的，用不着避什么嫌疑，讲什么客气的。国民党要在国会里获得半数以上的议席，进而在朝，可以组成一党现任内阁；退而在野，也可以严密地监督政府，使其有所顾忌，不敢妄为，又不敢不为。他强调民国政治建设必须遵循民主原则，指出：国家有政治之主体，有政治之作用。以国民为国家政治的主体，由国民运用政治，这才是共和的真谛。政府分为立法、司法、行政三部分。立法权在国会，而国会初开的第一件事是制定宪法。宪法是共和政体之保障。他反对总统制，主张内阁制，理由是：实行内阁制，重大责任由内阁担当，总统责任较轻，一旦内阁出了问题，可以更换。实行总统制，总统责任重大，一旦总统出了问题，则无法轻易更换。如果非换不可，势必导致国本动摇。对于人们关注的省制问题，宋教仁提出，共和国应使民意在各方面充分得到体现，由国民选举省长便是体现民意的一个方面。在实行中央集权还是地方分权问题上，宋教仁主张，应从中国实际考虑，该集权的，如外交、军政、司法、国家财政、国家产业及工程等，自当为中央集权；该分权的，如教育、路政、卫生、地方之财政、地方工程及产业等，自应属于地方分权……

根据上述思想，宋教仁口授，经《民立报》记者徐血儿起草，复经宋教仁修改，制定了包括"对政体之主张""对政策之主张"两部分共15条《国民党之大政见》。宋教仁准备带到北京，交国民党本部议决后，向舆论界正式公布。

由于国民党人多势众，组织工作及宣传鼓动出色，在各地国会议员预选中已占有相当明显的优势。宋教仁的兴奋心情是可想而知的。2月下旬，他和于右任一起游览了杭州南高峰。站在南高峰顶，东望海门涌来的钱塘江潮，宋教仁诗兴大发，随口吟道：

日出雪蹬滑，山枯林叶空。徐寻屈曲径，竟上最高峰。

村市沉云底，江帆走树中。海门潮正涌，我欲挽强弓。

第三章 辛亥革命与君主专制制度的终结

诗咏景，诗抒情，诗言志。此时此刻，那无形的国家政治大势恰好比这有形的自然景色，在宋教仁的心中重叠衬托。取代清廷的民国成立了，接替严冬的早春来临了，然而旧的势力、专制思想还没有完全消除，恰如残雪尚未化尽。他要和他的政党通过竞选的曲折之路，攀上国家政权的顶端。沉入云底的村市正是本应成为国家政治主人的国民的象征，隔着树木望见的远处江面上船帆的移动又好似大千世界中人们为着生活而不停地忙碌。钱塘江海潮的汹涌预示着政治斗争的激烈，他要和他的政党挽强弓，搭利箭，勇夺斗争的胜利，一举实现政党内阁的理想！

然而，现实政治斗争形势的险恶，竞争对手和政敌的卑鄙歹毒是宋教仁的诗中没有表达出来，或许也是他本人想象不到的。就在宋教仁的一篇篇政见见诸报端，同时也是国民党在国会议员初选中步步夺得优势之时，受到他严厉抨击的临时政府当局的官僚开始对他进行攻击。有人公开指责，有人匿名发表文章，辩驳之外复加谩骂。与此同时，上海出现了有人要找宋教仁麻烦的传言。很多朋友、同志劝告他要多加小心。宋教仁不以为然。他说：政治竞争乃正大光明之事，不容许使用卑鄙残忍手段，其他政党和官僚之中的人们未必不懂得这个道理。退一步讲，即使那些传言果非谣言，我能因此而放松自己的责任心吗？他哪里知道，在那些真假难辨的谣言背后，一个真实的、罪恶的阴谋正在暗地里加紧策划着。

3月中旬，宋教仁接到袁世凯催他北上的电报。18日，他在上海国民党交通部举行的宴会上作了最后一次演说后，即做好了同部分国民党议员一起北上的准备。

3月20日晚上，宋教仁到《民立报》报社辞行。徐天复再次提醒他说：先生此行责任甚重，有些人不怀好意，恐怕前途有不测之险，愿先生慎重防卫。宋教仁若无其事地回答说：不必多虑。我此行是为了统一全局，调和南北，目的堂堂正正，有什么可怕的？况且国家之事，虽有危害，也应当全力以赴。

10点钟左右，宋教仁赶到沪宁火车站，准备乘坐特别快车，前往南京，再转乘津浦线火车北上。黄兴、廖仲恺等人均来送行。他们在议员休息室座谈片刻，一同走出来，向站内火车停靠的站台走去。此时于右任等早已在车厢门口等候。火车站外没有几个人。忽然，"砰"的一声枪响，子弹从右后方射来。宋教仁感到腰部一热，身体猛地震动一下。他踉跄几步，靠在不远处的铁椅子上。随后又是"砰""砰"两枪。一个人影从车站办公室窗下的黑暗处飞快地向站外逃窜。等候在车厢门口的于右任听到枪声，知道事情不好，立即跑到宋教仁跟前。只听宋教仁说道："我中弹了！"于右任马上大喊："快抓凶手，别叫他跑掉！"一面迅速借了一部汽车，送宋教仁赶到铁路医院。

……

半个多小时后，医生赶到，马上为宋教仁做了手术。由于伤势过重，手术后疼痛仍不能缓解，不能进食，便血不止。十几个小时后做第二次手术，缝合了肠胃被子弹穿破的洞孔，取出淤积的血块。后来又发现肾脏损伤，终于不治。22日凌晨5时许，年仅31岁的宋教仁停止了呼吸。

还在黄兴前来探视宋教仁时，宋曾托黄给袁世凯发一份电报，讲到自己倡行改革决非为个人争一丝一毫的权利，并恳切希望袁世凯鉴纳自己的临死哀言，"开诚心，布公道，竭力保障民权，使国会确定不拔之宪法"，则自己"虽死之日，犹生之年"。他哪里知道，这位大总统正是希望见到他死去的人。

"国民党要人宋教仁遇刺!"

这个消息如同一颗重磅炸弹,轰动了上海,轰动了全国。

……

宋教仁被刺一案没有结局,但它一度在上海市和全国成为政治界、舆论界关注的焦点。它使国民党人看清了袁世凯反对民主政治的真面目。反对袁世凯专制的"二次革命"随后而起。

孙中山曾说:"宋氏乃为中国宪法而牺牲之第一人。"仅仅活了31年的宋教仁在他短暂的一生中,把全部精力献给了为祖国争取独立、富强的革命和民主事业。他的凝聚学识与智慧的文字在中国政治思想史上留下了闪光的一页。他的精神与热血激励着无数后来的革命者。他的名字应当永久铭刻在世世代代中国人的心中。

案例点评:

宋教仁是国民党三首领之一,也是中华民国初期第一位倡导内阁制的政治家。章太炎曾说:"若举总统,以功则黄兴,以才则宋教仁,以德则汪精卫。"宋教仁虽只活了31岁,但他的名字在中国近代史上是不可磨灭的。无论是支持民主,还是反对民主的人,都绕不开宋教仁这个名字。他在20世纪初那个昙花一现的瞬间所掀起的民主旋风,至今仍是中国民主宪政史上一道最壮丽的风景线。

宋教仁是中国国民党的实际创建者和辛亥革命后内阁制政府方案的设计者、倡导者。他倡导建立内阁制取代总统制,以使中华民国政府更具民主性,更有效率,从而实现真正的民主共和,充分代表了民族资产阶级的要求。宋教仁被刺是袁世凯铲除异己、实施独裁统治野心的一次大暴露。宋教仁的话题是有关中国民主化的一个聚焦,袁世凯暗杀宋教仁是中国民主化进程步履艰难、充满痛苦和血腥的开端,它已经成为一种象征、一个标志。在某种意义上,袁世凯和宋教仁也成了近代中国的象征,袁代表了中国几千年根深蒂固的专制势力,宋教仁代表的是中国近代以来对以民主、人权为核心的人类主流文明的追求。

宋教仁等一度幻想通过议会竞选取得政权,因而把同盟会改组为国民党。但国民党内部混杂了许多旧官僚、政客,分裂出许多小党派,表明其革命性比同盟会时代是大大倒退了,因而更加脱离群众,难以成为坚强的领导力量。刺杀宋教仁后,袁世凯步步加强独裁措施,镇压了国民党人的"二次革命"。"二次革命"失败的客观原因是袁世凯的北洋军队力量相对强大,并得到帝国主义的支持。从革命党方面来看,主要是仅着眼于军队的发动,忽视人民群众的反抗斗争,因而得不到群众响应。袁对南方用兵即获胜利,很大程度是与各阶层人民的厌战厌乱情绪有关。民族资产阶级除少数人外,大多数都害怕社会秩序的混乱会影响自身利益,有的商会甚至出面要讨袁军"让城别走",如广东宣布独立后,港粤商人就群起反对。缺乏群众基础是"二次革命"失败的关键所在。"二次革命"失败后,以孙中山为代表的中国资产阶级革命派,为反对袁世凯与段祺瑞的独裁专制统治,又发动了护国运动、护法运动等革命斗争,但都以失败而告终。

辛亥革命的胜利果实终于变成强权者手中的玩物,"中华民国"成了一块空招牌。宋教仁被刺身亡是资产阶级民主政治道路在近代中国走不通的一个证明。

五、实践项目

项目1：文献研读心得

篇目： (1) 列宁：《中国的民主主义与民粹主义》(1912年7月)

(2) 毛泽东：《纪念孙中山先生》(1956年11月12日)

(3) 孙中山：《〈民报〉发刊词》(1905年10月20日)

(4) 《〈民报〉与〈新民丛报〉辩驳之纲领》(《民报》，1906年4月28日)

(5) 《中华民国临时约法》(1912年3月)

(6) 胡锦涛：《在孙中山先生诞辰一百四十周年纪念大会上的讲话》(2006年11月12日)

流程： (1) 教师向学生提供阅读文献信息：可从图书馆借阅的参考书目；可供下载比较可靠的网络地址；电子版的可阅读文献需设置并发送到公共邮箱，供学生下载。

(2) 教师在课堂上对阅读文献做简单讲解，提出撰写读书心得报告的具体要求。

(3) 学生阅读文献，撰写并按时提交读书心得报告。成果可以PPT、经过整理的资料片、学术论文等形式呈现。

(4) 教师评定成绩并作简要小结、反馈。

评价：

考核指标	考核结果			
	优	良	中	差
学习态度				
自主学习能力				
合作学习能力				
知识运用能力				
学习效果				
总体评价				

项目2：观看音像资料

资料：

1.《辛亥革命》（节选）

晚清末年，内忧外患，中华民族到了危亡之际。改良派维新变法运动失败，以孙中山为首的革命派，决心以革命推翻清政府，建立共和体制。

1895—1910年，革命党人先后发动了多次起义，秋瑾、徐锡麟等一批革命党先驱先后牺牲，革命陷入低潮。

1910年年底，孙中山再次在海外召集同盟会骨干，组织力量准备在广州发动起义。黄兴与徐宗汉假扮夫妇，秘密潜入广州。然而，广州之战终因革命党人寡不敌众而告负，林觉民等一大批革命骨干壮烈牺牲，黄兴也身负重伤。潘达微等冒死收葬了烈士遗体72具，葬于广州城外的黄花岗。

经过这次起义，清政府对革命党人进行了血腥镇压，同时积极寻求与帝国主义的卖国交易。

在四川，清政府又一次丧权辱国的行为，引发了轰轰烈烈的"保路运动"，湖北新军被紧急抽调前去镇压。在武昌，新军当中的革命党名单泄漏，湖广总督瑞澂开始对名单上的革命党人逐一捕杀，革命形势十分危急。革命党人熊秉坤、金兆龙等愤然打响了革命第一枪。经过一夜激战，武昌起义的革命军攻占了总督府，黎元洪被革命军将士紧急推为军政府都督。

武昌起义成功，举国震惊，消息传到美国，孙中山和同盟会成员欢欣鼓舞。他立即派黄兴和徐宗汉赶到武昌战场，大大振奋了革命军士气。他们不惜以热血和生命保卫飘扬着革命红旗的武汉三镇。经过这么多血与火的洗礼，黄兴和徐宗汉的感情不断升华，两人决定结为革命夫妻，继续比肩战斗。

风雨缥缈的清政府只好请袁世凯出山，率北洋军镇压革命。袁世凯一方面镇压革命军，另一方面仍试图在各方势力的博弈中，暗地里通过革命党人汪精卫传达与革命党和谈的愿望。革命的危急关头，孙中山奔赴海外，力排众议，最终说服西方列国财团，不再借贷款支持清政府。

"阳夏保卫战"打得异常惨烈，黄兴和黎元洪艰难支撑。在各种反动势力的夹击下，黄兴毅然决定率部撤往长江下游，积聚力量，以图大业。长江战舰在行进中，传来了多省宣布独立的消息，黄兴等备受鼓舞。自此，革命形势进入南北对峙的局面。经过多方努力，南北代表唐绍仪和伍廷芳终于坐下来会谈，经过艰难谈判，双方达成共识，支持建立共和政体；经过18省代表的公开民主选举，孙中山被推选为首任大总统。孙中山表示，只要袁世凯敦促清帝退位，他即可让位，由逼清让位的人出任中华民国大总统。

辛亥革命，中华民族付出了巨大的代价，结束了两千八百年的封建统治，开创了亚洲第一个共和体制，写下了人类社会民主主义的新篇章！更向世人展示了一个真理：历史的潮流浩浩荡荡，不可阻挡；顺其者昌，逆其者亡。未来，充满着革命的因素和希望。

2.《知音》

辛亥重九,云南起义将领蔡锷自调京以来,目睹袁世凯的倒行逆施,郁悒于心。袁世凯复辟帝制之心已久,他一面令人对蔡严加防范,一面诱之以利,并把京都名妓小凤仙介绍给蔡,妄图使其沉溺于声色。

当时,日本出兵山东,逼袁签订"二十一条"条约,蔡锷力主拒约应战,袁世凯为获日帝支持,屈从签约。全国掀起抗日爱国运动,袁世凯派兵血腥镇压。蔡锷认清袁的面目,秘密联络,筹备讨袁起义。袁对其猜疑,蔡锷遂用韬晦之计,麻痹他们。蔡锷的名声虽早使小凤仙倾倒,但由于相互猜疑和不解,两人虽朝夕相处,却相隔如山。

在天津,小凤仙不露痕迹地掩护了蔡锷。随后在《高山流水》的琴曲中,小凤仙吐露了悲惨身世和除国贼之心愿,彼此终于觅到知音。袁世凯登基前夕,起义迫紧,小凤仙掩护蔡锷离开北京,自己被投入监狱。蔡锷借道日本到云南,打响讨袁第一枪,各省联袂而起,不到半年袁世凯病死,护国讨袁战争胜利结束。蔡锷却积劳成疾,在日本就医时逝世。小凤仙静坐船头,痛拨瑶琴,思念知音。影片在蔡锷同袁世凯的冲突和蔡锷同小凤仙的纠葛两条线索中,加强蔡锷与小凤仙之间富有传奇性的纠葛,渲染整部影片的传奇色彩,从而体现和突出蔡、袁和政治斗争,体现"反对帝制、维护共和、知音遍天下"的主题。

3.《非常大总统》

1921年5月,在广州总统府大厅的讲台上,孙中山发表了就职演说。演讲结束后,孙中山、宋庆龄及国民政府大小官员乘坐汽车徐徐开过永汉路,各界民众夹道欢迎,广州城内一片革命气氛。

当时,曹锟、吴佩孚等一批军阀窃据着北洋政府大权,整个中国是军阀割据、战事频繁、民生凋敝。孙中山在广东准备集结力量,举兵北伐,统一中国。而身居国民政府陆军总司令要职的陈炯明却在暗中与吴佩孚勾结,背着孙中山搞"联省自治",阻挠北伐,妄图成为独霸广东的南粤王。

大总统阅兵式即将开始,陈炯明不来,各国领事席上也空无一人。但这一切并没有使孙中山后退,他愈挫愈奋,带领士兵从广西出兵,开始了北伐壮举。

陈炯明对孙中山阳奉阴违,暗中指使部下化装成土匪抢劫北伐军的粮饷;纵容亲信与不法商人走私鸦片;还勾结前清官僚之女邝美兰,妄图谋害孙中山。粤军参谋长邓铿对陈的倒行逆施非常不满,全力支持北伐,竟遭暗杀。孙中山悲愤交加,命陈炯明到梧州面谈,并将北伐改从韶关北上。陈炯明拒不去梧州,向孙中山提出辞呈。面临北伐困境,孙中山在桂林会见了第三国际代表马林、共产党代表张太雷。

马林关于要赢得劳工和农民的支持,要创办军校,建立一支真正的革命军队的建议,给孙中山留下了深刻的印象。北伐军终于冲破重重阻力,直逼南昌。

陈炯明指使人在广州闹事。为稳定后方,孙中山返回广州。陈炯明乘黎元洪上台之际,举行兵变,公开背叛孙中山。孙中山冲破了敌人的重重封锁,登上了停泊在珠江的永丰舰,指挥向叛军的反击。由于陈炯明的叛变,北伐被迫停止,革命又一次受到挫折。然而,孙中山从失败中汲取了深刻的教训,决定走联俄、联共、扶助农工的道路,执行新三民主义,继续与反动势力进行不妥协的斗争!

流程：（1）教师提供音像资料来源，提出撰写观后感的评审标准和要求。

（2）学生在观看影视资料的基础上撰写观后感。观感可有多种形式，包括学术论文、PPT、经过整理的资料片等。

（3）学生提交观后感并进行交流。

（4）教师根据学生完成情况评定成绩并计入平时成绩。

第四章　开天辟地的大事变

一、知识提要

　　了解新文化运动兴起的时代背景和基本内容及五四运动爆发的时代背景、原因和历史意义；认识俄国十月社会主义革命后，中国先进分子对资产阶级民主主义产生怀疑的原因，了解他们怎样经过比较、探求选择了马克思主义，认识举起马克思主义旗帜的巨大而深远的意义；了解和掌握工人阶级政党的产生是近代中国社会发展和革命发展的客观要求，中国共产党的创建是开天辟地的大事变；了解中国共产党的建立对中国革命的伟大意义以及国共合作对中国革命的重大作用。

二、重点搜索

　　重点1：新文化运动的主要内容、性质、历史地位及局限性

　　1. 主要内容

　　第一，提倡民主和科学。民主主要是指资产阶级的民主思想和民主制度。科学，有广、狭二义："狭义的是指自然科学而言，广义是指社会科学而言"，强调用自然科学一样的科学精神和科学方法来研究社会。

　　第二，为宣传民主与科学，新文化运动把斗争的矛头集中指向儒家学说，提出了"打倒孔家店"的口号。他们以进化论观点和个性解放思想为主要武器，猛烈抨击封建纲常礼教，大力提倡新道德，反对旧道德。新文化运动还对妇女解放、家庭问题、婚姻恋爱等进行了热烈讨论，宣传男女平等和自由、自主思想。

　　第三，新文化运动还提倡白话文、新文学，反对文言文、旧文学，主张文学革命，对文学的内容和形式实行一次大改革。五四运动后，新文化运动进一步发展，宣传马克思主义成为一项重要内容。民主不再指狭隘的资产阶级民主，而是指多数人的民主、以劳动群众为主体的民主。科学，除自然科学外，就对社会的研究来说，主要是指马克思主义的科学世界观和社会革命论。此外，反封建思想进一步深入。先进分子以唯物史观为武器，号召人民群众开展革命，反对产生封建思想的社会制度，争取人民群众的社会解放。

　　2. 性质和历史地位

　　新文化运动是一场由激进民主主义知识分子领导的旧民主主义革命性质的思想启蒙运动，是中国近代资产阶级民主主义思想的新文化同封建主义旧文化的斗争。五四运动以后的新文化运动发展到了一个新阶段，马克思主义在中国进一步传播，开始逐步在思想文化领域发挥指导作用。

　　新文化运动沉重打击了封建的专制主义、伦理道德和愚昧迷信，大力宣传了民主和科

学，启发了人们的理智和民主主义觉悟，将人们从封建专制所造成的蒙昧中解放出来，开启了思想解放的潮流，从而为中国先进分子接受马克思主义准备了适宜的土壤，为以五四运动为开端的中国新民主主义革命创造了思想文化条件。

3. 五四运动以前新文化运动的局限

第一，新文化运动的倡导者批判孔学，是为了给中国发展资本主义扫清障碍。但是，由于资产阶级共和国的方案在中国行不通，所以从根本上说，提倡资产阶级民主主义，并不能为人们提供一种思想武器去认识中国，去有效地对中国社会进行改造。

第二，新文化运动的倡导者把改造国民性置于优先的地位。但是，离开改造产生封建思想的社会环境的革命实践，仅仅依靠少数人的呐喊和有限的宣传，是无法实现这一目标的。

第三，新文化运动的许多领导人采用形而上学的方法，片面地看问题，影响了这个运动后来的发展。

重点2：五四运动爆发的原因、经过及历史特点

1. 爆发的原因

第一，新的社会力量的成长、壮大。第一次世界大战期间，中国资产阶级和工人阶级的力量进一步成长壮大。五四运动前夕，中国产业工人已经达到200余万人。这样，五四运动就获得了比以往的革命斗争更广泛的群众基础。

第二，新文化运动掀起的思想解放的潮流。受这一潮流影响的年轻一代知识界，尤其是那些具有初步共产主义思想的知识分子，为五四运动准备了最初的群众队伍和骨干力量。

第三，俄国十月革命对中国的影响。俄国以民众大联合打倒贵族、驱逐富人的事实，鼓舞了中国人民。

第四，巴黎和会上中国外交的失败，是五四运动的直接导火线。

2. 基本经过

巴黎和会上中国外交失败的消息传入国内，立刻激起了各阶级、各阶层人民的强烈愤怒，五四运动由此爆发。1919年5月4日，北京大学等北京十几所学校的学生三千余人在天安门前集会，随后举行示威游行。学生的爱国行动受到北洋政府的严厉镇压。从6月5日起，上海六七万工人为声援学生先后自动举行罢工。斗争主力由学生转向了工人，运动的中心由北京转到了上海。工人罢工推动了商人罢市、学生罢课。随后，这场反帝爱国运动扩展到了全国20多个省区、100多个城市。

迫于人民群众的压力，北洋政府不得不于6月7日释放被捕学生，6月10日宣布罢免亲日派官僚曹汝霖、章宗祥、陆宗舆的职务。6月28日，中国政府代表也没有出席巴黎和约的签字仪式。五四运动的直接斗争目标得到了实现。

3. 历史特点

第一，五四运动表现了反帝反封建的彻底性。在五四运动中，提出了"改造强盗世界，不认秘密外交，实行民族自决"和"另起炉灶，组织新政府"的口号。这表明，中国反帝反封建的斗争提升到了一个新的水平线上，中国人民对帝国主义的认识由感性认识上

升到了理性认识的阶段。

第二，五四运动是一次真正的群众运动。五四运动突破了知识分子的狭小范围，成为有工人阶级、小资产阶级和资产阶级参加的全国范围的革命运动。

第三，五四运动促进了马克思主义在中国的传播及其与中国工人运动的结合。中国先进的知识分子通过五四运动认识到了工人阶级的伟大力量，并开始到工人中进行宣传和组织工作。而先进知识分子与工人群众相结合的过程，就是马克思主义与中国工人运动相结合的过程。

重点3：中国的先进分子与工人群众相结合的过程，就是马克思主义与中国工人运动相结合的过程

五四运动前，马克思主义主要是在中国少数革命知识分子中间传播。这一时期，中国还只有少数的马克思主义者，具有初步共产主义思想的知识分子数量也很有限。

在1919年的五四运动中，中国工人阶级开始登上历史舞台，并对斗争的胜利起了决定性作用。这个事实使中国先进的知识分子受到深刻教育，他们认识到工人阶级力量的伟大，认识到知识分子与工人群众相结合的必要性。中国先进的知识分子从而走上了与工农群众相结合的道路。

五四运动后，具有初步共产主义思想的知识分子走出书斋，脱下西服或学生装，穿上粗布衣，到工人群众中去，与工人打成一片。同时，他们向工人群众传播马克思主义，开始把马克思主义同中国工人运动初步结合起来。其主要举措包括：

第一，出版向工人宣传马克思主义的通俗刊物，如上海的《劳动界》、北京的《劳动音》等。这些刊物都运用通俗易懂的语言、生动的事例，向工人阐述劳动创造世界、劳动创造价值，以及劳动者欲求解放必须组织起来进行社会主义革命等马列主义的基本原理。不仅如此，这些刊物还直接刊登工人来稿，反映工人呼声，让工人用自己切身的经历控诉资本家及包工头的罪恶，反映和表达工人的要求和对工人运动的认识。

第二，创办工人学校、劳动补习学校、工人夜校和工人识字班等，向工人灌输革命思想，进行马克思主义教育，发动工人为争取自身的解放而斗争。1920年12月，北京党的早期组织委托邓中夏、张国焘等人到长辛店筹办劳动补习学校，派出常驻教员，创造了一种全新的知识分子与工人群众相结合、马克思主义与工人运动相结合的好形式。此外，毛泽东还在湖南第一师范主办工人夜校，主动深入工人群众，了解工人生活，向工人宣传马克思主义。

第三，通过组织工会、工人俱乐部等方式领导工人开展斗争，极大地提高了工人的阶级觉悟。在这个过程中，先进的知识分子了解到工人阶级的疾苦和他们的要求，把自己的立足点转到他们一边；一部分工人也认识到本阶级的历史使命，具有了阶级的觉悟。1920年"五一国际劳动节"，北京、上海、广州等地的共产主义知识分子和工人一起联合举行纪念庆祝活动，显示出中国工人阶级的新觉醒。

第四，与各种反马克思主义的思潮进行坚决斗争，主要有三次论战：第一次，是从1919年7月开始的早期马克思主义者李大钊与资产阶级改良派代表胡适关于"问题与主义"的论战；第二次，是从1920年秋天开始的早期马克思主义者李达、陈独秀、李大钊

等与地主、买办阶级的代表梁启超、张东荪关于"社会主义问题"的论战；第三次，是从1920年9月开始的陈独秀、李大钊等与黄凌霜、区声白为代表的无政府主义的斗争。经过这些交锋，一大批以救亡图存为己任、立志改变中国社会现状的进步青年初步意识到马克思主义理论的科学性和真理性，认清了科学社会主义与资产阶级改良主义、无政府主义之间的本质区别，认识到只有依靠科学社会主义才能实现救国救民和从根本上改造中国社会的目标。

随着马克思主义同中国工人运动的初步结合，各地共产党早期组织纷纷建立，并明确地把从事工人运动作为自己的重要任务，更加自觉地有组织、有计划地向工人传播马克思主义，从而使马克思主义同中国工人运动进一步结合。在知识分子和工人当中，都涌现出一批具有共产主义思想的先进分子，这就为1921年中国共产党的成立作了思想和干部上的准备。因此，先进知识分子与工人群众相结合的过程，也就是马克思主义与中国工人运动相结合的过程。

重点4：20世纪前半叶的世界与中国

20世纪前半叶是世界成为一个整体的最初时代。在此期间，欧洲、美国、亚洲之间建立起紧密联系。各国各地区的人们开始对世界有全面的了解，开始较多地使用其他国家和地区的产品，开始尝试把其他国家的生产方式、进步制度和文化思想引入自己的国家，开始在经济、政治、文化等各个领域进行世界范围的多边对话。

这种世界整体性的联系不是在和平与平等的基础上建立起来的，而是由于西方国家资本主义经济发展到一定阶段，要求在世界范围扩大市场，以商品倾销、资本和生产方式输出的形式，伴随大规模、大范围的武装侵略来实现的。到19世纪末，整个世界已经被瓜分完毕，亚、非、拉美大部分国家和地区成为殖民地。进入20世纪，发达国家又为争夺殖民地展开新的激烈竞争，先后发生两次史无前例的世界大战。所以，帝国主义在全球范围内竞争、侵略和被侵略国家人民奋起进行民族独立解放斗争是这个时代的一大特色。

资本主义国家内部矛盾的症结是资本家无止境的贪欲及由生产的社会化和生产资料私人占有之间矛盾造成的经济危机。这种经济危机没有因为战争和加强对殖民地的掠夺而得到根本解决。相反，战争削弱了一些帝国主义国家的统治力量，加剧了这些国家内部的经济矛盾和社会矛盾，为无产阶级领导社会主义革命运动的持续发展并取得胜利提供了机遇。正是在这一背景下，俄国首先取得社会主义革命的成功，开创了世界无产阶级革命历史的新纪元，并且在欧洲资本主义国家的无产阶级革命和亚洲殖民地半殖民地国家的民族革命运动之间建立起密切联系。这是20世纪前半叶世界历史的又一大特色。

自鸦片战争开始，中国以被动挨打形式被卷入世界整体化进程。到20世纪初，中国已经落入半殖民地半封建的境地，民族危机继续加深。这种危机具有政治和文化双重性。在政治层面表现为传统的大一统权威丧失，政府的组织和治理长期处于混乱无序状态。辛亥革命胜利地推翻满清政府并结束了中国长达两千多年的帝制统治，但没有建立起真正的民主政治。袁世凯独裁和恢复帝制的倒行逆施引起全国反感，至其死后形成军阀割据、南北分裂的局面。军阀凭借武力，对内勾结官僚政客，控制政权，左右国会，玩弄内阁，不断为争夺地盘发动战争，造成持续性的财政紧张、金融危机、兵匪横行、秩序混乱，社会治安没有丝毫保障；对外依靠帝国主义势力，屡屡屈从压力，出卖主权，致使外来侵略步步加深。在文化层面，与大一统政治传统相适应、以纲常礼教为核心的传统文化在进化论、民主、科学等外来文化理念的撞击下显出疏阔、迂腐，其作为现代中国核心道德原则的资格受到普遍的质疑甚至否定。解决政治文化危机、恢复国家主权和民族自信，成为中华民族面临的重要的时代课题。

从长远的历史过程来看，中国正处于社会转型和步入现代化进程之际。民族国家的现代化可有独立自主和在发达国家控制下被动进行两种模式。解决中国的政治和文化危机，实现独立、统一、民主是选择独立自主现代化途径的先决条件。20世纪前半叶中国的革命正是要达到这个目的。这是马克思主义得以在中国传播的历史依据。

重点5：马克思主义在中国传播的历史条件

20世纪中国与世界联系的加强，为马克思主义在中国传播提供了条件。

外部条件有以下两个：

一是俄国十月革命。俄国是中国的邻邦，地跨欧亚大陆，在领土广大、经济落后、社会矛盾尖锐复杂等方面和中国有相似之处，因而俄国十月革命的胜利对中国有示范作用。十月革命是在第一次世界大战结束之际发生的，正值中国进步知识分子有感于辛亥革命失败，探索改造中国新道路之时。最初引起中国知识分子注意的是何以文明进步的欧洲竟会发生杀人如麻、旷古未有的大规模战争。随后战争以协约国一方获胜使他们感到振奋，不仅因为中国也站在协约国一边对同盟国宣战，而且因为以美国为首的战胜者宣称战争结局是民主主义和人道主义战胜军国主义和强权主义，战后的世界将进入民主自由和民族自决的时代。但是巴黎和会在中国人民头上浇下一盆冷水：与会的法、美、英、意等国家不但表现出无视小国、弱国利益的大国强权主义，而且不顾中国代表的再三请求，将战前德国在山东攫取的利益转让给日本。这一结果引起中国人民的极大愤慨。席卷全国数十个城市的五四运动表达了中国人民要求平等自由的强烈愿望和对西方文明的失望和怀疑。而新成立的俄国苏维埃政权连续发表宣言，主动放弃沙皇政府在中国攫取的权利，表示以平等态度与中国建立外交关系。这两个事件在人们心中形成巨大反差，使一批进步知识分子把目光投向苏俄。他们在那里看到了20世纪世界的新曙光，同时认识到马克思主义的真理光芒和巨大生命力。

二是国际共产主义运动的新发展。1919年以俄布尔什维克党为首的30多个国家的共产党建立的共产国际在积极领导世界各国无产阶级革命运动的同时，根据列宁有关民族与殖民地问题的理论，加强了在东方落后的殖民地半殖民地国家地区帮助建立共产党和开展民族解放运动的工作。中国共产党成立不久即成为共产国际的一个支部，在共产国际指导下认识中国革命的环境和革命的性质、前途、策略，制定了民主革命纲领，两次实现国共合作，经历了革命的失败和成功；而共产国际的一些错误指导和中共党内出现的错误路线也为中国革命的成功提供了经验教训。

内部条件有以下三个：

一是社会经济的发展酝酿了反对专制压迫的力量和革命的形势。辛亥革命后中国民族资本主义经济出现了一段黄金发展的局面。它产生了两个后果：其一是民族资产阶级力量有了增长，他们在政治上要求扩大发言权，要求摆脱外国经济势力和本国封建主义压迫的愿望与信心有所增强；其二是资本主义工商业数量增多、分布的范围扩展，进一步破坏了传统的封建主义经济基础。同一时期，外国经济势力的进一步入侵和保守的封建地主剥削的加重加剧了中国社会特别是农村地区的矛盾，人们的贫困和反抗压迫的心理一同增长，既促进了革命形势发展，也为革命积蓄了巨大能量。

二是工人阶级成长壮大和工人运动深入发展为马克思主义的传播和马克思主义政党的建立提供了阶级基础。中国工人阶级产生于鸦片战争后外国资本家在中国通商口岸直接经营的企业中，随着外国资本家在中国开办厂矿企业的增多和中国民族资本主义的发展，中国的产业工人不断增加，到20世纪20年代初已达到200万人。这个数字虽然不大，但人员分布比较集中，受压迫深重，有很强的革命性。在五四运动中，工人阶级以独立姿态登上政治舞台，显示了领导革命的能力。马克思主义是工人阶级争取解放的理论，工人阶级的成长和工人运动的发展要求马克思主义指导，因此，当中国共产党成立后在工人中宣传马克思主义，很快便推动了工人运动的新高潮。但中国的国情决定了中国革命的特殊形式。进步知识分子接受马克思主义既要为工人阶级解放而奋斗，更要为中华民族的独立和全中国人民的翻身解放而奋斗。中国共产党将马克思主义运用于中国实际，开辟了中国革命的独特道路。

三是新文化运动为马克思主义在中国的传播提供了思想条件。五四运动以前数十年里，一些知识分子有感于国家落后需要向外国学习，就已开始引进"西学"。新文化运动高举民主、科学的旗帜，猛烈抨击旧思想旧道德，掀起了引入西方文化思想的新高潮，在知识分子和青年学生中起到了极大的解放思想作用，为包括马克思主义在内的各种新思潮的传入提供了有利条件。马克思主义正是在新文化运动高歌猛进之时，借着宣传新文化的主要刊物《新青年》《每周评论》《晨报》等开始在中国系统传播，并在具有新文化观念的进步知识分子和青年学生中产生广泛影响。

重点6：大革命的意义、失败原因和教训

1. 大革命的意义

第一，沉重打击了帝国主义在华侵略势力，基本推翻了北洋军阀的反动统治，使民主革命思想在全国范围内得到空前的传播，产生了巨大的革命影响。

第二，教育和锻炼了各阶级，使工农大众经受了革命的洗礼，提高了政治觉悟。曾经高涨的工农运动，为后来中国共产党领导的土地革命战争的开展，奠定了群众基础。

第三，充分显示了中国共产党的先进性，空前地提高了中国共产党在全国人民中的政治威望，壮大了共产党及其领导的革命力量。

第四，鼓舞和推动了东方各国的民族解放运动，促进了亚洲人民的觉醒，阻滞了国际帝国主义在东方扩张的步伐。

2. 大革命失败的原因

第一，从客观方面来讲，是由于反革命力量的强大，是由于资产阶级发生严重的动摇、统一战线发生剧烈的分化，是由于蒋介石集团、汪精卫集团先后被帝国主义势力和地主阶级、买办资产阶级拉进反革命营垒，叛变了革命。

第二,从主观方面来讲,当时的中国共产党还处于幼年时期,没有经验,中央领导机关在大革命的后期犯了以陈独秀为代表的右倾机会主义错误,放弃了对革命的领导权,尤其是放弃了对武装力量的领导权,使革命遭到了失败。

第三,作为共产国际的一个支部,中国共产党当时直接受共产国际的指导,共产国际在大革命时期给中共出了一些错误的主意,这对酿成陈独秀右倾机会主义错误有直接的影响。

3. 大革命失败的教训

第一,国共两党合作,有利于中国革命的发展,有利于中华民族的进步,有利于两党自身的发展。反之,由于国民党右派势力叛变革命,两党合作破裂,使中国革命遭到重大挫折,中国又回到黑暗与分裂的局面之中。

第二,要取得中国民主革命的成功,必须充分发动和武装工农群众,使革命获得广泛的群众基础。反之,离开广大工农群众,中国革命将一事无成。

第三,在民主革命中必须建立广泛的革命统一战线,并在统一战线中坚持无产阶级的独立性;必须努力争取和实现无产阶级对农民、小资产阶级,尤其是革命武装力量的领导权;务必对资产阶级实行又联合又斗争的策略。

三、深度阅读

阅读:《湖南农民运动考察报告》

写作背景:

1926年7月,国民革命军出兵湖南,挥师北伐。随着北伐的胜利进军,农民运动开始在以两湖(湖南、湖北)为中心的地区轰轰烈烈地开展起来。农民运动的蓬勃发展,遭到国民党右派和封建地主豪绅的诋毁、破坏,也受到中共党内右倾错误领导人的怀疑和责难。

为了回击和驳斥党内外对于农民运动的种种攻击和责难,1927年春,时任中共中央农民运动委员会书记的毛泽东实地考察了湖南省湘潭、湘乡、衡山、醴陵、长沙五县的农民运动情况,获得大量的第一手材料,并于同年3月写成《湖南农民运动考察报告》,在理论和实践上对农民运动给予了充分肯定。

原著节选:

我这回到湖南,实地考察了湘潭、湘乡、衡山、醴陵、长沙五县的情况。从一月四日起至二月五日止,共三十二天,在乡下,在县城,召集有经验的农民和农运工作同志开调查会,仔细听他们的报告,所得材料不少。许多农民运动的道理,和在汉口、长沙从绅士阶级那里听得的道理,完全相反。许多奇事,则见所未见,闻所未闻。我想这些情形,很多地方都有。所有各种反对农民运动的议论,都必须迅速矫正。革命当局对农民运动的各种错误处置,必须迅速变更。这样,才于革命前途有所补益。因为目前农民运动的兴起是一个极大的问题。很短的时间内,将有几万万农民从中国中部、南部和北部各省起来,其势如暴风骤雨,迅猛异常,无论什么大的力量都将压抑不住。他们将冲决一切束缚他们的罗网，朝着解放的路上迅跑。一切帝国主义、军阀、贪官污吏、土豪劣绅，都将被他们葬入坟墓。一切革命的党派、革命的同志，都将在他们面前受他们的检验而决定弃取……

农民的主要攻击目标是土豪劣绅，不法地主，旁及各种宗法的思想和制度，城里的贪官污吏，乡村的恶劣习惯。这个攻击的形势，简直是急风暴雨，顺之者存，违之者灭。其结果，把几千年封建地主的特权，打得个落花流水。地主的体面威风，扫地以尽。地主权力既倒，农会便成了唯一的权力机关，真正办到了人们所谓"一切权力归农会"……

农民在乡里造反，搅动了绅士们的酣梦。乡里消息传到城里来，城里的绅士立刻大哗。我初到长沙时，会到各方面的人，听到许多的街谈巷议。从中层以上社会至国民党右派，无不一言以蔽之曰："糟得很。"即使是很革命的人吧，受了那班"糟得很"派的满城风雨的议论的压迫，他闭眼一想乡村的情况，也就气馁起来，没有法子否认这"糟"字。很进步的人也只是说："这是革命过程中应有的事，虽则是糟。"总而言之，无论什么人都无法完全否认这"糟"字。实在呢，如前所说，乃是广大的农民群众起来完成他们的历史使命，乃是乡村的民主势力起来打翻乡村的封建势力。宗法封建性的土豪劣绅，不法地主阶级，是几千年专制政治的基础，帝国主义、军阀、贪官污吏的墙脚。打翻这个封建势力，乃是国民革命的真正目标。孙中山先生致力国民革命凡四十年，所要做而没有做到的事，农民在几个月内做到了。这是四十年乃至几千年未曾成就过的奇勋。这是好得很。完全没有什么"糟"，完全不是什么"糟得很"。"糟得很"，明明是站在地主利益方面打击农民起来的理论，明明是地主阶级企图保存封建旧秩序，阻碍建设民主新秩序的理论，明明是反革命的理论。每个革命的同志，都不应该跟着瞎说……一切革命同志须知：国民革命需要一个大的农村变动。辛亥革命没有这个变动，所以失败了。现在有了这个变动，乃是革命完成的重要因素。一切革命同志都要拥护这个变动，否则他就站到反革命立场上去了。

……革命不是请客吃饭，不是做文章，不是绘画绣花，不能那样雅致，那样从容不迫，文质彬彬，那样温良恭俭让。革命是暴动，是一个阶级推翻一个阶级的暴烈的行动。农村革命是农民阶级推翻封建地主阶级的权力的革命。农民若不用极大的力量，决不能推翻几千年根深蒂固的地主权力。农村中须有一个大的革命热潮，才能鼓动成千成万的群众，形成一个大的力量……

乡村中一向苦战奋斗的主要力量是贫农。从秘密时期到公开时期，贫农都在那里积极奋斗。他们最听共产党的领导。他们和土豪劣绅是死对头，他们毫不迟疑地向土豪劣绅营垒进攻。他们对着富农说："我们早进了农会，你们为什么还迟疑？"富农带着讥笑的声调说道："你们上无片瓦，下无插针之地，有什么不进农会！"的确，贫农们不怕失掉什么。他们中间有很多人，确实是"上无片瓦，下无插针之地"，他们有什么不进农会？据长沙的调查：乡村人口中，贫农占百分之七十，中农占百分之二十，地主和富农占百分之十。百分之七十的贫农中，又分赤贫、次贫二类。全然无业，即既无土地，又无资金，完全失去生活依据，不得不出外当兵，或出去做工，或打流当乞丐的，都是"赤贫"，占百分之二十。半无业，即略有土地，或略有资金，但吃的多，收的少，终年在劳碌愁苦中过生活的，如手工工人、佃农（富佃除外）、半自耕农等，都是"次贫"，占百分之五十。这个贫农大群众，合共占乡村人口百分之七十，乃是农民协会的中坚，打倒封建势力的先锋，成就那多年未曾成就的革命大业的元勋。没有贫农阶级（照绅士的话说，没有"痞子"），决不能造成现时乡村的革命状态，决不能打倒土豪劣绅，完成民主革命。贫农，因为最革命，所以他们取得了农会的领导权。所有最下一级农民协会的委员长、委员，在第一第二两个时期中，几乎全数是他们（衡山县乡农民协会职员，赤贫阶层占百分之五十，次贫阶层占百分之四十，穷苦知识分子占百分之十）。这个贫农领导，是非常之需要的。没有贫农，便没有革命。若否认他们，便是否认革命。若打击他们，便是打击革命。他们的革命大方向始终没有错。他们损伤了土豪劣绅的体面。他们打翻了大小土豪劣绅在地上，并且踏上一只脚。他们在革命期内的许多所谓"过分"举动，实在正是革命的需要……

总上十四件事，都是农民在农会领导之下做出来的。就其基本的精神说来，就其革命意义说来，请读者们想一想，哪一件不好？说这些事不好的，我想，只有土豪劣绅们吧！……

原著解析：

《报告》以大量的事实、生动的语言，热情歌颂正在兴起的湖南农村大革命，总结了农民运动的成果和经验，回答和驳斥了来自党内和统一战线内一部分人对农民运动的种种责难，以及来自反动势力的攻击和诬蔑，坚决支持了农民群众的革命斗争。

毛泽东在《报告》中，首先阐明了当时"农民问题的严重性"，批驳了对农民运动的种种非难和指责，肯定了农民运动的伟大功绩，接着归纳了农民所做的"十四件大事"。通过总结、归纳湖南农民运动的十四件大事，《报告》从农民运动给农民带来的政治、经济、文化和社会等方面的巨大变革入手，阐明农民运动彻底改变了封建的旧农村，从而肯定了农民革命对中国革命的重大意义。同时，《报告》提出了解决中国民主革命的中心问题——农民问题的理论和政策，是大革命时期党在农村工作经验的总结，是论述民主革命时期农民问题的一部重要文献，为农村包围城市、武装夺取政权理论的诞生奠定了思想基础。

在分析中国半殖民地半封建社会的特点的基础上，《报告》阐明了农村和农民在中国革命中的历史地位和伟大作用。《报告》生动地描述了大革命时期中国农村的阶级状况和阶级斗争，热情地赞颂了正在兴起的农民运动，深刻地阐明了农民问题的极端重要性，第一次提出了建立无产阶级领导的农村革命政权和农村革命武装的伟大战略思想，丰富和完善了马列主义关于工农联盟的理论宝库，是无产阶级及其政党领导农民革命斗争的伟大纲领。同时，《报告》的发表促使共产国际开始认识到中国农民的伟大革命力量，这为后来共产国际重新思索中国革命道路，对毛泽东的革命理论逐渐从注意到重视再到支持铺下了重要的基石。

四、案例解析

案例1：先驱

案例来源：朱志敏：《"毛泽东思想概论"课教学案例解析》，高等教育出版社2004年版，第8—10页。

案例内容：

1921年1月16日，广州沙河驷马岗，一代伟人孙中山亲自执绋为他感到"痛惋难言，虽尽歼贵贼，不足以偿"的一个人送葬。1月23日，孙中山亲自主持在护法军政府举行公祭仪式，并同唐绍仪、伍廷芳、唐继尧以护法军政府"四总裁"的名义为逝者献上祭文。再数日，广州举行追悼大会，孙中山亲书挽文：

"叹天道无知啊，任哲人早逝。诚民国不幸啊，逝旷世逸才。

人莫不有死啊，君死举世悲。山川变颜色啊，日月失光辉。惟君之死乃以身殉祖国啊，树永久之模范于将来！"

碰巧，中国共产党的发起人，不久将率领共产党员加入国民党以党内合作方式发动国民革命的陈独秀此时也在广州参加了追悼大会，并献了一副挽联：

"失一执信，得一广东，得不偿失；生为人敬，死为人思，死犹如生。"

这位逝者，就是早年追随孙中山，被视为其左膀右臂的朱执信。

朱执信1885年生于广州番禺。和比自己大两岁的表兄汪精卫早年参加革命，后来却投靠日本侵略者主持的南京汪伪政府不同，朱执信不仅是坚定的资产阶级革命者、理论家、护法英烈，而且还是早期在中国介绍马克思主义的重要人物。

说到名字，还有一段插曲。现今的人们看到"执信"二字，大多把"信"读如"信件"的信，不知道这个"信"字正确的读音是"伸"。

原来朱执信的父亲十分仰慕清代山东益都学者赵执信。赵执信，字伸符，是康熙十八年的进士，翰林院编修，以诗闻名于世。他的名字取自《周礼·春宫》："侯执信圭，伯执躬圭。"圭是古代朝会、祭祀典礼时帝王、诸侯手中拿的一种长约7寸的玉器，用作标志身份。不同爵位所拿玉器上面饰以不同的图形，侯爵所执的"信圭"所饰的是直立的人形，伯爵所执的"躬圭"所饰的是屈体的人形，二者一屈一伸，所以"信"应读做"伸"。据说，赵执信参加县、府、省的考试时，唱名人都把"执信"的信读如"信件"的"信"。后来，他到京师参加会试，唱名者唱出"赵执伸"。赵执信十分感慨，说道："到底是京师有真正识字的！"

朱执信的字为"大符"，即应赵执信的字"伸符"（按名以表字的原则，"伸符"是指侯爵所执玉器的标记是伸展的人形，正是执伸的意思）而来。他的号为"蛰伸"，既是直伸的意思，又是其谐音。

朱执信在日本留学期间，从杂志、图书中了解到社会主义的信息，并从"社会主义研究会""社会问题研究会"等团体及社会民主党的活动中看到这一思潮的影响。所以，在他加入中国同盟会，为同盟会机关刊物《民报》撰稿时，就写了多篇涉及社会主义的文字，因此被誉为"同盟会中真正研究马克思主义的人"。

在那以前，汉文出版物上出现马克思的名字和马克思主义的信息的只有外国传教士在中国办的《万国公报》和梁启超主编的《新民丛报》。

1906年初，朱执信在中国同盟会机关报《民报》第2、3期上发表《德意志社会革命家小传》，比梁启超略为详细地介绍了马克思和恩格斯的主要生平和社会革命学说，其中翻译了《共产党宣言》中的"十大纲领"，概括介绍了马克思《资本论》中关于资本家奴役工人、掠夺工人的剩余劳动价值，以及资本积累等问题的论述。他把《共产党宣言》第一章中第一段话"至今一切社会的历史都是阶级斗争的历史"译为"自草昧混沌而降,至于吾今有生,所谓史者,何一非阶级争斗之陈迹乎"。他随后指出:中国社会正处在马克思所说的充满"阶级争斗"的社会,如果"不探之其本原以求其正","则掠夺不去,压制不息,阶级之争,不变尤昔。则中产阶级与下级社会改善调和之方,其又将以何而得求之"。意思是说,如果不深入研究中国社会阶级斗争产生的真正原因,就不能除掉掠夺现象,阶级压迫便不会停止,阶级斗争会继续存在,也就无法找到改善和调和中产阶级和下层民众关心的途径。这番话表明,朱执信既不明白中国近代政治上的主要问题是反对帝国主义和封建主义,也不明白或者不赞成马克思主义的历史唯物主义和阶级斗争是推动历史发展的动力的学说。因此,他对马克思主义的介绍只是从一个进步的革命者立场,为那一时期中国人了解马克思和马克思主义学说提供了一点材料。

案例点评:

在1919年李大钊介绍马克思主义之前20年间就有人介绍马克思主义和社会主义,这是中国人学习西方,寻找救国救民真理的结果,也反映了中国社会矛盾和危机得不到解决,迫切需要一种新的方法、工具。朱执信的例子表明,马克思主义在中国的真正传播和中国人接受马克思主义还是在十月革命之后。尽管对十月革命最初做出反应的是国民党人在上海办的《民国日报》,但是,从大的历史背景来看,以李大钊为代表的具有初步共产主义思想的知识分子对马克思主义的接受要等到第一次世界大战结束前后。毛泽东说的"俄国十月革命一声炮响,给我们送来了马克思主义"这番话既形象,又符合事实。中国进步知识分子是为解决自己国家的社会矛盾而寻求真理的,是在俄国革命成功的事例中认识到马克思主义的真理性及其巨大力量的。所以,中国共产党成立后一定要学习俄国革命的经验,同时一定要走适合中国国情的道路。

案例 2:死与生

案例来源:朱志敏:《"毛泽东思想概论"课教学案例解析》,高等教育出版社2004年版,第10—13页。

案例内容:

1920年6月,由北京大学李辛白主编的《新生活》周刊发表了一篇散文《自然与人生》,作者孤松就是当时北京大学图书馆主任李大钊。

李大钊这年30岁。1916年他被日本早稻田大学以"长期欠席"为由除名,但这并没有影响他的前程。因为被誉为民国初年"头号政论家"的章士钊深知他的学识文章。得到章士钊的推荐,李大钊进入北京大学。不出章士钊所料,"守常(李大钊字守常)一入北大,比于临淮治军,旌旗变色,自后凡全国趋向民主之一举一动,从五四说起,几无不惟守常之马首是瞻"。

30岁的李大钊经历过人生苦难、社会动荡、国家巨变。中西文化的熏陶,使他有了成熟的世界观、人生观。这时,他即将与陈独秀一起筹建中国共产党。正在这时,他对生死有了一种感悟——

"死!死!死!

"自从稍知人事的时候,提起这个字来,就起一种恐怖心。

"去年夏天在五峰避暑。下山的时候,瘟疫正在猖獗。路经四五十里,村里尽是哭声,村边都是新冢,死的现象,几乎把我包围了。

"我当时在这种悲哀恐怖的境界里走,对于'死'的本质,发生很深刻的思索。

"死是怎么一回事?死真是可恐怖的吗?死了的人,还有什么悲哀痛苦的么?这些问题,都从我脑海的底下翻浮上来。

"我当时的感想是:

"死与生同是全生命的一部,生死相同,才成无始无终的大生命,大生命就是大自然,死同生一样是大自然中的自然的现象。

"对于自然的现象的'生',既不感什么可以恐怖;那么,对于自然的现象的'死',也不应该感什么可以恐怖。我们直可以断定死是没有什么可以恐怖的。

"死既与生同是自然的现象,那么死如果是可悲哀的,生也是可悲哀的;死如果是有痛苦的,生也是有痛苦的。生死相较,没有多大的区别。

"人为什么都乐生怕死呢?这都是依恋的缘故。

"物理上有一种'惰性',人性亦然。由天津往上海迁居,对于故居,总不免有些依恋,其实上海的新居,未必比天津的旧居有什么苦痛。冬天早起,临行冷水浴,望见冷水总觉得有些战栗。跳入其中,沐浴顷刻,也还有一种的佳境。出浴后,更觉得严寒的空气与春风一样和暖。人对着死依恋生,也是一样的心理。

"赤裸裸的人生,总不要有所依恋,总不要穿上惰性的衣裳。

"我们行了海水浴,行了春风浴,还要时时行自然浴。

"死的池,死的岭,都是联络人生与自然的途径。

"匆匆又是一年了。我再过昌黎的时候,去年的新冢,已经丛了一层荒草;遥看那荒草里,仿佛又出现了青青的颜色了。

"东坟一个老妪,西坟一个少妇,都跪在地下哭,那种悲声,和烧纸的飞灰,似乎一样的高低上下。

"啊!今日是寒食节了!

"我细听他们的哭声,里边都有怨诉的话。大概都是说死者抛了生者去了,死者无知,而生者苦了。

"这样看来,在死人前的哭,不是哭死者,乃是哭生者;不是吊坟里的人,乃是吊坟外的人;那山前山后的野哭,不是死亡的悲声,乃是生活的哀调。"

1927年4月27日,当李大钊走向奉系军阀的绞架时,他的从容、镇定,不正是来自对死的这种深刻感悟吗?

1933年5月29日夜,鲁迅面对着堆放在眼前的《守常文集》书稿,准备为它作序。他透过记忆的往事,依稀看到一个逝去的先驱者的生——

"我最初看见守常先生的时候,是在独秀先生邀去商量怎样进行《新青年》的集会上,这样就算认识了。不知道他其时是否已是共产主义者。总之,给我的印象是很好的:诚实,谦和,不多说话。《新青年》的同人中,虽然也很有喜欢明争暗斗,扶植自己势力的人,但他一直到后来,绝对的不是。

"他的模样是颇难形容的,有些儒雅,有些朴质,也有些凡俗。所以既像文士,也像官吏,又有些像商人。这样的商人,我在南边没有看见过,北京却有的是旧书店或笺纸店的掌柜。1926年3月18日,段祺瑞们枪击徒手请愿的学生的那一次,他也在群众中,给一个兵抓住了,问他是何等样人,回答是'做买卖的'。兵道:'那么到这里来干什么?滚你的罢!'一推,他总算逃得了性命。倘说教员,那时是可以死掉的。

"然而到第二年,他终于被张作霖们害死了。

"段将军的屠戮,死了42人,其中有几个是我的学生,我实在很觉得一点痛楚;张将军的屠戮,死了好像是十多人,手头没有记录,说不清楚了,但我所认识的只有一个守常先生。在厦门知道了这消息之后,椭圆的脸、细细的眼睛和胡子、蓝布袍、黑马褂,就时时出现在我的眼前,其间还隐约看见绞首台。痛楚是也有些的,但比先前淡漠了。这是我历来的偏见:见同辈之死,总没有像见青年之死的悲伤。

"这回听说在北平公然举行了葬式,计算起来,去被害的时候已经7年了。这是极应该的。我不知道他那时被将军们所编排的罪状,——大概总不外乎'危害民国'罢。然而仅在这短短的7年中,事实就铁铸一般地证明了断送民国的4省的并非李大钊,却是杀戮了他的将军!

"那么,公然下葬的宽典,该是可以取得的了。然而我在报章上,又看见北平当局的禁止路祭和捕拿送葬者的新闻。我也不知道为什么,但这回恐怕是'妨害治安'了罢。倘其果然,则铁铸一般的反证,实在来得更加神速:看罢,妨害了北平的治安是日军呢还是人民!

"但革命的先驱者的血,现在已经并不稀奇了。单就我自己说罢,7年前为了几个人,就发过不少激昂的空论,后来听惯了电刑,枪毙斩决,暗杀的故事,神经渐渐麻木,毫不吃惊,也无言说了。我想,就是报上所记的"人山人海"去看枭首示众的头颅的人们,恐怕也未必觉得更兴奋于看赛花灯的罢。血是流得太多了。

"不过热血之外,守常先生还有遗文在。不幸对于遗文,我却很难讲什么话。因为所执的业,彼此不同,在《新青年》时候,我虽以他为站在同一战线上的伙伴,却并未留心他的文章,譬如骑兵不必注意于造桥,炮兵无须分神于驭马,那时自以为尚非错误。所以现在所能说的,也不过:一,是他的理论,在现在看起来,当然未必精当的;二是虽然如此,他的遗文却将永住,因为这是先驱者的遗产,革命史上的丰碑。一切死的和活的骗子的一沓沓的集子,不是已在倒塌下来,连商人也'不顾血本'地只收二三折了吗?"

以过去和现在的铁铸一般的事实来测将来,洞若观火!

案例点评:

在北京香山李大钊烈士陵园的墓碑上,有中共中央撰写的碑文。碑文指出:李大钊是中国最早的马克思主义者和共产主义者,是中国共产党的主要创始人之一。他对中国人民的解放事业,对马克思主义的信仰和无产阶级革命前途无限忠诚。他为在我国开创和发展共产主义运动的大无畏的献身精神,永远是一切革命者的光辉典范。

李大钊不仅是中国第一位较系统地介绍、传播马克思主义的人,是中国共产党的创始人之一,也是著名的报人和五四运动到国民革命时期著名的社会活动家。1927年4月27日他在奉系军阀的绞刑架上从容就义绝不是偶然的。他有着深厚的文化学识积累,有着对历史、社会、人生的深入思考。他接受和宣传马克思主义,走上革命道路,是他多年上下求索、将理论思考运用于对社会实际观察得出来理性结论后的选择。从上面有关他谈自然与人生问题的一篇文章中，不难看出他在死亡问题上超越常人的思考，对"怕死"原因的探讨和豁然开朗的结论：赤裸裸的人生，不要依恋，不要惧怕，跳入冰冷的水般的社会生活中，体验为理想奋斗的佳境；死亡不过是自然的一部分，是对自然的回归；重要的是活着的人，现实中的人生，人生中的苦难。这是中国第一位马克思主义者的境界，是为中国人民解放而斗争的真正的中国共产党人的境界。所以鲁迅称赞：他的遗文将永住，因为这是先驱者的遗产，革命史上的丰碑。

在李大钊诞辰一百周年纪念大会上，江泽民同志对李大钊的卓越贡献、渊博知识和高尚情操，做过系统的阐述，给予了高度的评价。他深刻地指出："李大钊顺应时代的需要，率先在中国大地上高举马克思列宁主义的旗帜，为中国昭示了新的社会主义的发展方向。作为中国共产党早期的卓越领导人，他在中国革命的许多条战线上进行过英勇的斗争，做出了重大的贡献。他在中国共产主义运动中，在中国人民的民族解放和社会解放事业中，占有崇高的历史地位。"

五、实践项目

项目1：研读文献心得

篇目：（1）陈独秀：《敬告青年》（1915年9月）
（2）李大钊：《我的马克思主义观》（1919年9月）
（3）《中国共产党第一次全国代表大会》（1921年下半年）
（4）《中国共产党第二次全国代表大会宣言》（1922年7月）
（5）《中国国民党第一次全国代表大会宣言》（1924年1月）

流程：（1）教师向学生提供阅读文献信息：可从图书馆借阅的参考书目，可供下载比较可靠的网络地址，电子版的可阅读文献需设置并发送到公共邮箱供学生下载。
（2）教师在课堂上对阅读文献做简单讲解，提出撰写读书心得报告的具体要求。
（3）学生阅读文献，撰写并按时提交读书心得报告。成果可以PPT、经过整理的资料片、学术论文等形式呈现。
（4）教师评定成绩并做简要小结、反馈。

第四章　开天辟地的大事变

评价：

考核指标	考核结果			
	优	良	中	差
学习态度				
自主学习能力				
合作学习能力				
知识运用能力				
学习效果				
总体评价				

项目2：观看音像资料

资料：

1.《李大钊》（上、下）

由中央电视台摄制、中国国际电视总公司1999年发行。该纪录片共100分钟，按照年代顺序追溯了李大钊光辉的一生。

1918年1月，李大钊受聘为北京大学图书馆主任，举家迁往北京居住。北京大学成为新文化运动的主阵地。李大钊利用北大这块阵地，第一个向中国引进和传播了马克思主义，培养和扶持了邓中夏、高君宇等中国最早一批信仰马克思主义的青年，并与无政府主义者和其他反马克思主义者进行了激烈争论。在北大校长蔡元培的支持下，成立了马克思主义研究会，并在北大开辟两间"共产主义小屋"。

1918年秋，毛泽东来到北京大学，在李大钊手下做一名图书馆管理员，月薪8块大洋。在李大钊的感染和带动下，毛泽东第一次接触了马克思主义学说。李大钊对毛泽东在生活上给予了无微不至的照顾。

1919年，五四运动爆发，李大钊积极营救被捕学生。陈独秀被捕，李大钊到老家河北昌黎五峰山上避难，妻弟赵晓峰闻讯后来探望姐夫，李大钊答应为其作保在天津塘沽盐场找份工作。回北京后，陈独秀被营救出狱。躲过敌人的严密搜查，李大钊化装送陈独秀去上海，二人在路上密商建立中国共产党的有关事宜。

陈独秀在上海就新成立的党的名称请教李大钊，李大钊当即回复：就叫中国共产党。由于参加教职工索薪斗争，李大钊没有参加中国共产党第一次全国代表大会。代表北京共产党支部参加中国共产党第一次全国代表大会的代表刘仁静家贫，李大钊慷慨相助。李大钊的工资大半都用在了救助贫困学生及捐助共产主义组织和社团上。

妻弟赵晓峰卖私盐发达起来，来京城大摆阔宴，被李大钊严斥，并撤销了担保。因为参加索薪斗争,李大钊被反动政府打伤,并被通缉,在天津北洋法专6年的同学白坚武来探望大钊。白邀请大钊去洛阳军阀吴佩孚处高就,被大钊拒绝。

张申府出国后对祖国悲观失望,准备自杀,李大钊对他鼓励,并送他去黄埔军校。

中国共产党成立后,李大钊积极领导北方工人、农民运动,派铁路密查员去各干线铁路开展党的工作。吴佩孚悍然下令镇压工人罢工,李大钊和白坚武绝交……

1924年1月,李大钊和孙中山实现了巨人的握手。李大钊出席国民党第一次全国代表大会,回击了国民党广州代表方瑞麟鼓吹的共产党加入国民党是一种阴谋的谬论,为国共第一次合作做出了巨大贡献。

1926年"三一八"惨案后,奉系军阀张作霖占领京津地区,疯狂镇压革命。李大钊从容应对,坚决不撤离北京……张作霖不顾国际公法,派兵闯入苏联使馆强行逮捕了李大钊等40多名国共两党党员。李大钊在狱中表现了一个伟大共产党员的崇高气节,不向敌人吐露一点我党秘密。最后,李大钊和其他同志一起被敌人残忍绞杀。李大钊就义时年仅38岁……

2.《开天辟地》

1919年5月4日,3000多名学生在天安门广场集会,抗议帝国主义列强在"巴黎和会"上把山东权益从德国手中转让给日本的强权政治。他们高呼"外争国权、内惩国贼""取消21条"等口号,并在示威游行中火烧卖国贼曹汝霖的住宅,痛打了正在曹宅的章宗祥。

北洋政府逮捕了32名爱国学生。北大校长蔡元培协同13所学校校长要求总统徐世昌立刻释放学生。上海也举行"三罢"活动支援北京爱国学生。

《新青年》主编陈独秀散发《北京市民宣言》时被捕,引起民愤,反动军阀被迫将他释放。蔡元培、李大钊、胡适及众师生到监狱门口迎接。

陈独秀对李大钊的《我的马克思主义观》十分钦佩,表示马上成立马克思研究会;李大钊提出还应进一步组织发动工友。

1921年7月,在上海法租界的一幢住宅里,来自全国的10多位代表,召开了中国共产党第一次全国代表大会。从此中国共产党正式登上中国历史舞台,开始了波澜壮阔的革命路程!

流程:(1)教师提供音像资料来源,提出撰写观后感的评审标准和要求。

(2)学生在观看影视资料的基础上撰写观后感。观感可有多种形式,包括学术论文、PPT、经过整理的资料片等。

(3)学生提交观后感并进行交流。

(4)教师根据学生完成情况评定成绩并计入平时成绩。

项目3:组织竞赛

内容:组织主题诗会

组织纪念"五四青年节""青春中国"主题诗歌朗诵会,有助于引导学生高举五四运动所包含的"爱国、进步、民主、科学"的精神火炬,为中国特色社会主义建设事业贡献力量。

流程：(1) 教师选择诗歌：选择五四运动以来各个历史时期有代表性的、对广大青年有深刻影响的诗歌。

(2) 布置任务：将所选诗歌发给大家，并明确各项要求（要求各班学生全员参加，由学委考勤）和落实组织方案。

(3) 举办时间：一般应与课程教学进度同步，也可根据具体情况或前或后（如选择"五四青年节"时举办）。场地依学校教室情况而定。

(4) 邀请校院（系）有关领导及团委、学生处的负责人和辅导员等参加，摄影或录像，一是留作教学影像档案资料，二是有利于做好后期宣传，延续活动的效应。

(5) 教师对学生参加此活动的情况做出评定，计入平时成绩。

第五章 中国革命的新道路

一、知识提要

　　了解中国共产党探索中国革命新道路的历史背景及其努力，懂得农村包围城市、武装夺取政权这一革命新道路对中国革命最终取得胜利的伟大意义；认识农村包围城市、武装夺取政权的道路理论是中国共产党抵制党内的教条主义和共产国际脱离中国实际的错误指导，坚持一切从中国实际出发，创造性地把马克思主义的基本理论与中国革命具体实际相结合的典范，是毛泽东思想的核心内容；了解中国工农红军长征的伟大历史意义，认识长征精神的内涵及其重要的现实意义。

二、重点搜索

　　重点1：大革命失败后中国革命新道路的开辟

　　(1) 1927年大革命失败以后，由于中国本身同俄国和西方国家的情况不同，也由于大革命失败以后形势发生了巨大的变化，所有以占领中心城市为目标的起义很快都失败了。这些起义失败后，保留下来的部队，大都经过摸索，逐步转移到了远离国民党统治中心的区域，在那里发动农村群众，开展游击战争，开展土地革命和创建工农政权。

　　以农村为工作重点，到农村去发动农民，进行土地革命，开展武装斗争，建设根据地，这是1927年以后中国革命发展的客观规律所要求的。农村包围城市、武装夺取政权这条中国革命新道路的开辟，依靠了党和人民的集体奋斗，凝聚了党和人民的集体智慧。而毛泽东则是其中最杰出的代表。

　　(2) 毛泽东不仅在实践上首先把革命的进攻方向指向了农村，而且从理论上阐明了武装斗争的极端重要性和农村应当成为党的工作中心的思想。随着红色政权的建立和发展，毛泽东在1928年10月和11月写下了《中国的红色政权为什么能够存在？》和《井冈山的斗争》两篇文章，明确指出武装斗争是中国革命的一种特征。同时，还科学地阐述了共产党领导的土地革命、武装斗争和根据地建设这三者之间的辩证统一关系。1930年1月，毛泽东进一步指出：红军、游击队和红色区域的建立和发展，是半殖民地中国在无产阶级领导之下的农民斗争的最高形式，是半殖民地农村斗争发展的必然结果，并且无疑义地是促进全国革命高潮的最重要因素。1930年5月，毛泽东在《反对本本主义》一文中批判了教条主义，强调没有调查就没有发言权。他主张中国问题的解决要靠中国同志，反对把马克思主义和苏联经验教条化和神圣化，强调唯物主义思想路线的重要性。

　　(3) 农村包围城市、武装夺取政权的理论，是对1927年大革命失败后中国共产党领导的红军和根据地斗争经验的科学概括。它是在以毛泽东为主要代表的中国共产党人同当时党内盛行的把马克思主义教条化、把共产国际决议和苏联经验神圣化的错误倾向作坚决斗争的基础上逐步形成的。农村包围城市、武装夺取政权理论的提出,标志着中国化的马克思主义即毛泽东思想的初步形成。

(4)随着革命新道路的开辟,中国革命开始走向复兴。中国共产党领导的红军和根据地逐步发展起来。红军游击战争实际上已经成为中国革命的主要形式,农村根据地成为积蓄和锻炼革命力量的主要战略阵地。

重点2:工农武装割据思想阐释

"工农武装割据"的理论是中国共产党在国共十年对峙时期,由于在城市发动的起义相继失败,被迫转入农村,在农村斗争的基础上,以毛泽东为首的中国共产党人及时总结斗争经验,创造性地提出来的。它为中国革命指明了前进的方向,指出了胜利的道路。准确理解这一理论,可以从以下几方面着手。

(1)"工农武装割据"理论形成的背景。大革命失败后,中共八七会议确定了开展土地革命,武装反抗国民党反动派的总方针,决定秋收时发动武装起义。会上,毛泽东提出了"以后要非常注意军事,须知政权是由枪杆子中取得的"思想。秋收起义失败后,毛泽东在文家市正确分析敌强我弱的形势,决定放弃攻打大城市的计划,改向敌人统治力量薄弱的山区进军。在进军途中,毛泽东进行了著名的"三湾改编",确立了党对军队的绝对领导。

(2)理论来源。"工农武装割据"的理论来源于井冈山的斗争。1927年10月,毛泽东率领秋收起义的余部来到井冈山地区,开展游击战;经半年多的努力,创建了井冈山革命根据地。1928年4月,井冈山会师,形成工农红军第四军,根据地不断巩固扩大。从1928年到1930年,毛泽东及时总结了井冈山斗争的经验,逐步形成了"工农武装割据"的理论,并成为毛泽东思想的重要组成部分。

(3)现实依据。"工农武装割据"何以存在?毛泽东仔细分析了红色政权存在与发展的五方面条件:第一,经济条件。中国社会的显著特点是经济政治发展的不平衡,地方性的农业经济占优势,农村具有相对的独立性,可以不依赖城市而生存。第二,群众条件。第一次国内革命战争在广大人民群众中有深刻影响,为革命军队和政权的建立准备了良好的群众条件。第三,革命形势。全国革命形势是继续向前发展的,中国红色政权也必然会继续发展。第四,必要条件。根据地内有相当力量的正式红军存在,是造成工农武装割据的必要条件。第五,重要条件。中国共产党的正确领导。

(4)理论启示。从"工农武装割据"理论的形成、发展过程中,可以得出以下几点启示:第一,必须从实际出发,从具体的国情出发,来确立党的路线、方针和政策。第二,要正确对待外国经验。一切要与本国国情相结合,千万不能照搬外国的经验。当时共产国际在中国推行苏联的经验,王明等人照搬苏联的经验,使中国革命遭到挫折。第三,毛泽东创造性地将马克思列宁主义与中国的具体实际相结合,在创建革命根据地的实践中,找到了中国革命的正确道路。中国革命道路的探索,是中共集体智慧的结晶。

重点3:三次"左"倾错误的原因

(1)中国革命的复兴和发展并不是一帆风顺的。从1927年7月大革命失败到1935年

1月遵义会议召开之前，"左"倾错误三次在党的中央领导机关中取得了统治地位。第一次，1927年11月—1928年4月，中国共产党犯了"左"倾盲动错误。第二次，1930年6—9月，以李立三为代表的"左"倾冒险主义错误。第三次，1931年1月—1935年1月，以王明为代表的"左"倾教条主义错误。

（2）中共党内连续发生三次"左"倾错误的原因。

其一，从中国社会结构和阶级根源来看，近代中国是一个小资产阶级极其广大的半殖民地半封建社会，中国共产党自诞生之日起，就一直处于小资产阶级的包围和影响之中，党员中农民和其他小资产阶级出身的占大多数。小资产阶级所特有的各种弊病，如思想上理论上脱离实际、观察问题的主观性和片面性、政治上左右摇摆、组织上个人主义和宗派主义等，就会不可避免地反映到党内来，严重影响党的路线、方针、政策的制定和施行，有时甚至占据统治地位。

其二，从党自身来看，中国共产党还处在幼年，不成熟。在思想上，全党的马克思主义理论准备不足，理论素养不高，还不善于把马克思列宁主义的理论与中国实际全面地、正确地结合起来。在组织上，党的民主集中制不健全。由于党在大革命失败后长期处于分散的农村游击战的环境中，党内存在着严重的家长制作风。这就使王明等人不仅轻而易举地夺取了党中央的领导权，而且在党内大搞宗派主义。在斗争经验上，对党内出现的错误过分地追究个人责任，着眼于进行组织上处理而不是思想上的澄清，使八七会议以后党内一直存在的浓厚的"左"倾情绪始终没有得到认真清理。

其三，从外部因素来看，是共产国际对中国共产党内部事务的错误干预和瞎指挥。党内出现的这三次"左"倾错误与共产国际都有关系，特别是第三次"左"倾教条主义错误，其代表王明就是在共产国际代表的直接支持下上台的，王明"左"倾教条主义的许多错误观点也大都是直接从共产国际关于中国革命的不切实际的决议和指示中照抄照搬过来的。

三、深度阅读

阅读1：《中国的红色政权为什么能够存在？》

写作背景：

《中国的红色政权为什么能够存在？》是毛泽东1928年10月为中共湘赣边界第二次代表大会写的决议的一部分，原题为《政治问题和边界党的任务》。

这篇文章，是毛泽东关于"工农武装割据"思想的重要来源，是形成农村包围城市、武装夺取政权理论的前提和基础，又是该理论的重要组成部分。它是毛泽东思想形成时期的重要科学著作之一。

原著节选：

一国之内，在四围白色政权的包围中，有一小块或若干小块红色政权的区域长期地存在，这是世界各国从来没有的事。这种奇事的发生，有其独特的原因。而其存在和发展，亦必有相当的条件。第一，它的发生不能在任何帝国主义的国家，也不能在任何帝国主义直接统治的殖民地，必然是在帝国主义间接统治的经济落后的半殖民地的中国。因为这种奇怪现象必定伴着另外一件奇怪现象，那就是白色政权之间的战争。帝国主义和国内买办豪绅阶级支持着的各派新旧军阀，从民国元年以来，相互间进行着继续不断的战争，这是半殖民地中国的特征之一。不但全世界帝国主义国家没有一国有这种现象，就是帝国主义直接统治的殖民地也没有一处有这种现象，仅仅帝国主义间接统治的中国这样的国家才有这种现象。这种现象产生的原因有两种，即地方的农业经济（不是统一的资本主义经济）和帝国主义划分势力范围的分裂剥削政策。因为有了白色政权间的长期的分裂和战争，便给了一种条件，使一小块或若干小块的共产党领导的红色区域，能够在四围白色政权包围的中间发生和坚持下来。湘赣边界的割据，就是这许多小块中间的一小块。有些同志在困难和危急的时候，往往怀疑这样的红色政权的存在，而发生悲观的情绪。这是没有找出这种红色政权所以发生和存在的正确的解释的缘故。我们只须知道中国白色政权的分裂和战争是继续不断的，则红色政权的发生、存在并且日益发展，便是无疑的了。第二，中国红色政权首先发生和能够长期地存在的地方，不是那种并未经过民主革命影响的地方，例如四川、贵州、云南及北方各省，而是在一九二六和一九二七两年资产阶级民主革命过程中工农兵士群众曾经大大地起来过的地方，例如湖南、广东、湖北、江西等省。这些省份的许多地方，曾经有过很广大的工会和农民协会的组织，有过工农阶级对地主豪绅阶级和资产阶级的许多经济的政治的斗争。所以广州产生过三天的城市民众政权，而海陆丰、湘东、湘南、湘赣边界、湖北的黄安等地都有过农民的割据。至于此刻的红军，也是由经过民主的政治训练和接受过工农群众影响的国民革命军中分化出来的。那些毫未经过民主的政治训练、毫未接受过工农影响的军队，例如阎锡山、张作霖的军队，此时便决然不能分化出可以造成红军的成分来。第三，小地方民众政权之能否长期地存在，则决定于全国革命形势是否向前发展这一个条件。全国革命形势是向前发展的，则小块红色区域的长期存在，不但没有疑义，而且必然地要作为取得全国政权的许多力量中间的一个力量。全国革命形势若不是继续地向前发展，而有一个比较长期的停顿，则小块红色区域的长期存在是不可能的。现在中国革命形势是跟着国内买办豪绅阶级和国际资产阶级的继续的分裂和战争，而继续地向前发展的。所以，不但小块红色区域的长期存在没有疑义，而且这些红色区域将继续发展，日渐接近于全国政权的取得。第四，相当力量的正式红军的存在，是红色政权存在的必要条件。若只有地方性质的赤卫队而没有正式的红军，则只能对付挨户团，而不能对付正式的白色军队。所以虽有很好的工农群众，若没有相当力量的正式武装，便决然不能造成割据局面，更不能造成长期的和日益发展的割据局面。所以"工农武装割据"的思想，是共产党和割据地方的工农群众必须充分具备的一个重要的思想。第五，红色政权的长期存在并且发展，除了上述条件之外，还须有一个要紧的条件，就是共产党组织的有力量和它的政策的不错误。

原著解析：

毛泽东在这篇著作中深刻分析了半殖民地半封建中国社会的特点，总结了井冈山根据地斗争的经验，第一次从理论上分析和论证了中国红色政权发生、发展的原因和条件，从而在思想上武装了农村革命根据地的党员、红军和革命群众。毛泽东指出，中国红色政权发生的原因及其存在和发展的条件是：第一，近代中国是几个帝国主义国家间接统治的政治经济发展不平衡的半殖民地半封建的大国。这是红色政权能够存在和发展的根本原因。近代中国的经济发展极不平衡,自给自足的地方性农业经济广泛存在,广大农村有相当大的独立性,可以不完全依赖城市而存在,这就为坚持长期的红军战争和根据地斗争提供了必要的物质条件。同时,广大农村又是反动统治链条上的薄弱环节,特别是占全国人口80%以上的农民迫切要求进行彻底的以土地革命为中心的反帝反封建革命,这又使红军和根据地斗争获得了深厚的阶级基础。而帝国主义在中国实行的划分势力范围的分裂剥削政策和地方性农村经济,又造成了政治上的封建割据局面和连绵不断的军阀混战,革命力量可以利用这种反动统治阶级内部的长期分裂和战争得以存在和发展。中国还是一个大国,地域宽广,革命力量有回旋的余地,"东方不亮西方亮,黑了南方有北方"。这样,红色政权不仅能够在白色政权的四面包围中诞生,而且能够长期地坚持下去,发展起来。

第二,国民革命的影响,是红色政权能够存在和发展的客观条件。红色政权首先发生和能够长期存在的地方,是在国民革命时期工农士兵群众曾经大大起来过的地方,如湖南、广东、湖北、江西等省。这些地区广大工农群众受过革命的洗礼,政治觉悟比较高,斗争经验比较丰富。

第三,全国革命形势的继续向前发展,是又一个客观条件。随着全国革命形势的发展,红色区域也将持续发展,日渐接近于全国政权的取得。

第四,相当力量的正式红军的存在,是红色政权存在和发展的必要的主观条件。如果红色区域没有相当力量的正式红军,就不能对付近代化的反革命常备军的进攻,就不能造成革命的割据局面。

第五,共产党组织的有力量和它的政策的正确,是最紧要的主观条件。只有中国共产党组织的坚强有力和它的各项政策的正确贯彻执行,才能使红色政权存在和发展的可能变为现实。

阅读2:《反对本本主义》

写作背景:

《反对本本主义》是毛泽东1930年5月为反对当时中国工农红军中的教条主义而写的重要著作,原名《调查工作》。这是毛泽东最早的一篇马克思主义的哲学著作。在这篇著作中,作者从认识论高度第一次鲜明地提出"没有调查,就没有发言权","中国革命斗争的胜利要靠中国同志了解中国情况"等著名论断;阐明了社会调查的重要意义,以及调查的目的、对象、内容、方法和一些技术细节;揭露了教条主义的错误及其对革命事业的危害,批评了红军中一部分人安于现状、墨守成规、迷信"本本"、不愿作实际调查的保守思想。

原著节选:

一 没有调查,没有发言权

你对于某个问题没有调查,就停止你对于某个问题的发言权。这不太野蛮了吗?一点也不野蛮。你对那个问题的现实情况和历史情况既然没有调查,不知底里,对于那个问题的发言便一定是瞎说一顿。瞎说一顿之不能解决问题是大家明了的,那末,停止你的发言权有什么不公道呢?许多的同志都成天地闭着眼睛在那里瞎说,这是共产党员的耻辱,岂有共产党员而可以闭着眼睛瞎说一顿的吗？

要不得！

要不得！

注重调查！

反对瞎说！

二　调查就是解决问题

你对于那个问题不能解决吗？那末，你就去调查那个问题的现状和它的历史吧！你完完全全调查明白了，你对那个问题就有解决的办法了。一切结论产生于调查情况的末尾，而不是在它的先头。只有蠢人，才是他一个人，或者邀集一堆人，不作调查，而只是冥思苦索地"想办法"，"打主意"。须知这是一定不能想出什么好办法，打出什么好主意的。换一句话说，他一定要产生错办法和错主意。

许多巡视员，许多游击队的领导者，许多新接任的工作干部，喜欢一到就宣布政见，看到一点表面，一个枝节，就指手画脚地说这也不对，那也错误。这种纯主观地"瞎说一顿"，实在是最可恶没有的。他一定要弄坏事情，一定要失掉群众，一定不能解决问题。

许多做领导工作的人，遇到困难问题，只是叹气，不能解决。他恼火，请求调动工作，理由是"才力小，干不下"。这是懦夫讲的话。迈开你的两脚，到你的工作范围的各部分各地方去走走，学个孔夫子的"每事问"，任凭什么才力小也能解决问题，因为你未出门时脑子是空的，归来时脑子已经不是空的了，已经载来了解决问题的各种必要材料，问题就是这样子解决了。一定要出门吗？也不一定，可以召集那些明了情况的人来开个调查会，把你所谓困难问题的"来源"找到手，"现状"弄明白，你的这个困难问题也就容易解决了。

调查就像"十月怀胎"，解决问题就像"一朝分娩"。调查就是解决问题。

三　反对本本主义

以为上了书的就是对的，文化落后的中国农民至今还存着这种心理。不谓共产党内讨论问题，也还有人开口闭口"拿本本来"。我们说上级领导机关的指示是正确的，决不单是因为它出于"上级领导机关"，而是因为它的内容是适合于斗争中客观和主观情势的，是斗争所需要的。不根据实际情况进行讨论和审察，一味盲目执行，这种单纯建立在"上级"观念上的形式主义的态度是很不对的。为什么党的策略路线总是不能深入群众，就是这种形式主义在那里作怪。盲目地表面上完全无异议地执行上级的指示，这不是真正在执行上级的指示，这是反对上级指示或者对上级指示怠工的最妙方法。

本本主义的社会科学研究法也同样是最危险的，甚至可能走上反革命的道路。中国有许多专门从书本上讨生活的从事社会科学研究的共产党员，不是一批一批地成了反革命吗？就是明显的证据。我们说马克思主义是对的，绝不是因为马克思这个人是什么"先哲"，而是因为他的理论，在我们的实践中，在我们的斗争中，证明了是对的。我们的斗争需要马克思主义。我们欢迎这个理论，丝毫不存什么"先哲"一类的形式的甚至神秘的念头在里面。读过马克思主义"本本"的许多人，成了革命叛徒，那些不识字的工人常常能够很好地掌握马克思主义。马克思主义的"本本"是要学习的，但是必须同我国的实际情况相结合。我们需要"本本"，但是一定要纠正脱离实际情况的本本主义。

怎样纠正这种本本主义？只有向实际情况作调查。

原著解析：

1930年5月，毛泽东写的《反对本本主义》一文，长期遗失，以至在中华人民共和国成立初期编辑《毛泽东选集》时未能选入，付诸阙如；直到1991年才补选入《毛泽东选集》第二版的第一卷中，成为第二版增补的唯一的一篇文章。毛泽东1961年1月见到他这篇失而复得的文章，欣喜之情溢于言表；3月他在三南会议讲话中说："我对自己的文章有些也并不喜欢，这一篇我是喜欢的。"

1961年3月11日，毛泽东为向三南会议印发这篇文章而写的一个批语中说："这是一篇老文章，是为了反对当时红军中的教条主义思想而写的。"两天后，他在三南会议的讲话中说："这篇文章是经过一番大斗争以后写出来的，是在红四军党的第九次代表大会以后1930年写的。"3月23日，他在广州中央工作会议的讲话中说，这篇文章"总结了那个时期的经验"。毛泽东所说的"一番大斗争"，是指当年红四军党内对一些问题的原则性分歧和斗争。

关于《反对本本主义》，毛泽东曾经说过："这篇文章是为了解决民主革命的问题而写的。"这是指文章中提出要对社会各阶级进行分析，从而确定在反帝反封建的民主革命中，"哪些阶级是革命斗争的主力，哪些阶级是我们应当争取的同盟者，哪些阶级是要打倒的"。并不是说这篇文章只对民主革命具有指导意义。这篇文章所深刻地阐述的调查研究问题，毛泽东说这是文章的中心点，具有长远的指导意义。毛泽东指出："共产党领导机关的基本任务，就在于了解情况和掌握政策两件大事。"如果情况不了解，政策就必然出错误，而要了解情况，就必须认真地作调查研究。调查研究是一个永远做不完的课题，是一项长期的任务，因为情况是在发展变化的，会不断出现新的情况和新的问题。毛泽东在1941年明确指出："我们的调查，也是长期的。今天需要我们调查，将来我们的儿子、孙子，也要作调查，然后，才能不断地认识新的事物，获得新的知识。"

1961年，全党大兴调查研究之风。毛泽东又一次强调指出："民主革命阶段，要进行调查研究，社会主义革命和社会主义建设阶段，还是要进行调查研究，一万年还是要进行调查研究工作。"毛泽东把作不作调查研究提高到共产党员的党性问题上加以认识。他说："许多的同志都成天地闭着眼睛在那里瞎说，这是共产党员的耻辱，岂有共产党员而可以闭着眼睛瞎说一顿的吗？"

今天在实行改革、开放的中国，新的情况、新的问题层出不穷，更加需要我们党的各级领导机关、广大的党员和干部加强调查研究，做出正确的应对，使建设中国特色社会主义事业不断取得新的胜利！

四、案例解析

案例："真正的"红军

案例来源：〔美〕埃德加·斯诺：《西行漫记》，生活·读书·新知 三联书店1979年版，第229—235页。

案例内容：

在甘肃和宁夏的山间和平原上骑马和步行了两个星期以后，我终于来到预旺堡，那是宁夏南部一个很大的有城墙的市镇，那时候是红军一方面军和司令员彭德怀的司令部所在地。

虽然在严格的军事意义上来说，所有的红军战士都可以称为"非正规军"（而且有些人会说是"高度非正规军"），但红军自己对于他们的方面军、独立军、游击队和农民赤卫队是作了明确的区分的。我在陕西初期的短暂旅行中，没有看见过任何"正规的"红军，因为它的主力部队那时候正在离保安将近二百英里的西部活动。我原打算到前线去，但蒋介石正在南线准备发动另一次大攻势的消息传来，使我想到兵力较强的一边去，趁还来得及越过战线去写我的报道的时候，及早离开这里。

有一天，我对吴亮平表示了这些犹豫的考虑。吴亮平是在我同毛泽东的长时间正式谈话中充当翻译的一位年轻的苏维埃官员。吴亮平虽然是个脸色红润的二十六岁青年，已写了两本关于辩证法的书。我发现他为人很讨人喜欢，除了对辩证法以外，对什么事情都有幽默感，因此我把他当作朋友看待，坦率地向他表示了我的担心。

他听了我说的话，惊讶得发呆。"你现在有机会到前线去，你却不知道该不该要这个机会？可不要犯这样的错误！蒋介石企图消灭我们已有十年了，这次他也不会成功的。你没有看到真正的红军就回去，那可不行！"他提出了证据说明我不应当这么做，最使我感动的是，光是提到要到前线去，就在他这个久经锻炼的老布尔什维克和长征老战士身上引起那样大的热情。我想大概总有什么东西值得一看，因此决定作此长途旅行，安然无事地到达了吴亮平的真正红军作战的地点。

我幸亏接受了他的劝告。我要是没有接受他的劝告，我在离开保安时就仍旧不明白红军不可战胜的声誉从何而来，仍旧不相信正规红军的年轻、精神、训练、纪律、出色的装备、特别是高度的政治觉悟，仍旧不了解红军是中国唯一的一支从政治上来说是铁打的军队。

要了解这些所谓的土匪，最好的方法也许是用统计数字。因为我发现红军对全部正规人员都有完整的数据。下面的事实，我觉得极有兴趣和意义，是一方面军政治部主任、能说俄语的二十九岁的杨尚昆从他的档案中找出来的。除了少数例外，这个统计材料限于我有机会进行观察核实的一些问题。

首先，许多人以为红军是一批顽强的亡命之徒和不满分子。我自己也有一些这样的模糊观念。不久，我就发现自己完全错了。红军的大部分是青年农民和工人，他们认为自己是为家庭、土地和国家而战斗。

据杨尚昆说，普通士兵的平均年龄是十九岁。这很容易相信。虽然许多红军士兵已经作战七、八年甚至十年，但大量还只是十多岁的青年。甚至大多数"老布尔什维克"，那些身经百战的老战士，现在也只有二十刚出头。他们大多数是作为少年先锋队员参加红军的，或者是在十五岁或十六岁时入伍的。

在一方面军中，共有百分之三十八的士兵，不是来自农业无产阶级（包括手工业者、赶骡的、学徒、长工等）就是来自工业无产阶级，但百分之五十八是来自农民。只有百分之四来自小资产阶级——商人、知识分子、小地主等的子弟。在一方面军中，包括指挥员在内的百分之五十以上的人，都是共产党员或共青团员。

百分之六十到七十的士兵是有文化的——这就是说，他们能够写简单的信件、文章、标语、传单等。这比白区中普通军队的平均数高得多了，比西北农民中的平均数更高。红军士兵从入伍的第一天起，就开始学习专门为他们编写的红色课本。进步快的领到奖品（廉价笔记簿、铅笔、锦旗等，士兵们很重视这些东西），此外，还做出巨大的努力来激励他们的上进心和竞赛精神。

像他们的指挥员一样，红军士兵是没有正规薪饷的。但每一个士兵有权取得一份土地和这块土地上的一些收入。他不在的时候，由他的家属或当地苏维埃耕种。然而，如果他不是苏区本地人，则从"公田"（从大地主那里没收而来）的作物收益中取出一份作报酬，公田的收益也用于红军的给养。公田由当地苏区的村民耕种。公田上的无偿劳动是义务的，但在土地重新分配中得到好处的农民，大多数是愿意合作来保卫改善了他们的生活的制度的。

红军中军官的平均年龄是二十四岁。这包括从班长直到军长的全部军官，尽管这些人很年轻，平均都有八年的作战经验。所有的连长以上的军官都有文化，虽然我遇见过几位军官，他们参加红军以前还不能认字写字。红军指挥员约有三分之一以前是国民党军人。在红军指挥员中，有许多是黄埔军校毕业生、莫斯科红军大学毕业生、张学良的"东北军"的前军官、保定军官学校的学生、前国民军（"基督将军"冯玉祥的军队）的军人，以及若干从法国、苏联、德国和英国回来的留学生。我只见到过一个美国留学生。红军不叫"兵"（在中国这是一个很遭反感的字），而称自己为"战士"。

红军的士兵和军官大多数未婚。他们当中有许多人"离了婚"——这就是说他们丢下了妻子和家人。在有几个人身上，我真的怀疑。这种离婚的愿望事实上可能同他们参加红军有些关系，但这也许说得太刻薄了。

....

就我所能看到或知道的，红军都以尊重的态度对待农村妇女和姑娘，农民对红军的道德似乎都有很好的评价。我没有听到过强奸或污辱农村妇女的事件，虽然我从一些南方士兵那里了解到丢在家乡的"爱人"的事情。红军很少有人吸烟喝酒；烟酒不沾是红军"八项注意"之一，虽然对这两种坏习惯没有规定特别的处罚，但我在墙报上的"黑栏"上看了好几宗对有吸烟恶习的人提出严厉的批评。喝酒不禁止，但也不鼓励。喝得酩酊大醉的事情，就我的见闻来说，却没有听到过。

....

红军指挥员中的伤亡率很高。他们向来都同士兵并肩作战，团长以下都是这样。一位外国武官曾经说，单单是一件事情就可以说明红军同拥有极大优势的敌人作战的能力了。这就是红军军官习惯说的："弟兄们，跟我来！"而不是说："弟兄们，向前冲！"在南京发动的第一次和第二次"最后清剿"中，红军军官的伤亡率往往高达百分之五十。但红军不能经受这样的牺牲，因此后来采取了多少要减少有经验的指挥员的生命危险的战术。虽然这样，但在第五次江西战役中，红军指挥员的伤亡率还是平均在百分之二十三左右。关于这一点。在红区中，人们可以看到许多证据。通常可以看到，二十刚出头的青年就丢了一只胳臂或一条腿，或者是手指被打掉了，或者是头上或身上留有难看的伤痕——但是他们对于革命依然是高高兴兴的乐观主义者!

在红军的各支队伍里,几乎中国各省的人都有。在这个意义上,红军或许是中国唯一的真正全国性军队了。它也是"征途最辽阔"的军队!老兵们走过十八个省份。他们也许比其他任何军队更加熟悉中国的地理。在长征途上,他们发现大多数的旧中国地图了无用处,于是红军制图员重新绘制了许许多多英里的区域地图,特别是在土著居民地区的西部边疆地区。

一方面军约有三万人,南方人占的百分率很高,约有三分之一来自江西、福建、湖南或贵州。将近百分之四十来自西部的四川、陕西和甘肃等省。一方面军包括一些土著居民(苗族和彝族),此外还有一支新组织起来的回民红军。在独立部队中,当地人的百分率还更高,平均占总数的四分之三。

从最高级指挥员到普通士兵,吃的穿的都一样。但是,营长以上可以骑马或骡子。我注意到,他们弄到美味食物甚至大家平分——在我和军队在一起时,这主要表现在西瓜和李子上。指挥员和士兵的住处,差别很少,他们自由地往来,不拘形式。

有一件事情使我感到迷惑。共产党人是怎样给他们的军队提供吃的、穿的和装备呢?像其他许多人一样,我原以为他们一定是完全靠劫掠来维持生活。我已经说过,我发现这种臆想是错误的,因为我看到,他们每占领一个地方,就着手建设他们自己的自给经济,单单是这件事实,就能够使他们守住一个根据地而不怕敌人的封锁。此外,对于中国无产阶级军队能够靠几乎不能相信的极少经费活下去,我也是没有认识的。

红军声称他们百分之八十以上的枪械和百分之七十以上的弹药是从敌军那里夺来的。如果说这是难以置信的话,我可以作证,我所看到的正规军基本上是用英国、捷克斯洛伐克、德国和美国机关枪、步枪、自动步枪、毛瑟枪和山炮装备起来的,这些武器都是大量地卖给南京政府的。

我看见红军使用的唯一俄国制步枪,是一九一七年造的产品。我直接从几个前马鸿逵将军的士兵口中听到,这些步枪是从马的军队那里夺来的。而国民党手中的宁夏省残余部分的省主席马将军又是从冯玉祥将军那里把这些步枪接过手来的,冯将军在一九二四年统治过这个地区,曾从外蒙古得到一些武器。红军正规军不屑使用这些老式武器,我看见只有游击队的手中才有这种武器。

我在苏区时,要想同俄国的武器来源发生任何接触,客观上是不可能的。红军为总数将近四十万的各种敌军所包围,而且敌人控制着每一条通向外蒙古、新疆或苏联的道路。别人老是指责他们从俄国那里得到武器,我想,要是有一些这样的武器居然从天而降,他们是乐意得到的。但是,只要看一看地图就十分明白,在中国共产党人往北方和西方扩大更多的面积以前,莫斯科没法供应任何订货,姑且假定莫斯科有意这样做,但那是大可怀疑的。

第二,共产党没有高薪的和贪污的官员和将军,这是事实,而在其他的中国军队中,这些人侵吞了大部分军费。在军队和苏区中厉行节约。实际上,军队给人民造成的唯一负担,是必须供给他们吃穿。

实际上,我已经说过,西北苏区占地面积相当于英国,它的全部预算当时每月只有三十二万美元!这个惊人的数目中将近百分之六十是用来维持武装部队的。财政人民委员林祖涵老先生为此感到很抱歉，但是说"在革命获得巩固以前，这是不可避免的"。当时武装部队为数（不包括农民辅助部队）约四万人。这是在二方面军和四方面军到达甘肃以前的事情，此后红色区域大大扩大，西北的红军主力不久就接近九万人的总数了。

案例点评：

中国共产党领导的工农红军是革命的队伍，是执行革命的政治任务的武装集团。在美国记者埃德加·斯诺的眼中，这支军队比起国民党的军队、日本人的军队和西方国家的现代化军队来，显得太不"正规"，但它有着自己独特的风貌和非同寻常的气质。这支军队的官兵具有坚定的政治方向，知道为谁打仗；有良好的纪律、良好的官兵关系。他们不计较生活的艰苦，没有吃喝方面的奢求。他们装备差，靠从敌人手中夺取武器，但他们勇敢作战，军官冲在士兵前面。他们为人民牺牲，从不搜刮、欺压人民。这样的军队是以毛泽东思想武装起来的仁义之师。在他们面前，没有克服不了的困难，没有战胜不了的敌人。

五、实践项目

项目1：研读文献心得

篇目：（1）毛泽东：《反对本本主义》（1930年5月）；
（2）毛泽东：《中国革命战争的战略问题》（节选）（1936年12月）；
（3）毛泽东：《论新阶段》（节选）（1938年12月）；
（4）中共扩大的六届七中全会《关于若干历史问题的决议》（节选）（1945年4月20日）；
（5）胡锦涛：《在纪念红军长征胜利七十周年大会上的讲话》（2006年10月22日）。

流程：（1）教师向学生提供阅读文献信息：可从图书馆借阅的参考书目，可供下载比较可靠的网络地址，电子版的可阅读文献需设置并发送到公共邮箱供学生下载。
（2）教师在课堂上对阅读文献做简单讲解，提出撰写读书心得报告的具体要求。
（3）学生阅读文献，撰写并按时提交读书心得报告。成果可以PPT、经过整理的资料片、学术论文等形式呈现。
（4）教师评定成绩并做简要小结、反馈。

评价：

考核指标	考核结果			
	优	良	中	差
学习态度				
自主学习能力				
合作学习能力				
知识运用能力				
学习效果				
总体评价				

项目2：观看音像资料

资料：

1.《长征》（部分内容）

20世纪30年代，乌云笼罩着中华大地。骗取孙中山信任的蒋介石，夺取了国民党最高统治权。蒋介石不顾日本帝国主义侵占我国东三省、进犯华北地区的事实，为彻底消灭中国工农红军，亲自部署、指挥第五次"围剿"，企图把新生的红色政权消灭在摇篮中。

此时中共中央主要负责人博古和共产国际派来的外籍军事顾问李德，抛弃"诱敌深入、在运动中消灭敌人"的积极防御战略，与敌人拼消耗，使红军遭受惨重损失。1934年10月，为了保存实力，红军选择了漫长而又充满艰险的长征之路。

毛泽东的主张起初并没有被重视，直到遵义会议确立了其领导地位，毛泽东的正确主张才得以贯彻、执行。在长征中，毛泽东及党的主要领导人率红军四渡赤水、南渡乌江、巧渡金沙江……经历了一场场出生入死的革命时刻，最终胜利实现三大主力红军的会师。长征是人类战争史上的奇迹，长征以它特有的战争魅力，不仅在中国人民心中产生无穷无尽的精神力量，而且就像是最完美的神话，突破国界，在世界上广为传扬。

2.《西安事变》

1935年前后，日本帝国主义加强了对中国的侵略。在民族危机空前严重的关头，蒋介石仍旧坚持"攘外必先安内"政策，张学良将军被迫"剿共"，因在陕北战场上屡遭失败，受到蒋介石的责难，于是急于寻求出路。在国民党"五全大会"召开期间，他与杨虎城将军分别通过进步人士杜重远和田文浩与中国共产党有所接触。

从南京回到西安后，张学良通过被我军放回的原东北军团长高福源的关系，与周恩来在延安举行了会谈。张将军决定以民族存亡的大局来说服蒋介石停止内战、一致抗日。与此同时，杨虎城收到了毛泽东派人给他送来的亲笔信。但是，他们的活动早就被蒋介石安插在西安的特务头子李达权、郑广清注意并对南京有所密报。

为了反击特务的猖獗活动，张学良下令抄了国民党陕西省党部。此事促使张、杨共同携起手来，也引起了正在南京主持解决"两广兵变"的蒋介石的震动。1936年12月初，蒋介石亲临西安，下榻于临潼华清池。张学良多次对蒋"苦谏"，均痛遭拒绝。蒋介石限他3天内答复是否继续执行"剿共"的命令，否则将他和杨虎城的东北军、十七路军调离陕西。张、杨被迫于1936年12月12日对蒋实行了"兵谏"，爆发了震惊中外的"西安事变"。

"西安事变"发生后，中国共产党受张、杨二位将军的邀请，派出以周恩来为首的代表团飞抵西安。周恩来从民族存亡的大局出发，说服了张、杨并使得蒋介石接受了抗日救国的"八项主张"。"西安事变"得到和平的解决，国内出现了一个崭新的和平局面。

流程：（1）教师提供音像资料来源，提出撰写观后感的评审标准和要求。

（2）学生在观看影视资料的基础上撰写观后感。观感可有多种形式，包括学术论文、PPT、经过整理的资料片等。

（3）学生提交观后感并进行交流。

（4）教师根据学生完成情况评定成绩并计入平时成绩。

项目3：举办讲座

内容： 举办"长征精神"报告会

时间： 与教学内容同步

地址： 教学班教室或其他大型场合

流程：（1）教师根据课堂教学进度，确定举办报告会的最佳时机；

（2）教师与学校有关部门协商举办报告会之时间、地点等事项；

（3）教师向学生通知报告会的时间、地点等，并讲明若干要求；

（4）教师做报告；

（5）教师与学生（以行政班或教学班为单位）交流心得体会。

简介： 长征精神是中国共产党人对中华民族的一大贡献。

由于王明等人的"左"倾教条主义错误，使红军在第五次反"围剿"作战中遭到失败，不得不退出南方根据地，实行战略转移——长征。1934年10月中旬，中共中央机关和中央红军（红一方面军）开始长征，至1935年10月到达陕北吴起镇，中央红军的二万五千里长征胜利结束。1936年10月，红二、四方面军先后同红一方面军在甘肃胜利会师，三大主力红军的长征胜利结束。

红军长征胜利具有重大的意义：

第一，红军长征的胜利，使中国革命获得了新的转机。红军长征胜利使中国革命的大本营由江南转向西北，在接近抗日前线的中国西北部树立了中国共产党抗日运动的中心，推动了抗日民族解放运动新高潮的迅速到来，开创了中国革命的新局面。

第二，红军长征的胜利，为中国共产党夺取全国胜利奠定了基础。红军长征造就了中国革命的领导骨干和一批杰出的领袖人物，特别是在长征途中确立了毛泽东在党和红军中的领导地位，成为中国革命取得胜利的重要保证。

第五章 中国革命的新道路

1935年12月27日,毛泽东在《论反对日本帝国主义的策略》中说:"长征是历史纪录上的第一次,长征是宣言书,长征是宣传队,长征是播种机。自从盘古开天地,三皇五帝到于今,历史上曾经有过我们这样的长征么?十二个月光阴中间,天上每日几十架飞机侦察轰炸,地下几十万大军围追堵截,路上遇着了说不尽的艰难险阻,我们却开动了每人的两只脚,长驱二万余里,纵横十一个省。请问历史上曾有过我们这样的长征吗?没有,从来没有。长征又是宣言书。它向全世界宣告,红军是英雄好汉,帝国主义者和他们的走狗蒋介石等辈则是完全无用的。长征宣告了帝国主义和蒋介石围追堵截的破产。长征又是宣传队。它向十一个省内大约两万万人民宣布,只有红军的道路,才是解放他们的道路。不因此一举,那么广大的民众怎会如此迅速地知道世界上还有红军这样一篇大道理呢?长征又是播种机。它散布了许多种子在十一个省内,发芽、长叶、开花、结果,将来是会有收获的。总而言之,长征是以我们胜利、敌人失败的结果而告结束。谁使长征胜利的呢?是共产党。没有共产党,这样的长征是不可能设想的。中国共产党,它的领导机关,它的干部,它的党员,是不怕任何艰难困苦的。谁怀疑我们领导革命战争的能力,谁就会陷进机会主义的泥坑里去。长征一完结,新局面就开始。直罗镇一仗,中央红军同西北红军兄弟般的团结,粉碎了卖国贼蒋介石向着陕甘边区的'围剿',给党中央把全国革命大本营放在西北的任务,举行了一个奠基礼。"①

第三,红军长征的胜利,铸就了伟大的长征精神。长征精神就是把全国人民和中华民族的根本利益看得高于一切,坚定革命的理想和信念,坚信正义事业必定胜利的精神;就是为了救国救民,不怕任何艰难险阻,不惜牺牲一切的精神;就是坚持独立自主、实事求是,一切从实际出发的精神;就是顾全大局、严守纪律、紧密团结的精神;就是紧密地依靠人民群众,同人民群众生死相依、患难与共、艰苦奋斗的精神。

长征精神,是中华民族百折不挠、自强不息的民族精神的最高表现,是保证我们革命和建设事业从弱小走向强大的精神力量。现在我们进行的社会主义现代化建设,是新的长征。走在新长征路上,我们应继承和发扬当年红军长征的精神,把长征精神这份宝贵的精神财富变成推动我们各项事业前进的巨大力量。红军长征的路是艰苦的、漫长的;新长征的路会更艰苦、更漫长。因此,我们学习长征精神,就是要把红军长征留给我们的宝贵精神财富一代一代传下去,万众一心,艰苦奋斗,夺取中国特色社会主义建设"新长征"的伟大胜利。

---

① 《毛泽东选集》(第一卷),人民出版社1991年版,第149—150页。

第六章 中华民族的抗日战争

一、知识提要

认清日本军国主义的侵华战争给中华民族造成的深重灾难;认识以国共两党第二次合作为基础的抗日民族统一战线的伟大意义;认识打败日本侵略者必须实行人民战争的路线,了解中国共产党的全面抗战路线、纲领、方针、政策以及敌后游击战争的地位和作用;懂得抗日战争是弱国战胜强国的范例,认识抗日战争胜利的主要原因和基本经验;懂得抗日战争是近代以来中国人民第一次赢得完全胜利的民族解放战争,懂得帝国主义的武装侵略是必须打败,也是能够打败的;了解国民党以及正面战场在抗日战争中的地位和作用;懂得中国共产党及其领导的人民抗日力量是中华民族抗战的中流砥柱;了解中国人民抗日战争在世界反法西斯战争中的地位。

二、重点搜索

重点1:中国的抗日战争是神圣的民族解放战争

中华民族的抗日战争是近代以来中国和世界历史上的重大事件,是中国人民为争得独立和解放而与日本侵略者进行的殊死大搏斗。中国的抗日战争是神圣的民族解放战争。

(1)从战争的意义看,世界反法西斯战争是人类历史上规模空前的战争,战火遍及亚洲、欧洲、非洲、大洋洲,有80多个国家和地区、约20亿人口卷入其中。中国的抗日战争是世界反法西斯战争的重要组成部分,是世界反法西斯战争的东方主战场。中国人民抗日战争的胜利,对世界各国夺取反法西斯战争的胜利,对维护世界和平的伟大事业,产生了巨大影响。

(2)从战争的性质看,抗日战争是半殖民地半封建的中国和帝国主义的日本之间在20世纪30年代展开的一个决死战争,是一个民族反对另一个民族侵略、压迫、奴役的战争。中国进行的是正义的、进步的反侵略战争,日本进行的是非正义的、野蛮的侵略战争。日本侵略者肆意践踏中国的大好河山,屠杀中国军民,强行掠夺中国劳工,蹂躏和摧残妇女,进行细菌战和化学战,制造了南京大屠杀等一系列灭绝人性的惨案,犯下了令人发指的罪行,使源远流长的中华文明遭到了惨重破坏,使中华民族蒙受了巨大损失。

(3)从战争的结果看,中国人民抗日战争是近代以来中华民族反抗外敌入侵第一次取得完全胜利的民族解放战争,是20世纪中国和人类历史上的重大事件。中国人民彻底打败了日本侵略者,捍卫了中国的国家主权和领土完整,使中华民族避免了遭受殖民奴役的厄运。

重点 2：抗日战争在世界反法西斯战争中的地位和作用

中国是世界反法西斯统一战线中不可或缺的重要成员，中国战场是世界反法西斯战争的东方主战场，中国的抗日战争具有极其重要的地位和作用。

（1）揭开了世界反法西斯战争的序幕。日本侵华野心由来已久，经过一系列精心策划和准备后，日本帝国主义于 1931 年 9 月 18 日发动了侵略中国东北的"九一八"事变。处于国破家亡境地的东北人民，在中国共产党的号召与领导下，对日本帝国主义的野蛮侵略展开了不屈不挠的斗争，揭开了中国抗日战争和世界反法西斯战争的序幕。从 1931 年"九一八"事变至 1939 年 9 月英、法对德宣战的 8 年中，只有中国在坚持着对世界法西斯势力的作战。中国这个广阔的反法西斯战场不仅是主要的反法西斯战场，而且在 1941 年年底太平洋战争爆发前，可说是毫无外援，孤军奋战。

日本帝国主义为取得北侵苏联和南下太平洋的战争基地，与德、意在欧洲发动局部侵略战争相呼应，于 1937 年 7 月 7 日发动了全面侵略中国的战争，把法西斯国家发动的局部战争推向了新的高潮，在走向世界大战的道路上迈出了危险的一步。面对日本法西斯的野蛮侵略，中国抗日军民凝聚在中国共产党倡导建立的抗日民族统一战线的旗帜下，克服困难，奋勇抗战，开辟了世界上第一个大规模的反法西斯战场。

（2）打乱了德、意、日法西斯的侵略计划。第二次世界大战中，德、意、日三个法西斯国家一直未能实现其预定的战略协同计划。一个重要原因，是中国战场坚持持久抗战，始终抗击和牵制着日本陆军主力，打乱了日本的"北进"计划，遏制和迟滞了日本的"南进"侵略步伐，从而打乱和粉碎了德国企图勾结日本东西夹击苏联、德日两军会师中东的计划。

"北进"侵苏，是日本帝国主义妄图称霸亚洲和称霸世界的重要目标之一。但这一目标未能变成现实，其原因：一是因为苏联本身注重加强远东边境地区的军事防御，在击退日军挑衅的基础上进行了重大外交努力；二是因为中国人民的抗日战争有力地拖住了日本的后腿，完全打乱了其侵略计划，致使日本的计划一再推延实施。

从 1937 年"七七事变"以来，中国战场始终牵制着 100 万左右的日本陆军主力。在整个抗日战争中，中国战场毙、伤、俘日军 155.9 万余人，占日军在第二次世界大战中军队伤亡人数的 60% 以上。1945 年 8 月 15 日，日本被迫宣布无条件投降，世界反法西斯战争取得了彻底胜利。

中国的持久抗战为同盟国顺利实施"先欧后亚"战略提供了前提，为确保世界反法西斯战争的全面胜利奠定了可靠基础。

（3）中国是世界反法西斯阵营的"四大国"之一。中国作为世界反法西斯战争东方主战场的地位，得到了普遍承认和尊重，为中国赢得了大国地位。

1942 年 1 月 1 日，26 个反法西斯国家在华盛顿签署《联合国家宣言》，美、英、苏、中四国领衔签字，这是中国第一次以"四大国"之一身份出现在战时的国际政治舞台上。1943 年 11 月下旬，美、英、中三国首脑聚会埃及首都开罗，于 12 月 1 日发表《开罗宣言》，规定"日本所窃取于中国之领土，例如东北、台湾、澎湖群岛等归还中国"。开罗会议是战时中国外交的最高峰。据此，中国有权参与各大国之间为结束战争而采取的协调行动,有权参与筹建联合国的活动。1945年4月,联合国制宪会议在美国旧金山举行,中国代表团出席会议。中国成为联合国的创始国和安理会五个常任理事国之一。

在反法西斯战争中,中国与各盟国并肩作战,共同赢得了胜利,同时中国也赢得了大国地位。战后,百年来帝国主义强加给中国的各种不平等条约基本得以废除。从此,中国以崭新的姿态,冲出亚洲,走向世界,为维护世界和平、民主,为维护人类正义事业,做出越来越大的贡献。

重点3:国共两党在抗日战争中的地位和作用

以国共两党合作为基础的抗日民族统一战线,对于打败日本侵略者、取得民族解放战争的胜利,具有决定性的作用。国共两党在抗战的不同时期,具有不同的地位和作用。

(1)抗日战争是全民族的解放战争,这是民族矛盾居于主导地位所决定的。中国共产党与国民党由"十年内战"转为结成统一战线合作抗日,是抗日战争实现并坚持下来的基础。国民党及其各派系,在抗战爆发前基本上掌握着国家政权,有国民党政权参加,才有全民抗战。西安事变后,国民党政权改变"攘外必先安内"的方针,转为准备抗日。抗战开始不久,国民党中央通讯社发表中共关于国共合作抗日的宣言,蒋介石发表谈话,承认共产党的应有地位和国共合作抗日。抗战开始前,中国共产党的方针经历了从"反蒋抗日"到"联蒋抗日"再到"逼蒋抗日"的转变;抗战实现以后又反复强调国共合作,强调全国团结抗战。中国共产党领导的人民力量的兴起、壮大,是抗日战争得以坚持并取得最后胜利的基本条件之一。共产党在政治上是抗日民族统一战线的倡导者和维护者,在军事上领导着敌后战场,有共产党领导的人民力量的参加,全民抗战才有了力量重心。

国共两党合作成为一个历史关键。中国内部新的团结格局由此确定下来。全国各阶级、各民族团结起来,一致抗日救亡。中华民族的觉醒达到了前所未有的新的高度。抗日战争就是这样实现的和虽经历惊涛骇浪终于坚持到底了的。从双方合作奠定抗日战争的基础来看,国民党与共产党在抗日战争中的地位,基本是相同的。它们这时都站在争取民族解放斗争的关键位置上,力挽日本军国主义汹涌而来的狂澜。

(2)中国国民党和中国共产党领导的抗日军队,分别担负着正面战场和敌后战场的作战任务,形成了共同抗击日本侵略者的战略态势。以国民党军队为主体的正面战场,组织了一系列大会战,特别是全国抗战初期的淞沪、忻口、徐州、武汉等战役,给日军以沉重打击。

抗日战争中,民族矛盾起主导作用,但阶级矛盾并没有消失。蒋介石国民党政权这时具有两面性格。参加抗日民族解放战争,这一面是爱国的、带着革命性的;坚持大地主大资产阶级专政,这一面是反民主、反人民、带着反革命性的。前一面符合民族利益,后一面违反民族利益。抗战初期,前一面表现得比较明显。战争进入相持阶段,日本对重庆加紧诱降,共产党在敌后战场上很快发展,国民党的态度逆转。国民党采取"消极抗日,积极反共"的反动政策,致使大片国土沦陷。这时蒋介石谈话多次把抗日、反共并列,甚至认为反共重于抗日。中国因此几度出现国共分裂内战、抗日民族统一战线中途夭折的严重危险。

(3)中国共产党实行全民族抗战的路线,采取持久战的战略方针,使抗战的最后胜利有了可靠的保障。为了贯彻执行全面抗战路线,中国共产党做出了开辟敌后战场的战略决策,广泛发动群众,开展游击战争,八路军、新四军、华南抗日游击队、东北抗日联军和其他抗日武装力量奋勇作战。平型关大捷打破了"日军不可战胜"的神话,百团大战振奋了全国军民争取抗战胜利的信心。敌后战场钳制和歼灭日军大量兵力,歼灭大部分伪军,逐渐成为中国人民抗日战争的主战场。中国共产党在统一战线中坚持独立自主的原则,坚持抗战、团结、进步的方针,反对妥协、分裂和倒退。中国共产党积极建设抗日民主根据地,建立"三三制"的民主政权,减租减息,大力发展生产,积极进行文化建设和干部教育。中国共产党还在大后方开展抗日民主运动和抗战文化工作,对于激发大后方人民的爱国意识、坚持国共合作团结抗战、支援抗战前线、积蓄革命力量等发挥了重要的作用。

胡锦涛同志在纪念抗日战争胜利60周年大会上的讲话中指出:人类社会是按照历史的规律和法则前进的。中国人民能够赢得抗日战争的胜利,以落后的武器装备打败经济实力和军事装备远比自己强大的侵略者,绝不是偶然的。中国共产党以自己的坚定意志和模范行动,在全民族抗战中发挥了中流砥柱的作用。

三、深度阅读

阅读1:《论持久战》

写作背景:

1937年卢沟桥事变,抗日战争全面爆发。国共两党捐弃前嫌,合作抗日,结成了以国共合作为基础的抗日民族统一战线。国民党军队先后进行了淞沪、忻口、徐州等大的会战;共产党领导的八路军东渡黄河,开赴华北抗日前线,配合国民党军队作战。国共双方都取得了一些战役、战斗的胜利,沉重打击了日本侵略者。

1938年5—6月间,毛泽东在延安抗日战争研究会上作了《论持久战》的讲演,总结抗战10个月来的经验,批驳了"速胜论"和"亡国论",系统阐明了中国共产党关于持久抗战的总方针。

原著节选:

(一)伟大抗日战争的一周年纪念,七月七日,快要到了。全民族的力量团结起来,坚持抗战,坚持统一战线,同敌人作英勇的战争,快一年了。这个战争,在东方历史上是空前的,在世界历史上也将是伟大的,全世界人民都关心这个战争。身受战争灾难、为着自己民族的生存而奋斗的每一个中国人,无日不在渴望战争的胜利。然而战争的过程究竟会要怎么样?能胜利还是不能胜利?能速胜还是不能速胜?很多人都说持久战,但是为什么是持久战?怎样进行持久战?很多人都说最后胜利,但是为什么会有最后胜利?怎样争取最后胜利?这些问题,不是每个人都解决了的,甚至是大多数人至今没有解决的。于是失败主义的亡国论者跑出来向人们说:中国会亡,最后胜利不是中国的。某些性急的朋友们也跑出来向人们说:中国很快就能战胜,无需乎费大气力。这些议论究竟对不对呢?我们一向都说:这些议论是不对的。可是我们说的,还没有为大多数人所了解。一半因为我们的宣传解释工作还不够,一半也因为客观事变的发展还没有完全暴露其固有的性质,还没有将其面貌鲜明地摆在人们之前，使人们无从看出其整个的趋势和前途，因而无从决定自己的整套的方针和做法。现在好了，抗战十个月的经验，尽够击破毫无根据的亡国论，也尽够说服急性朋友们的速胜论了。在这种情形下，很多人要求做个总结性的解释。尤其是对持久战，有亡国论和速胜论的反对意见，也有空洞无物的了解。"卢沟桥事变以来，四万万人一齐努力，最后胜利是中国的。"这样一种公式，在广大的人们中流行着。这个公式是对的，但有加以充实的必要。抗日战争和统一战线之所以能够坚持，是由于许多的因素：全国党派，从共产党到国民党；全国人民，从工人农民到资产阶级；全国军队，从主力军到游击队；国际方面，从社会主义国家到各国爱好正义的人民；敌国方面，从某些国内反战的人民到前线反战的兵士。总而言之，所有这些因素，在我们的抗战中都尽了他们各种程度的努力。每一个有良心的人，都应向他们表示敬意。我们共产党人，同其他抗战党派和全国人民一道，唯一的方向，是努力团结一切力量，战胜万恶的日寇。今年七月一日，是中国共产党建立的十七周年纪念日。为了使每个共产党员在抗日战争中能够尽其更好和更大的努力，也有着重地研究持久战的必要。因此，我的讲演就来研究持久战。和持久战这个题目有关的问题，我都准备说到；但是不能一切都说到，因为一切的东西，不是在一个讲演中完全说得了的。

（二）抗战十个月以来，一切经验都证明下述两种观点的不对：一种是中国必亡论，一种是中国速胜论。前者产生妥协倾向，后者产生轻敌倾向。他们看问题的方法都是主观的和片面的，一句话，非科学的。

（三）抗战以前，存在着许多亡国论的议论。例如说："中国武器不如人，战必败。""如果抗战，必会作阿比西尼亚。"抗战以后，公开的亡国论没有了，但暗地是有的，而且很多。例如妥协的空气时起时伏，主张妥协者的根据就是"再战必亡"。有个学生从湖南写信来说："在乡下一切都感到困难。单独一个人做宣传工作，只好随时随地找人谈话。对象都不是无知无识的愚民，他们多少也懂得一点，他们对我的谈话很有兴趣。可是碰了我那几位亲戚，他们总说：'中国打不胜，会亡。'讨厌极了。好在他们还不去宣传，不然真糟。农民对他们的信仰当然要大些啊！"这类中国必亡论者，是妥协倾向的社会基础。这类人中国各地都有，因此，抗日阵线中随时可能发生的妥协问题，恐怕终战争之局也不会消灭的。当此徐州失守武汉紧张的时候，给这种亡国论痛驳一驳，我想不是无益的。

（四）抗战十个月以来，各种表现急性病的意见也发生了。例如在抗战初起时，许多人有一种毫无根据的乐观倾向，他们把日本估计过低，甚至以为日本不能打到山西。有些人轻视抗日战争中游击战争的战略地位，他们对于"在全体上，运动战是主要的，游击战是辅助的；在部分上，游击战是主要的，运动战是辅助的"这个提法，表示怀疑。他们不赞成八路军这样的战略方针："基本的是游击战，但不放松有利条件下的运动战。"认为这是"机械的"观点。上海战争时，有些人说："只要打三个月，国际局势一定变化，苏联一定出兵，战争就可解决。"把抗战的前途主要地寄托在外国援助上面。台儿庄胜利之后，有些人主张徐州战役应是"准决战"，说过去的持久战方针应该改变。说什么"这一战，就是敌人的最后挣扎"，"我们胜了，日阀就在精神上失了立场，只有静候末日审判"。平型关一个胜仗，冲昏了一些人的头脑；台儿庄再一个胜仗，冲昏了更多的人的头脑。于是敌人是否进攻武汉，成为疑问了。许多人以为："不一定"；许多人以为："断不会"。这样的疑问可以牵涉到一切重大的问题。例如说：抗日力量是否够了呢？回答可以是肯定的，因为现在的力量已使敌人不能再进攻，还要增加力量干什么呢？例如说：巩固和扩大抗日民族统一战线的口号是否依然正确呢？回答可以是否定的，因为统一战线的现时状态已够打退敌人，还要什么巩固和扩大呢？例如说：国际外交和国际宣传工作是否还应该加紧呢？回答也可以是否定的。例如说：改革军队制度，改革政治制度，发展民众运动，厉行国防教育，镇压汉奸托派，发展军事工业，改良人民生活，是否应该认真去做呢？例如说：保卫武汉、保卫广州、保卫西北和猛烈发展敌后游击战争的口号，是否依然正确呢？回答都可以是否定的。甚至某些人在战争形势稍为好转的时候，就准备在国共两党之间加紧摩擦一下，把对外的眼光转到对内。这种情况，差不多每一个较大的胜仗之后，或敌人进攻暂时停顿之时，都要发生。所有上述一切，我们叫它做政治上军事上的近视眼。这些话，讲起来好像有道理，实际上是毫无根据、似是而非的空谈。扫除这些空谈，对于进行胜利的抗日战争，应该是有好处的。

（五）于是问题是：中国会亡吗？答复：不会亡，最后胜利是中国的。中国能够速胜吗？答复：不能速胜，抗日战争是持久战。

（六）抗日战争为什么是持久战？最后胜利为什么是中国的呢？根据在什么地方呢？

中日战争不是任何别的战争，乃是半殖民地半封建的中国和帝国主义的日本之间在二十世纪三十年代进行的一个决死的战争。全部问题的根据就在这里。分别地说来，战争的双方有如下互相反对的许多特点。

日本方面：第一，它是一个强的帝国主义国家，它的军力、经济力和政治组织力在东方是一等的，在世界也是五六个著名帝国主义国家中的一个。这是日本侵略战争的基本条件，战争的不可避免和中国的不能速胜，就建立在这个日本国家的帝国主义制度及其强的军力、经济力和政治组织力上面。然而第二，由于日本社会经济的帝国主义性，就产生了日本战争的帝国主义性，它的战争是退步的和野蛮的。时至二十世纪三十年代的日本帝国主义，由于内外矛盾，不但使得它不得不举行空前大规模的冒险战争，而且使得它临到最后崩溃的前夜。从社会行程说来，日本已不是兴旺的国家，战争不能达到日本统治阶级所期求的兴旺，而将达到它所期求的反面——日本帝国主义的死亡。这就是所谓日本战争的退步性。跟着这个退步性，加上日本又是一个带军事封建性的帝国主义这一特点，就产生了它的战争的特殊的野蛮性。这样就要最大地激起它国内的阶级对立、日本民族和中国民族的对立、日本和世界大多数国家的对立。日本战争的退步性和野蛮性是日本战争必然失败的主要根据。还不止此，第三，日本战争虽是在其强的军力、经济力和政治组织力的基础之上进行的，但同时又是在其先天不足的基础之上进行的。日本的军力、经济力和政治组织力虽强，但这些力量之量的方面不足。日本国度比较地小，其人力、军力、财力、物力均感缺乏，经不起长期的战争。日本统治者想从战争中解决这个困难问题，但同样，将达到其所期求的反面，这就是说，它为解决这个困难问题而发动战争，结果将因战争而增加困难，战争将连它原有的东西也消耗掉。最后，日本虽能得到国际法西斯国家的援助，但同时，却又不能不遇到一个超过其国际援助力量的国际反对力量。这后一种力量将逐渐地增长，终究不但将把前者的援助力量抵消，并将施其压力于日本自身。这是失道寡助的规律，是从日本战争的本性产生出来的。总起来说，日本的长处是其战争力量之强，而其短处则在其战争本质的退步性、野蛮性，在其人力、物力之不足，在其国际形势之寡助。这些就是日本方面的特点。

原著解析：

毛泽东的《论持久战》这篇光辉著作，首先驳斥了"亡国论"和"速胜论"的错误观点，阐明了"抗日战争是持久战""最后胜利是中国的"。毛泽东接着阐述了得出此结论的"依据"，指出：中日战争是半殖民地半封建的中国和帝国主义的日本之间在20世纪30年代进行的一个决死的战争。一方面，日本是强国，中国是弱国，强国弱国的对比，决定了抗日战争只能是持久战。另一方面，日本是小国，发动的是退步的、野蛮的侵略战争，在国际上失道寡助；而中国是大国，进行的是进步的、正义的反侵略战争，在国际上得道多助。中国已经有了代表中华民族和中国人民根本利益的、在政治上成熟的中国共产党及其领导的抗日根据地和人民军队。因此，最后胜利又将是属于中国的。

毛泽东还科学地预见了抗日战争的发展进程，即抗日战争将经过战略防御、战略相持、战略反攻三个阶段。其中，战略相持阶段，是中国抗日战争取得最后胜利的最关键的阶段。只要坚持持久抗战、坚持抗日民族统一战线，中国将在这个阶段中获得转弱为强的力量。

毛泽东的《论持久战》一书，提示了抗日战争的发展规律和持久战的战略方针，批驳了"亡国论""速胜论"等错误论调，使全国人民看到了抗战胜利的前途，增强了必胜的信心。

阅读2：《抗日游击战争的战略问题》

写作背景：

1937年卢沟桥事变后，日本侵华战争全面爆发，中国抗日民族解放战争从此开始。抗日战争初期，中国共产党内和党外都有许多人轻视游击战争的重大战略作用，而只把希望寄托于正规战争，特别是国民党军队的作战。产生这种认识的一个重要原因就是，没有认识到抗日战争是一场持久战。正确认识抗日战争的持久性以及由此产生的复杂形势，是深刻理解抗日游击战争战略问题的关键。1938年5月，毛泽东同志总结了游击战争的经验教训，在延安著成此作。

原著节选：

第二章　战争的基本原则是保存自己消灭敌人

在具体地说到游击战争的战略问题之先，还要说一说战争的基本问题。

一切军事行动的指导原则，都根据于一个基本的原则，就是：尽可能地保存自己的力量，消灭敌人的力量。这个原则，在革命战争中是直接地和基本的政治原则联系着的。例如中国抗日战争的基本政治原则即政治目的，是驱逐日本帝国主义，建立独立自由幸福的新中国。在军事上实行起来，就是以军事力量保卫祖国，驱逐日寇。为达到这个目的，在军队本身的行动上，就表现为：一方面，尽可能地保存自己的力量；另一方面，尽可能地消灭敌人的力量。何以解释战争中提倡勇敢牺牲呢？每一战争都须支付代价，有时是极大的代价，岂非和"保存自己"相矛盾？其实一点也不矛盾，正确点说，是相反相成的。

因为这种牺牲,不但是为了消灭敌人的必要,也是为了保存自己的必要——部分的暂时的"不保存"(牺牲或支付),是为了全体的永久的保存所必需的。在这个基本的原则上,发生了指导整个军事行动的一系列的所谓原则,从射击原则(荫蔽身体,发扬火力,前者为了保存自己,后者为了消灭敌人)起,到战略原则止,都贯彻这个基本原则的精神。一切技术的、战术的、战役的、战略的原则,都是执行这个基本原则时的条件。保存自己消灭敌人的原则,是一切军事原则的根据。

第三章 抗日游击战争的六个具体战略问题

现在我们来看,抗日游击战争的军事行动,应该采取些什么方针或原则才能达到保存自己消灭敌人的目的呢?因为抗日战争中(乃至一切革命战争中)的游击队一般是从无到有、从小到大的,故在保存自己之外,还须加上一个发展自己。所以问题是:应该采取些什么方针或原则才能达到保存或发展自己和消灭敌人的目的呢?

总的说来,主要的方针有下列各项:(一)主动地、灵活地、有计划地执行防御战中的进攻战,持久战中的速决战和内线作战中的外线作战;(二)和正规战争相配合;(三)建立根据地;(四)战略防御和战略进攻;(五)向运动战发展;(六)正确的指挥关系。这六项,是全部抗日游击战争的战略纲领,是达到保存和发展自己,消灭和驱逐敌人,配合正规战争,争取最后胜利的必要途径。

第四章 主动地灵活地有计划地执行防御战中的进攻战、
持久战中的速决战、内线作战中的外线作战

这里又可以分为四点来说:(一)防御和进攻,持久和速决,内线和外线的关系;(二)一切行动立于主动地位;(三)灵活地使用兵力;(四)一切行动的计划性。

先说第一点。

整个的抗日战争,由于日寇是强国,是进攻的,我们是弱国,是防御的,因而决定了我们是战略上的防御战和持久战。拿作战线来说,敌人是外线作战,我们是内线作战。这是一方面的情形。但是在又一方面,则适得其反。敌军虽强(武器和人员的某些素质,某些条件),但是数量不多,我军虽弱(同样,仅是武器和人员的某些素质,某些条件),但是数量甚多,加上敌人是异民族侵入我国,我们是在本国反抗异民族侵入这个条件,这样就决定了下列的战略方针:能够而且必须在战略的防御战之中采取战役和战斗的进攻战,在战略的持久战之中采取战役和战斗的速决战,在战略的内线作战之中采取战役和战斗的外线作战。这是整个抗日战争应该采取的战略方针。正规战争是如此,游击战争也是如此。游击战争所不同的,只是程度上或表现形式上的问题。游击战争是一般地用袭击的形式表现其进攻的。正规战争虽然也应该而且能够采用袭击战,但是其出敌不意的程度比较小一些。在游击战,速决性的要求是很大的,战役和战斗中包围敌人的外线圈则很小。这些都是和正规战不同的地方。

由此可知,游击队的作战,要求集中可能多的兵力,采取秘密和神速的行动,出其不意地袭击敌人,很快地解决战斗;而要力戒消极防御,力戒拖延,并力戒临战分散兵力。当然,游击战争中不但战略上有防御,战术上也是有防御的;战斗时的钳制和警戒方面,

隘路、险地、河川或村落等处为着消耗敌人和疲惫敌人的抵抗配置，退却时的掩护部队等等，都是游击战争中战术上的防御部分。然而游击战争的基本方针必须是进攻的，和正规战争比较起来，其进攻性更加大些，而且这种进攻必须是奇袭，大摇大摆大吹大擂地暴露自己，是较之正规战更加不能许可的。游击战争虽然也有坚持数天的战斗场合，例如攻击某个孤立无援的小敌，但一般的作战较之正规战更加要求迅速地解决战斗，这是被敌强我弱的情况规定了的。游击战争本来是分散的，所以成其为普遍的游击战，且在许多任务，例如扰乱、钳制、破坏和做群众工作等，都以分散兵力为原则；然而就一个游击部队或游击兵团，当着执行消灭敌人的任务，尤其是为着打破敌人的进攻而努力时，就仍须集中其主要的兵力。"集中大力，打敌小部"，仍然是游击战争战场作战的原则之一。

由此也就可知，从整个的抗日战争看来，只有将正规战和游击战的战役和战斗的进攻战集合了很多，即从进攻战中打了很多的胜仗，才能达到战略防御之目的，最后战胜日本帝国主义。只有战役和战斗的速决战集合了很多，即是使得很多战役和战斗的进攻战都能因迅速解决战斗之故而取得了胜利，才能达到战略持久的目的，一方面争取时间加强抗战力量，同时促进和等候国际形势的变动和敌人的内溃，以便举行战略反攻，驱逐日寇出中国。也只有每战集中优势兵力，不论在战略防御时期也好，在战略反攻时期也好，一律采取战役和战斗中的外线作战，包围敌人而消灭之，不能包围其全部，也包围其一部，不能消灭所包围之全部，也消灭所包围之一部，不能大量俘虏所包围之敌，也大量杀伤所包围之敌。集合很多这样的歼灭战，才能转变敌我形势，将敌之战略包围，即敌之外线作战方针根本击破，最后配合国际的力量和日本人民的革命斗争，共同围剿日本帝国主义而一举消灭之。这些结果，主要地依靠正规战取得，游击战只有次一等的成绩。但是集合许多小胜化为大胜，则是正规战游击战所共同的。游击战争在抗日过程中起着伟大的战略作用，就是说的这一点。

第六章 建立根据地

抗日游击战争战略问题的第三个问题，是建立根据地的问题。这个问题的必要性和重要性，是随着战争的长期性和残酷性而来的。因为失地的恢复须待举行全国的战略反攻之时，在这以前，敌人的前线将深入和纵断我国的中部，小半甚至大半的国土被控制于敌手，成了敌人的后方。我们要在这样广大的被敌占领地区发动普遍的游击战争，将敌人的后方也变成他们的前线，使敌人在其整个占领地上不能停止战争。我们的战略反攻一日未能举行，失地一日未能恢复，敌后游击战争就应坚持一日，这种时间虽不能确切断定，然而无疑地是相当地长，这就是战争的长期性。同时敌人为了确保占领地的利益，必将日益加紧地对付游击战争，特别在其战略进攻停止之后，必将残酷地镇压游击队。这样，长期性加上残酷性，处于敌后的游击战争，没有根据地是不能支持的。

游击战争的根据地是什么呢？它是游击战争赖以执行自己的战略任务，达到保存和发展自己、消灭和驱逐敌人之目的的战略基地。没有这种战略基地，一切战略任务的执行和战争目的的实现就失掉了依托。无后方作战，本来是敌后游击战争的特点，因为它是同国家的总后方脱离的。然而，没有根据地，游击战争是不能够长期地生存和发展的，这种根据地也就是游击战争的后方。

历史上存在过许多流寇主义的农民战争，都没有成功。在交通和技术进步的今日而企图用流寇主义获得胜利，更是毫无根据的幻想。然而流寇主义在今天的破产农民中还是存在的，他们的意识反映到游击战争的领导者们的头脑中，就成了不要或不重视根据地的思想。因此，从游击战争的领导者们的头脑中驱除流寇主义，是确定建立根据地的方针的前提。要或不要根据地、重视或不重视根据地的问题，换句话说，根据地思想和流寇主义思想的斗争的问题，是任何游击战争中都会发生的，抗日游击战争在某种程度上也不能是例外。因此，同流寇主义作思想斗争，将是一个不可少的过程。只有彻底地克服了流寇主义，提出并实行建立根据地的方针，才能有利于长期支持的游击战争。

原著解析：

这是毛泽东1938年5月写的一篇重要军事著作，收入《毛泽东选集》第二卷。全文分九章，第一章论述了抗日游击战争的战略地位；第二章论述了战争的共性，即一切战争的基本原则；第三章至第九章着重阐述了游击战的个性，提出抗日游击战争的六个具体战略原则。文章针对当时党内外许多人轻视抗日游击战争的作用，只把希望寄托于正规战争，尤其是国民党军队作战的错误倾向，从战争的客观实际出发，强调了抗日游击战争的战略地位。中国共产党领导的抗日游击战争主要地不是在内线配合正规军的战役作战，而是独立自主地在敌后进行外线作战；游击战争不是小规模的而是大规模的；游击队不仅担负作战任务，而且还要创建根据地，建立人民政权，其本身还将逐步地向正规部队和向打正规战发展。这就使得抗日游击战争远远超出了一般游击战争的狭小天地，从而由通常的战术范围上升到战略地位上来。文章还具体阐述了抗日游击战争的战略战术问题，提出了正确的战略指导原则，独立自主地开展敌后游击战争，用一切力量去发动群众，实行人民战争，达到"保存自己，消灭敌人"的目的。这篇文章和同期发表的《论持久战》一文，系统地提出了共产党应怎样领导抗日战争并争取最后胜利的有关问题。

四、案例解析

案例：彭德怀谈"游击战术"

案例来源：〔美〕埃德加·斯诺：《西行漫记》，生活·读书·新知 三联书店1979年版，第246—252页。

案例内容：

彭德怀和毛泽东虽是湖南同乡，在成立红军以前却没有见过面。彭德怀说话南方口音很重，快得像连珠炮。只有他慢条斯理地讲得很简单的时候我才能听懂，但他总是很不耐烦慢慢条斯理地说话。在这次谈话里，北京一位年轻的大学毕业生做我的翻译，他的英语很好。我希望他仍活着，总有一天会读到我在这里对他表示的最深切的感谢。

"中国采用游击战的主要原因，"彭德怀开始说。"是因为经济破产，特别是农村破产。帝国主义、封建主义、军阀混战加在一起，破坏了农村经济的基础，不消灭它的主要敌人是不能恢复的。苛捐杂税，加上日本侵略，军事上和经济上的侵略，在地主的帮助下加速了农民破产的速度。农村中的豪绅的滥用权力使大多数农民无法生活下去。农村中失业现象普遍。穷人阶级愿意为改变处境而斗争。

"其次，游击战得到了发展是因为内地的落后。缺乏交通、道路、铁路、桥梁，使得人民可以武装起来，组织起来。

"第三，虽然中国的战略中心多少都控制在帝国主义者手中，这种控制是不平衡的，不统一的。在帝国主义的势力范围之间，有很多空隙，可以迅速发展游击战。

"第四，大革命（一九二六年到一九二七年）在许多人的心中播下了革命的思想，甚至在一九二七年发生反革命，城市里进行了大屠杀以后，许多革命者拒绝屈服，寻求反对的方法。由于大城市里帝国主义和买办联合控制的特殊制度，由于在开始的时候缺乏一支武装力量，不可能在城市地区找到一个根据地，因此许多革命工人、知识分子、农民回到农村地区去领导农民起义。无法容忍的社会经济条件造成了革命的条件：所需要的只是为这一农村群众运动提供领导、方式和目标。

"所有这些因素都有助于革命游击战的发展和成功。当然，这些道理说得很简单，没有谈到其中更深刻的问题。

"除了这些理由以外，游击战所以能够成功，游击队所以能够战无不胜，还因为群众同作战部队打成一片。红色游击队不仅是战士，他们同时也是政治宣传员和组织者。他们到哪儿就把革命的思想带到哪儿，向农民群众耐心解释红军的真正使命，使他们了解只有通过革命才能满足他们的需要，为什么共产党是唯一能够领导他们的政党。

"但是至于游击战的具体任务，你问到为什么在有些地方发展很快，成了强大的政治力量。而在别的地方却很容易遭到迅速的镇压。这是一个很有意思的问题。

"首先，中国的游击战只有在共产党的革命领导下才能取胜，因为只有共产党有决心、有能力满足农民的要求，了解在农民中间进行深入、广泛、经常的政治和组织工作的必要性，能够实现它宣传的诺言。

"其次，游击队的实际战地领导必须坚决果断、勇敢无畏。没有这些领导品质，游击战不但不能发展，而且在反动派的进攻下一定会衰亡。

"因为群众只关心他们生计问题的实际解决，因此只有立即满足他们最迫切的要求，才能发展游击战。这意味着必须迅速解除剥削阶级的武装。

"游击队决不能静止不动，这样就会招致毁灭。他们必须不断扩充，在周围不断建立新的外围团体。每个斗争阶段都要有政治训练的配合，从每一个新参加革命的队伍中必须培养当地的领导人。在一定程度内可以从外面吸收领导人，但是如果游击运动不能鼓舞、唤醒，不能经常地从本地群众中培养新的领导人，就不可能有持久的成功。"

这些话使人感到很有兴趣，而且无疑也很重要。但是如果可能的话，我想知道红军的军事指导原则，因为这些原则使得他们成为装备比他们强大好几倍的南京军队的劲敌。凡是读到过一些关于劳伦斯上校及其战役的人，无不把红军的战术同这个英国运动战伟大天才的战术相比。像阿拉伯人一样，红军在少数几次的大规模阵地战中战绩平庸，但在运动战中却不可战胜。

张学良少帅所以开始尊重红军（这是他被派来摧毁的敌人）的主要原因之一是，他对他们这种作战方法的熟练掌握有很深刻的印象，他终于相信，这种方法是可以用来打日本的。他同红军达成休战协议后，就邀请红军教官到他在陕西为东北军办的军官训练班讲课，共产党在那里的影响迅速扩大。张学良和他的大部分军官坚决抗日，他们相信，在对日战争中，中国最后必须依靠优势的机动和运动能力。他们迫切地要想知道红军在十年内战的经验中所学到的关于运动战的战略战术的所有知识。

关于这几点，我原来问过彭德怀，是否可以归纳一下"红色游击战术的原则"？他答应过给我总结一下，并且写了一些笔记，现在他念给我听。至于这个问题的详尽论述，他叫我去看毛泽东写的一本小册子，是在苏区出版的，但是我无法弄到。

彭德怀说，"如果新发展的游击队要成功的话，有些战术原则必须遵守。这是我们从长期经验中学习到的，虽然视具体情况而异。我认为背离这些原则一般都会造成灭亡。主要原则可以归纳为下列十点：

"第一，游击队不能打打不赢的仗。除非有很大的胜利把握，否则不同敌人交战。

"第二，游击队如果领导得好，所采用的主要进攻战术就是奇袭。必须避免打阵地战。游击队没有辅助部队，没有后方，没有供应线和交通线，而敌人却有。因此在长期的阵地战中敌人据有一切有利条件，总的来说，游击队获胜的可能性与作战时间长短成反比例。

"第三，在交战之前，不论主动或是被动，必须制订出缜密的详细的进攻计划，特别是撤退计划。任何进攻，事先如不充分准备好预防措施，游击队就有遭到敌人出奇制胜的危险。游击队的极大有利条件就是优势运动能力，在运用这种能力方面如有错误就意味着灭亡。

"第四，在发展游击战中必须注意民团，这是地主豪绅的第一道，也是最后一道的最坚决的防线。从军事上来说，民团必须予以消灭。但从政治上来说，如有可能，就必须把它争取到群众一边来。一乡的民团不解除武装，群众是发动不起来的。

"第五，在与敌军正常交战时，游击队的人数必须超过敌人。但是如果遇到敌人正规军在移动、休整或防范不严的时候，可以用一支小得多的部队，对敌人战线上的要害进行侧翼奇袭，行动要迅速坚决。红军的许多'短促突击'都是用几百个人的兵力对成千上万的敌军进行的。这种突然进攻要完全成功必须要突然、迅速、勇敢、果断、计划周密，挑选的是敌人最薄弱又是最重要的环节。只有高度有经验的游击队才能取胜。

"第六，在实际战斗中，游击战线必须具有最大的弹性。一旦看出他们对敌人兵力或准备或火力的估计如有错误，游击队员应该能够像发动进攻那样迅速地脱离接触而后撤。每一单位必须有可靠的干部，充分能够代替在战斗中伤亡的指挥员。在游击战中必须大大依靠下级的随机应变。

"第七，必须掌握牵制佯攻、骚扰伏击等分散注意的战术。在中文中，这种战术叫作'声东击西的原则'。

"第八，游击队要避免同敌军主力交战，要集中在最薄弱的或最致命的环节。

"第九，必须提防敌人找到游击队主力。为此，游击队员在敌人前进时应集中在一个地方，应该在进攻之前经常变位置——一天或一晚上两三次。游击队行动神出鬼没是要取得成功所绝对必备的条件。进攻后迅速分散的周密计划同实际集中力量应付敌人进攻的计划一样重要。

"第十，除了优势机动以外，游击队由于同地方群众不可分离，在优势情报方面具有有利条件，必须充分利用这一条件。理想的情况是，每个农民都是游击队的情报员，这样敌人每走一步，游击队就无不事先知道。应努力保护敌情渠道，并建立好几道辅助情报网。"

据彭德怀司令员说，这就是红军力量所系的主要原则，每次扩大红区都要运用这些原则。他最后说：

"因此你可以看到游击战要成功，需要这些基本条件：无畏、迅速、计划周密、机动、保密、行动神出鬼没和坚决果断。缺一项，游击队就不能取胜。如果在战斗开始时，他们没有决断，战斗就要拖延时日。他们必须迅速，否则敌人就能得到增援。他们必须机动灵活，否则就会失掉运动的有利条件。

"最后，游击队绝对必须得到农民群众的拥护和参加。如果没有武装农民运动，事实上就没有游击队根据地，军队就不可能存在。只有深深扎根于人民的心中，只有实现群众的要求，只有巩固农村苏维埃中的根据地，只有掩护在群众之中，游击战才能带来革命的胜利。"

彭德怀在阳台上踱来踱去，每次走到我伏案疾书的桌子边上时就提出一个论点。现在他突然停下来，沉思地回想。

"但没有任何东西，绝对没有任何东西，"他说，"比这一点更重要——那就是红军是人民的军队，它所以壮大是因为人民帮助我们。

"我记得一九二八年的冬天，我的部队在湖南只剩下二千多人，还受到包围。国民党军队把方圆三百里内的所有房子都烧掉了，抢去了所有粮食，然后对我们进行封锁。我们没有布，就用树皮做短衫，把裤腿剪下来做鞋子。头发长了没法剃，没有住的地方，没有灯，没有盐。我们病的病，饿的饿。农民们也好不了多少，他们剩下的也不多，我们不愿碰他们的一点点东西。

"但是农民鼓励我们。他们从地下挖出他们藏起来不让白军知道的粮食给我们吃，他们自己吃芋头和野菜。他们痛恨白军烧了他们的房子，抢了他们的粮食。甚至在我们到达之前他们就在同地主老财做斗争了，因此他们欢迎我们。许多人参加了我们的队伍，几乎所有的人都用某种方式帮助我们。他们希望我们取胜！因此我们继续战斗，冲破了封锁。"

他向我转过身来，简单地结束道："战术很重要，但是如果人民的大多数不支持我们，我们就无法生存。我们不过是人民打击压迫者的拳头！"

案例点评：

毛泽东率领秋收起义队伍上井冈山时只剩700余人，中央红军长征到达陕北后只剩下6000多人，抗日战争开始时八路军、新四军总计不过数万人——以这样小的军队抵挡国民党数十万大军的"围剿"，广泛开展抗日游击战争并成为抗日战争的中流砥柱，最后打垮蒋介石800万军队，夺取了新民主主义革命的胜利。原因何在？除了以马克思列宁主义武装起来的中国共产党的正确领导之外，一个重要的原因就是广泛开展人民战争和运用游击战争的战略战术。彭德怀是人民军队的创建者之一，也是人民战争和游击战争战略战术的实践者和总结者之一，他对人民军队战略战术的解说翔实、丰富、生动，为理解毛泽东人民战争思想和游击战的战略战术提供了帮助。

五、实践项目

项目1：研读文献心得

篇目：（1）毛泽东：《论持久战》（节选）（1938年5月）

（2）《中共中央关于目前形势与党的任务的决定》（1937年8月25日）

（3）毛泽东：《论联合政府》（节选）（1945年4月24日）

（4）胡锦涛：《在中国人民抗日战争暨世界反法西斯战争胜利六十周年纪念大会上的讲话》（2005年9月3日）

流程：（1）教师向学生提供阅读文献信息：可从图书馆借阅的参考书目，可供下载比较可靠的网络地址，电子版的可阅读文献需设置并发送到公共邮箱供学生下载。

（2）教师在课堂上对阅读文献做简单讲解，提出撰写读书心得报告的具体要求。

（3）学生阅读文献，撰写并按时提交读书心得报告，成果可以以PPT、经过整理的资料片、学术论文等形式呈现。

（4）教师评定成绩并做简要小结、反馈。

评价：

考核指标	考核结果			
	优	良	中	差
学习态度				
自主学习能力				
合作学习能力				
知识运用能力				
学习效果				
总体评价				

项目2：观看音像资料

资料：

1.《血战台儿庄》

1938年春，日本侵略军调集大量部队涌向津浦路和陇海路的枢纽、中国南北交通的中心之一——徐州。著名的徐州会战就此打响。

台儿庄战役是中国军队保卫徐州的一次外围战役。台儿庄的地理位置非常重要，它既是陇海、津浦两条铁路的一个战略据点，又是运河的一个咽喉要道，是徐州的门户。日本人深知台儿庄的重要性，派出矶谷师团从山东兖州南侵，企图迅速拿下台儿庄，然后渡过运河包抄徐州。第五战区司令长官李宗仁指挥下的中国军队，在台儿庄附近集中了40万人的优势兵力。

3月下旬，矶谷师团在飞机的掩护下，集中4万人，配以坦克、大炮，向台儿庄发动了猛烈的进攻。中国守军进行了顽强抵抗，战斗进行得十分激烈。日军猛攻3天3夜，才冲进城内。城内中国守军同日寇展开了激烈的巷战。尽管日军占据了全庄的四分之三，但坚守在南关一带的中国军队至死不退，死守阵地，目的是为了外线部队完成对日军的反包围。这是李宗仁早已制订好的作战计划，以部分兵力死守台儿庄，尽量拖住敌人，以便庄外的大军将日寇团团围住，来个瓮中捉鳖。

4月初，外围部队切断了敌军的退路，并集中优势兵力向矶谷师团发动猛攻。城内的日寇一面疯狂抵抗，一面向板垣师团求救。但赶来救援的板垣师团在临沂一带遭到中国军队的沉重打击，被歼灭3000余人。矶谷师团见救援无望，决定以死相拼，一个个杀红了眼。中国军队虽以5倍于敌的兵力围攻，并付出极大的伤亡代价，但竟难以将敌人消灭，战争一时呈胶着状态。

4月6日，中国军队向矶谷师团发起了全线出击，双方展开巷战、肉搏战，一时间，台儿庄城内枪林弹雨，血流成河。日军头一次遭到国民党军队如此顽强进攻，很快便溃不成军。矶谷见大势已去，便率残兵仓皇逃走。

台儿庄战役以中国军队的胜利宣告结束。这次战役共歼灭日军2万余人，是正面战场在抗战初期取得的一次重大胜利。

2.《小兵张嘎》

抗日战争时期，1943年日本侵略者在冀中白洋淀活动猖獗。白洋淀地区的少年张嘎，在亲眼看见奶奶被日军杀害、八路军的钟连长被抓走后，为给奶奶报仇并救出老钟叔，只身寻找八路军，辗转到达区小队根据地，与游击队员一起生活、战斗。

张嘎是个机智、勇敢的孩子，他在和侦察员罗金保一起执行任务时，用西瓜砸了日本翻译并缴获一把小手枪。当枪被区队长要去准备还给翻译官时，张嘎表现出了少年儿童特有的调皮倔强、不守纪律的一面。他和伙伴胖墩摔跤，要输时咬人，之后还堵人家烟筒，于是被区队长关禁闭。后来他在伏击日、伪军的战斗中，从伪军官手里又缴获一只手枪，因怕被没收而把枪藏了起来……

本在老乡家养伤的张嘎偷偷地出走，寻找部队参战，却在途中被伪军抓住，关在岗楼中。他面对敌人坚强不屈，并最终找到机会，在日本鬼子的岗楼中放火，配合部队攻破岗楼，老钟叔也被救了出来。当立功的张嘎重回区小队并交出所藏的手枪时，区队长宣布他已成为八路军侦察员，并且枪归他使用。

这部电影塑造了很多的英雄形象，如聪明但有时任性倔强的张嘎、机智勇敢的罗金保、对人既严格要求又体贴关心的区队长，以及宁死不屈的奶奶和老钟叔，等等，彰显了广大人民抗击日本侵略者的英雄气概，激发人们的爱国热情，使人深受教育。

3.《地雷战》

抗日战争较为艰苦的 1942 年,胶东抗日根据地边缘村庄赵家庄等经常遭受日军的突袭。为了减少损失,区武委会雷主任和赵家庄民兵队长赵虎集合群众的智慧,想出应对日军的策略:他们在联合附近几个村庄组成民兵联防,壮大武装力量的同时,用土制地雷组成各式各样的地雷阵,对日军予以沉重打击。

日军为对付地雷阵,搬来工兵,攻入赵家庄大肆烧杀抢掠。民兵们及时总结经验、吸取教训,不断改进制雷技术和布雷方法,使得日军防不胜防。进入麦收季节,日军本想趁民兵抢收麦子时一举拿下赵家庄,不想民兵早已设下了布局更为精妙的地雷阵。

4.《敌后武工队》

1942 年的冀中平原,日本宪兵、汉奸、伪警察等数百人包围了东王庄,敌人架起机枪,疯狂地扫射,尸横遍野,余烟未尽,惨不忍睹。闻讯赶来的武工队员们按捺不住心中怒火,纷纷向队长魏强请战,为乡亲们报仇。魏强率领武工队化妆成伪警察进城,巧妙地活捉了中间镇伪警察所所长哈巴狗,并带回东王庄准备公审。趁人们欢庆之时,哈巴狗借机从一个隐蔽的暗道跑回保定城向夜袭队长刘魁胜报告。不料,正碰见刘魁胜在调戏自己的老婆小红云。哈巴狗给了刘魁胜一个嘴巴,刘不依,便先下手为强,反咬哈巴狗私通武工队,说他是武工队放回的奸细,对他进行严刑拷打。为了保住狗命,哈巴狗无奈只好将老婆让给了刘魁胜。保定南关火车站站长小本次郎对小红云的美貌早已垂涎三尺。他派段长万事顺去请小红云到东站说书,小红云不肯屈从,以剪刀割腕自杀身亡。刘魁胜对日本人敢怒而不敢言。魏强利用他们之间的矛盾,巧妙地夜袭南关火车站,打死了万事顺和站长小本次郎等人。松田把小本次郎的死归咎于刘魁胜,宪兵用刺刀挑死了刘魁胜,松田命哈巴狗为夜袭队长。最后武工队扫平了夜袭队,队长哈巴狗被击毙,又炸毁了宪兵队总部,击毙松田少佐,为乡亲们报了仇,大长了人民群众的抗日志气。这支敌后武工队活跃在冀中大平原上,为抗日救国做着他们的贡献。

流程:(1) 教师提供音像资料来源,提出撰写观后感的评审标准和要求。

(2) 学生在观看影视资料的基础上撰写观后感,观后感可有多种形式,包括学术论文、PPT、经过整理的资料片等。

(3) 学生提交观后感并进行交流。

(4) 教师根据学生完成情况评定成绩并计入平时成绩。

项目 3:参观革命遗迹

内容 1:参观国际主义战士绿川英子墓及其事迹展

时间:与课堂教学内容同步

地址:佳木斯烈士公墓

流程:(1) 教师根据课堂教学情况,确定参观的最佳时机;

(2) 教师与学校有关部门协商参观的时间、用车等各项事宜;

(3) 教师向学生通知参观的时间等事项,并讲明若干要求;

(4) 教师组织、带领学生参观;

(5) 参观后,教师与学生(以行政班或教学班为单位)交流体会。

简介：

绿川英子，原名长谷川照子，日本世界语学者和作家，1912 年生于日本山梨县猿桥地方一个建筑工程师家庭。

1929 年，当资本主义经济危机席卷日本，军国主义者加强思想控制时，在奈良女子高等师范学校读书的绿川英子，开始接触为人类谋解放的进步事业，并爱上了世界语，参加了以著名进步作家秋田雨雀为理事长的日本无产阶级世界语同盟的进步活动。1931 年"九一八"事变爆发，震动了绿川英子，她表示强烈抗议，因此被日本反动当局拘留，并开除校籍。出狱后她到东京无产阶级世界语协会工作，并掌握了世界语，参加了左翼文化运动。1933 年，她与在东京高等师范文科院选学英语的中国留学生刘仁相识。1936 年，绿川英子和刘仁结合。这在当时日本法西斯猖獗的情况下，是需要胆识和勇气的。婚后第二年，绿川英子和刘仁回到了中国，积极参加中国共产党领导的抗日救国斗争。1937 年 4 月，绿川英子来到上海世界语协会工作，编辑《中国在怒吼》的世界语刊物。后来她到重庆，为中国共产党的《新华日报》《群众》周刊等报刊撰写文章。

绿川英子踏上中国土地后生活的第一个地方是上海。在那里她目睹了日本侵略者给中国人民带来的深重灾难。在一篇题为《爱与恨》的文章中她这样写道："我爱日本，因为那里是我的祖国，在那儿生活着我的父母、兄弟姐妹和亲戚朋友——对他们我有着无限亲切的怀念。我爱中国，因为它是我新的家乡，这儿在我的周围有着许多善良和勤劳的同志。我憎恨，我竭尽全力憎恨正在屠杀中国人民的日本军阀。"

上海失陷后，绿川英子在郭沫若的帮助下，绕道香港、广州来到武汉，参加了中国电台对日播音。她全力以赴地向世界揭露日本帝国主义对中国人民犯下的滔天罪行，报道中国人民抗日斗争的英雄事迹。为此，日本东京一家报纸恶毒咒骂绿川英子是"娇声卖国贼"，她在日本的亲属也受到株连。

武汉失守后，绿川英子来到重庆，在郭沫若领导的抗战文化工作委员会工作。此时她的名字已经为广大中国人民所熟悉。1941 年 7 月 27 日，在重庆文化界人士的一次聚会上，绿川英子见到了周恩来。周恩来笑着对她说："日本军国主义把你称为'娇声卖国贼'，其实你是日本人民忠实的好女儿，真正的爱国主义者。"绿川英子听了很激动。她说："这对我是最大的鼓励，也是对我微不足道的工作的最高酬答。我愿做中日两国人民忠实的女儿。"

1945 年以后，绿川英子夫妇来到东北解放区，东北行政委员会聘请他们为东北社会调查研究所研究员。1947 年 1 月 14 日，绿川英子由于人工流产手术感染，不幸在佳木斯逝世，年仅 35 岁。3 个月后，她的丈夫刘仁也因病逝世。佳木斯的党组织和人民群众，为了纪念这位英勇的国际主义战士，把绿川英子夫妇安葬在佳木斯烈士公墓。

绿川英子是一位日本籍女性，一位为中华民族的解放事业英勇奋斗的世界语学者和国际主义战士。通过对绿川英子生平事迹的了解，使学生认识到，在中华民族解放的战争中我们不是孤军奋战，有很多国际主义战士用行动甚至是生命来支援我们，从而使学生知道，我们进行的战争是正义的，因而最终必将走向胜利。同时使学生更加深刻地懂得，军国主义分子与国际主义战士之间的本质区别在于：虽然国籍相同，但却有着不同的选择，前者是发动战争的罪人，后者是维护和平的使者。

第六章 中华民族的抗日战争

内容 2：参观鹤岗东山"万人坑"
时间：与课堂教学内容同步
地址：鹤岗东山区
流程：（1）教师根据课堂教学情况，确定参观的最佳时机；
（2）教师与学校有关部门协商参观的时间、用车等各项事宜；
（3）教师向学生通知参观的时间等事项，并讲明若干要求；
（4）教师组织、带领学生参观；
（5）参观后，教师与学生（以行政班或教学班为单位）交流体会。

简介：

鹤岗东山"万人坑"位于东山区东岗路北侧原新一煤矿办公大楼东约 800 米处，原是一个坑长 40 米、宽 30 米、深近 7 米的自然大坑，是日本帝国主义屠杀无辜和抛弃死难矿工的场所。抗日战争期间，日本侵略者为了从中国掠夺重要战略物资，在东北进行了疯狂的开采。日本侵略者在鹤岗矿山每掠走 1 吨煤就要死 4～5 人，日积月累就形成了骇人听闻的"万人坑"。

1968 年 10 月，鹤岗市挖掘了"万人坑"的一角，仅在这个长 10 米，宽 8 米，深不及 7 米的小坑内就堆积着死难者尸骨近千余具。为了警醒后人，供群众凭吊，鹤岗市建了保护性展室和围墙，并命名为"鹤岗矿务局阶级教育展览馆"。1981 年，经黑龙江省人民政府决定，东山"万人坑"被列为省重点革命文物保护单位。1997 年，鹤岗市矿务局对展馆投入 500 万元资金，重新修复建设；1998 年 7 月 7 日，正式对外开放。1991 年，展览馆被命名为省级爱国主义教育基地。

现有东山"万人坑"展览馆总占地面积 400 平方米，共有图片 35 幅，日伪时期文物 52 件，介绍和反映了当时的历史情况及日本侵略者对中国的血腥掠夺。

鹤岗东山"万人坑"展览馆成立至今，已接待来自日本、美国、俄罗斯及国内的参观者 50 余万人次。每到重大节日，就会有成千上万的参观者来这里接受爱国主义教育，年接待人数在 5 万人以上。

项目 4：佳木斯市红色之旅

内容：佳木斯市红色之旅
时间：国庆假期
地址：佳木斯市县
路线：

1. 佳木斯市红色之旅——"东北小延安"一日游

佳木斯市博物馆——原合江省办公地址，暨张闻天在合江省工作、生活旧址（现市检察院院内）——原东北银行遗址暨东北银行印钞厂（现佳木斯工商银行）——原佳木斯市委旧址（现市委院内铅印室）——原佳木斯市政府旧址（现西林路文化大楼对过）——抗联英雄孙西林烈士墓、苏联红军烈士纪念碑（现西林公园）——原东北军政大学遗址（现佳木斯医学院办公楼）——国际主义战士绿川英子墓（现在四丰山景区内）——邵云环纪念碑、佳木斯烈士陵园——刘英俊公园、佳木斯革命烈士纪念馆——东北抗联战绩纪念塔

（市区西郊）

2. 佳木斯市红色之旅——寻找东北抗日联军足迹：东北抗日联军诞生地和抗联战斗遗址一日游

D1：由佳木斯市出发——夜袭汤原伪县公署遗址——汤原县革命烈士陵园——东北抗联六军遗址——六军密营——抗日人士黄有智斗、冻死300名日伪军遗址——夏云阶将军墓——抗联六军黄皮沟密营——东北反日联合军政扩大会议遗址（东北抗日联军诞生地）——抗日英雄高庆云烈士墓——抗日英雄戴洪斌故居

D2：由佳木斯市出发——夜袭汤原伪县公署遗址——汤原县革命烈士陵园——三甲伏击战遗址（格区人民大暴动）——东北人民革命军第六军授旗地遗址——车家大井惨案遗址——中共汤原下江中心县委遗址（12烈士牺牲地）——赵尚志牺牲地——老等山会议遗址

3. 佳木斯市红色之旅——土龙山农民暴动遗址和抗日联军后方军需密营一日游

由佳木斯市出发——桦南县土龙山农民暴动遗址——我国空军第一批飞行员培训基地遗址及日军侵华飞机仓库——县革命烈士陵园和陈列室——驼腰子金矿暴动遗址——七星峰森林公园抗联兵工厂、军械所、被服厂、干部培训学校、战地医院遗址

4. 佳木斯市红色之旅——沿松花江追忆抗联战斗遗址二日游

由佳木斯市出发——抗联英雄冷云故乡桦川县，瞻仰烈士故居——冷云小学——桦川县革命烈士陵园——冷云纪念馆——富锦市革命烈士陵园——民族英雄常隆基纪念碑——五顶山森林公园民族英雄常隆基击毙日军楠木实隆中将遗址——日军侵华军事遗址——中国劳工万人坑——同江市烈士陵园——章克华等革命烈士遗物陈列馆——抚远县西山革命烈士陵园、苏联红军烈士纪念碑

简介：

东北抗日联军是中国共产党创建和领导的东北各族人民的抗日武装，是中国人民抗日军队的重要组成部分。这支队伍，在极其艰难困苦的条件下，同日本侵略军浴血奋战，英勇斗争达14年之久，沉重地打击和牵制了日本侵略者，有力地支援了华北及全国的抗战，为夺取抗日战争的全面胜利做出了重大贡献。

以佳木斯为中心的三江大地，在抗日战争中谱写了光辉的篇章。这里曾经是抗日联军的诞生地，也是在中国共产党领导下，点燃抗日烽火最早的地区之一。1931年，中共汤原县委书记李春满同志在安邦河组建抗日游击队。1932年10月，中共满洲省委特派员冯仲云同志亲赴汤原建立抗日根据地。1933年10月，夏云杰同志担任汤原县委书记，组建东北民众联合义勇军，这是抗联六军的前身。与此同时，祁致忠在桦南驼腰子金矿组织工人暴动，组建东北山林义勇军，后编为东北抗日联军独立师，1937年扩编为抗日联军第十一军。著名的土龙山农民暴动，击毙日本"开拓团"饭冢大佐、铃木少尉和士兵21人，俘虏伪军警21人，在土龙山农民暴动和三江各地抗日武装基础上发展起抗联七军、八军。桦南县七星峰是抗日联军后方军需密营，抗联的兵工厂、军械所、被服厂、抗联军干部学校、医院等设在七星峰的深山密林中，目前七星峰尚存遗址几十处。1936年1月28日，为了联合一切抗日武装，共同反抗日本侵略者，在汤原吉兴沟召开了东北反日联合军政扩大会议。会上统一了抗日联军的建制，产生了东北抗日联军总司令部，赵尚志为总司令，

发表了东北抗日联军统一建制宣言。东北抗日联军这支中国人民抗日军队的重要力量第一次有组织地登上历史舞台！抗日战争时期，佳木斯是抗联军打击日本侵略者的主战场，打击日伪军的战斗有百余起。其中以土龙山农民暴动、驼腰子金矿工人暴动、汤原伏击强迫劳工修筑铁路日军战斗、桦川南部山地伏击日军战、民族英雄常隆基击毙日军楠木实隆中将的富锦五顶山游击战等战斗，激发了三江各族人民打击日本侵略者的信心。同时，桦川县悦来镇是抗联英雄冷云的故乡。东北抗日联军在三江大地上前赴后继，英勇杀敌，经受了人们难以想象的艰难困苦，创造了惊天地泣鬼神的英雄业绩。三江大地涌现出了赵尚志、夏云杰、李兆麟、祁致中、陈荣久、张传福、冷云、陈雷、李敏和国际主义战士绿川英子、民族英雄常隆基等老一辈革命家和革命烈士，他们将永远活在三江人民的心中，其英雄业绩将永垂青史。

第七章　为新中国而奋斗

一、知识提要

了解抗战胜利后中国共产党为争取和平民主所作的不懈努力；了解光明与黑暗两个命运、两种前途的决定胜负的斗争是这一时期中国历史的基本内容，认识国民党政权遭到广大人民反对并迅速走向崩溃的根本原因；认识中国共产党领导的多党合作、政治协商格局形成的历史条件，认识人民共和国的创建和共产党执政地位的确立是历史和人民的选择。

二、重点搜索

重点1：毛泽东赴重庆谈判及其历史意义

（1）抗战胜利后，国共两党的地位发生了重大的变化。国民党在整个抗战时期，一直以执政党的身份周旋于国际事务间，发令于全国民众中。抗战的胜利，使它在国际上有一定的地位，在中国民众中尤其是在国统区民众中有相当的影响。在美国的支持下，执政的国民党与日伪合流，仍是强大而有力的。共产党在整个抗日战争中致力于抗日民族统一战线的建立、发展和巩固，并在抗战进入相持阶段后逐步成为抗战的中坚，从而扩大了它的国际影响，在中国民众中尤其是解放区民众中扩大了声望。特别是经过抗战的洗礼，不仅中国共产党本身日臻成熟，其领导的人民革命力量也得到了发展壮大。经过8年抗战，中国共产党已经发展成为拥有120万党员、政治上完全成熟的大党。因此，国共两党对中国的前途具有同样举足轻重的影响。

（2）在抗战过程中和胜利后，以各民主党派为代表的民主势力也得到重大发展。抗战胜利后，中国政治舞台上存在着国民党、共产党、各民主党派三种势力，他们提出了三种不同的建国主张。代表地主阶级和大资产阶级利益的国民党，想重新把中国拖回到半殖民地半封建的老路上去，建立一个大地主大资产阶级专政的国家；代表人民大众利益的中国共产党坚决要把中国引向光明，建立一个以无产阶级领导的工农联盟为基础的新民主主义国家；代表民族资产阶级利益、以民主同盟为首的各民主党派和无党派民主人士，希望中国走第三条道路，即建立一个资产阶级民主共和国。在当时的政治斗争中，虽然三大势力的三种主张之区别极其明显，但广大民众并不是一开始就认清了共产党的新民主主义道路的光明前途，也不是一开始就认清国民党的反动本性和民主党派的"第三条道路"在中国行不通。这种光明与黑暗、进步与落后的明确性，只能在当时复杂的斗争中得以展现，这就要求共产党人施展出高超的战略策略。

（3）民众的和平期待。抗战胜利后，中国广大人民热切希望实现和平、民主、为建设新中国而奋斗，人们强烈反对再打内战。然而，在国共两党的建国主张中，在走什么样的道路、建什么样的国家以及由谁来领导建国等问题上，并不是极其明确，尤其是在蒋介石对共产党和毛泽东进行肆意歪曲宣传的情况下，国统区民众对共产党的方针、政策以及毛泽东更是存在着许多片面的认识。可以说，当时舆论一致要求和平，全国上下密切注视着局势的动向，关注着国共两党的态度，稍有不慎，便会遭到舆论的谴责，进而将失去民心。

（4）蒋介石的内战阴谋。蒋介石邀请毛泽东赴重庆谈判，他估计有三种可能：一是毛泽东不敢来，这样他就可以欺骗国内外舆论，把发动内战的责任推到共产党身上；二是毛泽东来了，他在谈判桌上迫使共产党交出军队和政权，不战而胜；三是在要害问题上达不成协议，但可以拖住共产党，赢得准备内战的时间。蒋介石估计毛泽东不来的可能性大，因为他对张学良、杨虎城等人背信弃义，所做出的卑鄙行径，人们还没有忘记。因而，中共高级将领、解放区军民甚至国民党内的一些高层人士，出于安全考虑，几乎都反对毛泽东去重庆。

此时，毛泽东去不去重庆，已经成为当时国内外瞩目的极为尖锐、极为敏感的重大政治问题。毛泽东是位高瞻远瞩、深谋远虑的伟大领袖，尽管他对蒋介石的本性看得入木三分，也深知去重庆的危险性，但他更加深知广大民众迫切要求和平、民主、休养生息的愿望，更懂得揭开蒋介石伪和平、真内战的面目，展示共产党方针、政策和行为风采的重要性。因此，他决定冒风险亲自赴重庆和蒋介石谈判。

（5）毛泽东勇赴重庆谈判的非凡举动，赢得了国统区广大民众的认可。延安《解放日报》于1945年8月27日发表毛泽东将赴渝的消息，8月28日，国统区所有报纸都予以转发。1945年8月28日，毛泽东飞抵重庆，整个山城为之沸腾。重庆各界代表和各方面人士数百人齐集九龙坡机场迎接，人们都围上去向毛泽东挥手，有些国民党元老和民主党派人士感动得流下了眼泪。他们说：毛泽东一身系天下之安危，看到了毛泽东，就看到了中国的救星，看到了中国的希望。重庆无数工人、学生和市民，万人空巷，涌向街头。《新华日报》营业部门前挤满了人，至晚不散，民生路交通因此阻塞。

可以说，当时毛泽东以这一非凡的举动，在国统区中心重庆展现了中共领袖的风采和魅力。当民族面临生存危机和精神危机，当原有的政治权威蒋介石因搞内战不再能威慑人心时，人们在不由自主地期待着这样一位权威人物的降临：毛泽东的出现，使国统区人民看清了他们所期待的这样一位领袖人物，毛泽东以自己的人格力量赢得了国统区人民的拥护。

（6）赢得了政治上的主动。毛泽东赴重庆谈判极大地宣传了共产党的方针、政策，展现了共产党人追求和平、民主的诚意。在谈判过程中，毛泽东做出了必要的、以不伤害人民根本利益为前提的让步，促成了《政府与中共代表会谈纪要》（即《双十协定》）的签订，这更表明了中国共产党为达到和平、民主，合理地解决实际问题，协力建设独立、自由和富强的新中国的诚意。毛泽东赴重庆谈判世人有目共睹，共产党不是空喊口号，而是以实际行动争取和平、民主，这使共产党在政治上获得了极大的主动。

毛泽东赴重庆谈判打破了国民党在国统区制造的所有谎言和骗局，使国统区民众更看清了蒋介石的本质。毛泽东以实际行动击破了国民党说共产党不要和平、不要团结的谣言。毛泽东在重庆的43天时间里，不断接触实际、接近民众的做法，更是展现了共产党人良好的工作作风。

重点 2：资本主义的建国方案在中国行不通

在帝国主义时代，处于半殖民地半封建社会状态的中国，无法顺利走上资本主义的发展道路，资本主义的建国方案是行不通的。

（1）帝国主义不允许中国成为一个独立、富强的资本主义国家。近代中国是饱受帝国主义压迫的国家。从 1840 年鸦片战争以来，西方列强相继入侵中国，把中国逐渐变为殖民地、半殖民地国家。西方列强入侵中国，其目的不是要让中国成为一个独立、富强的资本主义国家，而是为了掠夺中国丰富的资源、奴役中国人民，从而发展本国的资本主义。一个政治上不独立、经济上附属于西方列强的地大物博、人口众多的半殖民地国家，是西方资本主义世界最合适的商品倾销市场、理想的资本输出对象和大量廉价原料、众多廉价劳动力的供应地。而要保持这一切，阻止中国通过革命性变革摆脱西方的控制是必需的。因此，西方国家既不愿意失去在中国已经获得的各种殖民主义利益，更不愿意看到中国通过变革成为其强有力的平等竞争对手。尽管中国的资产阶级革命派在革命过程中一再重申保护列强的在华利益，表现出向西方国家学习的虔诚态度，热烈地向西方列强表示友谊，但仍无法得到列强们的同情和支持。在他们眼中，只有忠实维护其利益的集团或个人，才是所谓的"中国合适的领导人"。袁世凯就是在帝国主义的支持下最终迫使革命党人让步，从而窃取了辛亥革命胜利果实的。在辛亥革命失败后资产阶级革命派的历次奋斗中，帝国主义的阻挠和反对也是无处不在。事实证明，要使中国摆脱半殖民地的弱国地位，成为一个独立的资本主义国家，就必须彻底地毫不妥协地进行反对帝国主义的斗争。否则，帝国主义列强势必会运用种种手段来扼杀近代中国革命性的变革，摧毁中国成为独立资本主义国家的一切可能性。

（2）中国民族资产阶级的软弱性是资本主义建国方案不能成功的根本原因。中国民族资本主义的发展一直非常曲折，它自产生之日起就受到外国资本的压迫、本国官僚和买办资本的排挤、军阀官僚政府的压榨，无法得到较为自由和充分的发展。在近代中国的国民经济中，个体农业经济占据十分明显的优势。资本主义经济在整个国民生产总值中只占很小的比例，其经济实力和政治影响力都十分有限。在民族资本主义经济中，商业资本和金融资本占的比重较大，轻工业有所发展，但重工业基础相对缺乏，不能构成一个较为完整独立的工业体系，因此不能不长期依赖于外国资本和本国官僚资本；中国民族资本的积累途径较为复杂，不少民族资本家是由官僚或买办转化而来，还有相当多的民族资本家前身就是地主，其资本积累源于地租剥削所得。有些地主在成为资本家后，仍占有大量土地，以传统的租佃方式剥削农民，成为地主兼资本家。他们与帝国主义和封建势力有着相当密切的关系。

中国民族资本主义上述状况决定了半殖民地半封建中国的民族资产阶级，是带有鲜明两重性的阶级。一方面，他们受帝国主义、本国的专制政治和封建主义的压迫和束缚，与帝国主义、本国封建势力之间有深刻的矛盾，因而是革命力量之一，并在近代中国的相当一段时期内成为革命的领导者；另一方面，由于他们在经济上同帝国主义列强和本国封建势力之间有着千丝万缕的联系，所以导致他们在政治上的软弱性，他们缺乏彻底地反帝反封建的勇气和力量。他们不能或不敢提出彻底的民主革命纲领；在革命过程中脱离人民群众，完全漠视农民阶级的利益和要求，因此无法得到人民群众对其革命的理解和支持；其内部组织涣散，难以形成坚强的领导核心；也一直没有建立强有力的饱含革命精神的独立武装力量，而更多的是依靠军阀们进行政治投机。民族资产阶级的软弱性和妥协性，决定了它不能领导中国的民主革命走向胜利，也不可能让中国顺利地走上资本主义发展道路，不可能在中国建立真正的资产阶级共和国。

（3）近代以来世界革命的发展潮流决定了中国将走上非资本主义的道路。世界历史进入20世纪，随着十月革命的胜利和世界形势的发展，世界革命进入到无产阶级社会主义革命的历史新阶段。作为世界社会主义革命的一部分，中国革命也必然将实现从旧的资产阶级民主主义革命向新的资产阶级民主主义革命的转换。而随着中国社会生产力的发展，中国工人阶级的成长壮大和阶级意识的成熟，无产阶级将取代资产阶级成为中国革命的领导者，成为新民主主义革命的领导阶级。以无产阶级为领导力量，以农民阶级为主力军，联合城市小资产阶级和民族资产阶级而进行的新民主主义革命，将彻底地打倒帝国主义、封建主义和官僚资本主义，使中国摆脱半殖民地半封建的地位，并逐步走向社会主义。

重点3：抗战胜利后中国时局的特点及中国共产党的对策

第二次世界大战后的国际形势发生急剧变化，世界和平、民主、民族解放和社会主义的力量成为不可阻挡的历史潮流。在国际关系方面，形成美苏对立的两极格局。第二次世界大战结束之初，美国从独霸世界的战略出发，力图控制中国，采取一方面帮助国民党确立全国的统治权力，另一方面鼓励国共和谈的政策，希望建立由国共两党及其他党派共同加入的以蒋介石为首的亲美联合政府，要求共产党向国民党妥协。同时，国共双方均有对客观情势和主观力量的考量。因此，就出现了蒋介石三次电邀、毛泽东亲赴重庆的历史图景和随后的政治协商会议。

（1）抗战胜利后的时局及特点。

第二次世界大战后，国际形势的发展变化和美苏的对华政策，给中国的战局带来了巨大的影响。

首先，战后帝国主义的力量被严重削弱，国际进步力量空前壮大。经过第二次世界大战，德、意、日法西斯被打败，英、法等国实力被严重削弱，资本主义国家的总体力量下降。唯独美国一枝独秀，经济和军事实力得到极大增强。社会主义的苏联进一步巩固；东欧和亚洲的部分国家开始建立人民民主制度；亚洲和非洲的民族解放运动波澜壮阔，旧的世界殖民主义体系日益瓦解；各资本主义国家的工人运动和人民斗争在新的历史条件下不断向前发展。世界民主力量的蓬勃发展，对各国反动势力是一种有力的制约，为中国人民解放事业的发展创造了有利条件。

其次，战后国际斗争的格局发生了重大变化。两个主要大国美苏之间由战时盟友转变成战后全球战略的战争对手。美苏对立成为国际格局的基本面貌，二者之间存在着严重而复杂的斗争。美国推行反苏反共、独霸世界的反革命战略。它凭借经济和军事优势，在世界各地设立军事基地，扶持各国反动派，干涉各国革命，特别是大力扶持联邦德国和日本，从而控制亚洲和遏制苏联，成为国际反动势力的中心。苏联同美国的全球战略相抗衡，极大地牵制了美国的力量。亚、非、拉日益高涨的民族解放斗争是一支重要的反帝反殖民力量。全世界和平、民主力量反对新的世界战争，国际形势的主流趋于和平。

大发战争横财的美国依仗其强大的经济和军事实力，积极向全球扩张，企图建立由美国主宰的世界秩序。1945年10月23日，美国总统杜鲁门在演讲中公开声称："美国的战斗力比历史上任何时候都强大，比世界上任何国家都强大"，负有"领导世界"的重大责任。但是战后的美国也面临着经济改组和士兵复员的困难，人民饱受战争之苦，反战情绪极为高涨，使其无法在世界大战刚结束时再动员人民支持对外用兵。因此，它在中国实行扶蒋反共的政策，一方面尽力用军事和经济援助的方法，帮助国民党政府尽可能地扩大统治范围；另一方面，敦促蒋介石用政治谈判的办法，诱逼中共交出军队和解放区政权，使共产党参加以蒋介石为首的经过"改组"的联合政府，并希望这个政权成为亲美政权，以保证美国在亚洲的主宰地位，遏制苏联在远东的影响。

战后的苏联作为社会主义的中坚力量，在全球范围与美帝国主义侵略政策相抗衡，极大地牵制了美国的力量，这对世界各国人民和中国人民的革命斗争是有利的。苏联在抗战胜利时同国民党政府签订了《中苏友好同盟条约》和几个协定，国民党政府同意恢复苏联1904年前沙皇俄国在东北的特权，苏联政府则承诺支持蒋介石统一中国。1945年8月22日，斯大林还致电毛泽东，说如果打内战中华民族就有灭亡的危险，反对中国共产党领导的人民革命力量在国民党发动内战时自卫。苏联当时过高地估计了美国支持国民党的力量，过低地估计了中国共产党领导的人民革命力量，认为中国共产党不可能领导中国走向统一，因而希望中国在蒋介石的领导下实现统一。苏联的这种态度给中国人民的革命带来了一定的困难。但是在美国和蒋介石勾结严重威胁着苏联在中国东北的利益的情况下，苏联在中国东北给中国革命力量以尽可能的支持和援助，促进了中国革命力量在东北的发展。

中国人民经过八年艰苦卓绝的浴血奋战，终于迎来了胜利的曙光。这也是中华民族经历了一百多年备受外国列强侵凌和压迫的岁月后，第一次取得完全胜利的民族解放战争。人民迫切需要一个和平安定的环境，休养生息，重建家园。中国共产党从人民的这一根本愿望出发，主张团结一切爱国民主力量，把中国建成为独立、自由、民主、统一、富强的国家。与此相反，国民党统治集团则企图垄断抗战胜利的果实，依靠美国政府的庇护，在中国继续维持国民党一党专政的统治。

在国内，中国共产党领导的人民力量在抗战胜利时已有了很大发展。中国共产党已成为拥有120多万党员的大党，抗日根据地的面积达到近100万平方公里，人口近1亿，人民军队发展到120余万人，民兵发展到220万人。广大人民经过锻炼，思想觉悟和组织程度也得到了极大的提高。中国共产党力争避免内战，希望通过和平道路来建设一个新中国。1945年8月25日，中共中央发表《对目前时局的宣言》。宣言指出，我全民族面前的重大任务是：巩固国内团结，保证国内和平，实现民主，改善民生，以便在和平民主团结的基础上，实现全国的统一，建设独立自由与富强的新中国。

在国统区的民主党派为抗战的胜利所鼓舞，纷纷提出各自的政治主张。中国民主同盟于1945年10月在重庆召开临时全国代表大会，主张在中国建立适合中国国情的民主制度；主张召开政治协商会议，成立全国一致的民主联合政府。三民同志会和中国（国民党）民主促进会都要求"国民党应立即自动结束党治"，并坚决反对内战。由部分爱国的民族工商业者和知识分子组成的中国民主建国会（简称"民建"）于1945年12月16日成立。民建在政治上主张民主建国，和平统一；经济上主张"人民须有充分经营企业之自由""国家必须以全力培养资本，而不应以节制资本的名义消灭资本""用和平合理的手段解决土地问题，以解决农民痛苦，并扫除工业化的障碍"。这些经济主张反映了民族工商业者反对国家垄断资本，保护和发展民营企业的要求。

但是，国民党统治集团却坚持在国内继续推行独裁和内战的方针，妄图把中国拖回到法西斯的老路上去。日本刚宣布投降，蒋介石就急于抢夺抗战胜利的果实，垄断受降权。1948年8月11日，蒋介石同时发出三道命令：一是命令解放区人民军队"就地驻防待命"，不得向敌伪"擅自行动"；二是命令嫡系部队"积极推进""勿稍松懈"；三是命令伪军"负责维持地方治安"，阻止人民军队受降。美国也极力扶持国民党反动派，企图通过国民党实现其控制中国的目的。美国政府不仅命令中国战区的日本军队只能向国民党投降，还出动大批飞机、军舰把国民党军队从西南运到华北、华东和东北等地，甚至直接在中国沿海登陆，帮助蒋介石抢占战略要地。但是蒋介石无法立即发动内战，因为国内人民的强烈反战情绪及迫切的和平愿望必然使其在政治上陷于被动，国际上美、英、苏三国也不赞成中国发生内战，国民党军队的内战部署也尚未完成。这些因素又给国内实现和平带来了一丝希望。

综上所述，抗日战争胜利后，中国国内的阶级关系发生了重大变化。各派政治力量围绕把中国建成一个什么样的国家提出了不同的看法。共产党要努力争取建立无产阶级领导的人民民主专政的新民主主义国家；反映民族资产阶级及其知识分子政治要求的各民主党派则幻想在中国建立一个资产阶级专政的资产阶级共和国；而国民党却是要恢复和巩固大地主大资产阶级专政的国家。这种阶级关系的变化说明：随着抗日战争的胜利，中华民族同日本帝国主义的矛盾已经解决，以美国政府支持下的蒋介石集团为代表的大地主大资产阶级同以中国共产党为代表的人民大众之间的矛盾，已成为中国社会的主要矛盾。在这样的情况下，以和谈为主的局面，成为时局的特点。

（2）中国共产党一手争取和平民主，一手准备自卫战争。

根据对战后时局的分析，1945年8月15日，毛泽东在延安干部会议上作了《抗日战争胜利后的时局和我们的方针》的演讲："从整个形势看来，抗日战争的阶段过去了，新的情况和任务是国内斗争。蒋介石说要'建国'，今后就是建什么国的斗争。是建立一个无产阶级领导的人民大众的新民主主义的国家呢，还是建立一个大地主大资产阶级专政的半殖民地半封建的国家？这将是一场很复杂的斗争。"演讲科学地预测了抗战胜利后时局发展的走向，提出了党的争取和平和准备战争的以革命的两手对付反革命的两手的方针。8月25日，中共中央发表对时局的宣言，明确提出和平、民主、团结的三大口号。

抗日战争胜利以后，中国广大人民热切希望实现和平、民主。战后的政治形势，总的说来，对中国人民建设新中国的目标是有利的。中国在这一次有成为独立、自由、民主、统一、富强的中国之可能性，为近百年来、五四运动以来、共产党成立以来所仅有。但是，通向新中国的道路仍然是崎岖、曲折的。国民党统治集团作为大地主大资产阶级的政治代表，其根本目标是使中国恢复到战前的状态，即坚持蒋介石的独裁统治，继续走半殖民地半封建社会的老路。而中国共产党及其领导的人民革命力量的存在和发展,是其实现上述目标的主要障碍。在抗战的中、后期,蒋介石就开始采取避战观战的手段,以便保存实力。抗战刚刚胜利,中国就面临着内战的危险。同时,以武力消灭共产党及其领导的人民军队和解放区政权,是蒋介石的既定方针。由于全国人民强烈要求和平、反对内战,由于国民党的军队大部分远在西南、西北后方,要把他们运往内战前线、完成内战部署需要相当长的时间,由于国际上苏联、美国等都希望中国能够实行和平建国,因此,蒋介石在积极准备内战的同时,又表示愿意与中共进行和平谈判。其目的,一是以此敷衍国内外舆论,掩盖其正在进行的内战准备;二是诱使中共交出人民军队和解放区政权,以期不战而控制全中国;三是如果谈判不成,即放手发动内战,并把战争责任转嫁给中共。并且,国民党政府的反共方针得到了美国政府的支持。美国在中国追求的长期目标,在于推动建立一个统一的亲美政府,其短期目标,首先是"避免共产党完全控制中国"。

为建设新中国而奋斗,这是中国人民的根本利益所在。但是怎样去实现这个目标呢?中国共产党曾经希望通过和平的途径对中国进行政治社会的改革,逐步向新中国这个目标迈进。因为,中国人民在经历了长期的战争之后,有和平建国的强烈要求,中国共产党应当充分考虑人民群众的这种愿望。同时,由于人民力量的强大,加上其他条件,中国共产党估计,促成国共两党合作(加上民主同盟等)、和平发展的新阶段的可能性是存在的。中国共产党应该努力争取在中国出现这种局面。

为了争取和平民主,毛泽东不顾个人安危,于1945年8月28日偕周恩来、王若飞赴重庆与国民党当局进行谈判。10月10日,双方签署《政府与中共代表会谈纪要》,即"双十协定",确认和平建国的基本方针,同意"长期合作,坚决避免内战"。

1946年1月10日,国共双方下达停战令。同一天,政治协商会议在重庆开幕,出席会议的有国民党、共产党、民主同盟、青年党和无党派人士的代表38人。以周恩来为首的中共代表团与民主同盟等民主党派和无党派人士的代表密切合作,同国民党当局认真协商,推动政治协商会议达成五项决议。

关于国家的政治体制,政治决议规定,改组国民党一党政府,成立政府委员会为最高国务机关,委员的一半由国民党以外的人士充任。改组后的政府为从结束国民党的"训政"到实现宪政的过渡时期的政府,负有召集国民大会、制定宪法的任务。会议通过的宪法草案规定,立法院为相当于议会的最高国家立法机关,由选民直接选举产生;行政院为最高行政机关,并对立法院负责;立法院对行政院全体不信任时,行政院或辞职或提请总统解散立法院。中央政权的这种体制相当于英国、法国的议会制和内阁制。这对蒋介石的独裁政体是一种限制。宪法草案又规定,中央同地方分权,省为地方自治的最高单位,省长民选,省可以制定省宪,等等。这对于解放区民主政权的存在也提供了一种可能的保障。

政协的上述协议及其他协议,还不是新民主主义性质的,但它有利于冲破蒋介石的独裁统治和实行民主政治,有利于和平建国,因而在相当大的程度上是有利于人民的。它激起了亿万善良的中国人对于实现和平、民主、团结、统一的热烈期望。协议较多地吸收了中间人士的意见,这使他们尤其感到振奋。在一个时期内,是否忠实履行政协协议,成了人们衡量政治是非的重要尺度。

中国共产党争取和平民主的努力，尽管最终未能阻止全面内战的爆发，但是，它使得各界群众增强了对中国共产党的了解，懂得了什么人应当对这场战争负责。这是政治上的一个重大胜利。中共代表团在返回延安时，代表团成员李维汉在当天的日记中写道："国共谈判破裂了，但我党满载人心归去。"这是完全符合事实的。同时，经过努力，中国人民毕竟争得了将近一年的和平的暂息时间。这也为扩大和巩固解放区，做好进行自卫战争的准备提供了有利的条件。

中国共产党是决心严格履行政协协议的。在政协召开时，毛泽东指出：中国和平民主新阶段，即将从此开始。全党为巩固国内和平，实现民主改革，建立新中国而奋斗。政协闭幕的第二天，中共中央发出党内指示，指出：从此中国即走上了和平民主建设的新阶段，中国革命的主要斗争形势，目前已由武装斗争转变为非武装斗争的群众的与议会的斗争，国内问题由政治方式解决。党的全部工作，必须适应这一形势。全党要准备为坚决实现（政协的）这些决议而奋斗。同时中共中央也指出，英美和中国大资产阶级还有许多阴谋，中国民主化的道路依然是曲折的、长期的。因此，必须提高警惕，注意阵地的取得和保持，并做好自卫战争的准备，而练兵、减租与生产是目前解放区的三件中心工作。

面对国民党集团企图挑起全面内战的种种举措，中国共产党决定放手发动群众，大力巩固解放区，做好粉碎国民党进攻的准备。正如毛泽东所说："我们解放区有一万万人民，一百万军队、两百万民兵，这个力量，任何人也不敢小视。我们党在国内政治生活中所处的地位，已经不是一九二七年时候的情况了，也不是一九三七年时候的情况了。国民党从来不肯承认共产党的平等地位，现在只好承认了。我们解放区的工作，已经影响到全中国、全世界了。"中共中央在积极维护停战协议的同时，要求各解放区军民坚持自卫原则，有理、有利、有节地给敌军以坚决打击，保卫解放区。

重点4：人民为什么抛弃国民党、选择共产党？

国民党是大地主大资产阶级的政党，是大地主大资产阶级利益的代表者。国民党发动的战争，"是一个在美帝国主义指挥之下的反对中国民族独立和人民解放的反革命战争"。必然为人民所反对。中国共产党是中国工人阶级的先锋队，是中华民族和中国人民根本利益的代表者。中国共产党领导的人民解放战争"具有爱国的正义的革命的性质"，必然要获得全国人民的拥护。这就是全国解放战争为什么胜利发展，人民为什么抛弃国民党、选择共产党的根本原因。

抗日战争胜利后，国民党政权表面上是很强大的。它有430万军队，在美国支持下，接收了侵华日军128万人的武装，还用美国新式武器装备了它的50万军队，其军事力量得到了很大的加强。由于蒋介石集团在八年抗战中没有脱离抗日营垒，收复区（原日本沦陷区）的许多人是对它抱有希望的。但是，为什么战后四年间国民党政权就迅速灭亡，人民为什么要抛弃国民党、选择共产党呢？

（1）国民党违背全国人民迫切要求和平、民主的意愿，执行反人民的内战政策，这使它迅速失去民心；中国共产党始终考虑到广大人民对和平、民主的强烈愿望，一直努力争取和平民主，曾经希望通过和平的途径对中国进行政治社会的改革，逐步向新中国这个目标迈进。中国共产党争取和平民主的努力，使得人民懂得了什么人应当对这场战争承担责任,并把自己的同情和支持给予了中国共产党及其领导的革命力量。

(2) 国民党政府和官员们贪污腐败,大发国难财、胜利财;中国共产党及其领导的革命队伍清正廉洁,绝大部分共产党人都是为革命献身、为人民服务的忠诚志士。

在抗战胜利时曾经对国民党抱有很大期望的原沦陷区人民,也很快对它感到极端的失望。一个重要的原因,就是国民党政府派出的官员到原沦陷区接收时,把接收变成"劫收"。不少国民党政府派往各地的"接收"大员,崇洋媚外,贪赃枉法。他们"捧西洋""爱东洋""要现洋"(人们称之为"三洋开泰"),竞相抢掠黄金、洋房、汽车、衣料、美女(百姓称之为"五子登科")。在老百姓中流传"盼中央,望中央,中央来了更遭殃""天上来,地下来,就是老百姓活不来"的民谣。一名国民党官员也向蒋介石进言:"像这样下去,我们虽已收复了国土,但我们将丧失人心。"其结果将使政府"基础动摇,在一片胜利声中,早已埋下了一颗失败的定时炸弹"。巨额敌伪资产转归官僚资本集团控制的部门占有,其中很大部分被官员个人侵吞。以蒋、宋、孔、陈四大家族为代表的官僚资产阶级,其官僚资本迅速膨胀到100亿~200亿美元左右。抗战前夕,四大家族官僚资本在全国工业中仅占10%,抗战后期增长到50%;到1946年年底,四大家族的官僚资本已占全国工业资本总额的70%。

中国共产党及其领导的解放区则完全是另一番景象。从毛泽东到一般共产党员都能够严格要求自己,发扬艰苦奋斗精神,努力实践全心全意为人民服务的宗旨。解放区基本上没有贪污腐败现象。当时就盛传革命圣地延安十没有:一没有贪官污吏,二没有土豪劣绅,三没有赌博,四没有娼妓,五没有小老婆,六没有叫花子,七没有结党营私之徒,八没有萎靡不振之风,九没有人吃摩擦饭,十没有人发国难财。"解放区的天是明朗的天,解放区的人民好喜欢。"这是对中国共产党领导的解放区的真实写照,与国民党统治区的严重贪污腐败现象形成了鲜明对照。

(3) 国民党坚持独裁统治,拒绝实施社会改革,对广大人民横征暴敛;中国共产党代表全国人民的利益,在解放区广泛实行了民主,而且实行了轰轰烈烈的土地改革运动和其他改革。

为了筹措内战经费,国民党政府除了对人民征收苛重的捐税以外,更无限制地发行纸币。而恶性通货膨胀引起物价飞涨。从抗战前到抗战后,物价上涨了1800倍,到1947年7月,涨了60000倍。1937年6月到1948年8月,法币发行量增加470704倍,物价指数上涨7255862倍。法币的购买力逐年大幅度下降,据美联社1947年7月24日电讯,法币"100元在1937年——可买2头牛,1938年——1头牛,1941年——1只猪,1943年——1只鸡,1945年——1条鱼,1946年——1个鸡蛋,1947年——1/3盒洋火,1948年——只有天知道能买什么"。恶性的通货膨胀和物价飞涨,使得广大人民一次又一次地遭到洗劫,他们挣扎在死亡线上,对国民党从失望走向绝望。

农民问题是中国革命的中心问题,而农民问题,首要的是土地问题。毛泽东指出:"土地制度的彻底改革,是现阶段中国革命的一项基本任务。如果我们能够普遍地彻底地解决土地问题,我们就获得了足以战胜一切敌人的最基本的条件。"中国共产党为了广大农民的利益,坚决地实行土地改革运动,使大量无地或少地的农民分得了土地,从根本上赢得了广大农民的衷心拥护。

中国共产党在城市实行依靠工人阶级、小资产阶级和进步分子,并注意团结民族资产阶级及其他中间分子,形成反对美蒋反动派的广泛的统一战线。在城市工作中,中国共产党全心全意依靠工人阶级,千方百计地解决工人的各种困难。同时,坚决实行保护民族工商业的政策,使民族经济得到了较好的发展。这样,中国共产党就得到了包括民族工商业者在内的广大中国人民的支持。

(4) 国民党进行的战争得到了美帝国主义的支持,具有明显的反民族的性质。国民党政府不仅不敢反对帝国主义,而且严重依附美帝国主义,损害中国主权与尊严;中国共产党为了维护中华民族的根本利益,敢于坚决反对帝国主义,反对美国在战后把中国殖民地化,反对国民党出卖中国利益,坚决维护中国主权与尊严。美国政府是蒋介石的主要支持者。没有美国大量的经济和军事援助,蒋介石不敢发动这一场战争。作为接受美国援助的交换条件,国民党当局多方为美国侵略势力深入中国提供条件,它还为此与美国政府签订了一系列公开或秘密的丧权辱国的条约或协定。1946年4月,国民党政府颁布新《公司法》,承认外国公司在华享有与中国公司同等的权利,从而使美国资本在中国可以不受任何限制地投向一切轻重工业部门。1946年11月,国民党当局与美国政府又签订《中美友好通商航海条约》,更规定美国人有"在中国领土全境内居住、旅行及经商"的权利,美国船舶可以在中国开放之任何口岸、地方或水域内自由地航行,可以不受限制地在几个口岸停泊。条约表面上规定"互惠",实际上中国人不可能去美国享受这种权利,所以这种规定仅仅是保证美国人在中国片面享有种种特权。

凭借在中国取得的特权,美国商品如潮水般涌入中国市场并形成独占地位。通过"援助"和直接投资,美国资本几乎独占了中国投资市场。在全部外国在华资本中,美国资本占到80%,当时的上海百货公司货架上竟然80%是美国货。这种情况给本来就脆弱的中国民族资本主义经济以毁灭性的打击。

战后的国民党统治区,已经形同美国的殖民地。驻华美军以占领者的姿态公然在中国土地上滥施横暴。据不完全统计,从1945年8月至1946年11月,在上海、南京、北平、天津、青岛五市发生的美军暴行,至少有3800起,中国人民被害死伤者在3300人以上。事实教育了人民,原本对美国有好感的许多人,也逐步认清了美国支持国民党打内战的本质。

(5) 中国共产党曾经希望战后能在平等的基础上同美国发展关系,毛泽东还对美国驻华使馆人员说过,为了弄清美国的对华政策,他甚至愿意亲自去一趟华盛顿。中国共产党也曾告诫美、英政府,"不要使自己的外交政策违反中国人民的意志,因而损害同中国人民的友谊"。当美国政府无视中国人民的警告,成为蒋介石内战政策的实际支持者的时候,中国共产党为了争取民族独立和人民解放,就毫不犹豫地对美帝国主义进行坚决的揭露和斗争。

中国共产党坚决反对美国实施的"扶蒋反共"政策,也坚决反对帝国主义侵略中国,并对任何帝国主义可能对中国革命的武装干涉作了相应的准备。以毛泽东为代表的中国共产党人是从来不怕任何帝国主义者的。一位美国人对毛泽东说:"你们要听一听美国人的话,否则,美国会给蒋介石撑腰。"毛泽东说:"你们爱撑蒋介石的腰就撑,不过,要记住一条,中国是什么人的中国?中国绝不是蒋介石的,中国是中国人民的。总有一天你们会撑不下去!"毛泽东的回答有力地表达了中国共产党人不畏强暴的浩然正气和高度的民族自尊心、自信心。1949年4月20日、21日,英国的"紫石英号"等4艘军舰侵入中国内河——长江,并开炮打死、打伤人民解放军200余人,企图阻止人民解放军过长江。我军坚决反击,结果打伤英国的"紫石英号"军舰。中国军队打伤大英帝国的军舰,震动了英伦三岛。英国首相艾德礼和前首相丘吉尔都发表威胁性的讲话,甚至说要派航空母舰到中国来报复。为此,中国人民解放军总部发表声明,指出"中国的领土主权,中国人民必须保卫,决不允许外国政府来侵犯"。声明表达了中国人民为维护国家主权和民族尊严的坚强决心,表明中国人民不怕任何威胁。它表明,自鸦片战争以来外国侵略者依靠船坚炮利在中国领土上横行不法的时代一去不复返了。中国人民从中国共产党人敢于坚决反对侵略的身上看到了中国的未来与希望。

由此可见,国民党政权的垮台是不可避免的。这一点,连它的主要支持者美国当局也不能不承认。美国国务卿艾奇逊在给总统杜鲁门的信中无可奈何地说:"中国内战的不祥结局超出美国政府控制的能力,这是不幸的事,却也是无可避免的。""这是中国内部各种力量的产物,我国曾经设法去左右这些力量,但是没有效果。"担任过北京大学校长、在国民党政府中做过教育部长和副秘书长的蒋梦麟,在1950年向美国国务院人士谈中国问题时说:中国国民党过去领导了一场政治革命(指辛亥革命推翻帝制、建立共和),但是没有认识到中国正在进行一场社会革命。共产党认识到了这一点,并且抓住了这场革命的领导权。所以,他认为美国无论怎样做,最多能推迟国民党的失败,却不能改变其结果。

自古以来,"失民心者失天下","得民心者得天下"。国民党的失败与共产党的胜利再次证明了这个道理。

重点5:人民解放战争是爱国的正义的革命战争

1946年至1949年,中国共产党领导人民进行的全国解放战争,是一场爱国的正义的革命战争。

(1)抗战胜利后,美帝国主义企图代替日本帝国主义,在中国取得独占的地位。为此,它采取一切可能的手段来削弱以至消灭坚决维护中华民族独立的人民革命力量,以便在中国维持一个亲美的政权。蒋介石所进行的战争,正是适应了美帝国主义的这种需要,具有明显的反人民性质。

美国政府是蒋介石的主要支持者。没有美国大量的军事和经济援助,蒋介石不敢发动内战。作为接受美国援助的交换条件,国民党当局多次为美国侵略势力深入中国提供便利,它还与美国政府签订了一系列公开或秘密的丧权辱国的条约或协定。

(2)国民党的反动统治是以封建势力作为自己的社会支柱的。在近代中国的经济生活中,占优势地位的是封建经济。封建剥削制度是以地主占有土地,剥削农民的剩余劳动乃至必要劳动为前提的。在近代中国,占农村人口不到10%的地主和富农,占有全国70%~80%的土地,而占农村人口90%以上的贫农、雇农、中农及其他人民,共同占有土地20%~30%。以地主土地所有制为基础的封建剥削制度,是中国最广大的劳动群众——农民遭受苦难的根源,是中国现代化、民主化的主要障碍。国民党发动战争以维护半殖民地半封建的旧中国,这就意味着它力图使中国广大农民继续受封建势力的压迫和剥削,并且阻碍中国走向现代化和民主化。正是这一点，突出地显示了它所进行的这场战争所具有的反人民、反民主的性质。

为了进行这场反人民战争，国民党统治集团在农村征收苛重的田赋和各种捐税。与此相反，中国共产党领导的战争是一场反帝反封建的革命战争，其目的是为了铲除农村的封建势力，普遍地彻底地解决农民的土地问题。

（3）以蒋、宋、孔、陈四大家族为首的官僚资本，是蒋介石反动政权的经济基础。它集中了巨额的财产，垄断了全国的经济命脉。它是与反动的国家政权结合在一起的，是同外国帝国主义、本国地主阶级和旧式富农密切地结合着的，是买办的封建的国家垄断资本主义。掌握官僚资本的官僚资产阶级即中国的大资产阶级，是控制蒋介石反动政权的主要阶级。蒋介石进行反人民战争的目的，是为了维护这个阶级的利益，维护官僚资本在社会经济中的垄断地位。

蒋介石以战争的手段来维护腐朽的生产关系，他发动内战的反动性质是显而易见的。与此相反，中国共产党把没收官僚资本归新民主主义的国家所有，确定为新民主主义革命的基本任务之一。党所领导的人民解放战争的胜利发展，将从根本上摧毁官僚资本的统治，从而也就为工农业生产的发展、民族工商业的繁荣创造了前提。从这里，也可以明显地看到人民解放战争正义的、进步的、革命的性质。

综上所述，抗战胜利后中国发生的内战，对于国民党统治集团来说，是为了维护帝国主义、封建主义、官僚资本主义的利益，是为了维护半殖民地半封建的旧中国；对于中国共产党来说，则是为了反对帝国主义、封建主义、官僚资本主义，是为了建设新民主主义的中国。正因为如此，人民解放战争的胜利发展，同反动政权的崩溃和人民政权的建立、同旧制度的灭亡和新制度的诞生，是同一个过程。也正是这一点，从根本上决定了国民党必败、共产党领导的人民革命力量必然胜利。

三、深度阅读

阅读1：《中国土地法大纲》

写作背景：

1947年6月，人民解放军转入战略进攻，形势要求解放区更加普遍深入开展土地改革运动，以便进一步调动广大人民的革命和生产积极性，使正在胜利发展的解放战争获得源源不断的人力和物力支持。1947年9月，中国共产党在河北省平山县西柏坡举行全国土地会议，于9月13日通过了《中国土地法大纲》，于同年10月10日由中共中央公布。这份文件不但肯定了1946年《五四指示》所提出的"没收地主土地分配给农民"的原则，而且改正了《五四指示》中对某些地主照顾过多的不彻底性。

原著节选：

第一条

废除封建性及半封建性剥削的土地制度，实行耕者有其田的土地制度。

第二条

废除一切地主的土地所有权。

第三条

废除一切祠堂、庙宇、寺院、学校、机关及团体的土地所有权。

第四条

废除一切乡村中在土地制度改革以前的债务。（中共中央注：本条所称应予废除之债务，系指土地改革前劳动人民所欠地主富农高利贷者的高利贷债务。）

第五条

乡村农民大会及其选出的委员会，乡村无地少地的农民所组织的贫农团大会及其选出的委员会，区、县、省等级农民代表大会及其选出的委员会为改革土地制度的合法执行机关。

第六条

除本法第九条乙项所规定者外，乡村中一切地主的土地及公地，由乡村农会接收，连同乡村中其他一切土地，按乡村全部人口，不分男女老幼，统一平均分配，在土地数量上抽多补少，质量上抽肥补瘦，使全乡村人民均获得同等的土地，并归各人所有。（中共中央注：在平分土地时应注意中农的意见，如果中农不同意则应向中农让步，并容许中农保有比较一般贫农所得土地的平均水平为高的土地量。在老区半老区平分土地时，应按照一九四八年二月二十二日中共中央关于在老区半老区进行土地改革工作与整党工作的指示进行。）

第七条

土地分配，以乡或等于乡的行政村为单位，但区或县农会得在各乡或等于乡的各行政村之间，作某些必要的调剂。在地广人稀地区，为便于耕种起见，得以乡以下的较小单位分配土地。

第八条

乡村农会接收地主的牲畜、农具、房屋、粮食及其他财产，并征收富农的上述财产的多余部分分给缺乏这些财产的农民及其他贫民，并分给地主同样的一份。分给各人的财产归本人所有，使全乡村人民均获得适当的生产资料及生活资料。

第九条

若干特殊的土地及财产之处理办法，规定如下：

（甲）山林、水利、芦苇地、果园、池塘、荒地及其他可分土地，按普通土地的标准分配之。

（乙）大森林、大水利工程、大矿山、大牧场、大荒地及湖沼等，归政府管理。

（丙）名胜古迹，应妥为保护。被接收的有历史价值或学术价值的特殊的图书、古物、美术品等，应开具清单，呈交各地高级政府处理。

（丁）军火武器及满足农民需要后余下的大宗货币、资财、粮食等物，应开具清单，呈交各地高级政府处理。

第十条

土地分配中的若干特殊问题之处理办法，规定如下：

（甲）只有一口或两口人的贫苦农民，得由乡村农民大会酌量分给等于两口或三口人的土地。

（乙）一般的乡村工人、自由职业者及其家庭，分给与农民同样的土地，但其职业足以经常维持生活费用之全部或大部者，不分土地，或分给部分土地，由乡村农民大会及其委员会酌量处理。

（丙）家居乡村的一切人民解放军、民主政府及人民团体的人员，其本人及其家庭，分给与农民同样的土地及财产。

（丁）地主及其家庭，分给与农民同样的土地及财产。

（戊）家居乡村的国民党军队官兵、国民党政府官员、国民党党员及敌方其他人员，其家庭分给与农民同样的土地及财产。

（己）汉奸、卖国贼及内战罪犯，其本人不得分给土地及财产。其家庭在乡村、未参与犯罪行为，并愿自己耕种者，分给与农民同样的土地及财产。

第十一条

分配给人民的土地，由政府发给土地所有证，并承认其自由经营、买卖及在特定条件下出租的权利。土地制度改革以前的土地契约及债约，一律缴销。

第十二条

保护工商业者的财产及其合法的营业，不受侵犯。

第十三条

为贯彻土地改革的实施，对于一切违抗或破坏本法的罪犯，应组织人民法庭予以审判及处分，人民法庭由农民大会或农民代表会所选举及由政府所委派的人员组成之。

第十四条

在土地制度改革期间，为保持土地改革的秩序及保护人民的财富，应由乡村农民大会或其委员会指定人员，经过一定手续，采取必要措施，负责接收、登记，清理及保管一切转移的土地及财产，防止破坏、损失、浪费及舞弊。农会应禁止任何人为着妨碍公平分配之目的而任意宰杀牲畜，砍伐树木，破坏农具、水利、建筑物、农作物或其他物品，及进行偷窃、强占、私下赠送、隐瞒、埋藏、分散、贩卖这些物品的行为。违者应受人民法庭的审判及处分。

第十五条

为保证土地改革中一切措施符合于绝大多数人民的利益及意志，政府负责切实保障人民的民主权利，保障农民及其代表有全权得在各种会议上自由批评及弹劾各方各级的一切干部，有全权得在各种相当会议上自由撤换及选举政府及农民团体中的一切干部。侵犯上述人民民主权利者，应受人民法庭的审判及处分。

第十六条

在本法公布以前土地业已平均分配的地区，如农民不要求重分时，可不重分。

原著解析：

《中国土地法大纲》在解放区的实施，是中国几千年历史上一次翻天覆地的社会大变革，它从根本上废除了中国大地上盘根错节的封建制度的根基，使长期遭受地主阶级残酷压迫的农民翻身做了主人，获得了主要的生产资料——土地，从而免于将生产的大部分以地租的形式供给地主做不生产的消耗，而用于扩大再生产；使农民的生产积极性空前提高，改良耕法、土壤，进一步组织劳动互助，自由发展农业，发展生产力。同时，毛泽东在《论联合政府》中指出："农民——这是中国工人的前身。将来还要有几千万农民进入城市，进入工厂。"农民又是中国工业市场的主体，只有他们能够提供最丰富的原料，并吸收大量的工业品。土地改革使解放区农村走向经济富裕、文化发达，并为工业提供原料，开拓市场，这就为工业化的发展创立了前提条件。

阅读2：《和美国记者安娜·路易斯·斯特朗的谈话》

写作背景：

1946年6月底，国民党以大举进攻中原解放区为起点，挑起了全国性的内战。全面内战爆发时，中国共产党面临的形势是极为严峻的，与国民党相比，在经济、军事、财政等方面处于明显的劣势。

面对国民党气势汹汹的进攻，毛泽东坚定地指出：我们能够打败蒋介石。这是因为，蒋介石军事力量的优势和美国的援助，只是临时起作用的因素；而蒋介石发动的战争的反人民性质，人心的向背，则是经常起作用的因素，在这方面，我们占着优势。人民解放战争所具有的爱国的正义的革命的性质，必然要获得全国人民的拥护，因而必然会取得胜利。1946年8月，在与美国记者安娜·路易斯·斯特朗的谈话中，毛泽东提出了"一切反动派都是纸老虎"的著名论断。

原著节选：

斯特朗问：你觉得中国的问题，在不久的将来，有政治解决、和平解决的希望没有？

毛答：这要看美国政府的态度。如果美国人民拖住了帮助蒋介石打内战的美国反动派的手的话，和平是有希望的。

问：如果美国除了它所已经给的以外不再帮助了，那么蒋介石还可以打多久？

答：一年以上。

问：蒋介石在经济上可能支持那样久吗？

答：可以的。

问：如果美国说明此后不再给蒋介石以什么帮助了呢？

答：在现时还没有什么征象，表示美国政府和蒋介石有任何在短时期内停止战争的愿望。

问：共产党能支持多久？

答：就我们自己的愿望说，我们连一天也不愿意打。但是如果形势迫使我们不得不打的话，我们是能够一直打到底的。

问：如果美国人民问到共产党为什么作战，我该怎样回答呢？

答：因为蒋介石要屠杀中国人民，人民要生存就必须自卫。这是美国人民所能够理解的。

……

问：这是一个很好的说明。但是如果美国使用原子炸弹呢？如果美国从冰岛、冲绳岛以及中国的基地轰炸苏联呢？

答：原子弹是美国反动派用来吓人的一只纸老虎，看样子可怕，实际上并不可怕。当然，原子弹是一种大规模屠杀的武器，但是决定战争胜败的是人民，而不是一两件新式武器。

一切反动派都是纸老虎。看起来，反动派的样子是可怕的，但是实际上并没有什么了不起的力量。从长远的观点看问题，真正强大的力量不是属于反动派，而是属于人民。在一九一七年俄国二月革命以前，俄国国内究竟哪一方面拥有真正的力量呢？从表面上看，当时的沙皇是有力量的；但是二月革命的一阵风，就把沙皇吹走了。归根结底，俄国的力量是在工农兵苏维埃这方面。沙皇不过是一只纸老虎。希特勒不是曾经被人们看作很有力量的吗？但是历史证明了他是一只纸老虎。墨索里尼也是如此，日本帝国主义也是如此。相反的，苏联以及各国爱好民主自由的人民的力量，却是比人们所预料的强大得多。

蒋介石和他的支持者美国反动派也都是纸老虎。提起美国帝国主义，人们似乎觉得它是强大得不得了的，中国的反动派正在拿美国的"强大"来吓唬中国人民。但是美国反动派也将要同一切历史上的反动派一样，被证明为并没有什么力量。在美国，另有一类人是真正有力量的，这就是美国人民。

拿中国的情形来说，我们所依靠的不过是小米加步枪，但是历史最后将证明，这小米加步枪比蒋介石的飞机加坦克还要强些。虽然在中国人民面前还存在着许多困难，中国人民在美国帝国主义和中国反动派的联合进攻之下，将要受到长时间的苦难，但是这些反动派总有一天要失败，我们总有一天要胜利。这原因不是别的，就在于反动派代表反动，而我们代表进步。

原著解析：

这是毛泽东在中国抗日战争和世界反法西斯战争结束不久，关于国际形势和国内形势的一篇很重要的谈话。在这篇谈话里，毛泽东提出了"一切反动派都是纸老虎"的著名论点。这个论点，在思想上武装了中国人民，加强了中国人民的胜利信心，在人民解放战争中起了极其伟大的作用。同列宁把帝国主义比作"泥足巨人"一样，毛泽东把帝国主义和一切反动派看作纸老虎，都是从它们的本质说的。这是革命人民的一个根本战略思想。从土地革命战争时期以来，毛泽东曾经多次指出：革命者必须在战略上，在全体上，藐视敌人，敢于同他们斗争，敢于夺取胜利；同时，又要在战术上，在策略上，在每一个局部上，在每一个具体斗争问题上，重视敌人，采取谨慎态度，讲究斗争艺术，根据不同的时间、地点和条件，采取适当的斗争形式，以便一步一步地孤立敌人和消灭敌人。

中华人民共和国成立后的1958年，毛泽东专门写了《关于帝国主义和一切反动派是不是真老虎的问题》这篇文章，全面地论述了这一问题。毛泽东指出："同世界上一切事物无不具有两重性（即对立统一规律）一样，帝国主义和一切反动派也有两重性，它们是真老虎又是纸老虎。历史上奴隶主阶级、封建地主阶级和资产阶级，在它们取得统治权力以前和取得统治权力以后的一段时间内，它们是生气勃勃的，是革命者，是先进者，是真老虎。在随后的一段时间，由于它们的对立面，奴隶阶级、农民阶级和无产阶级，逐步壮大，并同它们进行斗争，越来越厉害，它们就逐步向反面转化，化为反动派，化为落后的人们，化为纸老虎，终究被或者将被人民所推翻。反动的、落后的、腐朽的阶级，在面临人民的决死斗争的时候，也还有这样的两重性。一面，真老虎，吃人，成百万人成千万人地吃。人民斗争事业处在艰难困苦的时代，出现许多弯弯曲曲的道路。中国人民为了消灭帝国主义、封建主义和官僚资本主义在中国的统治,花了一百多年时间,死了大概几千万人之多,才取得一九四九年的胜利。你看,这不是活老虎,铁老虎,真老虎吗?但是,它们终究转化成了纸老虎,死老虎,豆腐老虎。这是历史的事实。人们难道没有看见听见过这些吗?真是成千成万!成千成万!所以,从本质上看,从长期上看,从战略上看,必须如实地把帝国主义和一切反动派,都看成纸老虎。从这点上,建立我们的战略思想。另一方面,它们又是活的铁的真的老虎,它们会吃人的。从这点上,建立我们的策略思想和战术思想。"

毛泽东《和美国记者安娜·路易斯·斯特朗的谈话》,揭露了蒋介石国民党外强中干的实质,从思想上武装了解放区军民,鼓舞人民要敢于同貌似强大而本质虚弱的敌人作斗争,坚决打败国民党反动派的进攻。

四、案例解析

案例:延安的政治

案例来源:〔美〕白修德、贾安娜:《中国的惊雷》,新华出版社1988年版。
案例内容:

延安是一个混杂的地方。三万下层的人民是当地土生的;他们的祖先不知若干世纪以前即已安居在这里。他们和所有中国的北方人吃着同样的食物,说着同类的语言,穿着同类的衣服。当晨光熹微的时候,尖锐的号角声回旋在山间,配合人们的欢欣与鼓舞。这样的混杂是可以得到解释的,那只有当你认定延安不是一个政治首都,不是一个政治上的实验站,也不是一个中国一般的县份,而是一个军营,一个战区司令部,一个临时的指挥站,随时准备着遭受攻击,随时准备着明天就要转移。这个军营是以两个主要建筑为中心——中国共产党的总部和中共军队的总部。党的总部是挤叠在山下的两座灰砖房子;除毛泽东以外,党的高级人员和家庭都住在附近洁白的窑里。军队的总部设置在一所旧栅垣里,四围有清澈美丽的花园,离延河不过几百米的距离。这两个总部就是整个中共活动的指挥中枢。从他们那里发出了指示,鼓舞着、训练着,并且塑造着12000多个居住和工作在窑里的党员,无数的窑洞散布在这周围几英里长的山坡上。也就是从这些总部里发出了命令和指示,传达各地,从东北到广州,从汉口到上海,动员着构成整个运动的基础的几百万农民。

中共党的领袖们是一个十分有趣的团体。单从外表看去,不可能了解他们,因为他们内部会议的一切都是绝对秘密的。他们最主要的特点就是他们团结的意识。他们都共同作过20年来的斗争,对付国民党,后来又对付日本人;他们的家人被严刑拷打了,被暗杀了,以致失踪。他们一直受到警察的一切检查和压迫。弱者已经倒下了,动摇的已经投降了,那些还留下的就都是韧如皮革,坚如钢铁。他们互相信任,紧紧地团结在一起,没有一点宗派主义的裂缝。如果他们有所争论,都一定紧锁在他们自己的圈里,甚至大多数党员们也不会知道,在最高机构政治局里是谁反对谁。

这些领袖都有着中坚人物的性格;他们骄傲,有的甚至于蔑视一切。在他们肩上没有压着使重庆官员们烦恼的钩心斗角和例行公事的担子。和他们谈话可以坐下来不慌不忙而且愉快地漫谈；他们往往不惜用冗长的时间来反映他们的政策；访问他们时，他们可以对他们认为重要的某一点理论滔滔不绝地言之不休。他们不受那种纸上文章的无谓纠缠，他们一切都从远大处着眼，而由所信赖的干部去执行他们的决定。这些领袖从没有重庆的高级官员们的奢华生活，虽然他们住的是比下级人员较为清洁和良好的房子。他们并不迷信所谓的平等主义。在这里看不到像重庆的部长老爷与他的战果而褴褛的书记之间那种鸿沟；然而，安适与便利上的自然区分是被认为合理的。

虽然这些领袖都被认为是中坚的人物，他们依然骄傲于他们的民主，并且为他们自己立下一种模范的规则来配合他们的职位。党的政策在国民党1941年实行封锁以来即展开了一个生产运动，要使延安边区达到自足的境地。所有的农民都被鼓励于扩展他们的播植和收割。所有的政府官员和党员都得耕地，这样来生产他们自己的粮食，同时也就减除了当地农民身上的负担。这次生产运动获得了最大的成功；党和党的工作人员赖以为生的不是税收，而是他们自己额头上的汗水。毛泽东管理着一块烟田，在战前，他抽着便宜的中国香烟，可是现在，为了使他自己能有烟抽，他辛勤地耕耘着他的烟田，结果他所生产的烟叶足够所有党的总部的消耗。总司令朱德种的是白菜。大多数的领袖都骄傲于他们的易于接近。是的，毛泽东是居住在离城几里的郊外，而且受到比一般人较高的尊敬。但是，其他的领袖对于所有的来宾都是非常殷勤的。在共产党军队总部每星期经常举行的周末晚会里，伴奏着号筒、笙管和本地弦乐的杂凑的音乐，朱德沉着地和小女孩子们跳着华尔兹舞；魁伟的参谋长叶剑英愉快地接受着任何勇气十足的女孩的邀请，轻松地跳着双步快舞。

……

毛泽东的人格支配着整个延安。毛是一个身材奇伟的湖南人，一张圆脸，没有一根皱纹，奇特地爽朗；比起蒋介石的那副道貌岸然的样子，他的脸是活泼得多而且堆着更多的笑容。毛总是用一种对话式的语气——问问题，说双关的谐语，做种种的手势，来抓住他的听众。在共产党里，他们没有正式的等级区分，可是毛泽东却是受着最高的爱戴和尊敬。他对于党的无可置疑的支配力，比起蒋介石对他左右的支配力来，是更为密切的，也更难以形容。这一部分是由于一种真实的爱戴，一部分是由于他的无可匹比的知识上的杰出。他领导了中国共产党已经将近20年的工夫，1935年和长征的英雄们一起从华南徒步跋涉而来，并且曾经和党一起度过饥饿的日子。和蒋一样，毛多少像个传教士似的，党把他看作是一个圣者。由于他的领导，党从一个贫乏的地下状态变成了在这次战争与国际事务中一支强大的力量。他的领导是理论化的，但是理论一经他的解释和运用就成了有用的东西，而且在实地工作里得到了成就。

……

延安方面认为这是一种有效的民主。在行政方面，批评和讨论的自由的确毫无限制的，对于一个方针的执行不当，对于无论文武当局的失措，任何人都可以予以批评。事实上，共产党人在进行着自我检讨的整风工作。他们总是用一面放大镜在那里检验着他们自己的过失。他们痛击着自己的胸膛以保证自我的改进，他们为自己的失错而悲哀和忏悔。在各地，这种行政上的批评自由形成了中国农民所从未有过的最民主的政治制度。地方上的会议可以接受他们的控诉和满足他们的需求,可以说有史以来第一次他们成了这个社会里的平等公民。但是,中共最高决策却是采取另一种形式。政治局把经过了上层领袖们讨论的最高决策往下级传达,延安方面不作什么批评。在延安,对于政策的同意是全体一致的——这恰好和重庆成了一个对比,在重庆,中共的报纸有力地批评政府,无党无派的报纸也以能漏过检查老爷的网为一大快事。在延安只有一张报纸,没有人大声嚷苏政府应该或是不应该做些什么(至少外国人看来是这样)。这张报纸经常地把它的篇幅公开给党员们对党的政策与执行的缺点作严厉的剖析,但是这里却没有重庆那种紧张的空气;在重庆,专以讥诮为能事的国民党官僚们,整天在叽叽吱吱,经常地钩心斗角,互相嘲骂。

至于延安的一致精神,你可以按照自己的意思去加以评判。有一种解释说,延安着重的是行动,而不是政治;人们都忙于他们的工作,他们实在没有时间去作政治争论。同情共产党的说,这种一致性是源于全部的协议,但是恐怕很少有这样完善的政治制度,自然就会得到一致的协议。功评争执是政治当中重要的一部分,如果缺了它,某种自由的气氛也就短少了。国民党说,延安的团结是一种极权性的,延安是靠特务,靠集中营,以及靠其他各种国民党所有的然而它却不承认的方式,来统治一切。但是,我在延安却找不出这种压制性机构的任何迹象;我在那里只有短短的几个星期,但是其他留在那儿几个月之久的美国人,也同样找不出中共有任何像重庆那种独裁专制性的机构。在各个地方,的确有一些中共对付土豪大地主的残暴事实,在沦陷区里,也确有许多中共炮手在做地下工作,过去也曾经盛传一时,中共的恐怖分子曾打击并杀戮国民党间谍和共产党的叛徒。但是,所有这些都是战争的一部分。

重庆方面辩护说,中央政府准许一张共产党报纸在它首都出版,虽然在严厉的检查制度之下,然而在延安却没有一张反对派报纸准许出版啊。对于这一点,中共有一个非常适当的答复,很难于把它驳倒。他们现在出版他们这张报纸的印刷机器过去都是从一个日本占领下的城市偷运出来的。他们公开地说,假如国民党愿意在延安出版报纸,那就让国民党自己运来一部印刷机和足够的纸张,这样的话,他们是乐于准许它印行的。中共保证过,在战争结束以后,所有团体都得完全自由地出版他们自己的报纸。他们指出,外国记者从延安发出的电稿,从来没有被检查过。关于这一点,我曾经向他们的最上层领袖之一尖锐地提出这样一个问题:"你的意思是不是说,任何人都可以随心所欲地说话,不管他说的是什么,就像在美国一样?""是的,"他回答说,"只要他不与人民为敌,他们就可以随心所欲地说话。"至于谁来决定怎样是与人民为敌以及应该用什么样标准来作评断,他却没有解释。

案例点评:

中国共产党建设的效果,通过党的正确的思想路线、政治路线、组织路线的贯彻,优良作风的发扬,党的上下级领导之间的关系,党与群众的关系,以及党所领导的政治与行政工作的民主性和高效率等方面表现出来。白修德和贾安娜对延安共产党的政治、党的核心领导的思想工作作风及其威信、党的决策贯彻的感受,特别是通过与国民党及其统治区域的对比,以事实批驳国民党对中国共产党的造谣污蔑,提供了解中国共产党自身建设效果的一个观察点。在他们的眼里,中共党内是平等的、民主的、自我批评的,党的领导人是坚强、自信、理论联系实际和密切联系群众的。中国共产党的力量正是从这里体现出来的。

在领导中国革命和建设的历程中,毛泽东始终高度重视党的建设。他不仅正确指出了党的建设的基本原则,更善于根据不同历史时期的形势特点,创造性地制定路线、方针、政策,解决党的建设中所面临的不同问题。在解放战争时期,毛泽东高度重视党的建设,并根据战争形势的发展变化,结合土地改革和接收全国政权的需要,在思想上着重纠偏防"左",在组织上进行整党,在制度上健全党委制,建立请示报告制度,加强纪律性,并及时提出"两个务必"的思想,为解放战争的迅速胜利和全国政权的顺利建立奠定了基础,也为后来乃至我们今天党的建设提供了许多有益的经验。

五、实践项目

项目1:研读文献心得

篇目: (1) 毛泽东:《抗日战争胜利后的时局和我们的方针》(1945年8月13日)

(2)《中国土地法大纲》(1947年9月13日)

(3)《中国民主同盟一届三中全会宣言》(1948年1月19日)

(4) 毛泽东:《论人民民主专政》(1949年6月30日)

(5)《中国人民政治协商会议共同纲领》(1949年9月29日通过)

流程: (1) 教师向学生提供阅读文献信息:可从图书馆借阅的参考书目;可供下载的比较可靠的网络地址;电子版的可阅读文献发送到公共邮箱,供学生下载。

(2) 教师在课堂上对阅读文献做简单讲解,提出撰写读书心得报告的具体要求。

(3) 学生阅读文献,撰写并按时提交读书心得报告。成果可以以PPT、经过整理的资料片、学术论文等形式呈现。

(4) 教师评定成绩并做简要小结、反馈。

评价:

考核指标	考核结果			
	优	良	中	差
学习态度				
自主学习能力				
合作学习能力				
知识运用能力				
学习效果				
总体评价				

项目2：观看音像资料

资料：

1.《暴风骤雨》

靠山屯农民赵玉林本想在肥得流油的黑土地上开上几亩地，过安逸而幸福的生活，却被亚布力警察抓进警察署，当了劳工。抗联侦察员刘胜下山侦察，从赵玉林口中打听出警察署里没多少兵力的情报，队长萧祥因此决定攻打亚布力警察署。不料，战斗打响后，才发现敌人数倍于我，抗联反被敌人"包了饺子"。眼看要全军覆没，萧祥雷霆震怒，把赵玉林当成奸细追杀。赵玉林在逃命中意外地点燃了弹药库，令抗联反败为胜。转眼间，赵玉林反倒成为抗联心中的一位打鬼子的英雄。

战斗结束后，萧祥看中赵玉林是一条汉子，希望赵玉林参加抗联，可赵玉林却认为庄稼人的本分是种地，偷偷地跑回了靠山屯。在路上，赵玉林遇上土匪调戏元茂屯教书先生韩老三的女儿秋草。赵玉林出手相救，使秋草逃过一劫。

珠河县日本宪兵队长森田接管靠山屯，赵玉林被迫搬到了元茂屯，想租一块好地种，可地没有租到不说，还和元茂屯的恶霸地主、秋草的六叔韩老六结下了仇。赵玉林一心想娶秋草为妻，却遭到了韩老三棒打鸳鸯。而元茂屯的大地主杜善人为娶秋草的妹妹秋兰给自己当小老婆，设计让女土匪野菊花害死了韩老三夫妻。

娶亲前夜，在赵玉林的帮助下，秋兰逃走，参加了地下党。韩老六欲拿秋草顶账，赵玉林找韩老六讲理，被韩老六打得死去活来。为救赵玉林，秋草被迫答应顶替妹妹秋兰嫁给了杜善人。

秋草嫁给杜善人后，在车老板老孙头的极力撮合下，赵玉林与一个叫田苗的姑娘结了婚。然而，婚后的赵玉林依然心系秋草，令田苗痛苦异常。夫妻间几乎没话可言。赵玉林放不下秋草，与秋草私奔，却在途中遇上了秋草的七叔——土匪韩老七。韩老七把赵玉林掳上山强迫他为匪，将秋草送回了元茂屯。

赵玉林逃回元茂屯，又被韩老六抓走，送去当了劳工。劳工期满后，赵玉林下决心自己开荒种地，韩老六却又命人在赵玉林的地里放马，祸害庄稼。赵玉林气不过，到县里状告了韩老六，可韩老六花钱买通了县长，赵玉林反以诬告罪被关押起来。

日本人战败投降，萧祥和秋兰奉命带领工作队进入元茂屯，动员赵玉林参加土改，但赵玉林却不相信共产党能在东北站住脚，跟萧祥叫号，啥时把秋草分给他，他啥时就跟共产党走。田苗对赵玉林放不下秋草耿耿于怀，趁挖浮财之机，联合妇女斗争了秋草。赵玉林一气之下，把秋草藏了起来。萧祥为此关了赵玉林的禁闭，但赵玉林不服气，公开站出来为秋草鸣不平，要把秋草地主的成分改过来。赵玉林的举动在元茂屯引起轩然大波，村民指责他是在公开为地主阶级翻案。而赵玉林为和秋草结婚，不顾一切地坚决要和田苗离婚，田苗却死活不离。韩老七攻打元茂屯，田苗落入土匪手中，赵玉林为救田苗，壮烈牺牲。

2.《渡江侦察记》

一群侦察战士冒着生命危险渡江侦察，为了获得宝贵的情报，和敌人展开了紧张激烈的周旋。他们面对的是敌人设下的重重陷阱与严密的围追堵截。

侦察战士们以大无畏的革命精神，以及自身的智慧和勇气，像一把尖刀，深深插入敌人的心脏，在敌后游击队和人民群众的支持帮助下，在战火硝烟的洗礼中出色地完成了侦察任务，为我军顺利实施战役战术创造了有利的条件，为我解放大军顺利渡江，最终取得整个"渡江战役"的胜利奠定了坚实的基础。

李春林，一名年轻、坚毅果敢，拥有丰富战斗经历和敌后工作经验的侦察连长，率领精锐小分队趁夜渡江侦察。出人意料的是，江南的敌人已有防备，当侦察战士们九死一生后踏上长江南岸的那一刻，就已经处在敌人的严密监视之中，一场场的遭遇、激战，一次次的生死考验，随即展开。侦察战士们面临的对手异常强大，老谋深算的江城防御司令方力，拥有超凡工作能力，阴险狡诈的情报处处长陈森，看似一心只想往上爬的作战参谋顾正飞，似乎每个人都使出浑身解数，把侦察小分队当成自己建功立业的筹码。在敌人的精心策划下，一个个巨大的阴谋向侦察战士们袭来。敌人设下连环计，妄图用假情报迷惑我军，并将侦察小分队一网打尽，而在这之前的混成旅起义失败，地下党"檐蛇"的叛变，更让这次侦察行动危机四伏，困难重重，扑朔迷离。

经过一番与敌人的斗智斗勇，李春林带领身怀绝技的侦察战士巧妙摆脱危险，最终与刘四姐带领的江南游击队胜利会师，不但戳穿敌人的阴谋，更成功地解救出被捕的、已决定起义的国民党混成旅旅长杜兆辉。正当李春林准备带领小分队进行下一步侦察动作时，一份"长江防御计划"浮出水面。为了这份绝密情报，侦察战士和敌人再次展开智勇交锋。

在侦察过程中，出人意料的事件不断发生。是敌人的故意安排，还是纯属偶然？如果是有谁在暗中帮助侦察战士，这个人会是谁呢？是亦正亦邪的陆军医院院长唐亚文，背景复杂的特派员王蔓莎，还是看似处处争名夺利的参谋顾正飞？一个又一个迷雾不断向侦察战士们涌来。围绕着这份神秘的"长江防御计划"，侦察战士们抽丝剥茧，却发现背后还有一个更大的阴谋。

就在侦察战士对敌江防工事部署展开侦察的同时，江城防御司令部里也是迷雾重重。江城防御司令方力极力拉拢陆军医院院长唐亚文贩卖军备物资以谋后路，情报处处长陈森和参谋顾正飞为了争名夺利斗得不可开交，背景复杂的特派员王蔓莎被安插进司令部似乎另有所谋。猜疑，谎言，争斗，排挤——好像每个人的背后都有着不可告人的秘密。渡江战役即将打响，敌人突然在我军火力覆盖范围之外增设了秘密榴弹炮群。为了消除这个对解放大军渡江登陆的巨大威胁，李春林率领侦察员，化装混入敌人的炮兵阵地，冒死侦察！

在整个行动过程中，侦察战士们在李春林的带领下，以坚定的信念、过人的胆识和超常的能力，完成了一个又一个艰巨的任务，甚至不惜牺牲年轻的生命。

3.《开国大典》

1948年年底至1949年年初，毛泽东、中共中央在河北省平山县西柏坡村指挥了举世闻名的三大战役。解放了的西柏坡乡亲们在欢庆胜利，毛泽东、朱德、刘少奇等领导人来到乡亲们中间。此时的蒋介石官邸在举行宴会，国民党要员们木然地听着张群宣读蒋介石的《新年文告》。人民解放军在全国战场不断取得胜利，国民党军队连连受挫，蒋介石迫于形势宣布下野，推出李宗仁做代总统。为了保护古城北平，毛泽东、党中央多次做国民党将领傅作义的工作，希望他率军起义，和平解放北平。经过大量的工作，傅作义终于认清形势，顺乎民意。蒋介石下野，凄然地飞离南京。但他完全抛开李宗仁，对重要文件和人员进行了安排。受斯大林派遣的苏联特使米高扬秘密访华，受到毛泽东等中央领导的热烈欢迎。一个月后，中共七届二中全会在西柏坡召开。

党的领导机关迁移北平后，蒋介石更加不安。被噩梦惊醒的蒋介石被告之：北平正在举行阅兵式。周恩来与张治中开始了国共和谈，进展甚微。毛泽东发出了向全国进军的命令，打响了渡江战役，百万雄师渡过了长江天险。南京解放，人民解放军占领了总统府。邓小平和陈毅进入南京，并制定了《入城守则》。蒋介石最后一次拜别蒋母墓，一家老小登上军舰，悄然离开了大陆。进入北平后，毛泽东在中南海会见了起义将领程潜，也接待了湖南来的老乡，为开国大典做了最后的准备工作。9月30日，毛泽东等国家领导人在天安门前为人民英雄纪念碑奠基。10月1日下午3时，毛泽东在神圣的礼炮声中，庄严地向全世界宣告：中华人民共和国中央人民政府成立了！人们欢声雷动，整个广场沸腾了。

流程：（1）教师提供音像资料来源，提出撰写观后感的评审标准和要求。

（2）学生在观看影视资料的基础上撰写观后感。观感可有多种形式，包括学术论文、PPT、经过整理的资料片等。

（3）学生提交观后感并进行交流。

（4）教师根据学生完成情况评定成绩并计入平时成绩。

项目3：参观革命遗迹

方案1：参观佳木斯市西林公园

时间：与课堂教学内容同步

地址：佳木斯市西林公园

流程：（1）教师根据课堂教学情况，确定参观的最佳时机。

（2）教师与学校有关部门协商参观的时间、用车等各项事宜。

（3）教师向学生通知参观的时间等事项，并讲明若干要求。

（4）教师组织、带领学生参观。

（5）参观后，教师与学生（以行政班或教学班为单位）交流体会。

内容：

佳木斯市西林公园始建于1940年，占地面积6公顷，有杨、柳、榆、杏、梨、松等数十个树种。当时东园为日本神社，西园为东宫公园。1945年，中国人民抗日部队和苏联红军进驻佳木斯。在光复和剿匪斗争中英勇牺牲的革命先烈被埋葬于原东宫公园院内。1946年1月，佳木斯市民主政府正式成立；当月31日，孙西林副市长被暗藏的国民特务邹捷飞等人暗杀，同时牺牲的还有闻讯赶来的公安局副局长高英杰。两位烈士均被安葬于原东宫公园（孙西林、高英杰等烈士墓于2005年迁到佳木斯烈士陵园）。为纪念孙西林等革命烈士，中共佳木斯市委、市政府决定将东宫公园改为西林公园。西园东北隅建有一座苏联红军烈士纪念塔，塔的周围有在解放佳木斯的战斗中英勇牺牲的苏联红军烈士合冢墓。

1949年7月，在全国上下迎接中华人民共和国成立之际，为了纪念为中华民族解放事业而牺牲的革命先烈，在西林公园西院修建了一座高30余米的烈士纪念塔。塔身为凸楞方型，水刷石面，上端镶着红色五星，塔身上刻有原省长冯仲云书写的"为祖国独立、人民解放而死难的烈士永世光辉"的题词。塔周青松环绕，庄严肃穆。每逢清明佳节人们纷纷来园祭扫陵墓，敬献花圈挽联。

方案2：参观刘英俊烈士陵园

时间：与课堂教学内容同步

地址：刘英俊烈士陵园

流程：（1）教师根据课堂教学情况，确定参观的最佳时机。

（2）教师与学校有关部门协商参观的时间、用车等各项事宜。

（3）教师向学生通知参观的时间等事项，并讲明若干要求。

（4）教师组织、带领学生参观。

（5）参观后，教师与学生（以行政班或教学班为单位）交流体会。

内容：

刘英俊烈士陵园始建于1967年，占地面积3公顷，为纪念勇拦惊马救儿童的革命烈士刘英俊而修建。后来，佳木斯市委、市政府筹集资金200多万元，动迁园内36户居民，拆迁陵园周边69户违章建筑，重新改建了刘英俊烈士墓和墓后屏壁，用黑色大理石贴面，镶有钛金制作的金色题字"人民的好儿子"。在园内中央修建5.45米高的刘英俊勇拦惊马大型铸铜雕塑一座，安装36米宽的黑金钢伸缩电动大门，修建250延长米的铁栅栏围墙，陵园环境建设大为改观。

佳木斯市政府又投资40万元，对刘英俊烈士纪念馆进行维修和改造，室内重新布展对外开放。2003年，佳木斯市委、市政府决定扩大纪念馆的使用面积和展示内容，将刘英俊烈士纪念馆建设成为全市最大的爱国主义教育基地，以缅怀先烈、教育后人。经过重新布展，将刘英俊烈士单设一个展室，革命烈士纪念馆设5个展室，展出佳木斯市建党初期、抗日战争时期、解放战争时期、抗美援朝时期和社会主义建设时期58名革命英烈的事迹，并于10月13日举行了"佳木斯革命烈士纪念馆暨刘英俊烈士纪念馆开馆仪式"。

多年来，刘英俊烈士陵园和纪念馆充分发挥基地作用，在烈士牺牲纪念日、清明节、五四青年节、建党、建军等重大节日以及大、中、小学校开学和驻佳部队新兵入伍、老兵退役之际，广泛开展了爱国主义教育、革命传统教育、国防教育和青少年思想道德教育。据不完全统计，每年参观人数在35000人左右，其中未成年人占65％以上，全部实行免费开放。刘英俊烈士陵园和纪念馆曾先后被黑龙江省委、省政府、省国防教育委员会、团省委授予"爱国主义教育基地""国防教育基地""青少年思想教育基地"和"省重点烈士纪念建筑物保护单位"等光荣称号。

下 篇
中国现代史部分

第八章　社会主义基本制度在中国的确立

一、知识提要

通过了解完成民主革命的遗留任务和恢复国民经济的过程，认识中华人民共和国成立之初所面临的严重局面和与此同时进行的社会主义革命；了解工业化任务和发展道路，认识中国从落后的农业国变为工业国的紧迫性；讲解过渡时期总路线，阐释过渡时期总路线反映了历史的必然性；了解实行社会主义改造的国内外条件，认识社会主义道路是人民和历史的选择；了解社会主义工业化与社会主义改造同时并举，阐释向社会主义过渡过程中的中国特点；了解标志社会主义基本制度在中国的全面确立的几个方面。

二、重点搜索

重点1：完成民主革命的遗留任务和恢复国民经济

1949年10月1日，首都军民30万人齐聚北京天安门广场举行开国大典，欢庆中华人民共和国的诞生。中华人民共和国的成立，为中国的进步和发展创造了最重要的政治前提。毛泽东满怀信心地宣告："中国人民将会看见，中国的命运一经操在人民自己的手里，中国就将如太阳升起在东方那样，以自己的辉煌的光焰普照大地，迅速地荡涤反动政府留下来的污泥浊水，治好战争的创伤，建设起一个崭新的强盛的名副其实的人民共和国。"

1. 民主革命的遗留任务

（1）能不能保卫住人民胜利的成果，巩固新生的人民政权。当时，解放全中国的任务还没有完成；国民党从大陆撤退时遗留下的100余万军队、200多万政治土匪及60多万特务分子还有待肃清；在广大城乡，反动会道门和传统黑恶势力还危害着人民的生命财产安全；在广大的新解放区还没有进行封建土地制度的改革。

（2）能不能战胜严重的经济困难，迅速恢复和发展国民经济。当时中国的经济不仅远远落后于欧美发达国家，就是与许多亚洲国家相比，也有一定的差距。1949年，人均国民收入只有27美元，相当于亚洲国家平均值的三分之二。中华人民共和国从旧中国接收过来的是一副烂摊子。许多工厂倒闭，大批工人失业，通货膨胀，物价飞涨，人民生活遇到极大的困难。同历史上的最高水平相比，1949年，工业总产值减少一半，粮食产量减少约四分之一。

（3）能不能巩固民族独立，维护国家主权和安全。中华人民共和国的诞生，打破了帝国主义在东方划定的势力范围，这是以美国为首的西方资本主义阵营不愿意看到的。它们企图通过实行强硬的对华政策，即政治上孤立、经济上封锁、军事上威胁的政策，从根本上搞垮中华人民共和国。

(4) 能不能经受住执政的考验,继续保持谦虚、谨慎、不骄、不躁的作风和艰苦奋斗的作风。中华人民共和国成立前夕,毛泽东在中共七届二中全会上指出:"敌人的武力是不能征服我们的,这点已经得到证明了。资产阶级的捧场则可能征服我们队伍中的意志薄弱者。""我们必须预防这种情况。"

2. 完成民主革命的遗留任务和恢复国民经济

(1) 完成民主革命的遗留任务。在追剿残余敌人、基本完成祖国大陆统一任务的基础上,摧毁旧政权,普遍召开各级各届代表会议或人民代表会议,人民开始行使当家做主的民主权利。继续实行土地制度的改革,先后使3亿多无地少地的农民(包括老解放区农民在内)无偿地获得了约7亿亩土地和大量其他生产资料,占中国绝大多数人口的农民群众获得了翻身解放。制定《中华人民共和国婚姻法》,废除封建婚姻制度,广大妇女初步获得自由平等权利。开展大规模的镇压反革命运动,基本上肃清了国民党遗留在大陆的反动势力。长期危害人民生命财产安全的200多万土匪,仅在两年多时间内就被次第肃清。旧社会留下的污泥浊水受到有力的荡涤,健康文明的社会新风尚开始树立,人民的精神面貌焕然一新。

(2) 领导国民经济恢复工作。没收官僚资本,在企业内部开展民主改革和生产改革,确立起社会主义性质的国营经济在国民经济中的领导地位,使人民政权拥有了相当重要的经济基础。同时,开展了稳定物价的斗争和统一全国财政经济的工作。到1950年3月,物价即基本稳定,从而治愈了旧中国无法医治的顽症,解除了人民过了几十年的因物价飞涨而带来的痛苦生活,使国家和国营经济掌握了市场的主导权;初步建立起集中统一的国家财政管理体制,以利于统一调度全国的财力、物力,集中力量办好大事。到1952年年底,国民经济得到全面恢复和初步发展。当年工农业总产值超过1936年(国民党统治时期最高水平)20%,工农业主要产品的年产量均超过国民党统治时期最高水平。同1949年相比,全国职工工资平均提高70%,农民收入增长30%以上。

(3) 巩固民族独立,维护国家主权和安全。中华人民共和国废除了帝国主义国家依据不平等条约在中国享有的一切特权;收回了外国列强在中国的兵营,驻扎在中国领土上的一切外国军队被迫撤走;收回了海关的治权,中国人民重新掌握了国门的钥匙。这些都从根本上改变了旧中国"跪倒在地上办外交"的局面。针对美国等国封锁、遏制中华人民共和国等情况,以毛泽东为主要代表的中国共产党人提出了"另起炉灶""打扫干净屋子再请客""一边倒"的外交方针。中华人民共和国同苏联订立了《中苏友好同盟互助条约》,在收回旧政权丧失的国家权益的基础上,建立了平等互助的新型中苏同盟关系。中国政府还在美国侵略军把朝鲜战争的战火烧到鸭绿江边的时候,毅然做出抗美援朝的决策。彭德怀被任命为中国人民志愿军司令员兼政治委员。中朝两国人民及其军队经过近三年的艰苦作战以及谈判斗争,终于迫使美国代表在停战协定上签字。克拉克后来在回忆录中沮丧地写道:"我获得了一个不值得羡慕的名声:我是美国历史上第一个在没有取得胜利的停战协定上签字的司令官。"抗美援朝战争是一场抗击美国侵略者的正义战争,打出了中华人民共和国的国威和人民军队的军威,创造了以弱胜强的范例。志愿军将士以劣势装备进行殊死搏斗,涌现出杨根思、黄继光、邱少云等30多万名英雄功臣和近6000个功臣集体。这场战争的胜利,不仅支援了朝鲜人民、保卫了中国的国家安全,而且为维护亚洲和世界的和平做出了重要贡献。中国人民由于这场胜利而极大地增强了民族自信心和自豪感,一部分对帝国主义曾经存在恐惧和幻想的人也由此受到深刻教育而觉悟起来。全世界对中华人民共和国刮目相看,中华人民共和国的国际威望空前提高。从此,帝国主义不敢轻易作侵犯中华人民共和国的尝试,我国的经济建设和社会改革赢得了一个相对稳定的和平环境。

(4) 加强中国共产党的自身建设。针对中国共产党成为全国范围的执政党、党的工作重心从农村转向城市的新情况,党和政府教育广大干部和党员必须经受住执政的考验、接管城市的考验和生活环境变化的考验。进城前,党对干部和人民解放军普遍进行了城市政策和入城纪律教育;进城后,政府工作人员和解放军指战员纪律严明、清正廉洁,同国民党官员的腐败风气和旧军队欺压百姓的行为形成鲜明的对照。1950年和1951年,中国共产党在全党范围开展整风、整党运动,批判居功自傲等错误思想,进行共产党员标准八项条件等的教育,并在此基础上发展了一批新党员。从1951年年底到1952年,开展了反贪污、反浪费、反官僚主义的"三反"运动,处决了犯有严重贪污罪行的刘青山、张子善(曾先后担任中共天津地委书记),使全党震动、全国人民振奋。随即又在1952年上半年发起"五反"(反行贿、反偷税漏税、反盗窃国家资财、反偷工减料、反盗窃国家经济情报)运动。这些举措对于在执政的条件下保持共产党人的革命精神,促进中国共产党和人民政府的廉政建设,起到了重要的作用。

中华人民共和国成立初期所进行的上述工作及取得的显著成就,有力地证明,中国共产党和人民政府是能够经受住执政的考验的。广大劳动人民真诚地拥护共产党和人民政府的领导。一些曾经对新中国、新政权、新道路抱有某种疑惑、观望态度的人开始相信,跟着中国共产党走,是一条通向中华民族伟大复兴的康庄大道。

重点2:过渡时期总路线反映了历史的必然性

近代以来,中国面临着争取民族独立、人民解放和实现国家的繁荣富强即实现国家经济的现代化这样两项根本性的历史任务。1949年中华人民共和国的成立,标志着第一项历史任务的基本实现。随着民主革命遗留任务的完成和国民经济的恢复,集中力量进行经济建设即为实现第二项历史任务而奋斗,被突出地提上了党和国家的议事日程。进行经济建设,首先要把中国从一个落后的农业国变为一个先进的工业国,实现国家的工业化。

1. 选择社会主义工业化的道路

1952年国民经济恢复工作完成时,中国工业发展的水平仍然是很低的。现代工业在工农业总产值中的比重只有26.6%,重工业在工业总产值中的比重只有35.5%。当年毛泽东曾说:"现在我们能造什么?能造桌子椅子,能造茶碗茶壶,能种粮食,还能磨成面粉,还能造纸,但是,一辆汽车、一架飞机、一辆坦克、一辆拖拉机都不能造。"发展工业,改变中国作为农业国的贫穷落后的面貌,是全国人民的共同要求,是摆在中国共产党和人民政府面前的严峻任务。

怎样才能发展经济,实现国家的工业化?从世界历史来看,主要有两条道路:一条是资本主义工业化的道路,这是欧洲各国、美国和日本走过的,而且走通了;一条是社会主义工业化的道路,这是苏联走过的,而且也走通了。十月革命前,俄国是欧洲的一个比较落后的国家,由于实现了社会主义的工业化,苏联成了欧洲的第一强国、世界上最强大的两个国家之一。由于社会主义制度具有集中力量办大事、促进社会生产力迅速发展的优越性,对于中国这样一个经济文化落后的国家来说,通过社会主义道路实现国家工业化,这是最好的选择。

近代以来的历史表明,资本主义工业化的道路在中国是走不通的。19世纪60年代末、70年代初,中国民族资本主义工业自产生以来,由于受到外国垄断资本的压迫和本国封建生产关系的束缚,始终处于举步维艰的境地。经过七八十年的发展,到1949年,整个民族工业资本不过20.08亿元。独立以后的中国如果不搞社会主义,而走资本主义道路,就难以取得真正意义上的经济独立。这样,中国就会成为外国垄断资本的加工厂和单纯的廉价原料、廉价劳动力的供应地,就像亚洲、非洲、拉丁美洲的许多国家和地区那样。中国这样一个大国,企图主要靠外国提供资金和机器设备等来求得发展,特别是要想成为世界强国,是不可想象的。而且,由于经济上依赖外国,在政治上就挺不起腰杆,连已经争得的政治独立也可能丧失。中国走资本主义道路,其经济可能会有一时的发展,但终究还是要成为西方资本主义大国的附庸的。在帝国主义时代,中国通过走资本主义道路实现工业现代化的可能性已经失去。为了实现国家的工业化,中国必须走社会主义的道路。

2. 向社会主义过渡

在完成了民主革命以后就要为在中国建立社会主义社会而努力奋斗,这是中国共产党自成立之日起就确定了的奋斗目标,并且从来没有动摇过。中华人民共和国成立前夕,毛泽东在中共七届二中全会上的报告中明确指出,应当"在革命胜利以后,迅速地恢复和发展生产,对付国外的帝国主义,使中国稳步地由农业国转变为工业国,把中国建设成一个伟大的社会主义国家"。

中华人民共和国成立之初,中共中央领导人根据当时的具体情况,决定在民主革命遗留任务彻底完成、国民经济基本恢复之前,先不急于明确提出向社会主义过渡的任务。至于中国到底什么时候过渡到社会主义,当时的设想大致是:经过一段相当长的时间(估计至少要10年,多则15年或20年),工业发展了,国营经济壮大了,就可以采取"严重的社会主义的步骤",一举实行资本主义工商业的国有化和个体农业的集体化。

(1)向社会主义过渡的原因。随着实践的发展和经验的积累,对于如何向社会主义过渡的步骤,中共中央的认识发生了变化。1952年9月24日,毛泽东在中共中央书记处会议上提出,我们要在"十年到十五年基本上完成社会主义,不是十年以后才过渡到社会主义"。刘少奇、周恩来等也都论述过"从现在逐步过渡到社会主义去"的设想。这种认识上的改变,主要有两方面的原因:一方面,随着民主革命遗留任务的彻底完成,国内的阶级关系和主要矛盾发生了深刻的变化。1952年6月,在"三反""五反"运动即将结束、全国范围内土地改革基本完成之际,毛泽东即指出:"在打倒地主阶级和官僚资产阶级以后,中国内部的主要矛盾即是工人阶级与民族资产阶级的矛盾,故不应再将民族资产阶级称为中间阶级。"这说明,明确提出向社会主义过渡的任务已经成为必要的了。另一方面,随着国民经济的恢复和初步发展,中国社会的经济成分(即生产关系)发生了重要变化。这集中地表现在公私比例的变化上。以工业为例,1949年到1952年,国营经济从33.9%上升到50%,私营经济从62.7%下降到42%。这种变化,用周恩来的话说,就是"社主义成分的比重一天一天增加,国营经济的领导地位一天一天加强"。这说明,中国向社会主义过渡在实际上已经开始了。

(2) 过渡时期的总路线。正是从以上两个方面变化了的实际情况出发,中共中央在1952年年底开始酝酿并于1953年正式提出党在过渡时期的总路线,明确规定:"党在这个过渡时期的总路线和总任务,是要在一个相当长的时期内,逐步实现国家的社会主义工业化,并逐步实现国家对农业、对手工业和对资本主义工商业的社会主义改造。"当时,对这条总路线的内容有过一种通俗的解释:"好比一只鸟,它要有……一个主体,这就是发展社会主义工业;它又要有一双翅膀,这就是对农业、手工业和私营工商业的社会主义改造。"这里所要表达的意思是再清楚不过的:主要的任务是实现国家工业化;而为了实现国家工业化,就必须进行社会主义改造,全面确立社会主义的基本制度。

历史表明,党提出的过渡时期总路线是完全正确的。

重点3:社会主义道路:历史和人民的选择

中国革命的领导力量决定了中国必然走社会主义道路。在经济上体现为,从1953年开始,在过渡时期总路线的指引下,中国共产党领导人民开始进行有计划的社会主义建设和有系统的社会主义改造。

1. 社会主义改造是选择社会主义的重要因素

(1) 社会主义性质的国营经济力量相对来说比较强大,它是实现国家工业化的主要基础。国家的社会主义工业化,是国家独立和富强的当然要求和必要条件。发展工业,一方面是要充分利用原有的工业,另一方面是要建设新的工业。

随着没收官僚资本工作的完成和工业建设的初步开展,中国已经有了比较强大的社会主义性质的国营经济。与私营工业相比,国营工业规模大,技术设备先进,不仅有轻工业,而且有重工业。在劳动生产率等方面,国营企业也优于私营企业。

在这种情况下,所谓充分利用原有的工业,首先和主要的,就是要办好原有的国营工业,并依据需要和可能改建、扩建这些工业。建设新的工业,首先和主要的,也是要发展国营工业。因为在当时的中国,私人是没有能力投资兴建新的、足以为国家的工业化奠定基础的那种大型工业骨干企业的。只有国家才有能力来做这件事。中国的经济虽然落后,但它是一个大国,全国财政经济统一后,国家掌握了一笔相当可观的资金,可以用来投资搞建设。从1953年开始的第一个五年计划规定的大型工业建设项目,基本上是由国营经济来承担的。这就是说,那时工业建设的发展,首先就意味着社会主义性质的国营经济的发展和它在整个国民经济中比重的增加。这是中国选择社会主义的一个基本因素。

(2) 资本主义经济力量弱小,发展困难,不可能成为中国工业起飞的基础。资本主义经济对国家和国营经济有很大的依赖性,不可避免地要向国家资本主义的方向发展。在帝国主义对华封锁的情况下,民族资本由于向外发展的渠道被阻断,就更加重了它对国家和国营经济的这种依赖性。

中国的民族资本主要是商业资本和金融资本,工业资本只占五分之一。民族资本主义工业主要是轻纺工业和食品工业,缺少重工业的基础。这些工业企业,大多规模小,技术设备落后,劳动生产率很低。据中华人民共和国成立初期的统计,69.7%的工厂只有不到

10个工人，79.1%的工厂是工场手工业。虽然也有一些规模比较大、技术设备比较先进的资本主义工业企业，但为数不多。不能设想，在这个基础上，通过一个时期资本主义自身的独立发展，中国就可能成为先进的工业国。应当说，原有的资本主义工业企业也是中国工业建设中的一个重要的、不可忽视的力量。但是这些企业的设备利用率和劳动生产率低，成本高，资金不足，扩大再生产的能力十分有限。为了改变这种情况，就必须在这些企业中改善经营管理，提高产品的质量，并且按照国家的需要增加生产，培养技术人才，积累资金。而要如此，就必须对这些企业逐步实行社会主义改造。实际上，私人资本主义在依靠国家和国营经济帮助解决困难、发展生产的过程中，逐步被纳入各种形式的国家资本主义，是生产发展本身的需要。资本主义经济与政府、国营经济和社会的矛盾及其发展，特别是1952年上半年的"五反"运动，更使人们开始认识到，资本主义工商业不仅需要进一步改组，而且需要通过国家资本主义的过渡形式逐步改造为社会主义。这就是说，资本主义工业这种进退两难的情况，是中国选择社会主义的又一个基本因素。

1950年以后，在对资本主义工商业进行调整的过程中，加工订货、经销代销、统购包销、公私合营等形式的国家资本主义有了相当程度的发展。这就为对资本主义工商业进行社会主义改造积累了初步的经验。

（3）对个体农业进行社会主义改造，是保证工业发展、实现国家工业化的一个必要条件。

第一，从当时面临的情况来看，土地改革以后，农业生产摆脱了封建生产关系的束缚，一个时期有过相当大的发展；但是，由于实行在土地私有基础上的个体经营，这种发展又受到很大的限制。因为个体农户耕地很少，经营规模十分狭小；生产工具严重不足，贫雇农每户平均仅占有耕畜0.47头，犁0.41部；资金十分短缺。在这种情况下，农民要兴修农田水利设施，平整土地和改良土壤，使用改良农具以至机器来进行耕作、播种、收获，实行分工制度来发展多种经营等，都有很大的困难，更缺少抗御自然灾害的能力。许多农户不仅无力进行扩大再生产，就连简单再生产也难以维持。1949年至1952年，农业生产发展较快。但在1953年至1954年，发展速度明显减慢了。如以1952年的粮食产量为100，则1953年为101.8，1954年为103.64。这说明，如果不引导个体农民走组织起来的道路，不仅广大农民不能进一步改善自己的生活，而且农业生产力的发展会受到很大限制，农村也不可能为工业的发展提供必要的商品粮食、轻工业原料、工业品市场和积累工业发展的资金等条件，从而成为工业发展的严重的制约因素。事实上，在土地改革以后，许多地区的农民从发展生产的需要出发，已经在探索组织各种途径，开始有了实行互助合作的实践。这也为对个体农业进行社会主义改造积累了初步的经验。

第二，中国农村在1955年下半年出现了农业合作化的高潮。中共中央为什么在当时做出加快农业合作化进程的决策？这主要是因为，随着第一个五年计划建设的开展，城市和工矿区人口迅速增加。这就要求尽快增产粮食，使国家能掌握足够的供应城市、工矿区的商品粮。同时，还要提供更多的农产品原料，以满足轻工业发展的需要。怎么办？出路何在？对这个问题，陈云在1956年4月作过切实而有力的说明。他说："在农业增产方面，中国摸索了六年。起初注意开荒，但可开垦的大片荒地在东北和西北。那里居民稀少，每年只能耕种一次，必须移民和用机器，花钱多。在东北每亩需五十元，西北每亩七八十元,而年产量是一二百斤。假如开荒一亿亩,投入五十亿元,产量以每亩二百斤算,不过二百亿斤,收获不大。所以这不是三五年内实现粮食大增产的好办法。至于搞大型水利工程,也不能满足在短期内大增产的要求。因为搞大型水利工程,投资巨大,工期很长,所以它也不能成为三五年内增产粮食的主要措施。去年下半年,中国农业合作化高潮到来,这是中国短时期内花钱最少又可能实现最大增产计划的一条路。因为长江以北要增产,要把旱地大量改变成水浇地;长江以南要增产,要增加复种面积。这两者的关键在于搞水。合作化后,组织起来的农民自己动手搞水利。人还是那些人,但组织起来力量就大得多,积肥、改良农具和种子、改进耕作技术等以前不易办的事,合作化之后都不难了。"这就是说,通过实行农业合作化来增产粮食和其他农产品以满足日益增长的人民生活和工业发展的需要,也是中国选择社会主义的基本因素之一。

2. 国际环境促使中国选择社会主义

中华人民共和国成立以后,长期受到美国等西方资本主义国家在经济上、外交上和军事上的严密封锁和遏制。中国不但不可能从资本主义大国得到什么援助,而且连进行普通的贸易和交往都很困难。当时只有社会主义国家和第二次世界大战后为独立而斗争的国家同情中国,只有苏联能够援助中国。这种国际环境,也是中国选择社会主义的基本因素之一。

总之,中国经济在20世纪50年代的最重要事件就是选择了社会主义,成功地进行了社会主义改造。这是十分必要的、完全正确的。通过这一历史性选择,中国共产党创造性地完成了由新民主主义到社会主义的过渡,实现了中国历史上最伟大、最深刻的社会变革,开始了在社会主义道路上实现中华民族伟大复兴的历史征程。

重点4:有中国特点的向社会主义过渡的道路

1. 社会主义工业化与社会主义改造同时并举

中国共产党在过渡时期的总路线,一方面要求把实现社会主义工业化作为全党、全国人民的基本任务,另一方面又要求通过对农业、手工业和资本主义工商业的社会主义改造来促进生产力的发展,以利于社会主义工业化的实现。这两个任务是互相关联而不可分离的。

在提出有系统地进行社会主义改造的1953年,中国即开始进行有计划的社会主义建设。实际上,编制发展国民经济的第一个五年计划的工作,在1951年就在着手进行。1952年12月,中共中央发出《关于编制1953年计划及长期计划纲要的指示》。1953年4月,中央批准下达1953年计划提要。"一五"计划的编制,历时四年,五易其稿,到1954年9月基本确定下来。1955年7月召开的一届全国人大二次会议通过了这个计划。

从当时中国的实际出发,计划规定:集中主要力量发展重工业,建立国家工业化和国防现代化的初步基础;相应地发展交通运输业、轻工业、农业和商业;相应地培养建设人才;保证在发展生产的基础上逐步提高人民的物质生活和文化生活的水平。计划规定,五年内国家用于建设的投资总额为766.4亿元,折合黄金7亿两。这在中国历史上是空前的。没有全国财政经济工作的统一,不发挥社会主义可以集中力量办大事的优越性,经济落后的中国在当时进行这样巨额的投资是不可想象的。

"一五"期间,在苏联的援助下,中国着重建设了一大批基础性的重点工程,为国家的工业化奠定了初步的坚实基础。鞍山、包头、武汉三大钢铁基地的建设取得重大进展。到1956年,中国在工业建设上接连实现了具有历史意义的许多项零的突破。如第一座生产载重汽车的长春第一汽车制造厂建成投产,第一座制造机床的沈阳机床厂建成投产,第一座大批量生产电子管的北京电子管厂建成投产,第一座制造飞机的沈阳飞机制造厂试制成功第一架喷气式飞机。1957年,武汉长江大桥通车,从此铁路贯通中国南北。青藏、康藏、新藏公路建成通车,沟通了西藏和内地的联系。全国城乡呈现出一派建设的繁忙景象。

当时建成的这些大中型工业骨干企业,都是国家统一规划、统一投资的国营企业。这些建设成就极大地加强和壮大了国营经济的领导力量,为顺利过渡到社会主义社会奠定了强大的物质基础。

国内生产总值从1952年"一五"计划实施前的679亿元,跃升到1957年的1068亿元。财政收入从1952年的183.7亿元增长到1957年的310.2亿元。这一期间的主要工农业产品产量,也有大幅度提高:粮食从1.6392亿吨增至1.9505亿吨;钢从135万吨增至535万吨;发电量从73亿度增至193亿度;货运量从3.516亿吨增至8.0365亿吨。

社会主义改造是围绕着社会主义工业化建设的任务进行的。在社会主义改造过程中,党和政府采取的实际步骤总是力求与经济发展的要求相适应,以便促进生产力的发展,而不允许对生产力造成破坏。正因为如此,社会主义改造这样一场极其深刻的社会变革,不仅没有引起激烈的社会动荡和经济破坏,而且使生产逐年增加。它成了社会主义建设的直接的推动力量。第一个五年计划规定的到1957年应达到的指标,在1956年年底就提前达到了。

2. 农业合作化运动

(1) 农业合作化任务的提出。土地改革后,一方面农村的生产迅速发展了,农民的生活也有了明显的改善;另一方面,许多农民尤其是贫农、下中农由于缺少农具、耕畜和资金,生产经营上的困难仍然比较大,而且由于小农经济的不稳定性,农村中的贫富分化也开始了。

针对这种情况,中国共产党和人民政府决定,不待农民在土改中激发出来的政治热情冷却,不待农村发生剧烈的贫富两极分化,就采取积极领导的方针,教育、推动和帮助农民走互助合作的道路。这样,在土改后,互助组很快就在农村中相当普遍地发展起来。

在工业还不能向农村大量提供农用机械的情况下,互助组能不能前进一步,成立农业生产合作社呢?毛泽东研究了世界现代化大生产发展的历史经验和中国农村的实际需要,指出:既然西方资本主义在其发展过程中有一个工场手工业阶段,即尚未采用蒸气动力机械而依靠工场分工以形成新生产力的阶段,则中国的合作社,依靠统一经营形成新生产力,去动摇私有基础,也是可行的。他讲的道理得到了中共中央其他领导人的赞同。

1951年12月,中共中央下发了《关于农业生产互助合作的决议(草案)》。草案指出,中国农民在土改基础上发扬起来的生产积极性,集中地表现在两种积极性上,即个体经济的积极性和劳动互助的积极性。党不能忽视和粗暴地挫伤农民个体经济的积极性,但是要

"按照自愿和互利的原则,发展农民劳动互助的积极性"。1953年国家对粮食、棉花、油料作物实行计划收购和计划供应(统购统销),基本取消粮食等主要农产品的自由市场,限制农村的商业投机;大力发展供销合作,削弱城市资本主义和农村小资产阶级自发势力的联系;大力发展信用合作,缩小农村中高利贷活动的地盘。这样,既保证了人民对粮食、棉花、油料等的需要,又为全面推进农业的社会主义改造创造了有利的条件。

(2)农业合作化的基本方针。中共中央在1953年12月通过的《关于发展农业生产合作社的决议》总结互助合作运动的经验,概括提出引导农民走向社会主义的几种过渡性经济组织形式。第一是互助组,这具有社会主义的萌芽。第二是初级农业生产合作社,在土地及牲畜、大农具私有的基础上以土地入股、统一经营,有较多的公共财产,实行土地分红和按劳分配相结合的原则。这具有半社会主义的性质。第三是高级农业生产合作社,将土地及其他主要生产资料归集体所有,统一经营、集体劳动,实行各尽所能、按劳分配的原则。这具有社会主义的性质。采取这种逐步过渡的办法,是中国农业合作化运动中的一项重要的创造。

实践证明,中国共产党对农业合作化运动的指导方针是正确的,由此开创了一条有中国特点的农业合作化道路。其基本原则和方针是:第一,在中国的条件下,可以走先合作化、后机械化的道路。在土地改革基本完成后,及时将"组织起来"作为农村工作的一件大事来抓。第二,充分利用和发挥土改后农民的两种生产积极性,通过互助组、初级农业生产合作社、高级农业生产合作社这种由低到高的互助合作的组织形式,实行积极发展、稳步前进、逐步过渡的方针。第三,农业互助合作的发展,要坚持自愿和互利的原则,采取典型示范、逐步推广的方法,发展一批,巩固一批。第四,要始终把是否增产作为衡量合作社是否办好的标准。第五,要把社会改造同技术改造相结合。在实现农业合作化以后,国家应努力用先进的技术和装备发展农业经济。

(3)农业合作化的发展和基本完成。在党的上述方针的指引下,农村的互助合作积极、稳步地向前推进。到1954年年底,互助组从1951年年底的400多万个发展到近1000万个;初级社从1951年年底的300多个增加到1953年的1.4万个,1954年秋为10万个,1954年年底猛增到48万个。参加互助合作的农户,从1951年年底的2100万户增加到1954年底的7000万户,在全国农户总数中的比重从19.2%增加到60.3%。当时80%以上的合作社都做到了增产增收。

1955年夏季,由于对农业合作化形势的看法不同,在中国共产党内部引发了关于农业合作化发展速度问题的一场争论。同年7月31日,毛泽东在省市自治区党委书记会议上作《关于农业合作化问题》的报告。报告对农业合作化运动的基本经验作了比较全面的总结,阐明了农业合作化的基本道路、基本方针、基本政策,并对农业合作化同机械化、社会改革同技术改革的关系作了比较全面的论述,是继上面提到的中共中央两个决议之后又一篇指导农业合作化的重要文献。但在报告中,毛泽东不点名地错误指责由邓子恢主持的中央农村工作部犯了"右倾机会主义错误",是站在群众运动后面指手画脚的"小脚女人",从而将正常的党内争论说成是两条路线的分歧。

1955年夏季以后,农业合作化运动加速发展,出现了农业合作化高潮。到1956年年底,农业合作化基本完成。加入合作社的农户占全国农户总数的96.3%,其中参加高级社的农户达到 87.8%。

对个体农业的社会主义改造，由于要求过急，工作过粗，改变过快，形式也过于简单划一，以致在长期间遗留了一些问题。尽管如此，农业合作化在总体上是成功的。

在农业合作化运动期间，从 1953 年到 1956 年，农业生产力不断发展，全国农业总产值平均每年递增 4.8%。农民安居乐业，生产有所发展，生活有所改善。中国农村在发展稳定的气氛中完成了从几千年的分散个体劳动向集体所有、集体经营的历史性转变。这是中国历史上一次伟大的社会变革、社会进步。至于在土地等生产资料集体所有制的基础上，如何采取更有利于调动农民积极性的经营方式和组织形式，则是需要长期探索才能解决的，并且需要随着农村社会生产力的发展而不断加以完善。

3. 手工业合作化的实现

在推进手工业合作化的过程中，中国共产党采取的是积极领导、稳步前进的方针。手工业合作化的组织形式，是由手工业生产合作小组、手工业供销合作社到手工业生产合作社，步骤是从供销入手，由小到大，由低到高，逐步实行社会主义改造和生产改造。农业合作化的迅猛发展，也极大地加快了手工业合作化的步伐。1955 年年底，党和国家提出要在两年内基本完成手工业合作化。实际上，由于改变了过去按行业分期、分批、分片改造的办法，而采取手工业全行业一起合作化的办法，到 1956 年年底，参加合作社的手工业人员已占全体手工业人员的 91.7%。手工业的合作化也基本完成了。

4. 对资本主义工商业赎买政策的实施

中华人民共和国在利用资本主义工商业的过程中，已经开始对它进行适当的限制，并把其中的大部分引上了初级形式的国家资本主义的道路。1952 年，私营工业产值的 56% 已属于加工、订货、统购、包销部分。私营经济中不利于国计民生的部分被削弱以至淘汰。私营经济在数量上是明显上升的，但在国民经济中的比重却下降了。

(1) 经过国家资本主义走向社会主义。在农业合作化运动迅速发展的同时，对资本主义工商业的社会主义改造也开始积极推进。

中国资产阶级有两个部分，即官僚资产阶级和民族资产阶级。中国共产党和人民政府对他们采取了不同的政策。对官僚资产阶级即中国的大资产阶级，是把他们作为敌人，在政治上推翻他们的统治，在经济上没收他们的资本。民族资产阶级在社会主义时期仍然具有两面性。他们既有剥削工人取得利润的一面，又有拥护宪法、愿意接受社会主义改造的一面。对民族资产阶级，是把他们作为朋友，在团结他们的同时，用和平的方法逐步地改造他们。

对资本主义工商企业进行社会主义改造，就是要把民族资本主义工商业改造成为社会主义性质的企业，并对民族资产阶级实行赎买政策。采取这样的政策，既可以在一定时期利用资本主义工商业的积极作用（如增加产品供应、扩大商品流通、维持工人就业、为国家提供税收等），又有利于争取民族资产阶级及其知识分子，并减少他们接受社会主义改造的阻力。

在中共中央酝酿并提出过渡时期总路线的过程中，1953 年 2 月，毛泽东提出：对民族资产阶级，可以采取赎买的办法。同年春，李维汉率中共中央统一战线工作部调查组在武汉、南京、上海等地调查后，向中共中央提出了关于《资本主义工业中公私关系问题》的报告。报告总结对资本主义经济进行改组和改造的经验,提出:国家资本主义是我们利用和限制工业资本主义的主要形式,是我们改造资本主义工业使它逐步过渡到社会主义的主要形式。同年6月,中共中央政治局两次召开扩大会议,讨论这个报告,确定经过国家资本主义改造资本主义工业的方针。随后,又确定对私营商业也搞国家资本主义,而不采取单纯"排挤"的方针。这样,利用、限制、改造资本主义工商业的政策就全面地确定下来了。同年9月,毛泽东在同民主党派和工商界人士谈话时明确指出:国家资本主义是改造资本主义工商业和逐步完成社会主义过渡的必经之路。

国家资本主义经济是在人民政府管理之下的,用各种形式和国营社会主义经济联系着的,并受工人监督的资本主义经济。它有初级形式和高级形式的区别。初级形式的国家资本主义企业仍由资本家经营,它同国营社会主义经济通过订立合同等办法,在企业外部建立这样那样的联系。其形式,在工业中有收购、加工、订货、统购、包销;商业中有经销、代销、代购代销、公私联营等。高级形式的国家资本主义就是公私合营。实行公私合营以后,原来的资本主义企业同社会主义经济的联系已经不仅限于流通领域,而是深入到了企业内部,深入到了生产领域。社会主义经济在企业中已经具有决定意义的作用了。

中华人民共和国成立初期,着重发展的是加工订货、经销代销等初级形式的国家资本主义。1954年1月,中央人民政府财政经济委员会提出《关于有步骤地将有十个工人以上的资本主义工业基本上改造成为公私合营企业的意见》,高级形式的国家资本主义进一步发展起来。开始时,主要是个别企业的公私合营。在这种合营企业中,公方代表已经居于领导地位。企业利润采取"四马分肥"的办法,即分为国家所得税、企业公积金、工人福利费、股金红利四个部分。企业收益大部分归国家和工人,资本家所得不足四分之一。这种企业已经具有不同程度的社会主义性质。1955年,合营工业的产值占到全部私营工业产值(包括已合营的在内)的49.6%。这一年,北京、上海、天津的一些行业先后实行全行业公私合营。这时,国家对资本家原有的生产资料进行清理估价,以核实私股股额;在合营期间,每年发给资本家5%的股息,这就叫定股定息。全行业公私合营以后,这些企业基本上已经是社会主义性质的经济,除资本家领取定息外,同国营企业已经没有原则的区别。1956年1月,北京市首先在全市范围内完成全行业公私合营。到1956年年底,全国私营工业户的99%、私营商业户的82.2%,都走上了全行业公私合营的道路。

(2)和平赎买政策的实现。经过国家资本主义来改造资本主义工商业,意味着国家对资本家采取和平赎买的政策。中共中央在《关于资本主义工商业改造问题的决议》中指出:"我们对于资产阶级,第一是用赎买和国家资本主义的方法,有偿地而不是无偿地,逐步地而不是突然地改变资产阶级的所有制;第二是在改造他们的同时,给予他们以必要的工作安排;第三是不剥夺资产阶级的选举权,并且对于他们中间积极拥护社会主义改造而在这个改造事业中有所贡献的代表人物给以恰当的政治安排。在资产阶级没有别的出路的条件下,这是他们能够接受的方案。"

对资产阶级实行赎买,这是马克思、恩格斯提出的设想。十月革命后,列宁打算在俄国对"文明的资本家"采取这种做法,但俄国资产阶级不接受。中国共产党把这种设想付诸实施并取得成功,资产阶级中的绝大多数人公开表示接受这样的方案。按照1956年全行业公私合营时核定的私股股额,总数为24.1864亿元人民币。在赎买政策的实施过程中,资本家先后共获得人民币32.5亿元,超过了其原来所有的资产总额。资本家的所得包括：1949年至1955年的利润13亿元,1955年至1968年的定息11亿元,高薪8.5亿元。

在实行全行业公私合营的时候,国家为资本家安排了工作,许多人担负了一定的领导职务。这既有利于发挥他们在经营管理方面的特长,又可以为使他们成为自食其力的劳动者创造条件。国家还安排他们进行学习和组织他们到各地参观访问,帮助他们了解国内外形势,更好地掌握自己的命运。许多原工商业者提高了觉悟,拥护共产党的领导和社会主义制度,为国家建设事业做出了贡献。

邓小平说："我国资本主义工商业社会主义改造的胜利完成,是我国和世界社会主义历史上最光辉的胜利之一。这个胜利的取得,是由于中国共产党领导全体工人阶级执行了毛泽东同志根据我国情况制定的马克思主义政策,同时,资本家阶级中的进步分子和大多数人在接受改造方面也起了有益的配合作用。"

三、深度阅读

阅读1：《论反对日本帝国主义的策略》《新民主主义论》《人民政协共同纲领草案的特点》

写作背景：

《论反对日本帝国主义的策略》是毛泽东在陕北瓦窑堡党的活动分子会议上所作的报告。毛泽东的这个报告是在1935年12月中共中央政治局瓦窑堡会议之后作的。这一次政治局会议批评了党内那种认为中国民族资产阶级不可能和中国工人农民联合抗日的错误观点,决定了建立抗日民族统一战线的策略。在人民共和国这一章节中,论述了各个阶级的利益,提出了将来要进行社会主义革命的设想。

《新民主主义论》的发表,是当时的历史条件决定的。1940年初,国际国内形势都发生了很大变化。中国的抗日战争正处在战略相持阶段。这时,日本帝国主义由于自身兵力不足和我党领导下的敌后游击战争的广泛开展,不得不停止对正面战场的进攻,并把对国民党统治集团的政策由武力进攻转变为政治诱降和经济拉拢。在这种情况下,国民党顽固派反共投降倾向日益明显。国民党内以汪精卫为首的亲日派公开投降日本,以蒋介石为首的亲英美派消极抗日,积极反共。国民党顽固派在军事战线向共产党发动进攻的同时,在政治战线和思想战线也发动了攻势。国民党五届五中全会后,蒋介石接连发表演说,攻击共产主义,宣扬其专制独裁的假三民主义。国民党统治集团开动一切宣传机器,大肆宣扬"一个主义（三民主义）""一个政党（国民党）""一个领袖（蒋介石）"。张君劢发表致毛泽东的公开信,要求共产党去小便去,取消八路军和新四军,"将马克思主义搁置一边"。叶青等人宣扬"一次革命论""马克思主义不适宜于中国"等。这些反共言论,不但破坏抗日团结,而且使广大群众对抗战的前途和中国的未来缺乏信心。毛泽东集中全党智慧,

第八章 社会主义基本制度在中国的确立

总结中国近百年来资产阶级民主革命的历史经验,特别是对无产阶级领导的新民主主义革命的经验作了系统的总结,写下了《新民主主义论》这篇重要文章。这篇文章揭示了中国民主革命的基本规律,制定了新民主主义革命的纲领,提出中国绝不是也不能建立资产阶级专政的资本主义的社会,而是要建立以中国无产阶级为首领的中国各个革命阶级联合专政的新民主主义社会,以完结其第一阶段。然后,再使之发展到第二阶段,以建立中国社会主义的社会。

《人民政协共同纲领草案的特点》是周恩来在人民政协第一届全体会议上所作题为《关于中国人民政治协商会议共同纲领草案的起草经过和特点》报告的摘要。中华人民共和国成立前夕,周恩来同志受党中央的委派,主持起草了人民政协的共同纲领,为了更好地阐明《中国人民政治协商会议共同纲领》的内容,周恩来在人民政协第一届全体会议上作了题为《关于中国人民政治协商会议共同纲领草案的起草经过和特点》的报告,并在新民主主义的总纲问题里提出要向社会主义和共产主义阶段发展。

原著节选:

毛泽东:《论反对日本帝国主义的策略》

在将来,民主主义的革命必然要转变为社会主义的革命。何时转变,应以是否具备了转变的条件为标准。时间会要相当地长。不到具备了政治上经济上一切应有的条件之时,不到转变对于全国最大多数人民有利而不是不利之时,不应当轻易谈转变。怀疑这一点而希望在很短的时间内去转变。如像过去某些同志所谓民主革命在重要省份开始胜利之日,就是革命开始转变之时,是不对的。这是因为他们看不见中国是一个何等样的政治经济情况的国家,他们不知道中国在政治上经济上完成民主革命,较之俄国要困难得多,需要更多的时间和努力。

毛泽东:《新民主主义论》

中国革命的历史进程,必须分为两步,其第一步是民主主义的革命,其第二步是社会主义的革命,这是性质不同的两个革命过程。而所谓民主主义,现在已不是旧范畴的民主主义,已不是旧民主主义,而是新范畴的民主主义,而是新民主主义。

由此可以断言,所谓中华民族的新政治,就是新民主主义的政治;所谓中华民族的新经济,就是新民主主义的经济;所谓中华民族的新文化,就是新民主主义的文化。

这就是现时中国革命的历史特点。在中国从事革命的一切党派,一切人们,谁不懂得这个历史特点,谁就不能指导这个革命和进行这个革命到胜利,谁就会被人民抛弃,变为向隅而泣的可怜虫。

中国革命的历史特点是分为民主主义和社会主义两个步骤,而其第一步现在已不是一般的民主主义,而是中国式的、特殊的、新式的民主主义,而是新民主主义。那末,这个历史特点是怎样形成的呢?它是一百年来就有了的,还是后来才发生的呢?

只要研究一下中国的和世界的历史发展,就知道这个历史特点,并不是从鸦片战争以来就有了的,而是在后来,在第一次帝国主义世界大战和俄国十月革命之后,才形成的。我们现在就来研究这个形成过程。

很清楚的，中国现时社会的性质，既然是殖民地、半殖民地、半封建的性质，它就决定了中国革命必须分为两个步骤。第一步，改变这个殖民地、半殖民地、半封建的社会形态，使之变成一个独立的民主主义的社会。第二步，使革命向前发展，建立一个社会主义的社会。中国现时的革命，是在走第一步。

周恩来：《人民政协共同纲领草案的特点》

新民主主义的总纲问题。在讨论中，曾有一种意见，以为我们既然承认新民主主义是一个过渡性质的阶段，一定要向更高级的社会主义和共产主义阶段发展，因此总纲中就应该明确地把这个前途规定出来。筹备会讨论中，大家认为这个前途是肯定的，毫无疑问的，但应该经过解释、宣传特别是实践来证明给全国人民看。只有全国人民在自己的实践中认识到这是唯一的最好的前途，才会真正承认它，并愿意全心全意为它而奋斗。所以现在暂时不写出来，不是否定它，而是更加郑重地看待它。而且这个纲领中经济的部分里面，已经规定要在实际上保证向这个前途走去。

原著解析：

关于新民主主义向社会主义的转变，长期以来是学术界关注的问题。特别是从1949年中华人民共和国成立，到1956年社会主义改造基本完成的七年间，中国处于什么样的社会形态之中，是新民主主义社会，还是社会主义社会，是一个很有争议的问题。为什么说这七年属于新民主主义社会阶段？如何认识新民主主义社会的基本特征和性质？这些都是需要搞清楚的。

1. 新民主主义社会的基本特征和性质

1940年1月，毛泽东在《新民主主义论》中第一次使用了"新民主主义社会"的概念。他指出：中国共产党领导的中国革命的第一阶段，其性质是新式的资产阶级民主主义的革命，还不是无产阶级社会主义的革命；这个革命的第一步、第一阶段，绝不是也不能建立中国资产阶级专政的资本主义的社会，而是要建立以中国无产阶级为首领的中国各个革命阶级联合专政的新民主主义社会，以完结其第一阶段。然后，再使之发展到第二阶段，以建立中国社会主义的社会。在这里，毛泽东十分清楚地回答了中国共产党领导的新民主主义革命胜利后建立的是新民主主义社会。

之所以说，1949年中华人民共和国成立到1956年社会主义改造完成这段时间，中国处在新民主主义社会阶段，不仅是因为毛泽东有过这样的论述，而且更重要的是，这个阶段的社会性质，是由这个阶段的社会经济结构、社会主要矛盾、社会阶级关系等诸方面因素决定的，是由这个阶段的社会基本特征决定的。而这些特征，又是同中国共产党在新民主主义革命过程中，特别是新民主主义革命胜利后，实行的新民主主义的经济、政治、文化纲领，紧密联系在一起的。

新民主主义社会的基本特征主要表现在这样几个方面：一是经济上是以国营经济为主导的，包括合作社经济、个体经济、资本主义经济和国家资本主义经济，五种经济成分并存的混合经济结构；二是政治上实行无产阶级（经过共产党）领导的，以工农联盟为基础的，包括小资产阶级、民族资产阶级在内的各革命阶级的联合专政，即人民民主专政；三是文化上是共产主义思想（马克思主义）指导下的民族的、科学的、大众的文化。

新民主主义社会的这些基本特征，又是同新民主主义社会的主要矛盾联系在一起的。这段时间，中国社会的阶级关系和阶级矛盾，呈现出错综复杂、前后交替的现象。在头几年，主要是完成新民主主义革命的遗留任务，国内社会的主要矛盾，仍然集中在人民大众同国民党反动派的残余势力，同封建地主阶级之间的矛盾；在这头几年中，同样也存在着工人阶级同民族资产阶级之间的矛盾，有的时候表现得还比较尖锐，比如1951年至1952年开展的"五反"运动，就是一场工人阶级同资产阶级的激烈斗争。在此后的几年里，随着土地改革在全国范围的完成，随着国民党残余势力在大陆的彻底肃清，国内社会的主要矛盾发生着变化，工人阶级同民族资产阶级之间的矛盾逐渐成为社会主要矛盾。但即使在这几年中，工人阶级同民族资产阶级之间也并非完全是处于矛盾、对抗的状态，由于中国对资本主义工商业的社会主义改造走的是和平赎买的道路，因此，作为中国工人阶级代表的中国共产党，在实现对资本主义工商业的社会主义改造过程中，不仅有因为要消灭资本主义剥削制度而产生的同资产阶级的矛盾，而且还有因为实行和平赎买方针而形成的同资产阶级的某种合作的关系。所有这些，正是中华人民共和国成立到社会主义制度基本建立这段时间的复杂现象，这些现象决定了这段时间中国社会的主要矛盾不可能只是简单的、单纯的工人阶级同资产阶级的矛盾，中国社会的性质不可能是社会主义社会。中华人民共和国成立后的一段时间，中国只能是处于半殖民地半封建社会到社会主义社会的一种过渡状态的社会之中。

总之，中国共产党领导的新民主主义革命的直接目标是建立新民主主义的人民共和国。这是毛泽东在《新民主主义论》等著作中多次阐述过的。这就是说，中华人民共和国成立后，建立的是新民主主义社会。在毛泽东看来，一方面，新民主主义社会作为中国新民主主义革命胜利的结果，是一个融新民主主义经济、政治、文化于一体的相对独立的社会形态；它既不同于欧美的资本主义社会，也不同于苏联的社会主义社会。在新民主主义社会中，无论在经济、政治、文化各个方面，都既有社会主义的因素，又有资本主义因素或者说非社会主义因素，是一种在中国原有的半殖民地半封建社会基础上产生的、有着中国自己特点的、混合型的社会形态。另一方面，建立新民主主义社会，只是中国共产党领导的全部中国革命的第一阶段的目标，因此，新民主主义社会还要而且必须要发展到第二阶段，即在新民主主义社会的基础上，通过社会主义革命（改造）使中国走向社会主义社会。从这个意义上说，新民主主义社会又具有明显的过渡性质，它不可能像马克思分析的人类社会一般所经历的诸如奴隶社会、封建社会、资本主义社会那样会延续几百年、上千年。可以这样说，新民主主义社会是近代中国半殖民地半封建社会走向社会主义社会不可逾越的阶段，是两者之间不可或缺的中介、桥梁。

2. 新民主主义向社会主义转变的社会历史条件

新民主主义社会必然要向社会主义社会转变，这是中国共产党的理论、纲领、路线所规定的，毛泽东在《新民主主义论》等著作中做了阐述。但是，新民主主义向社会主义的转变，必定要有相应的社会历史条件。

对这个问题，除了毛泽东在《新民主主义论》等著作中有基本的论述外，周恩来、邓小平等也有相关的论述。

周恩来1953年9月在政协第一届全国委员会第四十九次常务委员会扩大会议上的报

告中，分析了中国由新民主主义向社会主义转变的各方面的条件。国内条件主要是：一方面，财政经济状况已经基本好转，社会主义性质的国营经济是领导的经济，其他各种经济都要受国营经济的领导。这是在《共同纲领》中规定了的。国家资本主义经济是国营经济与私人资本合作的经济，其中营经济部分处于领导地位。社会主义成分的比重一天比一天增加，国营经济的领导地位一天比一天加强，人民的积极性也更加发挥出来了。另一方面，人民民主专政更加巩固，国防力量愈益增强，各种社会改革也已基本上完成。国际方面主要是：朝鲜停战，中朝人民在朝鲜战争中胜利地把美国企图挑起世界大战的时间推迟了，这就不仅有利于促进资本主义内部矛盾的增长，有利于和平民主阵营的巩固和扩大，有利于资本主义世界各国中民族民主运动力量的增长，有利于世界人民的和平民主运动的发展，还有利于我国进行建设工作。

邓小平在 1977 年 10 月会见加拿大麦吉尔大学东亚研究所林达光教授夫妇时说了这样一段话："列宁在批判考茨基的庸俗生产力时讲，落后的国家也可以搞社会主义革命，我们也是反对庸俗的生产力论，我们采取了和十月革命不同的方式，农村包围城市。当时中国有了先进的无产阶级的政党，有了初步的资本主义经济，加上国际条件，所以在一个很不发达的中国能搞社会主义。这和列宁讲的反对庸俗的生产力论一样。"

胡乔木 1989 年 3 月在美国加州理工大学所做的题为《中国在 50 年代怎样选择了社会主义》的学术讲演中，分析了中国在经济恢复过程中四个起作用的基本因素，促使中国选择了社会主义。这四个基本因素就是：第一，中国实行了全国财政经济的统一。这种统一在中国历史上没有过。这种办法既不是出于事前预定，也不是出于国外的成规和建议，而只是在特定情况下的唯一选择。一定程度的统一和计划性，以及拥有相应的物质手段或宏观调控能力，对于国民经济的稳定发展始终是必要的。这是中国选择社会主义的关键。第二，中国国营经济的日益强大。中国的国营经济一开始就被认为是社会主义经济。中国财政经济工作的统一得力于国营经济的支持，同时又为国营经济不断增添新的血液。第一个五年计划的主要任务要由国营经济承担，这当然需要大大扩大国营经济。这又是中国选择社会主义的基本因素。第三，资本主义经济的弱小和发展困难。中华人民共和国成立后，国营经济支持了资本主义经济，但两者之间又存在着许多难以解决的矛盾。随着国民经济的恢复和大规模经济建设的展开，社会主义经济和资本主义经济的冲突日趋紧张。资本主义工商业的进退两难的情况，是中国选择社会主义的另一个基本因素。第四，中华人民共和国的国际环境。中华人民共和国成立后，不但不可能从资本主义大国得到什么援助，而且连普通的贸易和交往都很困难。中国人因此只能从自己受侵略、受歧视的记忆中和受敌视、受威胁的感受中认识资本主义。当时只有社会主义国家和战后为独立而斗争的国家同情中国。尽管中国在制定具体的经济政策和工作方法时坚持从中国的具体情况出发，苏联的社会主义制度仍然对中国具有重大的榜样的作用。如果国际环境是另一个样子，中国选择的条件、时机和形式将会有某些不同，但是叙述历史不是写小说，不能由我们自由想象。

综上所述，中国由新民主主义向社会主义转变的社会历史条件，中国在 20 世纪 50 年代选择社会主义的社会历史条件，可以归纳为以下几个主要方面：

第一，近代中国已经有了初步发展的资本主义。这是中国实现新民主主义向社会主义

第八章 社会主义基本制度在中国的确立

转变的客观物质基础。近代中国资本主义中的官僚资本在中华人民共和国成立后已被没收，成为社会主义性质的国营经济；民族资本在旧中国尽管发展缓慢，但在中华人民共和国成立后，得到人民政府和国营经济的扶植，有了相当的恢复和发展。这些企业拥有相对先进的生产设备、生产技术和管理经验，是实现向社会主义转变不可或缺的物质条件。但是，民族资本在其恢复和发展过程中，同社会主义的国营经济产生了难以解决的矛盾。这就决定了中国在对民族资本主义实行"节制"的基础上必然要进一步把它们改造成为社会主义经济。

第二，社会主义性质的国营经济的建立和壮大。这同样是向社会主义转变的重要的物质基础。而在中国，社会主义性质的国营经济的建立，又是同上述近代中国资本主义的发展联系在一起的。因为，中国的国营经济主要是通过没收官僚资本建立起来的。列宁说，国家垄断资本是社会主义最充分的物质准备，是社会主义的前阶，是历史阶梯上的一级。在这一级和叫作社会主义的那一级之间，没有任何中间级。在中华人民共和国成立前夕，官僚资本（国家垄断资本）在国民经济中的比重是：石油、有色金属、铁路、公路、航运均占100%，钢铁占90%，电力占67%，金融占59%。中华人民共和国成立后，人民政府把这些中国主要的资本主义经济成分没收后把它们改造成为社会主义性质的国营经济，成为整个国民经济的领导力量，成为由新民主主义向社会主义转变的重要物质基础。

第三，国家财政经济状况的好转和国家财政经济的统一。随着财政经济状况的好转，国营经济不断扩大，领导作用日趋明显；特别是为了开展大规模的经济建设，国家实行财政经济的统一领导、统一管理，国家控制了财政收支、货币和现金管理、进出口贸易和重要物资的调度。这种在当时别无选择的计划经济模式，也成为向社会主义转变的一个基本因素。

第四，政治上工人阶级领导的人民民主专政的国家政权的巩固。中华人民共和国成立后，党和国家为各级人民政权的建立和巩固，做了大量卓有成效的努力，国家政权日益强大，国防力量不断提高，特别是抗美援朝战争的胜利，极大地激发了全国人民的民族自豪感和自信心，大大增强了民族的凝聚力和向心力。这就为向社会主义的转变提供了强有力的政治保障。

第五，国际环境的制约。当时的国际环境从两个方面影响着中国共产党和中国人民。一方面是战后苏联迅速恢复遭到战争破坏的国民经济，苏联的综合国力在很短的时间里得到恢复和发展，充分显示出社会主义制度的优越性；苏联从整体上支持中国各方面的建设事业，在国际舞台上支持中国。这就使原本在革命战争年代就得到过苏联援助的中国共产党和中国人民，对苏联有一种发自内心的崇敬和向往，很自然地把苏联作为自己的榜样。"苏联的今天，就是中国的明天"，这是当时人们的共识，这是促使中国由新民主主义向社会主义转变的现实的国际因素。另一方面，以美国为代表的资本主义国家对中国采取的敌视和封锁政策，使中国共产党和中国人民对资本主义、帝国主义，产生了更加深刻的蔑视和仇恨，对资本主义产生更多的排斥。这是促使中国由新民主主义向社会主义转变的又一个现实的国际因素。

由新民主主义向社会主义转变，是中国共产党的既定战略，是党的纲领明确规定了的，也是毛泽东思想的题中应有之义。但是，具体在什么时候转变，采取何种形式转变等等，不可能在事先就安排妥当，它要受各方面条件、各种因素的制约。中国在20世纪50年代实现这种转变，是由当时的国内、国际环境，主观、客观条件所决定的，是不以任何人的主观意志为转移的客观历史进程。

3. 新民主主义向社会主义转变的时限和方式、途径

毛泽东对新民主主义向社会主义转变的问题在20世纪40年代后期和50年代初，有过反复的思考。

关于新民主主义向社会主义转变的时限问题，中共中央文献研究室鲁振祥在1999年第4期《中共党史研究》上发表的《毛泽东关于从新民主主义过渡到社会主义时限估计考略》一文，对此进行了详细的考证。他认为：毛泽东和中国共产党关于中国从新民主主义过渡到社会主义的时限估计，如果从《新民主主义论》算起，大致可以划分为五个阶段。第一阶段，从《新民主主义论》发表到1948年9月中共中央政治局会议召开前，明确了中国革命胜利后必须经过一个新民主主义的过渡阶段，才能进入社会主义，但时限估计还不具体。第二阶段，从1948年9月至中华人民共和国成立前夕，时限估计在主导方面是设想得比较长，要经过二三十年。第三阶段，从中华人民共和国成立到1952年9月提出新的过渡设想前，认为要经过3年恢复、10年建设，即大约10年至15年后，再根据实际情况决定是否开始采取社会主义步骤。第四阶段，从1952年9月至1955年11月，确认过渡时期为15年（从1953年算起，如加上头3年的恢复阶段，则为18年）。第五阶段，1955年年末到1956年年初，把原来设想的15年缩短为五六年（不算中华人民共和国成立后的前3年，下同），最后只用了4年时间。

至于如何实现从新民主主义向社会主义的转变，毛泽东前后有两种不同的考虑。在1952年9月以前，毛泽东认为先要经过一个较长时间的新民主主义建设的阶段，这个阶段也许十几年，也许二十几年甚至三十年。毛泽东把这个阶段称为"铲地基"；经过比较长阶段的新民主主义建设，在"很远的将来"再进入一个新的阶段，即"起房子"，搞社会主义。当时，刘少奇、周恩来等都是根据毛泽东的这种设想阐发关于新民主主义向社会主义的过渡问题的。这种设想，有人称之为"将来突变论"。

1952年9月以后，毛泽东的想法发生明显的变化，认为不是10年或20年以后再讲转变、过渡，而是现在开始就要用10年到15年的时间基本上完成到社会主义的过渡。这是一个重大的战略部署的改变。毛泽东把向社会主义的过渡，比作"过桥"，走一步算是过渡一年，两步两年，三步三年，10年到15年走完。这种变化了的想法，有人称之为"现在渐变论"。

这是在转变的具体方式、途径上的变化，也是战略上的重大变化。但是，在实现转变的时限估计上，前后没有根本性的变化，大体上都是限定在15年左右，还是前后衔接的。但是，转变、过渡的战略思路发生了明显的变化。从1952年9月起，毛泽东思考得更多的是如何实现社会主义的问题，而不再是长期搞新民主主义建设的问题了。但是，即使在这时，中央的其他领导同志还是想把这样的战略调整同原先的设想统一起来、协调起来。1953年9月，周恩来在政协第一届全国委员会常委会第四十九次会议的总结报告中还是强调，我国新民主主义建设时期，就是逐步向社会主义过渡的时期，也就是社会主义经济成

分在国民经济比重中逐步增长的时期。

这是毛泽东反复考虑当时的各方面因素、条件所做出的重大战略调整。这种战略调整,在当时是由国内国际、主观客观诸方面因素所造成的,是历史合力作用的结果。对这样的战略调整,薄一波是这样分析的:"毛泽东根据中国的实际情况曾设想,必须搞一个阶段的新民主主义,在这一过程中,逐步增加社会主义成分,等条件成熟后,再顺利地向社会主义过渡。后来的发展说明,当时的这一想法是符合实际的,是正确的。如果按《共同纲领》坚持10年、20年,我国的社会经济发展虽然仍难免遇到各种复杂的情况,但有可能避免那些急于求成而招致的曲折。"这是事后总结历史经验得出的新的认识。这并不等于1952年9月,毛泽东的战略调整完全错了。正如前面分析的,在20世纪50年代,中国已经具备了从新民主主义向社会主义过渡、转变的各方面条件。这种战略调整,是有一定根据的。问题主要是出在后来在实施过渡时期总路线过程中,不断地缩短原定的15年时间。如果真是按照总路线的规定,用15年时间来完成过渡,情况也许不会像后来那样。

阅读2:《加强党的统一战线工作》《关于中华人民共和国宪法草案的报告》《关于资本主义工商业的社会主义改造问题》《在中国共产党第八次全国代表大会上的政治报告》

写作背景:

经过了国民经济恢复期后,我们国家要全面地进行对农业、手工业和资本主义工商业的社会主义改造。要把小生产者的个体所有制改变为集体所有制,要把资本主义所有制改变为国家的全民所有制。资本家的情绪很不安,小资产阶级、农民的情绪也不安。为了统一认识,1953年6月15日,毛泽东在中央政治局扩大会议上发表重要讲话,对党在过渡时期的总路线和总任务的内容作了完整的表述。即要在一个相当长的时期内,逐步实现国家的社会主义工业化,并逐步实现国家对农业、对手工业和对资本主义工商业的社会主义改造。同年9月25日,党中央正式向全国公布过渡时期总路线。12月,中共中央宣传部发布《为动员一切力量把我国建设成为一个伟大的社会主义国家而斗争——关于党在过渡时期总路线的学习和宣传提纲》。1954年2月中共七届四中全会通过决议,正式批准了过渡时期总路线。并于同年9月载入第一部《中华人民共和国宪法》。在此期间,刘少奇发表过若干讲话,论述过渡时期总路线的各方面问题。

原著节选:

刘少奇:《加强党的统一战线工作》

实现国家工业化,有两种方法。一种是资本主义的方法;另一种是社会主义的方法。我们国家一定要工业化,一定要走社会主义的道路,决不能走资本主义的道路。

要走社会主义的道路。在我国建成社会主义社会,就要消灭一切剥削阶级。消灭剥削阶级可以有两种方法:一种是采取直接剥夺的方法,我们并不拒绝采用这种方法,我们过去消灭地主阶级和官僚资产阶级就是采用这种方法,苏联消灭地主阶级和资产阶级也是采用这种方法。东欧人民民主国家消灭剥削阶级也是采用这种方法。另一种是采取逐步改造的方法，也就是统一战线的方法，即经过教育、说理、批评和自我批评、在政治上工作上生活上进行安排等又团结、又斗争的方法，引导那些能够服从社会主义改造或不坚决反抗社会主义改造的资产阶级分子走上社会主义的道路。

刘少奇：《关于中华人民共和国宪法草案的报告》

关于过渡形式的问题。我们知道，实现对农业、手工业和资本主义工商业的社会主义改造，是一种很艰巨的任务。我们绝不可能在一朝一夕完成这种改造。我们必须根据群众的经验和觉悟程度，根据实际的可能性，逐步前进。我们的经验已经证明，不论在农业、手工业或者资本主义工商业的社会主义改造过程中，都可以有过渡的形式，而采用灵活的多样的过渡形式又是完全必要的。

在对农业和手工业的社会主义改造中，主要的过渡形式是劳动群众部分集体所有制的合作社，如像几年来我国农村中已经开始发展起来的、以土地入股和统一经营为特点的农业生产合作社……

在对资本主义工商业的社会主义改造中，过渡形式是国家资本主义。在我国的历史条件下，我们可能通过各种不同形式的国家资本主义逐步实现对资本主义工商业的社会主义改造。

刘少奇：《关于资本主义工商业的社会主义改造问题》

党的路线是要实行和平改造，即采用赎买的办法来废除资本主义所有制。这就跟废除封建所有制的办法不同。对于地主阶级，我们是采取打倒的办法，没收的办法，而对资产阶级我们不是采取打倒的办法，也不是采取没收的办法，而是采取赎买的办法。

刘少奇：《在中国共产党第八次全国代表大会上的政治报告》

我国过渡时期的基本特点是什么呢？

第一，我们的国家是一个工业落后的国家。为了建设社会主义社会，必须发展社会主义的工业，首先是重工业，使我们的国家由落后的农业国变为先进的工业国。而这是需要一个相当长的时间的。

第二，在我们的国家里，工人阶级的同盟者不但有农民和城市小资产阶级，而且有民族资产阶级。因此，为了改造旧经济，不但对于农业和手工业需要采取和平改造的方法，而且对于资本主义工商业，也需要采取和平改造的方法，而这就需要逐步进行，需要时间。

原著解析：

把中国由落后的农业国变为先进的工业国，使中国摆脱自1840年鸦片战争以来长期落后挨打的局面，实现中华民族的伟大复兴，是中国各族人民的迫切愿望，也是中国共产党人长期为之奋斗的目标。到1952年，土地改革已在全国范围内基本完成，全国财政经济实现了统一，国民经济的恢复工作取得了显著的成就，各项社会改革也不断地顺利地向前推进，人民民主专政的各级国家政权得到巩固，朝鲜战争已经取得有决定性意义的胜利，原来担心的第三次世界大战估计在一段时间内打不起来。所有这些国内国际情况的新变化，为有计划地进行大规模的经济文化建设准备了必要的条件。在这种情况下，在条件已经初步具备的基础上，把实现国家的社会主义工业化的宏伟目标不失时机地提到全党和全国人民面前，把这个伟大的历史任务作为党在今后一个时期的总路线、总任务，是十分及时的、无可非议的。提出党在过渡时期的总路线，就是很自然的事了。

为了实现中国的社会主义工业化，必须要有积累、要有原料、要有市场等。但是，中国长期以来是落后的农业国，处在挨打的地位，中国搞的又是社会主义的工业化，中国实现工业化的道路，不可能走欧美资本主义国家走过的老路，不可能通过原始积累、对外扩张等手段去实现工业化。只有通过自身的努力，才能实现。

在实现社会主义工业化的过程中，迅速到来的大规模的经济文化建设，必然同原有的生产关系发生冲突。个体农业不可能为全国规模的工业化建设提供必需的原料市场、劳动力市场和产品市场，就必然同工业化的要求产生矛盾；这就需要对广大农村原有的生产关系加以变革，把个体的小农业改造成为集体化的大农业，以适应工业化的需要。这是实现国家的社会主义工业化，对农业的社会主义改造提出的带有必然性的要求。在当时，农业如果停滞在原有的生产力发展水平上，停滞在个体所有制的基础上，就会成为工业化的"瓶颈"，严重阻碍工业化的进程。

社会主义工业化建设的开展，也使资本主义工商业同社会主义国营经济之间的矛盾尖锐起来。中华人民共和国成立后，国家扶持有利于国计民生的资本主义工商业的一定程度的发展，但是资本主义工商业发展也必然出现不利于国计民生的一面，因此国家在扶持、利用资本主义工商业的同时，对资本主义工商业采取限制的政策，这就不能不发生限制与反限制的斗争。"五反"运动的开展以及运动中揭发出来的大量的资本家违法乱纪的行为，就是最好的说明。

因此，在提出实现国家的社会主义工业化的同时，提出实现国家对农业、手工业和资本主义工商业的社会主义改造，在当时中国的社会历史条件下，是自然而然、顺理成章的事。从这个意义上说，过渡时期总路线的提出，反映了历史的必然性。

就过渡时期总路线本身来说，也没有多少可指责的方面。历史地看，这条总路线是严谨的、科学的，主要体现在以下几个方面：

第一，对过渡时期的界定符合历史发展的客观实际和中国共产党关于革命转变的一贯主张。总路线规定，从中华人民共和国的成立到社会主义改造基本完成，是一个过渡时期。这种表述同从新民主主义向社会主义的转变、过渡的提法是一致的。

第二，认为过渡时期是一个相当长的时期。当时认为要用三个五年计划即 15 年左右的时间来完成总路线规定的总任务。尽管在考虑这个时限时主要参照的是苏联的经验，但是规定要用一个相当长的时期来完成，这个认识还是应该肯定的。

第三，提出了两个方面的总任务，并将逐步实现国家的社会主义工业化放在逐步实现社会主义改造之前，说明在当时的认识中，提出总路线的主要出发点和归宿，是国家的社会主义工业化。也就是说，把发展先进生产力放在了首要的位置、主体的地位。这一点是应该充分肯定的。这是一条发展社会主义先进生产力和变革旧有生产关系、建立新型的社会主义生产关系同时并举，社会主义建设和社会主义改造同时并举的总路线。这样的规定，应该说是正确的。

因此，可以这样认为，社会主义改造中出现的问题，不是总路线本身造成的，而是在执行总路线过程中，由于领导人后来的认识同正在变化中的客观实际相脱离而造成的。要把总路线本身的内涵同总路线执行过程中出现的问题区别开来，不要混为一谈。

四、案例解析

案例1：天津讲话及其风波

案例来源：朱智敏：《"毛泽东思想概论"课教学案例解析》，高等教育出版社2004年版。

案例内容：

七届二中全会开过之后，接管城市的总方针定下来了，下一步是如何迅速使接管下来的城市生活正常运转起来，恢复和发展生产。这不仅是为了解决前方军需物资供应问题，也不仅是为了解决城市人口和几百万脱产人员（军人、地方干部和旧职员）吃饭穿衣的问题，更重要的是为了稳定和发展全国经济、巩固人民民主政权。否则，一切难以为继。

发展生产，自然首先是发展国营企业的生产，因为它是整个国民经济的骨干，是新民主主义政治、经济的主要支柱。这一条，我们在思想上是明确的，在实际中也是这样做的。但是在工业中，国营经济成分占的比重还很有限，仅占34.7%，私营工商业还占着相当大的比重，恢复和发展生产自然不容忽视私营企业。当时，民族资本家对我们的城市政策有疑虑，我们的人员中也确实有"左"的情绪。因此如何做好团结和争取民族资本家的工作，迅速恢复和发展私营企业的生产，也是一个亟待解决的大问题。

关于这一点，我有切身体会。在参加接收平、津工作后不久，我给中央写了一个《平、津财经情况报告》，列举了两市财经方面的困难。当时，两市每月要补贴15亿元人民币（旧币）。由于工厂不开工，天津有上百万人口生活无着落，北平更多。我报告说："所有城市的中心问题，就是如何有步骤地有计划地妥善地复工。这一问题得到解决，则万事皆通。否则，一切均谈不到。"4月份，我又向毛主席写了一个报告，详细列举了平、津工业生产中的问题。除了城乡交换阻隔、外贸断绝、原料匮乏、产品滞销、通货膨胀外，工作中没有处理好公私、劳资等关系，也是存在的突出问题。"工人、店员误认为我们允许分厂、分店，进行清算斗争。天津解放一个月内，曾发生53次清算斗争。""资本家脑子里有三怕：一怕清算，二怕共产党只管工人利益，三怕以后工人管不住，无法生产。"因此他们抱着消极等待、观望的态度，甚至跑去香港。据天津统计，当时私营企业开工的不足30%。这种情况必须迅速扭转。向工人、干部和资本家阐明七届二中全会确定下来的城市政策，澄清工人中的模糊认识，消除民族资本家存在的疑惧心理，已经刻不容缓。

就是在这种形势下，1949年4月到5月间，少奇同志到天津进行了一次调查研究。4月上旬的一天，他来到华北局机关，对我说："一波，我来向你报到。"并说他将去天津巡视工作。我对他说，你是中央领导同志，该上哪就上哪，何必来告诉我。他说，按组织原则，应该这样做。还说，他在天津的活动，一般情况由天津市委向华北局报告，有些重要问题由我向中央和毛主席报告。中央和毛主席的指示也由我向他转达。他4月10日抵达天津,5月12日回到北平。在一个多月时间里,他深入机关、工厂、学校听取汇报,调查了解情况,同干部、工人、职员、资本家等各方面人士座谈,还作了多次报告。

少奇同志的天津讲话是同他的巩固新民主主义制度的构想密切相连的。

1. 他强调,在执行党的七届二中全会制定的路线、方针和政策的过程中,最容易发生模糊的是,把民族资产阶级当作斗争对象,搞乱敌我阵线。他说民族资产阶级还不是我们今天的斗争对象,"如果当作斗争对象,则是犯了错误,……这错误是路线错误"。他说,"资本家在生产方面占很高的地位",保护他们,"实际上就是保护生产"。"天津的工商业将近有四万家,光是搞生产的——工业就有上万家,有好几十万工人,……社会上很多的必需品,吃的、穿的、用的、鞋子、袜子、牙刷、牙粉……要他们供给,他们是社会上的一个很大的生产力,这个生产力是很重要的,今天没有他们还不行。"他认为,毛主席把党的城市经济工作政策概括为"公私兼顾,劳资两利,城乡互助,内外交流",概括得很好。他基本上就是按照毛主席的这个"十六字方针"(即照顾"四面八方"),来阐明新民主主义经济政策的。

2. 他批评在对待民族资产阶级问题上出现的"左"倾情绪和行为时说,进城了,敌人看不见了,就把眼睛盯准"大肚皮"工商业家,把子弹朝他们打来,像农村分田地一样,要分工厂、汽车、洋房、机器;或向他们提出过高的工资要求;或强令资本家不准辞退工人或在报纸上只说资本家的坏,不说他们的好;干部、工人不敢接触资本家,否则就是立场不稳。总之,只强调斗争的一面,不强调联合和利用,以利于发展生产的一面。这是一种只顾眼前利益,不顾长远利益的行为。他在给东北局的一个电报中指出:"这是一种实际上立即消灭资产阶级的倾向,实际工作中的'左'倾冒险主义和错误路线,和党的方针政策是在根本上相违反的。"

3. 他强调,私营工商业在一定范围、一定时期内的发展,是新民主主义经济政策所允许的。他说,因为我们国家"生产不发达",不是工厂太多,而是太少,"在新民主主义的经济下,在劳资两利的条件下,还让资本家存在和发展几十年,这样做,对工人阶级的好处多,坏处少"。对有益于国计民生的私营工商业要加以保护和允许其发展,对危害国计民生的投机、垄断行为一定要制止,要把商业投机资本引向生产型的工业企业。

4. 他设想,经过一段新民主主义时期,工业逐步发展起来了,就"非走社会主义的道路不可"。关于过渡的方式,他多次讲过,中国可以不采取苏联、东欧推翻资产阶级的流血方式,而采取民族资本家"与我们一起走入社会主义"的方式。他在同宋棐卿、朱继圣、周叔弢等人谈话时表示,希望他们多办工厂,一个变两个,两个变四个,以至八个、十六个,办得越多,贡献越大,将来大势所趋,把工厂交给国家。国家不是没收,而是给以代价,还可以发给高薪,请资本家继续办厂。这时,少奇同志已想到了"和平赎买"的办法。

少奇同志天津讲话的基本精神是符合七届二中全会决议的,是力图贯彻毛主席的思想的。他的本意,是要稳住民族资产阶级,保护和发展民族工商业,迅速恢复和发展生产,建立新民主主义经济秩序(新民主主义经济中社会主义因素不断增长)。这在当时是正确的。他讲话之后,大家感到讲得好,对如何处理好"四面八方"的关系提供了重要思想武器。当时，华北局曾派人到各地择要进行了传达，6月份还起草了一份给太原、石家庄、张家口、唐山等市委的电报指示，要求"普遍宣传少奇同志在天津所讲解的各个问题"（毛主席同意了的），"必须实行毛主席所指出的'四面八方'的路线"，避免重犯过去在土改中侵犯私营工商业的错误。

少奇同志的讲话，在实际工作中起到了很好的作用。当时，为了正确处理好公私、劳资关系，中央发出了专门指示，天津、北平、上海以及各大中城市都纷纷制定了条例、暂行办法等。天津各公、私企业在7、8、9三个月组织传达、学习和讨论，普遍提高了认识，端正了对待民族资产阶级的态度。资本家中存在的各种疑虑逐渐解除了，提高了恢复和发展生产的积极性。7月4日的《人民日报》报道说：

"刘少奇同志在津召集资本家谈话，透辟地阐明了中国共产党和人民政府关于发展生产的政策以后，使资本家更明确地认识劳资关系，消除或减少了疑虑，提高了经营情绪。同时，职工会也对工人进行了较深入的教育，提高了工人的政治觉悟和政策水平，使他们认识到目前只有在劳资两利的方针下，积极发展生产，才能更好地改善生活。由于劳资双方明确了劳资两利的方针，并经人民政府和职工会合理地解决了劳资间的一些具体问题，劳资纠纷显著减少，如在旧历五月节，即很少发生劳资纠纷事件。这对恢复与发展生产起了推进作用。"

客观地说，少奇同志的天津讲话，也有个别言词不妥当的地方。比如讲"剥削有功""剥削越多越好"，就不妥当。当时，我把少奇同志在天津的讲话向毛主席作了汇报。毛主席对他的讲话总是肯定的，认为讲得好，只是觉得"剥削越多越好"的话不一定这么讲。我认为，少奇同志讲这个话的本意，是要向工人、资本家说明，在生产力水平低下的历史条件下，剥削是难以避免的。雇佣关系愈发展，可以使更多的工人得到就业，更多的产品被生产出来，有利于社会经济的发展。从这个意义上讲，发展雇佣劳动是历史上的一个进步。在当时，如果过早消灭资本主义，消灭剥削，将会导致生产受到破坏、工人失业。我觉得，当时朱德同志在阐述这个问题时，讲得很好。他说："私人资本主义企业中的职工，他们在经济上还没有获得完全解放，他们还受着资本家剥削，这种剥削在新民主主义时期只能够受到限制，而不能够消灭。"为了工人阶级根本的长远的利益，还必须"在现阶段自觉地忍受资本家之一定限度以内的剥削"。这里用的是"忍受"资本家"一定限度以内的剥削"，而不是讲"剥削有功""剥削越多越好"。这就表达得比较确切恰当。

案例点评：

这篇文章是薄一波结合自己亲身经历的历史环境和对事件的了解，对刘少奇在中华人民共和国成立初期在天津的一次讲话所作的回顾。从中可以看出，在当时的中国，由于多年战乱，当然从根本上说是由于我国的经济落后，生产力水平低，党需要克服"左"倾思想，团结各方面力量，调动各方面的积极因素，充分发挥当时社会的生产能力。因此，刘少奇根据毛泽东的思想提出巩固新民主主义秩序，并在民族资本家中做解释工作，消除疑虑，使他们放手生产。这实际上贯彻了包括毛泽东在内的党中央领导同志关于中华人民共和国成立后要经过一个相当长的过渡时期才开始采取社会主义步骤的思想。至于"剥削有功""剥削越多越好"的话引起的"风波"，以至成为"文化大革命"期间批判刘少奇时列举的一大罪状，即使不是有人别有用心，也是小题大做了。

第八章　社会主义基本制度在中国的确立

案例2：三条驴腿

案例来源：朱智敏《"毛泽东思想概论"课教学案例解析》高等教育出版社2004年版。

案例内容：

河北省遵化县城东40里的地方有一个小村庄，叫作"四十里铺"。一条蜿蜒的小溪把村子分成两半，东半边是"东铺"，西半边就是"西铺"。

西铺的互助组在两年的活动中，暴露出它所存在的矛盾。特别是它给资本主义自发势力留有较大的活动余地，农民的两极分化现象并没有制止，仍有个别贫苦农民被迫出房卖地。应当怎么办？这已成为摆在西铺党支部面前亟待解决的问题。

为了找到解决的办法，西铺党支部组织党员学习毛主席有关互助合作运动的教导和中共中央《关于农业生产互助合作的决议（草案）》，使大家认识到，应当把本村的农业合作化运动向前推进一步，建立起以土地入股、统一经营为特点的农业生产合作社。1952年秋收后，党支部就开始了领导建社工作。

党支部发出办社号召以后，许多农民踊跃报名，很快就达到了70多户。正在这个时候，暗藏的反革命分子王悦跳出来进行破坏活动。王悦这个家伙，原先就是叛徒特务分子杜志拼凑的反革命小集团的重要角色，曾经参与过破坏土改运动和"红眼队"反革命暴乱等罪恶活动，事后假检讨蒙混过关。村内办起互助组以后，他又凭借家底富裕，在组内耍奸取巧，变相剥削别人，在组外放粮放债，进行重利盘剥。这会儿，他又在暗地里刮阴风，造谣言，胡说什么"入合作社要吃大锅饭，共产共妻""入社个人财产全充公，再想拔腿就难了，最终还是该扛活的扛活，该要饭的要饭"。一些还残存旧思想意识的人受了这种反动宣传的影响，发生了怀疑和动摇，许多原来报名的户又退了，等把区委的办社批准书领回来，只剩下了三户。面对这种情况，王国藩等支部领导同志没有灰心，没有气馁，而是坐下来和坚决走合作化道路的共产党员们认真学习毛主席的有关教导，总结这次建社的经验教训，认识到办合作社是社会主义新生事物，必然会出现严重的阶级斗争。一定要打击阶级敌人的破坏活动，同时还必须坚持党的阶级路线，贯彻自愿互利原则，才能夺取最后的胜利。

在上级党委的大力支持下，西铺的建社工作继续进行。党支部发动办社的积极分子，深入宣传党的方针、政策，澄清各种谣言造成的混乱，揭露阶级敌人破坏合作化的阴谋；对于那些暂时还不愿入社的中农户，采取说服教育和耐心等待的态度，决不强拉硬拽；而把贫下中农当作主要动员对象，凡是实心愿意入社的才吸收进来。经过几天的串联发动，报名入社的共有23户，绝大多数都是在旧社会扛活、讨饭、当劳工的穷苦农民。由这些户组成的西铺第一个合作社，终于在1952年10月26日正式成立了。在成立会上，大家一致推选王国藩同志担任社主任，并自报入社的土地、农具、耕畜。土地很快就报完了，总共230亩薄山地；报农具也很简单，因为大家都没有什么大农具；等到报牲口可就为难了，有1/6驴股的，有1/8驴股的，还有1/18驴股的，拿玉米粒计算的结果，总共才有一头驴的四条驴腿的2.8，勉强算作"三条驴腿"。这头驴，社里用三天，社外用一天，过个把月再给社外补一天。

合作社的绝大多数社员都是一心为社：办社没社址，有的社员就主动把土改分得的大瓦房腾出来，自己一家去住小厢屋；办社少家具，有的社员就从家里搬来桌凳、牲口槽，拿来旧算盘。他们说："没有共产党、毛主席领导闹翻身，哪来的这房子，这家什，现在听毛主席的话办社还有啥舍不得？"但是那个混入党内的反革命分子却大要两面派手法。他吸取了那次反对互助组的教训，表面上不加反对，而且"积极"要求入社，但把他的三头牛和一匹骡子假说是他亲戚家的，拒不交给社里使用，暗地里用这些牲口同别人合伙"卖套"赚钱，并且不断地放粮放债，进行剥削。

刚刚成立的王国藩合作社，家底特别薄，除了那三条驴腿，几乎没有什么生产资料。反革命分子王悦见到合作社的穷日子，就讥笑他们是"穷棒子社"，并且扬言："这些吃救济粮领寒衣的'骨干'，早晚得穷散架，往后有好戏看！"妄图打击社员们的情绪，涣散合作社的人心。这时，在社内也有人产生了畏难情绪，想向国家申请贷款，提出："没有成立社的时候，国家还帮咱一把呢，如今建成了社还能看着不管吗？"

缺少生产资料，合作社能不能巩固、发展？怎样才能克服面临的困难？在党支部的领导下，合作社召开社员会讨论这个问题。王国藩同志对大伙讲："他们说我们是'穷棒子'，我们就是'穷棒子'。但是我们人穷志不穷，难不倒，穷不散！""党教导我们要艰苦奋斗。只要我们不怕艰苦，就准保能克服眼前的困难。如果'八字没见一撇'，就借下债，将来就会减少社员收入。"开会如磨刀，越磨越快，理越辩越明。通过讨论，"穷棒子社"的人面对阶级敌人的攻击、讥笑和讽刺，不但没有松懈斗志，反而更加坚定了走合作化道路的决心。大家豪迈地说："我们一定要迎着风浪走，踏着困难行，坚决把社办好。"主张向上伸手的社员也很快打消了借贷款的想法。大家一致表示：我们要从生产上越过单干户和互助组，变穷社为富社，决不能靠向上伸手，而要自己动手，发挥集体力量，彻底改变"穷棒子社"的面貌。

有了雄心壮志，就有了迎战困难的勇气和办法。"穷棒子社"的社员打破了传统的旧习惯，变冬闲为冬忙。他们兵分两路：少部分壮劳力带领妇女老少做好春耕准备，三条驴腿不够用，就肩不离担，手不离锹，送粪、搂石、整地。以其余的壮劳力为主，组成一个19人的队伍，不顾天寒地冻，顶风冒雪，在隆冬季节远出30里外的王寺峪上山打柴，解决生产资料缺乏问题。他们在"没牛没马，从山上拉；没衣没米，从山上取"的英雄口号鼓舞下，吃的是稀粥白薯，穿的是开花棉衣，住的是透天草棚，十几个人合扯四条小被；有的人磨穿了鞋，有的人扯破了衣，有的人碰伤了手脸，有的人甚至从坡上摔下来，但他们毫不畏缩，坚持苦干。20多天的战斗，凭着38只手，打回4万多斤柴，卖得430多元。

打柴换来的钱，本来应当用在添置生产资料上面，但由于当时生活困难，有的社员提出大家分掉过年。反革命分子王悦抓住这个机会，利用个别社员存在的春节应当"过肥年"的旧思想，暗地鼓动他们分光吃光。王国藩同志把大家请到一块，商量这钱到底能不能分。他语重心长地说："难过的日子好过的年，凡事须往远处看。咱要用这笔钱买了生产上急用的东西，明年的好收成就有了指望。如果分了吃掉，明年生产搞糟了，那就要让阶级敌人看笑话。"商量的结果，大家统一了思想，摆正了目前同长远的关系、个人和集体的关系，根据社内的迫切需要，买了1头骡子、1头牛、19只羊、1辆铁轮车，还有一部分零星农具。

旧的问题解决了，新的矛盾又出现了：有了牛羊没有圈，有了大车没有套，有了耕畜没有料。此外，还有的社员家里没了口粮。但是，这点问题更压不倒"穷棒子社"的人们。他们说："困难纵有九成九，难不住'穷棒子'一双手。"有的由家里拿来两颗钉子，有的由家里扛来两根木棍、两捆干草，并从沙河滩捡来石头，一起动手搭起了羊圈、牛棚。他们又第二次上山打柴，17天的苦战，取来了210元的收入，不但买了草料、车套，解决了缺粮户吃的问题，还添置了1头驴、11只羊。就这样，旧社会遗留下来的困难和阶级敌人新制造的阴谋，又一次被他们克服和粉碎了。

"穷棒子社"虽然添了些生产资料，但在生产上并不是就没有困难了。可是无论困难有多么多，有多么大，他们总是心中装着走合作化道路的大目标，鼓足干劲，靠自己的力量去一个一个地战胜它们……

"穷棒子社"从三条驴腿起家，依靠自己的力量，冲破重重艰难险阻，赢得了第一个丰收年，用事实对那些散布合作社要"穷散架"的人，做出了强有力的回答。这一年粮食亩产达到254斤，超过互助组上年平均产量将近一倍；粮食总产量45800多斤，扣除集体留粮以后，平均每户可分粮1400多斤；总收入6800多元，去掉各项开支，平均每户分配的收入达190多元。社里社外的许多人，想也没有想到合作社取得这样大的成绩，社员会有这么多的收入。老贫农王生摸着那些几乎没地方盛的粮食，激动得热泪盈眶。他想：要用过去的要饭瓢量这些粮食，咋个量法啊！这是走毛主席、共产党指引的路才得到的，这条路走定了，粉身碎骨也决不回头！

案例点评：

过渡时期总路线的社会主义改造包括对农业、手工业、资本主义工商业的改造三个方面。这里选取了农业合作化的一个案例：《"穷棒子"精神放光芒》编写组对当时河北省遵化县四十里铺"穷棒子社"的报道。20世纪50年代当它初次见报时，作为宣传材料难免有"加工""拔高"的成分。这里选用的材料出版于1975年，文字、内容都染上些"文化大革命"的色彩。但是，我们仍可以从中看到在那场席卷全国轰轰烈烈的中国农村社会主义高潮中发生在亿万农民中间的故事，从中体味广大穷苦农民响应党的号召，积极走合作化道路的情况。同时，也可以想见，作为毛泽东亲自表彰推荐的典型，王国藩和"三条驴腿"的故事在全国产生的巨大影响。

五、实践项目

项目1：文献研读心得

篇目：(1) 毛泽东：《在中国共产党第七届中央委员会第二次全体会议上的报告》（1949年3月5日）

(2) 中共中央宣传部：《为动员一切力量把我国建设成为一个伟大的社会主义国家而斗争——关于党在过渡时期总路线的学习和宣传提纲》（1953年12月）

(3) 刘少奇：《在中国共产党第八次全国代表大会上的政治报告》（节选）

(1956 年 9 月 15 日)

流程：（1）教师向学生提供阅读文献信息：可从图书馆借阅的参考书目；可供下载比较可靠的网络地址；电子版的可阅读文献需设置并发送到公共邮箱，供学生下载。

（2）教师在课堂上对阅读文献做简单讲解，提出撰写读书心得的具体要求。

（3）学生阅读文献，撰写并按时提交读书心得报告。成果可以 PPT、经过整理的资料片、学术论文等形式呈现。

（4）教师评定成绩并做简要小结、反馈。

评价：

考核指标	考核结果			
	优	良	中	差
学习态度				
自主学习能力				
合作学习能力				
知识运用能力				
学习效果				
总体评价				

项目 2：观看音像资料

《五朵金花》是长春电影制片厂于 1959 年制作的一部爱情电影。讲述的是白族青年阿鹏与副社长金花在一年一度的大理三月街相遇时一见钟情，次年阿鹏经过千辛万苦，走遍苍山洱海，先后找到了积肥模范金花、畜牧场金花、炼钢厂金花和正在举行婚礼的金花。在一次次的误会之后，阿鹏最终找到了自己心爱的姑娘。他与金花在蝴蝶泉边再次相会，两人解除了误会。另外四个金花和她们的男友也来到这里，翩翩起舞，为他们真挚的爱情唱起了赞歌。

该片以阿鹏找金花为线索，连接了一个个富有喜剧色彩的故事，使活跃在不同岗位的五位金花呈现出丰富多彩的生活情景与积极向上的精神风貌。全片格调清新优雅、妙趣横生，具有浓郁的民族特色、抒情色彩和浓烈的时代气息。当中处处反映了中国当时"三大改造"中的农业改造的情况。农业合作社处处可见，每朵金花都是社里的劳动好手，特别是主角金花，还是一位副社长。当时的农业生产合作社得到了广大农民的支持和参与。"三大改造"中，农业的社会主义改造是一场深刻的农村经济体制变革，在中国社会主义革命和社会主义建设的历程中占有着特殊的地位，起着特有的作用。而这个在历史上占有特殊地位的事件,是分为三个阶段进行的。片子主要反映的是第一和第二阶段。

流程:(1)教师提供音像资料来源,提出撰写观后感的评审标准和要求。

(2)学生在观看影视资料的基础上撰写观后感。观感可有多种形式,包括学术论文、PPT、经过整理的资料片等。

(3)学生提交观后感并进行交流。

(4)教师根据学生完成情况评定成绩并计入平时成绩。

第九章　社会主义建设在探索中曲折发展

一、知识提要

中华人民共和国成立初期，因为没有经验，在经济建设上只能学习苏联的做法，但1956年召开的苏共二十大暴露了苏联模式的缺点和错误，中国共产党人开始探索适合中国国情的社会主义建设道路，毛泽东提出把马克思主义和中国实际"第二次结合"，为探索适合中国国情的社会主义建设道路，提供了基本的指导原则。在探索的过程中取得了积极的成果，发表了《论十大关系》，总结了经济建设的初步经验，借鉴了苏联建设的经验教训。接下来召开的中共八大正确分析了社会主义改造完成后中国社会的主要矛盾和主要任务，在经济建设上，大会坚持既反保守又反冒进，即在综合平衡中稳步前进的方针。《关于正确处理人民内部矛盾的问题》指出正确区分和处理敌我矛盾和人民内部矛盾。1957年整风运动，反对官僚主义、宗派主义和主观主义。对中国共产党提出意见的大多被划成右派，反右派斗争严重扩大化，导致了中共八届三中全会开始改变党的八大关于社会主要矛盾的正确判断，认为当前国内的主要矛盾仍然是无产阶级和资产阶级、社会主义道路和资本主义道路的矛盾。中共八大二次会议上通过了"鼓足干劲、力争上游、多快好省地建设社会主义"的社会主义建设总路线，导致了"大跃进"和人民公社化运动，以高指标、瞎指挥、浮夸风和"共产风"为主要标志的"左"倾错误严重泛滥开来。毛泽东初步纠正，但带有很大的局限性。庐山会议错误批判了彭德怀，开始了"反右倾"，加之苏联背信弃义和自然灾害，中国国民经济在1959年到1961年发生严重困难。毛泽东又进行了调整，还开了七千人大会，提出了"四个现代化"，开展了城乡社会主义教育运动，整走资派。对文化领域也进行了过火的政治批判，终于酿成"文化大革命"，全面内乱形成。林彪反革命集团、"四人帮"先后覆灭，"文化大革命"结束，国民经济遭受严重损失，民主法制遭到践踏，干部群众遭受迫害，学术文化遭到摧残，科技水平差距拉大，党风世风严重破坏。中国从开始全面建设社会主义以来，尽管经历过严重的曲折，但从总体上说，社会主义建设取得的成就是巨大的。独立的、比较完整的工业体系和国民经济体系基本建立，人民生活水平得到提高，文化、医疗、科技事业得到发展，国际地位得到提高与国际环境得到改善，探索中形成了建设社会主义的若干重要原则。

二、重点搜索

重点1：社会主义建设理论的积极探索

（1）在基本的指导思想方面，论述了必须实行马克思主义与中国实际"第二次结合"的基本思想，提出了社会主义社会矛盾的学说，阐明了建设社会主义的基本方针。

(2) 在社会主义发展阶段问题上，提出社会主义发展阶段分为不发达的社会主义和比较发达的社会主义两个阶段。

(3) 在社会主义现代化建设的战略目标和步骤问题上，强调社会主义现代化建设采取"两步走"的发展战略。第一步，建成一个独立的比较完整的工业体系和国民经济体系；第二步，全面实现农业、工业、国防和科学技术的现代化战略目标，使中国的经济走在世界前列。

(4) 在社会主义经济建设方面，毛泽东提出了一系列正确的观点。如：以农、轻、重为序发展国民经济；在优先发展重工业的条件下，坚持工业和农业并举、重工业和轻工业并举、中央工业和地方工业并举、大中小企业并举等"两条腿"走路的方针；正确解决好综合平衡的问题，处理好积累和消费、生产和生活的问题，处理好国家、集体和个人的关系，统筹兼顾，适当安排。

(5) 在社会主义民主政治建设方面，毛泽东提出了许多正确的观点。如：造成一个有集中又有民主，有纪律又有自由，有统一意志又有个人心情舒畅、生动活泼的政治局面；要把正确处理人民内部矛盾作为国家政治生活的主题；处理好中国共产党同各民主党派的关系，坚持长期共存、互相监督的方针，巩固和扩大爱国统一战线；要切实保障人民当家做主的各项权利，尤其是人民参与国家和社会事务管理的权利；社会主义法制要保护劳动人民利益，保护社会主义经济基础，保护社会生产力。

(6) 在社会主义文化建设方面，毛泽东提出，要坚持马克思主义的指导地位，实行"百花齐放、百家争鸣"的方针。

(7) 在国防建设和军队建设方面，毛泽东提出必须加强国防、建设现代化正规化国防军和发展现代化国防技术的重要指导思想。

(8) 关于加强共产党自身建设，毛泽东最早觉察到帝国主义的"和平演变"战略的危险，号召共产党人提高警惕，同这种危险做斗争。十分警惕党在执政以后可能产生的种种消极现象。提出：共产党员务必继续保持谦虚、谨慎、不骄、不躁的作风，继续保持艰苦奋斗的作风。

意义：以毛泽东为主要代表的中国共产党人所阐明的这些重要思想，把对社会主义社会建设和发展规律的认识大大地向前推进，为继续进行探索并在中共十一届三中全会后系统形成中国特色社会主义理论提供了重要的基础。

重点2：发动"大跃进"的原因和后果

"大跃进"的形成的重要原因有以下几点：国际环境压力和国内形势的变化是"大跃进"产生的政治心理原因。世界现代化进程中的多种发展模式与中国经济发展模式的客观选择是"大跃进"产生的经济原因。摆脱苏联束缚、走自己的路与自身建设经验的不足是"大跃进"产生的认识原因。毛泽东过分强调主体能动性的发挥是"大跃进"产生的思想原因。国家政治体制中存在的某些弊端和毛泽东个人专断作风的形成是"大跃进"产生的体制原因。详细解读如下：

(1) 中国共产党和中国人民从历史经验中深切懂得落后就要挨打。全国上下都有一种迅速改变落后面貌的急迫愿望，必须抢时间、争速度才能在全面封锁的险恶的国际环境中立于不败之地。毛泽东的心情更为急迫。

1958年制定了不切合实际的钢产量指标以后，提倡放手发动群众，尊重群众的首创精神。在这种群众运动的氛围之下，刮起了一股头脑发热之风。河南省发表了建立人民公社的消息以后，人们头脑中的平均主义意识急速膨胀，导致全面的人民公社化。随后"一平二调"的共产风、浮夸风越刮越凶，这是导致农业崩溃的主要因素。

（2）认识问题。社会主义怎么搞法，怎样发展生产，怎样走向共产主义只有一些轮廓认识，谁也说不清楚。特别是对市场经济的历史阶段没有认识，不知道只有市场机制和价值规律才能迅速提高生产力，以达到物质极大丰富这个共产主义的第一条件。

（3）中国在取得了新民主主义革命和社会主义改造两大胜利之后，第一个五年计划开局良好。人们在这一系列的胜利面前有些飘飘然了，一贯反对主观主义的毛泽东这时也不自觉地脱离了辩证唯物主义的立场，他又拿出大搞群众运动的老经验，过高地估计了人的主观能动性，以为大搞群众运动就能创造人间奇迹。毛泽东犯了经验主义的错误。

（4）急于求成的冒进情绪是我国历史积淀下来的小生产意识的通病。党的六届六中全会通过的历史决议中分析了产生瞿秋白、李立三、王明等三次"左"倾路线错误的历史与社会根源是小资产阶级思想意识中的急性病。这种思想意识对毛泽东以及后来的党中央领导人都是有影响的，1977年提出要在五年内实现全国农业机械化，再建十来个大庆也是急躁冒进情绪的反映。

"大跃进"的后果：

"大跃进"违背客观规律，严重破坏社会生产力，打乱正常生产秩序，造成国民经济各部门之间、积累和消费之间比例严重失调。经济工作中急躁冒进的"左"倾错误，使国民经济遭受严重挫折，人民生活受到很大的影响。从1961年起，国家不得不用5年时间进行经济调整。

（1）追求"一大二公"，盲目扩大和提高公有制。"大"，就是规模大，把原来一二百户的高级社合并成四五千户以至一两万户的人民公社。全国平均每个公社由28个半合作社合并而成，一般是一乡一社。所谓"公"，就是扩大和提高公有制。人民公社成立之初，实行单一的公社所有制，把原来几十个以至上百个贫富不同、条件各异的生产合作社并在一起。一切财产上交公社，多者不退，少者不补，在全社范围内统一核算，统一分配。这种形式名为扩大和提高公有制成分，实际是贫富拉平，让穷社（合并后叫大队或小队）共富社的产。同时，社员的自留地、家畜、果树等，也被收归社有。在各种"大办"中，政府和公社还无偿调用生产队的土地、物资和劳动力，甚至调用社员的房屋、家具等。这实际上是对农民的无偿剥夺，给农业生产带来灾难性的后果。这种做法，混淆了集体所有制和全民所有制的界限，犯了平均主义的错误，导致"共产风"泛滥，引起农民的严重不满。

（2）急于改变按劳分配政策，实行名曰具有共产主义因素实为平均主义的分配制度。人民公社建立之初，宣称实行供给制与工资制相结合的分配制度。所谓供给制，就是大办公共食堂，实行吃饭不要钱，并要求随着生产的发展逐步扩大供给范围。有的公社宣布实行"八包""十包"，即包衣食住行、教育医疗、男婚女嫁、生老病死等。在当时物质贫乏、温饱问题尚未解决的情况下，实行所谓"按需分配"，只能是一种不切实际的幻想，是一种粗陋的平均主义。它严重挫伤了农民的生产积极性,束缚了生产力的发展。

(3) 实行政社合一的制度。人民公社实行乡社合一,把政权组织和经济组织合二为一。不仅如此,还实行四社合一,即把供销、信贷、手工业合作社同农业生产合作社都合并起来。同时,国家在当地的一些企事业单位也统统下放给公社管理。这样,就把一个乡甚至几个乡范围内的工农商学兵,农林牧副渔,政治、经济、文教、军事等,各方面的工作统统集中到公社。公社不仅管生产、管政权,还要管社员生活(食堂、医院、托儿所、敬老院、缝纫组等)。这种体制是导致不讲经济效益,不按经济规律办,不讲因地制宜,单凭行政命令管理经济,搞"一刀切"的重要根源,因而也是以强迫命令大刮"共产风"的一个重要根源。政社合一体制除了强化"共产风"外,还使"共产风"同"命令风"结合在一起,使一切平调都以行政命令的方式下达。

(4) 人民公社大力推行组织军事化、行动战斗化、生活集体化,将劳动力按军事编制,组成班、排、连、营等单位,采用大兵团作战的方法,从事工农业生产。与此同时,社队普遍设立公共食堂、托儿所、敬老院、缝纫组等,以为这样可以使家务劳动社会化,解放妇女,节约粮食,还可以培养群众的集体主义、共产主义精神。实际上,在贫乏的物质条件、原始的技术设备和落后的管理水平下,这种社会化只能造成人力物力的极大浪费,给群众的生活带来更多的不便,因而不久即遭到群众的普遍反对。

(5) 缩小商品交换,扩大产品分配。当时不少干部认为,商品交换越少,越接近共产主义,有人甚至提出消灭商品生产的主张。因而,人民公社成立后,商品生产和交换受到很大限制,价值规律被否定,强化了自给型的自然经济。人民公社建立之初的这些表现和特点,集中到一点,就是生产关系上的急于过渡,即由集体所有制向全民所有制过渡,由社会主义向共产主义的穷过渡。可以说,人民公社就是企图在落后的生产力基础上,依靠不断扩大公有制,缩小商品生产和交换,实行平均主义分配制度,来迅速建成完全的社会主义,并很快地过渡到共产主义。当时认为,越穷越容易过渡,因而要尽早趁穷过渡。北戴河会议关于人民公社的决议就指出:"人民公社建立以后,快的三四年,慢的五六年就可以实现从集体所有制向全民所有制的过渡。"并且认为,"共产主义在我国的实现已经不是什么遥远将来的事情了",人民公社就是向共产主义过渡的桥梁。甚至有人说,一省可以首先进入共产主义。于是,各地纷纷跑步进入共产主义。

总之,人民公社是毛泽东在"大跃进"浪潮推动下设计的中国社会的模式,解决的是建立什么样的社会主义问题,它勾勒出一幅相当完整的中国未来社会的图景。可以说,人民公社是一种建立在半自然经济基础上带有浓厚平均主义、军事共产主义色彩的空想社会主义模式。这样的空想模式有相当完整的理论和政策,并被付诸实践,从而在中国大陆6亿人口中,展开了一场空前规模、举世瞩目的试验。这场试验要解决的是如何建设社会主义并过渡到共产主义的问题。从根本上说,人民公社理论及其实验,是离开生产力的发展,对变革生产关系采取了主观随意的态度,不仅企图超越社会主义初级阶段,而且企图超越整个社会主义阶段。因此,在这一理论指导下的人民公社化运动不可能是一个科学社会主义的运动,而只能成为一场不成功的空想社会主义的试验。人民公社化运动并未把人民带入共产主义的天堂,相反,给人民生活和生产造成了极度的紧张和混乱。短短几个月内,农业生产大幅度下降,农村形势日趋紧张,"大跃进"和人民公社化运动所造成的严重恶果日益暴露出来。

重点3：发动"文化大革命"的原因和后果

"文化大革命"之所以发生并且持续十年之久，有着深刻的社会历史原因。

（1）我们党在迅速进入社会主义新的历史阶段之后，对于如何在一个经济文化不发达的国家进行全面的社会主义建设，缺乏充分的思想准备和科学研究；对于什么是社会主义、怎样建设社会主义的问题，并没有完全搞清楚。

（2）由于中国共产党在历史上积累了丰富的阶级斗争经验，在社会主义改造基本完成之后，在观察和处理社会主义建设中遇到新事物、新问题时，容易照搬过去的经验，把本不属于阶级斗争的问题看作阶级斗争，仍然习惯于采取大规模群众性政治运动的方法去处理。这种脱离现实生活的主观主义的思想和做法，由于把马克思、恩格斯、列宁、斯大林著作中的某些设想和论点加以误解或教条化，反而显得有"理论根据"。这些都促成了阶级斗争扩大化错误的产生。

（3）党的民主集中制和集体领导制度遭到严重破坏，致使党无法依靠制度的和集体的力量及时发现并纠正错误。在中国共产党面临工作重心转向社会主义建设这一新任务因而需要特别谨慎的时候，党和国家政治生活中的集体领导原则和民主集中制不断受到削弱以至破坏。再加上由于种种历史原因，使党的权力过分集中于个人，党内个人专断和个人崇拜现象滋长起来，这样也就使党和国家难以防止和制止像"文化大革命"这样全局性错误的发生和发展。

"文化大革命"不是任何意义上的革命和社会进步，它是一场由领导者错误发动，被林彪、江青两个反革命集团利用，给党、国家和各族人民带来严重挫折和损失的内乱。"文化大革命"造成的后果极其严重，给中国的政治、经济和文化造成了无法弥补的损失。

（1）政治上的动乱，使民主与法制遭到破坏和肆意践踏，广大干部和群众遭受残酷迫害。

（2）经济上的损失，据估计在5000亿元以上，这个数字相当于中华人民共和国成立以来30年全部基本建设投资的80%，超过了中华人民共和国成立以来30年全部固定资产的总和。

（3）科学文化教育事业被严重摧残，历史文化遗产遭到巨大破坏，国民素质下降，经济、科技水平同发达国家的差距进一步拉大。

"文化大革命"的启示：

（1）在建立社会主义制度以后必须坚定不移地把工作重点转移到经济建设上来。

（2）对社会主义制度建立以后的阶级斗争要作科学的分析。

（3）必须坚持党的民主集中制，反对任何形式的个人崇拜。

（4）进一步健全社会主义法制。

三、深度阅读

阅读1：《论十大关系》

写作背景：

1956年年初，在生产资料私有制的社会主义改造不断取得胜利的形势下，中共中央开始把党和国家工作的着重点向社会主义建设方面转移。社会主义建设，从1953年执行第一个五年计划算起，已有3年多的实践经验。对于苏联经济建设中的一些缺点和错误也逐步有所了解。以苏联的经验教训为借鉴，总结自己的经验，探索一条适合中国情况的建设社会主义道路的任务，已经提到了中国共产党面前。

1956年2月后，毛泽东用两个多月的时间先后听取了中央34个部委的汇报，汇报的内容主要是有关经济建设问题的调查研究。关于正确处理十大关系的思想，就是在这个基础上，经过中央政治局的几次讨论，由毛泽东集中概括出来的。同年4月25日，毛泽东在政治局扩大会议上作了《论十大关系》的报告。

原著节选：

（一九五六年四月二十五日）

最近几个月，中央政治局听了中央工业、农业、运输业、商业、财政等三十四个部门的工作汇报，从中看到一些有关社会主义建设和社会主义改造的问题。综合起来，一共有十个问题，也就是十大关系。

重工业和轻工业、农业的关系

重工业是中国建设的重点。必须优先发展生产资料的生产，这是已经定了的。但是决不可以因此忽视生活资料尤其是粮食的生产。如果没有足够的粮食和其他生活必需品，首先就不能养活工人，还谈什么发展重工业？所以，重工业和轻工业、农业的关系，必须处理好。

在处理重工业和轻工业、农业的关系上，我们没有犯原则性的错误。我们比苏联和一些东欧国家作得好些。像苏联的粮食产量长期达不到革命前最高水平的问题，像一些东欧国家由于轻重工业发展太不平衡而产生的严重问题，我们这里是不存在的。他们片面地注重重工业，忽视农业和轻工业，因而市场上的货物不够，货币不稳定。我们对于农业、轻工业是比较注重的。我们一直抓了农业，发展了农业，相当地保证了发展工业所需要的粮食和原料。我们的民生日用商品比较丰富，物价和货币是稳定的。

我们如今的问题，就是还要适当地调整重工业和农业、轻工业的投资比例，更多地发展农业、轻工业。这样，重工业是不是不为主了？它还是为主，还是投资的重点。但是，农业、轻工业投资的比例要加重一点。

加重的结果怎么样？加重的结果，一可以更好地供给人民生活的需要，二可以更快地增加资金的积累，因而可以更多更好地发展重工业。重工业也可以积累，但是，在我们现有的经济条件下，轻工业、农业积累得更多更快些。

我们如今发展重工业可以有两种办法，一种是少发展一些农业、轻工业，一种是多发展一些农业、轻工业。从长远观点来看，前一种办法会使重工业发展得少些和慢些，至少基础不那么稳固，几十年后算总账是划不来的。后一种办法会使重工业发展得多些和快些，而且由于保障了人民生活的需要，会使它发展的基础更加稳固。

沿海工业和内地工业的关系

中国的工业过去集中在沿海。所谓沿海，是指辽宁、河北、北京、天津、河南东部、山东、安徽、江苏、上海、浙江、福建、广东、广西。中国全部轻工业和重工业，都有约百分之七十在沿海，只有百分之三十在内地。这是历史上形成的一种不合理的状况。沿海的工业基地必须充分利用，但是，为了平衡工业发展的布局，内地工业必须大力发展。在这两者的关系问题上，我们也没有犯大的错误，只是最近几年，对于沿海工业有些估计不足，对它的发展不那么十分注重了。这要改变一下。

过去朝鲜还在打仗，国际形势还很紧张，不能不影响我们对沿海工业的看法。如今，新的侵华战争和新的世界大战，估计短时期内打不起来，可能有十年或者更长一点的和平时期。这样，如果还不充分利用沿海工业的设备能力和技术力量，那就不对了。不说十年，就算五年，我们也应当在沿海好好地办四年的工业，等第五年打起来再搬家。从现有材料看来，轻工业工厂的建设和积累一般都很快，全部投产以后，四年之内，除了收回本厂的投资以外，还可以赚回三个厂，两个厂，一个厂，至少半个厂。这样好的事情为什么不做？认为原子弹已经在我们头上，几秒钟就要掉下来，这种形势估计是不合乎事实的，由此而对沿海工业采取消极态度是不对的。

这不是说新的工厂都建在沿海。新的工业大部分应当摆在内地，使工业布局逐步平衡，并且利于备战，这是毫无疑义的。但是沿海也可以建立一些新的厂矿，有些也可以是大型的。至于沿海原有的轻重工业的扩建和改建，过去已经作了一些，以后还要大大发展。

经济建设和国防建设的关系

国防不可不有。如今，我们有了一定的国防力量。经过抗美援朝和几年的整训，我们的军队加强了，比第二次世界大战前的苏联红军要更强些，装备也有所改进。我们的国防工业正在建立。自从盘古开天辟地以来，我们不晓得造飞机，造汽车，如今开始能造了。

我们如今还没有原子弹。但是，过去我们也没有飞机和大炮，我们是用小米加步枪打败了日本帝国主义和蒋介石的。我们如今已经比过去强，以后还要比如今强，不但要有更多的飞机和大炮，而且还要有原子弹。在今天的世界上，我们要不受人家欺负，就不能没有这个东西。怎么办呢？可靠的办法就是把军政费用降到一个适当的比例，增加经济建设费用。只有经济建设发展得更快了，国防建设才能够有更大的进步。

一九五〇年，我们在党的七届三中全会上，已经提出精简国家机构、减少军政费用的问题，认为这是争取中国财政经济情况根本好转的三个条件之一。第一个五年计划期间，军政费用占国家预算全部支出的百分之三十。这个比重太大了。第二个五年计划期间，要使它降到百分之二十左右，以便抽出更多的资金，多开些工厂，多造些机器。经过一段时镇压反革命也可以不搞。这种意见是错误的。

对待反革命分子的办法是：杀、关、管、放。杀，大家都知道什么一回事。关，就是关起来劳动改造。管，就是放在社会上由群众监督改造。放，就是可捉可不捉的一般不捉，或者捉起来以后表现好的，把他放掉。按照不同情况，给反革命分子不同的处理，是必要的。

如今只说杀。那一次镇压反革命杀了一批人，那是些什么人呢？是老百姓非常仇恨的、血债累累的反革命分子。六亿人民的大革命，不杀掉那些"东霸天""西霸天"，人民是不能起来的。如果没有那次镇压，今天我们采取宽大政策，老百姓就不可能赞成。如今有人听到说斯大林杀错了一些人，就说我们杀的那批反革命也杀错了，这是不对的。肯定过去根本上杀得对在当前有实际意义。

第二点，应当肯定

还有反革命，但是已经大为减少。在胡风问题出来以后，清查反革命是必要的。有些没有清查出来的，还要继续清查。要肯定如今还有少数反革命分子，他们还在进行各种反革命破坏活动，比如把牛弄死，把粮食烧掉，破坏工厂，盗窃情报，贴反动标语，等等。所以，说反革命已经肃清了，可以高枕无忧了，是不对的。只要中国和世界上还有阶级斗争，就永远不可以放松警惕。但是，说如今还有很多反革命，也是不对的。

第三点，今后社会上的镇反，要少捉少杀。社会上的反革命因为是老百姓的直接冤头，老百姓恨透了，所以少数人还是要杀。他们中的多数，要交给农业合作社去管制生产，劳动改造。但是，我们还不能宣布一个不杀，不能废除死刑。

第四点，机关、学校、部队里面清查反革命，要坚持在延安开始的一条，就是一个不杀，大部不捉。真凭实据的反革命，由机关清查，但是公安局不捉，检察机关不起诉，法院也不审判。一百个反革命里面，九十几个这样处理。这就是所谓大部不捉。至于杀呢，就是一个不杀。

什么样的人不杀呢？胡风、饶漱石这样的人不杀，连被俘的战犯宣统皇帝、康泽这样的人也不杀。不杀他们，不是没有可杀之罪，而是杀了不利。这样的人杀了一个，第二个第三个就要来比，许多人头就要落地。这是第一条。第二条，可以杀错人。一颗脑袋落地，历史证明是接不起来的，也不像韭菜那样，割了一次还可以长起来，割错了，想改正错误也没有办法。第三条，消灭证据。镇压反革命要有证据。这个反革命常常就是那个反革命的活证据，有官司可以请教他。你把他消灭了，可能就再找不到证据了。这就只有利于反革命，而不利于革命。第四条，杀了他们，一不能增加生产，二不能提高科学水平，三不能帮助除四害，四不能强大国防，五不能收复台湾。杀了他们，你得一个杀俘虏的名声，杀俘虏历来是名声不好的。还有一条，机关里的反革命跟社会上的反革命不同。社会上的反革命爬在人民的头上，而机关里的反革命跟人民隔得远些，他们有普遍的冤头，但是直接的冤头不多。这些人一个不杀有什么害处呢？能劳动改造的去劳动改造，不能劳动改造的就养一批。反革命是废物，是害虫，可是抓到手以后，却可以让他们给人民办点事情。

但是，要不要立条法律，讲机关里的反革命一个不杀呢？这是我们的内部政策，不用宣布，实际上尽量做到就是了。假使有人丢个炸弹，把这个屋子里的人都炸死了，或者一半，或者三分之一，你说杀不杀？那就一定要杀。

机关肃反实行一个不杀的方针，不妨碍我们对反革命分子采取严肃态度。但是，可以保证不犯无法挽回的错误，犯了错误也有改正的机会，可以稳定很多人，可以避免党内同志之间互不信任。不杀头，就要给饭吃。对一切反革命分子，都应当给以生活出路，使他们有自新的机会。这样做，对人民事业，对国际影响，都有好处。

镇压反革命还要作艰苦的工作，大家不能松懈。今后，除社会上的反革命还要继续镇压以外，必须把混在机关、学校、部队中的一切反革命分子继续清查出来。一定要分清敌我。如果让敌人混进我们的队伍，甚至混进我们的领导机关，那会对社会主义事业和无产阶级专政造成多么严重的危险，这是大家都清楚的

中国和外国的关系

我们提出向外国学习的口号，我想是提得对的。如今有些国家的领导人就不愿意提，甚至不敢提这个口号。这是要有一点勇气的，就是要把戏台上的那个架子放下来。

应当承认，每个民族都有它的长处，不然它为什么能存在？为什么能发展？同时，每个民族也都有它的短处。有人以为社会主义就了不起，一点缺点也没有了。哪有这个事？应当承认，总是有优点和缺点这两点。我们党的支部书记，部队的连排长，都晓得在小本本上写着，今天总结经验有两点，一是优点，一是缺点。他们都晓得有两点，为什么我们只提一点？一万年都有两点。将来有将来的两点，如今有如今的两点，各人有各人的两点。总之，是两点而不是一点。说只有一点，叫知其一不知其二。

我们的方针是，一切民族、一切国家的长处都要学，政治、经济、科学、技术、文学、艺术的一切真正好的东西都要学。但是，必须有分析有批判地学，不能盲目地学，不能一切照抄，机械搬用。他们的短处、缺点，当然不要学。

对于苏联和其他社会主义国家的经验，也应当采取这样的态度。过去我们一些人不清楚，人家的短处也去学。当着学到以为了不起的时候，人家那里已经不要了，结果栽了个斤斗，像孙悟空一样，翻过来了。比如，过去有人因为苏联是设电影部、文化局，我们是设文化部、电影局，就说我们犯了原则错误。他们没有料到，苏联不久也改设文化部，和我们一样。有些人对任何事物都不加分析，完全以"风"为准。今天刮北风，他是北风派，明天刮西风，他是西风派，后来又刮北风，他又是北风派。自己毫无主见，往往由一个极端走到另一个极端。

苏联过去把斯大林捧得一万丈高的人，如今一下子把他贬到地下九千丈。我们国内也有人跟着转。中央认为斯大林是三分错误，七分成绩，总起来还是一个伟大的马克思主义者，按照这个分寸，写了《关于无产阶级专政的历史经验》。三七开的评价比较合适。斯大林对中国做了一些错事。第二次国内革命战争后期的王明"左"倾冒险主义，抗日战争初期的王明右倾机会主义，都是从斯大林那里来的。解放战争时期，先是不准革命，说是如果打内战，中华民族有毁灭的危险。仗打起来，对我们半信半疑。仗打胜了，又怀疑我们是铁托式的胜利，一九四九、一九五〇两年对我们的压力很大。可是，我们还认为他是三分错误，七分成绩。这是公正的。

社会科学，马克思列宁主义，斯大林讲得对的那些方面，我们一定要继续努力学习。

我们要学的是属于普遍真理的东西,并且学习一定要与中国实际相结合。如果每句话,包括马克思的话,都要照搬,那就不得了。我们的理论,是马克思列宁主义的普遍真理同中国革命的具体实践相结合。党内一些人有一个时期搞过教条主义,那时我们批评了这个东西。但是如今也还是有。学术界也好,经济界也好,都还有教条主义。

自然科学方面,我们比较落后,特别要努力向外国学习。但是也要有批判地学,不可盲目地学。在技术方面,我看大部分先要照办,因为那些我们如今还没有,还不懂,学了比较有利。但是,已经清楚的那一部分,就不要事事照办了。

外国资产阶级的一切腐败制度和思想作风,我们要坚决抵制和批判。但是,这并不妨碍我们去学习资本主义国家的先进的科学技术和企业管理方法中合乎科学的方面。工业发达国家的企业,用人少,效率高,会做生意,这些都应当有原则地好好学过来,以利于改进我们的工作。如今,学英文的也不研究英文了,学术论文也不译成英文、法文、德文、日文同人家交换了。这也是一种迷信。对外国的科学、技术和文化,不加分析地一概排斥,和前面所说的对外国东西不加分析地一概照搬,都不是马克思主义的态度,都对我们的事业不利。

我认为,中国有两条缺点,同时又是两条优点。

第一,中国过去是殖民地、半殖民地,不是帝国主义,历来受人欺负。工农业不发达,科学技术水平低,除了地大物博,人口众多,历史悠久,以及在文学上有部《红楼梦》等等以外,很多地方不如人家,骄傲不起来。但是,有些人做奴隶做久了,感觉事事不如人,在外国人面前伸不直腰,像《法门寺》里的贾桂一样,人家让他坐,他说站惯了,不想坐。在这方面要鼓点劲,要把民族自信心提高起来,把抗美援朝中提倡的"蔑视美帝国主义"的精神发展起来。

第二,我们的革命是后进的。虽然辛亥革命打倒皇帝比俄国早,但是那时没有共产党,那次革命也失败了。人民革命的胜利是在一九四九年,比苏联的十月革命晚了三十几年。在这点上,也轮不到我们来骄傲。苏联和我们不同,一、沙皇俄国是帝国主义,二、后来又有了一个十月革命。所以许多苏联人很骄傲,尾巴翘得很高。

我们这两条缺点,也是优点。我曾经说过,我们一为"穷",二为"白"。"穷",就是没有多少工业,农业也不发达。"白",就是一张白纸,文化水平、科学水平都不高。从发展的观点看,这并不坏。穷就要革命,富的革命就困难。科学技术水平高的国家,就骄傲得很。我们是一张白纸,正好写字。

因此,这两条对我们都有好处。将来我们国家富强了,我们一定还要坚持革命立场,还要谦虚谨慎,还要向人家学习,不要把尾巴翘起来。不但在第一个五年计划期间要向人家学习,就是在几十个五年计划之后,还应当向人家学习。一万年都要学习嘛!这有什么不好呢?

正确处理这些矛盾

一共讲了十点。这十种关系,都是矛盾。世界是由矛盾组成的。没有矛盾就没有世界。我们的任务,是要正确处理这些矛盾。这些矛盾在实践中是否能完全处理好,也要准备两种可能性,而且在处理这些矛盾的过程中,一定还会遇到新的矛盾,新的问题。但是,像我们常说的那样,道路总是曲折的,前途总是光明的。我们一定要努力把党内党外、国内国外的一切积极的因素,直接的、间接的积极因素,全部调动起来,把中国建设成为一个强大的社会主义国家。

原著解析:

《论十大关系》作为开辟适合中国情况的社会主义建设道路的开篇之作,充分体现了独立自主的探索精神。中华人民共和国成立之初,"因为我们没有经验,在经济建设方面,我们只得照抄苏联","这在当时是完全必要的,同时又是一个缺点,缺乏创造性,缺乏独立自主的能力。这当然不应当是长久之计"。由于中国共产党有丰富的反对教条主义的经验,在长期革命实践中形成了一条实事求是、一切从中国实际出发的思想路线,因而比较早地认识到,建设道路也同样不能照搬外国。所以在探索中,毛泽东是紧紧地围绕着从中国的实际出发,寻找一条自己的建设道路这一主题而展开的。

《论十大关系》体现了毛泽东活跃的辩证思维方法。在这里,毛泽东紧紧抓住社会主义建设中的主要矛盾和矛盾的主要方面,确定我们工作的重点。与此同时,毛泽东又从中国国情和建设的实际出发,在抓住重点工作的同时又十分重视非重点工作,即把非重点工作提高到有助于重点工作更好解决的高度上加以认识和处置。辩证地处理主要矛盾和次要矛盾、矛盾的主要方面和非主要方面的关系,体现了矛盾的同一性。毛泽东指出,矛盾的对立面在一定条件下的"互相联结、互相贯通、互相渗透、互相依赖,这种性质,叫作同一性"。把这种对立面之间相互联结和转化的思想运用到实际工作中,正确处理重点和非重点,用抓好非重点来促进重点的更好解决,是毛泽东的方法论思想的一个发展。《论十大关系》在这方面为我们提供了一个范例,是值得我们认真研究和学习的。

阅读2:《关于正确处理人民内部矛盾的问题》

写作背景:

1956年之后,我国进入了一个新的历史时期,此时的国际国内形势都发生了重大的变化,构成了这篇著作的写作背景。从国际上来说,第二次世界大战后出现的革命高潮已经过去,帝国主义消灭新兴社会主义国家的企图也被挫败,"冷战"最为激烈的时期随之结束,国际局势就整体而言趋于缓和。从国际共运的发展来看,1956年召开的苏共二十大,暴露了斯大林的肃反扩大化、对内搞个人崇拜、对外搞大国沙文主义等错误,也暴露出苏联社会主义社会中存在的一系列矛盾和缺陷,这在一定程度上起了解放思想的作用,有助于后来各社会主义国家的改革和各国共产主义政党的独立自主。但是,苏共二十大在批判斯大林错误的问题上准备不足,对斯大林犯错误的原因缺乏历史的、全面的分析,存在很大的片面性,因而引发了国际共产主义运动中的思想混乱和政治动摇,使社会主义国家原本存在的矛盾尖锐化和公开化,在国际国内引起了巨大的震动。波兰和匈牙利还发生了部分群众反对政府的事件。帝国主义和各国反动势力也乘机掀起了反共、反苏、反社会主义的浪潮,利用斯大林的问题否定和攻击社会主义制度,并且以各种方式插手社会主义国家的群众性骚乱。国际共运出现了新的复杂情况。从国内来说,随着三大改造的完成,工人阶级同资产阶级的矛盾基本解决,急风暴雨式的阶级斗争已经过去,国内的主要矛盾发生了转换。1956年8月,中国共产党第八次全国代表大会的政治报告指出,社会主义制

第九章 社会主义建设在探索中曲折发展

度确立以后，国内的主要矛盾就不再是无产阶级和资产阶级的矛盾，而是人民对经济文化迅速发展的需要同当前经济文化不能满足人民需要之间的矛盾；我们的主要任务是集中力量发展生产力，实现国家工业化，满足人民日益增长的物质与文化需要。这一论断为新时期社会主义事业的发展指明了方向。全国各族人民在党和政府的领导下，开始进行大规模的经济建设。但是，由于社会主义制度刚刚建立，需要有一个巩固和完善的过程；党从长期的战争环境转入和平时期，对于领导社会主义建设还缺乏经验，也需要一个熟悉和探索的过程。因此，在一些新的社会矛盾和问题出现以后，不少党员干部缺乏必要的思想准备，不能正确认识和处理。有人认为社会主义已经消灭了剥削，不会再有什么社会矛盾了，不善于处理人民内部出现的一些问题；也有人用对待敌我矛盾的方法简单粗暴地处理人民内部矛盾。由于上述原因，加上一些干部存在的官僚主义和主观主义，以及国际环境的影响，从1956年秋到1957年春，一些地方出现了学生罢课、请愿，工人罢工，农民退社等事件。面对国际国内的复杂情况，如何正确地从理论上加以总结和概括，正确认识和处理社会主义社会的各种矛盾，是摆在全党和全国人民面前的新任务、新课题，需要在实践中去努力探索，也日益成为党中央和毛泽东认真思考和研究的重大课题。1957年2月，毛泽东在最高国务会议第十一次（扩大）会议上，对社会主义社会的矛盾问题做了系统的论述。该报告经过多次整理修改，于6月公开发表，定名为《关于正确处理人民内部矛盾的问题》。

原著节选：

关于正确处理人民内部矛盾的问题（讲话稿）
（一九五七年二月二十七日）

大民主、小民主。

匈牙利事件，波兰事件出来，有些人很高兴，来一下大民主嘛，他们所谓大民主，几十万人到街上去了，似乎高兴这件事。有少数人所谓大民主，刚才说了，专政就是要人民去专政，要用阶级去专政，阶级对阶级的专政。从古以来的历史上，都是所谓大民主，群众的民主运动，都是对付敌对阶级的。我们有些党外的朋友，当认是少数人，他们也搞不清这个；另外有少数人，他是带着敌对情绪，他希望用大民主把人民政府怎样整一下，那也有的。哪一天学波兰一样，学匈牙利一样，把共产党整一下，我就开心了。这个共产党实在使我们混不下去，专制的太厉害了。有一个大学生他发表声明，他要杀很多人，要杀几百人，几百人少了，要杀几千、几万、几百万、几千万人。那当然，这也是有些过甚其词，真要他杀，也不会杀这么多吧！但是表示了他的一种心理状态。另外也有一些人是属于幼稚的，不懂得世界上的具体情况，以为欧洲的那民主自由很好，认为我们这个太少了。他喜欢议会民主，说人民代表大会跟西方议会民主比，要差。主张两党制，主张外国样的两党制，这一党在上，那一党在下，然后反过来。要有两个通讯社，唱对台戏。有人提出：早一点取消专政，有人说民主是目的。我们跟他们说民主是手段，民主可以说，又是民主，又是手段。但是归根结底马克思主义的政治经济学告诉我们，归根结底，人类这上层建筑（民主是属于那个范围呢？属于上层建筑，属于政治这个范畴），它是为经济基础服务的。那么一说民主是手段，不是目的，那么就觉得不是那么舒服，一定要讲民主是目的就高兴一点。

自由，说外国的自由很好，我们这里自由很少。我们就跟他们讲，外国那个自由也不那么多，他那议会自由，做样子给人家看的，资产阶级的自由，没有抽象的自由，只有阶级的自由，最具体的自由，看什么阶级，看什么集团。英国保守党有保守党的自由，工党有工党的自由。保守党的自由要打苏伊士运河，工党宣传不要打苏伊士运河。保守党里头分裂了一部分人，比如艾登的那一个助手，外交部副大臣，叫作纳丁，他就宣传，写文章一篇来宣传他的观点。所以艾登有艾登的自由，纳丁有纳丁的自由，阶级的自由，阶级有那个集团自由，甚至于少数人、个别人的自由。抽象的一般的自由，世界上就没有那个东西。

思想问题，人民内部的问题，不能够采用粗暴的方法来解决。用粗暴的方法来解决思想问题，来解决精神世界的问题，解决人类内部的问题，这样一些想法是错误的。企图以行政命令的方法，压制的方法来解决思想问题，这样的方法是没有效力的，是有害的。你比如宗教，不能以行政命令来消灭宗教，不能强制人家不信教，唯心主义不能强制别人不相信。凡属思想方面的问题，应该用讨论的办法，辩论的办法，批评的办法，教育的办法，说服的办法，使人家相信你。

民族资产阶级应该放在那一类，放在第一类，还是放在第二类矛盾？我们中国这个问题，《再论无产阶级专政的历史经验》也没有谈到。但是大家知道，民族资产阶级是不放在第一类的，不放在敌我矛盾这一类的。因为民族资产阶级有两面性，民族资产阶级他愿意接受宪法，愿意接受社会主义改造，愿意走向社会主义。因为这样的理由，民族资产阶级跟帝国主义不同。跟官僚资本主义不同，跟封建主义不同。有这样的不同，民族资产阶级愿意接受社会主义改造。工人阶级跟资产阶级就是说跟民族资产阶级嘛，是一个对抗性的两个阶级，是对抗性的，两个阶级是对抗的，对抗性的矛盾如果处理得当，可以转变为不对抗，可以转变为非对抗性的矛盾，由第一类矛盾转变为第二类矛盾。如果我们处理不当，不是团结教育这样的方针，势必走向对抗。我们要把它放在第一类，那么就变成敌人了。不按这个实际情况办事，在中国这样的国家，中国这样国家的民族资产阶级，有反帝国主义思想的民族资产阶级。刚才提出这个问题，就是对人民内部的矛盾如何处理。人民内部矛盾，如何处理这个问题是一个新问题。历史上马克思，恩格斯对于这个问题谈得很少，列宁谈到，简单地谈到，说是社会主义社会对抗消灭了，矛盾存在着，那是说的所谓对抗消灭了，资产阶级打倒了，但是人民之中还有矛盾，列宁已经说人民之间还有矛盾。列宁来不及全面分析这个问题。关于对抗，人民内部的矛盾有没有可能由非对抗性的矛盾转变为对抗性的矛盾？应该说是有可能的，但是列宁那个时候还没有可能来详细观察这个问题。只有那么短的时间。十月革命以后嘛，在斯大林负责这个时期，他是在很长的时间内把这两类矛盾混合起来了。本来是人民内部的问题，比如讲，讲政府的坏话，说政府，不满意政府，不满意共产党，批评政府，批评共产党，这么有两种，有敌人批评我们，有敌人不满意共产党，有人民批评我们，有人民批评共产党，这应该分别，斯大林在很长时期内，他是不加分别的。差不多是不加分别的。有一些在苏联作过很长时期工作的给我说，那是不加区别的，只能讲好话，不能讲坏话，只能歌功颂德，不能批评，谁如果批评了，那么就怀疑你是敌人，就有坐监狱的危险，就有杀头的危险，这两类矛盾本来容易混

第九章 社会主义建设在探索中曲折发展

合的,容易混起来,他们也混起来。我们在肃反工作中,也曾经并且常常把好人当作坏人去整,把本来不是反革命,怀疑他是反革命去斗,有没有呢?有的,从前有,现在还有。问题是,我们就是有一条了,分清敌我,怀疑就斗,有些斗错了,就平反,并且机关学校,在延安时期就有规定,机关、学校、部队、团体,人民团体的反革命,真正的反革命也不杀,小反革命不杀,大反革命也不杀,实际上执行这一条,虽然法律上不规定这一条。因为法律上有例外的,少数例外还是难说的。但是我们实际上不杀的。一个不杀。有了这么一条,就保证了万一错了的时候,有挽回的余地。容易混合还表现在两派,左派,右派。有右倾思想的人,他们不分敌我,认敌为我。不分敌我,这样的人还有,我们现在这还有。在我们看来,在广大群众看来是敌人,在有些人看来那是朋友?比如我这里有份材料,有位同志写信给我,现在发给大家了,是反对释放康泽,在他看来,康泽是敌人,这个人去年十二月出席全国工商业联合会代表大会代表,是襄阳地区的,康泽过去在襄阳工作过。他就反对,但是跟康泽过去是朋友的人就不同了,他那感情思想就不同,所以这跟人民有很大的差别。敌我不分。美国月亮跟中国月亮没有分别,美国月亮比中国月亮还好,我赞成美国月亮跟中国月亮是一个月亮,但是说美国月亮比中国还好我就不相信,为什么你那个月亮比我那个月亮还好一点?

左派,"左倾"机会主义者。所谓"左派"是打括号的"左",不是真正的左,这些人过分强调敌我矛盾。比如斯大林就是这样的人,我们也有这样的人,强调过分,有把第二类矛盾,本来是人民内部的矛盾误认为第一类,误认为敌我,在肃反中屡次出现。我已经说过,这是"左"的。在延安时期,一九四二年我们提出过这样的口号,叫作团结,批评,团结,这样的一条方针来解决人民内部矛盾,我们找出这么一个公式。讲详细一点,就叫作从团结的愿望出发。经过批评或者斗争,在新的基础上达到新的团结。后来那个时候,我们为了解决党内的矛盾,共产党内部的矛盾,就是教条主义与广大党员群众之间的矛盾,教条主义同马克思主义之间的矛盾。鉴于以前所采纳的方针,这个方针是从西天取经取来的。那个"西天"就是斯大林,就叫作"残酷斗争,无情打击",鉴于那个不妥,后来我们批评教条主义的时候,就不采用"以其人之道,还治其人之身"的办法。改用另外一种办法,另外一个方针,就是团结他们,从团结的愿望出发,经过批评或斗争,在新的基础上达到新的团结。这个方针好像是一九四二年整风提出的。经过几年,到一九四五年,共产党开七次代表大会的时候,达到了团结的目的,中间经过批评。为什么要有第一个团结,要有团结的愿望呢?如果没有第一个团结,没有团结的愿望,一斗,势必把事情斗垮斗乱了,一斗就不可收场。那还不是"残酷斗争,无情打击"吗?因为你主观上没有想,就没有准备去团结他们,所以要有第一个团结,经过批评,斗争,最后达到团结的结果,这么一个过程,表明从这个过程里我们找到了一个公式:团结——批评——团结。后来才推广到党外,逐步推广到北京。我们劝过民主党派也采用批评的方法。资本家即剥削者可以采取这个方法。我看要台湾采用就比较困难啦。因为这也是剥削者,这是两类剥削者,蒋介石采用就不行了。蒋介石和胡适就是另一类的。二个人的斗法,比如我们要批评杜勒斯?从团结的愿望出发。经过批评,在新的基础上达到团结,不可能的,(笑)但是民族资产阶级是可能的,这是完全证实了。犯错误的人,有各种小资产阶级思想的人,资产阶级思想的人,有唯心论的人,有形而上学思想的人,宗教界都可以用这个方法,来推广这个方法，发展到整个人民内部。学校、工厂、合作社、商店，都可从用这个方法。六亿人口里头可以发展到解除武装的敌人。敌人已经解除武装的，比如过去我们对于俘虏，就是这样。已经解除武装我们对待俘虏，跟没有解除武装之前，是两种态度。没有解除武装之前，就是兵对兵，将对将，你死我活；一经解除武装，我们就用另一种态度对待他们了。对这些劳改犯的人，我们也用这个方法对待，从团结的愿望出发。俘虏，解除武装的敌人，特务解除了武装，就是认清他是特务，决定不杀了，怎么办？改造他。改造就是要从团结的愿望出发。你还叫他活嘛，不要消灭他嘛。去年，一九五六年五月二日，我在一次最高国务会议上所讲的十条，在那个会议上讨论了一个十条，十条里有两条（今天在座的不少人都参加了那次会），一条是敌我，一条是是非。一条是敌我关系，一条是是非关系，所谓是非关系，就是人民内部的相互关系，人民内部的矛盾。

以上我讲的是第一，是开场。两类矛盾问题。

第二，讲肃反问题。

肃反问题就是第一类矛盾的问题。我说比较起来，我们这个国家的肃反工作究竟做得怎么样呢？是很坏，还是很好？我看缺点是有，但是跟别的国家比较起来，我们做得比较好。比苏联好，比匈牙利好。苏联太左，我们鉴于它，我们也不是特别聪明。因为苏联已经左过了，我们在那里学了一点经验。我们自己也曾经左过。在南方根据地的时候，那个时期就不懂得，吃了亏，每个根据地没有一个根据地他不用，就是学苏联那个办法，后来纠正了，才得了经验。延安才规定了九条。一个不杀，大部不抓，到北京有所进步，当然还有缺点，错误现在进步了，比起苏联来，就是两条路线（指过去，不是现在，就是斯大林当政时期，他那个东西搞得不好），他有两面，一面是真正反革命肃清了，这是一面对的；另一面杀错了许多人，重要的人，像共产党代表大会的代表，杀了百分之九十，中央委员杀了多少？第十七次党代表大会的代表抓起来，跟杀掉的占百分之八十，而第十七次党代表大会上选出来的中央委员抓起来跟杀掉的占百分之五十。我们没有干这件事，是鉴于他了。杀错了的人，有没有呢？也有的，大肃反的时候，一九五〇年、一九五一年、一九五二年，那三年的大肃反也有的。杀土豪劣绅在五类反革命里面也有。但是根本上没有错，那一批人应该杀，一共杀了多少人呢？杀了七十万。从那以后大概杀了七万多。不到八万。去年起就根本不杀了，只杀少数个别的人了。人们就说：你们这些人，就是这么反复无常，你早知今日，何必当初？现在又不杀了。后来这四五年只杀了几万人。去年起差不多根本不杀了，杀得很少，个别的。在五〇年，五一年，五二年杀了七十万，香港的报纸把这笔账给扩大了（当时我们也不需要和他对账），他说我们杀了两千万，用减法来计算，二千万减去七十万，委实等于一千九百三十万，他那个多了一千九百三十万。"讨之不善，不如是之甚也"那儿杀了两千万人呢？七十万人则有之。那一批不杀，人民不得抬头。人民要求杀，解放生产力。他们是束缚生产力。"恶霸"——东霸天，南霸天，西霸天，五类反革命的骨干分子，

现在有些人想翻这个案，有些朋友想翻这个案，翻那时候的案也是错误的，我看不值于翻。如果翻人民会起来打扁担，农民就要起来打扁担的，工人也拿什么武器，拿铁条打我们的。

比如匈牙利，匈牙利对于反革命分子根本没有肃，杀了拉伊克，他倒是把革命分子杀

了几个,而反革命就杀的很少,所以就出现了匈牙利事件。从我们国家看,匈牙利这样事件以后,人们说中国局面很稳固,外国人在这里看了也是如此,我们自己也这样觉得。

匈牙利事件以后,中国有什么风波没有呢?

有那么一点小风波。"风乍起,吹皱一池春水"。那春水是吹皱了,但是七级台风引起那样大的波浪是没有。为什么道理,好几个原则,肃反把反革命根本上肃掉了,剩下的没有几个,还有一点少数,极少。这是一条。第一条还不能讲这个咯。第一条是几十年革命斗争锻炼出来的根据地,解放军,共产党,民主人士,几十年斗争锻炼出来,我们的党是生了根的,我们的军队是有战斗力的,我们是经过根据地逐步发展的,不是突然占领中国,民主人士也经过锻炼的,共过患难的。学生们,有"一二·九""九一八""五卅"运动,抵制日货,五四运动。五四运动起,各种学生运动也是在反帝国主义锻炼出来的这个传统。什么民生队,这是第一个,第一个是我们从反对帝国主义、官僚资本主义、封建主义长期斗争中锻炼出来的。人民有教育,包括知识分子也有教育,知识分子的自我教育,就是自我造反。而匈牙利没有。再有我们的反革命肃得差不多,当然还有别的因素了。比如讲经济措施,比如我们对民族资产阶级的政策,团结民族资产阶级,团结民主党派。现在我们大学,大学生的成分怎么样?百分之八十还是地主、富农、资本家的子女,而匈牙利大学生百分之六十是工人农民的子女,工人农民的子女大罢工、大游行,听"裴多菲俱乐部"的命令,我们的地主、富农、资本家的子女,我们也没有"裴多菲俱乐部",当然了,可是他们爱国,除了个别少数人说怪话,讲闹话,主张大民主,主张要杀人之外,绝大多数是爱国主义者,是赞成社会主义的,是要把中国建立一个强大国家的,有这样的一个理想,所以我们比匈牙利好。比较起来,我们的肃反没有苏联那么左,没有匈牙利那么右。我们的方针是有反必肃,有错必纠,有反革命就要肃清,有错误就纠正嘛!

有没有过火的呢?有。有没有漏掉的呢?也有。过火的,漏掉的都有。我们采用的是群众肃反路线,采用群众肃反路线,这个路线当然也有它的毛病,但是主要还是比较好的,群众得到了经验,群众在斗争中得到了经验。犯错误,群众也得到了犯错误的经验,叫作犯错误,搞对了,得到了搞对了的经验。我们希望在肃反工作中这些毛病要加以纠正。中共中央已经采取了步骤去纠正这些缺点。我们提议今年明年(如果来得及有这两年,搞得好今年就可以搞完)来一次大的检查,全面来检查一次,总结经验。中央由人大常委跟政协常委主搞,地方由省市人民委员会同政协主搞。个别的检查,不见得会有效力的,有人写一个信,说他有问题,就去检查一下。我们现在的目的是第一,不泼冷水,第二、要帮助他们。向广大干部泼冷水是不好。"都错了""就是你们搞错了",结果所有干部都抬不起头。一不要泼冷水,二有错必纠,一定要改正那个错误,这个包括公安部,监察部的工作,劳改部门,劳改部门都有许多毛病。由人大常委,政协常委主搞,并且我们希望这些常委,人民代表,政协委员还可以参加,具体来得及的都可以参加检查,全面的检查一次,这对于我们的法制工作会有帮助的。地方有地方人民代表跟政协委员去参加。还有反革命,但是不多了。这是两句话,是表明两件事情。第一条,还有反革命,有人说没有了,天下已经太平了。我们可以把枕头塞得高高的。这个不合乎事实。在地球上有个中国,中国就有个北京。北京就有个航空学院,航空学院里就有个共产党支部,共产党支部就有个总支部副书记,此人叫作什么名字?这个人应该给他扬一下名吧(台下:叫马云凤！）马云风就写标语一个：叫什么"反对苏联出兵匈牙利"。他又不跟党委商量，你一个支部副书记，他秘密写了很多标语，到处都贴了。他这实际上这位共产党员就是赞成反革命暴动，赞成西方国家去援助匈牙利。所以应当肯定，还有反革命。过火的，漏掉的都有，这种人不一定是反革命，他有反动的思想，这个人后来开除了党籍。但是还留他在那里读书。因为他有反动思想，也有反动行为，但是说他是什么蒋介石派来的人或者怎么样也不是的。发现反动标语还不少，在北京的学校里头，工厂也有，学校也有。所以"无反革命论"天下太平没有反革命了，这个思想是不对的。第二条：但是不多了，就是反革命很少了。这两条都要肯定。如果说现在还有很多反革命，这个意见是不对的，其结果就会要搞乱。至少，我说十个指头，除了九个，至少剩下一个。不是还有十分之一的反革命，可能只有百分之一，把反革命当成一百，可能只有千分之一，总之不多了。

是不是应该大赦：大赦的问题很多，朋友有兴趣。我对这个总不那么积极，消极分子（笑）。所以以免让一些朋友有一点小小的摩擦。大赦可赦不得。宪法上规定了，那你当主席，你又不遵守宪法？我说，应不起这个名义。实际上也可以大赦，但不一定要用大赦这个名字，一下把反革命都放下去。如果大赦就必然包括康泽、王耀武、宣统皇帝、杜律明，这些人放出去，老百姓势必反对。现在这时候，犯人劳改者就反映，"大反革命你们都赦了，我为什么你们不赦呢？"所有犯人都这样讲，法庭无事可做，检察机关也不要了，因为康泽都可以赦嘛，有人说"台湾都可以赦免。蒋介石都可以赦免，为什么康泽这些人不可以赦呢？"谁赦蒋介石了呢？没有哪个赦他，人民代表大会也没有做决定赦蒋介石！我们是向蒋介石建议，你如果起义，你变成起义将军，就可以取得赦免的权利。台湾方面的人，你们要起义，我们现在不说蒋匪，"蒋介石匪帮"了，可是他可不同，天天叫我们为"共匪"，对民主人士也不客气，叫作"逆"，比如说"张逆治中"之类，在报上发表了。所以放不得。那么是不是永远不放呢？那不是。我看慢慢放，阴放一个，阳放一个，今天放一个，明天放一个。反正是不登报，也不下一个命令。少数著名的分子将来考虑。比如宣统皇帝怎么处理？人家是个皇帝，我的顶头上司（笑）。上了四五十岁以上的人，都是他的部下，都是他的百姓，但是这位宣统皇帝也得罪了人民，将来也可以放的，但是现在不能放，现在还不能大赦，赦出来对他没有益处，对康泽也没有益处，对杜律明也没有益处。对这些人放出来，人民不谅解。请他们参观，看看天安门，看看武汉大桥，看看工厂，看看农村，宣统皇帝也看了，康泽也看了。学习、教育，看报纸、研究，是不是可以找点工作给他们做，也可以考虑，就在监狱里放点工作。逐步放掉那些改悔比较好的那些犯人。改悔较好的，罪又不很重的，逐步放掉他们。以后这样放就是，不要在报纸上登报，因为这个是人民的问题，农民要拿起扁担来，工人要拿起铁条来打，我们是受不了的，我们的手无缚鸡之力。这是第二个问题。

……

第九，如何处理罢工、罢课、游行示威、请愿这些问题。

大概同志们的档中有几个是关于这类问题的，昆明航空学校为什么没有闹事，（这里缺乏一个闹事的材料，最好找一个闹事典型材料印一下）这是没有官僚主义的，如果办学校的人，都照这个办法办，那就好咯！这是马克思主义的办学校的方法，认识当前青年的思想状况。青年团中央曾提供了一个材料。去年二十八个城市里头，大学、中学，听说二

第九章　社会主义建设在探索中曲折发展

十几个学校有七千多学生闹事，这个材料分析得相当好，无非主要是官僚主义跟学生幼稚，青年、工人、学生不知天高地厚，不知道艰苦奋斗。同时，学校当局、办事人，各种的欺骗他们，又不跟他们同甘共苦。还有一个是工人罢工、请愿，总工会的报告中，部分的统计，有五十几起罢工，其中几个人的，几十个人的多，最大的一次是一千多人罢工。人民内部的矛盾如何处理？我说人民内部矛盾，经常不断地发生矛盾，罢工、罢课、农民打扁担，去年有，今年还会有，以前几年就有，不能都归咎于匈牙利。说匈牙利以来，中国的事情就不好办了，你看有几千个学生罢课，有部分工人罢工，游行示威怎么办？这个问题我搞了几条，提出四条看对不对。

第一条，努力克服官僚主义，那么人家就不罢了嘛！努力地克服官僚主义，恰当地处理矛盾，那人家就不罢工了，就不闹了。

第二条，官僚主义没有克服，他要闹怎么办？让闹不让闹？有两个方针，一个是不让闹，凡闹事者就说是反革命，就说是要造反。我已经先讲了，反革命是有的，但是很少了，这些闹事不能说主要是反革命，而主要是我们工作中的缺点，我们不会教育，我们不会领导。让闹还是不让闹？我说还是让他闹。罢工他要罢，农民他要闹，学生要罢课，农民要打扁担嘛！

第三条，闹起来草率收兵好不好，又有两种方针。刚刚闹过两三天，闹事的人还没过瘾，当局就急于想结束，这就发生矛盾，这怎么解决？我说让他闹够。施复亮先生就闹过事（好像在浙江），我也闹过事（在学校里），因为问题不得解决嘛！并且要闹就让他闹够，一星期不够，二星期；二星期不够，三星期；三星期不够，四星期，总而言之，闹够了就不闹了。把闹事的过程，当成一个教育的过程，作政治课的过程，我们的政治工作做得不够，思想工作没有做好，官僚主义应该看作一个罢工、罢课、农民打扁担，看作是我们改善工作，教育工人、学生一个过程。

闹事的头子、领导人物要不要开除？我看不应该开除，除了个别的以外，如他拿刀子杀人，那他就得到公安局坐监狱。因为他杀人、行凶。如果你又不打人、不杀人，没有那么严重，就不要开除。开除罢工、罢课的领袖人物，这种办法是资产阶级的办法，一般的不应开除。领袖人物，正确的应该留下，错误的也应该留下。错误的留下干什么？留下当"教员"。因为犯错误，有些个别的清除出了特务分子，是不是让他离开学校？我看让他学习，只要他不是现行犯。一个学校里有几个特务分子有什么不好？一定要搞得那么干干净净，你就舒服了？所以清华大学那位学生要杀几千万人，现在留下，他就是"教员"，因为他发表了这样一个有名的宣言，这是难得请到的。

我讲的这四条，第一条努力克服官僚主义使之不闹；第二，要闹就让他闹；第三，闹得不够，让他闹够；第四，不要开除，开除是国民党的办法，我们要以反国民党之道而行之，我看将来问题还多，人心不齐，人民几亿人口，中间许多人会跟我们想法不同的，这是一方面。第二方面，就是我们的工作人员、学校负责人、工厂的负责人、合作社的负责人、机关里头的负责人，乃是来自五湖四海，许多人文化不高，就是文化高的人，就是知识分子也不得不犯错误，有时知识分子比那些文化低的人还大，那些知识分子犯起错误来可厉害。我们党"左"倾和右倾都犯过，知识分子多，陈独秀——知识分子，李立三——知识分子；王明——知识分子；张国焘——知识分子，高岗不算，饶漱石——知识分子。

第十，闹事出乱子是好事还是坏事。

讲这个问题，罢工、罢课、游行、请愿、这许多示威，我看又好又不好，有两重性嘛！商品有两重性嘛，罢工、罢课这种事情也是两重性。匈牙利两重性。你们说匈牙利这个事情好不好？我说又好又不好。当然不好，因为他闹事，但匈牙利做了一件很好的事，反革命帮了我们的大忙，匈牙利这个事件停下来，比过去巩固，现在的匈牙利比过去不闹事的匈牙利要好，社会主义阵营都取得了教训，所以匈牙利闹事有两重性，又好又不好。反苏反共的风潮全世界来了，第一次发生特别是最近的一次全世界范围的，我们怎么看？我看当然不好。第二条，好，这是好事。因为帝国主义反苏反共、锻炼了共产党。法国共产党把机关报打烂，瑞士共产党搞的非常不好，总书记躲在山上，躲在我们大使馆里不敢见面，不敢出去见面就打，大批党员脱党，荷兰、比利时很多脱党的，英国知识分子，知识越高越要脱党，所以知识分子有两种，越是大知识分子越不赞成共产党，混了几年、几十年的老党员也要脱党。脱党好不好？又好又不好，主要的还是好。你脱出去了为什么不好呢？我们中国有胡适这位先生，现在他大做文章。我们提倡百花齐放，百家争鸣。他说，他提倡过百花齐放，百家争鸣。批评斯大林这件事情怎么看法？我看也是商品两重性。批评斯大林是有两方面的性质，一方面实在有好处，一方面是不好。揭破对斯大林的迷信，揭掉盖子，使人家解放，这是一个解放运动；但是他揭的办法不对，没有做过好好分析，一棍子打死，这么一方面引起全世界去年这几个月的下半年的几次大风潮，后来又引起匈牙利、波兰事件。所以他有错误的方面，我们在公开的文章上虽然没有指出二十次代表大会，但实际上讲了。我们与苏联同志当面讲了。讲什么呢？对斯大林事件处理不当，讲他们的大国沙文主义。这个美国不承认我们，我看也有两方面，不承认我们当然不好，联合国我们不能进去，他说世界上没有这样一个国家。我们应当被承认而他不承认，这当然不好。但是有个极大的好处，美国不承认我们，我很舒服。我与许多朋友交换过意见，总而言之，我没有说服他们就是了。我觉得美国现在不承认，最好过六年，第二个五年计划完成，至少过六年后承认，这样比较好。最好过十一年，第三个五年计划完成，这个使他在中国取得合法地位，对我们利益不大，没有他，我们也能建设，等我们建设得差不多了，请他们来看一看。他们就是悔之晚矣！还是美国把尾巴一翘，硬起来说不承认，很高兴。美国差不多要承认，我有点发愁。但是美国的事情。美国的参谋长是美国人，不是我们这里的聂荣臻，或者那一个跟他打主意，但是也有准备，如果承认的快怎么办？这是接受一定要承认，我说不行。但是有个台湾问题，台湾必须归我们，这个东西，有文章可做，不归还台湾，你承认我不算，英国是承认我们的，但我不跟你建立外交关系，建立半外交关系，不派正式代表，只派代办。因为在联合国他投蒋介石票。我们有文章可出几篇错误文章。刚才我不是批评了几位同志吗？同时要感谢他们，错误文章也办了一件好事，因为给我们根据，使我们批评有了对象。有教条主义文章。这文章出了九篇，还要多出现一点，他的性质不但不好，不单是错误，另外有个作用，另有一种给我们反批评的可能。没有大作品，没有好影片怎么办？我说这是坏事，因为没有嘛？长期没有终究就要来了的，物极必反，坏事做得越多，好处就要来了。这个辩证法不是马列主义才发明，在我们中国的老子，那个老子天下第一的老子早就曾这样说过，他说凡是坏的里面，要看成有好的,好里面,看成有坏的,祸就有福,福就有祸;塞翁失马,焉知非福,庆贺他说:马失的好。从前有人烧了房子还去贺喜的。日本人打到中国,日本人叫胜利,大半个中国占去了,中国就叫失败。但是中国这个失败包含一个胜利,日本人的胜利包含着失败。占领大半个中国,还有菲律宾、印度尼西亚、东南亚许多国家,胜利包含失败,结果果然胜利转化为失败,而被占领国家,像中国的失败转化为胜利,难道不是这样吗?希特勒兵临城下,列宁格勒、莫斯科、斯大林格勒,整个欧洲占领了,就要胜利,但是包含着失败,而被占领的欧洲,苏联大半个国家却包含了一个要胜利。

原著解析:

《关于正确处理人民内部矛盾的问题》是毛泽东论述中国社会主义革命和社会主义建设的重要著作。全文阐述了12个问题,贯穿全文的基本思想是:把正确区分和处理人民内部矛盾,作为社会主义国家政治生活的主要内容。文章指出,社会主义社会的基本矛盾仍然是生产关系和生产力之间的矛盾,上层建筑和经济基础之间的矛盾。但同阶级对抗社会的矛盾根本不同,它是一种又相适应又相矛盾的情况,不具有对抗性,可以经过社会主义制度本身,不断地得到解决。毛泽东全面地分析了各种类型的人民内部矛盾,系统地论述了正确处理各种矛盾的方针政策。指出,要用民主的方法,用"团结——批评——团结"的公式,作为从政治上处理人民内部矛盾的原则;解决经济领域中的矛盾,应依据发展生产,统筹安排,兼顾国家、集体和个人三者利益的原则;科学文化上的问题,应采取"百花齐放,百家争鸣"的方针;民族关系中的矛盾,应采取加强民族团结,帮助各少数民族发展经济文化的方针;在与民主党派关系上,应实行"长期共存,互相监督"的方针等。毛泽东对社会主义社会基本矛盾的论述,特别是关于两类不同性质矛盾的观点,以及处理人民内部矛盾的原则、方针和方法,为马克思主义政治学说史增添了新的内容,对探索社会主义社会的规律具有重大的理论价值。

四、案例解析

案例:"三线"建设战略决策的缘由

案例来源: 尹家民:《红墙知情录(一)——新中国的风雨历程》,当代中国出版社2010年版。

案例内容:

1964年的一天,毛泽东站在巨幅中国地图前问周恩来:"你说的那个地方叫什么名字?"周恩来回答道:"那里荒无人烟,只有漫山遍野的攀枝花……"毛泽东听罢,脱口道:"那就叫它'攀枝花'。"

毛泽东"三线"构想的深层原因

所谓"三线",是毛泽东亲自划分的,他按战略地位把全国划分为前线、中间地带和三类地区,分别简称一线、二线和三线。三线地区位于我国腹地,离海岸线最近700公里以上,距西面国土边界上千公里,加之四面分别有青藏高原、云贵高原、太行山、大别山、贺兰山、吕梁山等连绵起伏的山脉作天然屏障，在准备打仗的特定形势下，成为较理想的战略后方。按今天的区域来划分，三线地区基本上就是不包括新疆、西藏、内蒙古的中国中西部内地。这又叫"大三线"地区。在全国的一、二线地区，按照地势又划分出若干地方为本地区的"三线"，是为"小三线"地区。

1964年至1980年，"三线"建设历时17年，涉及中国中西部13个省区市，国家累计投资2052亿元人民币，先后安排1100多个大中型建设项目，为中国国防实力增强、生产力布局改善做出了突出贡献。

毛泽东为何决意搞三线建设？关于三线建设，中央决策时是否有过分歧？三线建设实施中遇到多大的困难，以及取得了如何重大的成就，仍是人们关注的话题。

20世纪60年代，中国周边的国际环境处于比较紧张的状态。北面，随着中苏关系日趋紧张，苏联对中国的军事威胁也越来越大。东面，面对的是美国的战略包围（从韩国、日本到台湾一线），而蒋介石集团也时刻准备反攻大陆。尤其是南面，自1961年开始的美国侵越战争步步升级，后来一直发展到对越南北方进行大规模轰炸，构成对中国的直接威胁。毛泽东不能不对此有所警惕。

当年，毛泽东对战争的可能性作了过高的估计，尽管他无法确认，到底是打得起来，还是打不起来。在这种情况下，他总是选择"有备无患"。他的逻辑是："世界的事情总是那样，你准备不好，敌人就来了；准备好了，敌人反而不敢来。"他立足于打，但希望不打。

有着浪漫主义诗人情怀的毛泽东，一直有个愿望，想骑马从黄河入海口沿黄河而上，对整个黄河流域特别是黄河源头作考察。为了实现这个想法，1964年夏天，他到北戴河一边工作一边休息时，特地带了一匹军马，有空便练习骑行。然而，1964年8月2日夜里，在北部湾，美国驱逐舰"马克多斯"号与越南海军鱼雷艇发生激战。8月4日，海战进一步扩大。早在4月就已制定了扩大侵略越南战争的"37号作战方案"的美国，立即抓住这一机会，悍然派出第七舰队大规模轰炸越南北方。越南战争的战火燃到了中国的南部边界，中越边境地区、海南岛和北部湾沿岸都落下了美国的炸弹和导弹，中国军民也倒在了血泊之中。消息传来，毛泽东彻夜未眠，他紧张地关注着战争的态势。中国政府在8月6日发表声明，对美国的侵略行径提出警告。毛泽东在当天审阅了这个声明稿。形势的突然变化，使他不能不放弃沿黄河考察的计划。他在声明稿上批示："汪东兴同志阅后，即交江青阅。要打仗了，我的行动得重新考虑。"

根据毛泽东的意见，总参谋部作战部起草了一个关于国家经济建设如何防备敌人突然袭击的报告。8月12日，毛泽东审阅并批准了这个报告，要求精心研究，逐步实施。并催问国务院是否已经组织了专案小组，开始了工作没有。

美国于8月上旬制造的北部湾事件，证实了毛泽东对时局的判断。他在中央书记处讨论三线建设会议上两次讲话，提醒大家要准备帝国主义可能发动的侵略战争。他不无忧虑地说："现在工厂都集中在大城市和沿海地区，不利于备战。工厂可以一分为二，要抢时间迁至内地去，各省都要搬家，都要建立自己的战略后方，不仅工业交通部门要搬家，而且院校和科研单位也要搬家。"与此同时，他还批评主管工业的负责人："现在沿海搞这么大，不搬家不行。你搞到二线也好嘛！为什么不可以搞到二线？四川、云南、贵州是三线，都可以搬去嘛！"经过毛泽东多次强调，迅速开展三线建设作为国家经济建设重点成为大家的共识。

8月19日，李富春、薄一波、罗瑞卿三人联名提议，国务院负责这项工作的专案小组，由李富春等13人组成，李富春任组长，薄一波、罗瑞卿任副组长。毛泽东表示赞同。同时，他们三人还联名向毛泽东和中央提出了《关于国家经济建设如何防备敌人突然袭击的报告》。报告说：

我们召集有关方面负责同志开了会，会议决定：……各有关方面，都必须按照主席指示的"精心研究，逐步实施"的原则，尽快进行研究。并应注意以下几点：（1）一切新的建设项目，不在第一线，特别是十五个一百万人口以上的大城市建设。（2）第一线，特别是十五个大城市的现有续建项目，除明年、后年即可完工投产见效的以外，其余一律要缩小规模，不再扩建，尽早收尾。（3）在第一线的现有老企业，特别是工业集中的城市的老企业，要把能搬的企业或一个车间，特别是有关军工和机械工业的，能一分为二的，分一部分到三线、二线；能迁移的，也应有计划地有步骤地迁移。（4）从明年起，不再新建大中水库。（5）在一线的全国重点高等学校和科学研究、设计机构，凡能迁移的，应有计划地迁移到三线、二线去，不能迁移的，应一分为二。（6）今后，一切新建项目不论在哪一线建设，都应贯彻执行分散、靠山、隐蔽的方针，不得集中在某几个城市或点……

报告提出的"靠山、分散、隐蔽"六个字的三线选址原则，是周恩来于1964年1月提出的核工业选址原则。林彪将"隐蔽"发展为"进洞"，并写进了中央文件。毛泽东后来提出要"靠山近水扎大营"。

实施过程艰难而漫长

从20世纪60年代中期后我国开始了大规模的三线建设。为统筹安排三线建设，国务院专门成立了三线建设一个"小计委"，全面负责三线建设的规划工作。1965年2月26日，中共中央和国务院发出《关于西南建设体制问题的决定》，主要内容有：（一）凡是在一个地区建设的各重大综合项目，都应采用大庆的集中领导、各方协作的办法，以中央主管部门为主负责统一指挥，统一管理，有关各省、市、自治区和各部门协助进行。成立攀枝花特区党委、工地指挥部，由冶金工业部统一领导；成立以重庆地区为中心的配套建设指挥部，由主管机械工业部统一领导。（二）西南的中央直属建设项目，所有建设的施工力量、技术力量、设备和材料，由各有关部统一安排，负责解决，并由国家经委督促检查执行情况；所需的地方建筑材料、地方协作产品、粮食和副食品供应、临时工以及其他问题，由有关省、市、自治区负责安排。（三）为了加强对整个西南建设的领导，决定成立西南建设委员会。

西南三线的地域包括川、云、贵三省。许多重要项目摆在四川，少数摆在贵州。西南三线建设委员会的任务是负责中央各部门的建设项目，三省的建设项目，由三省各自负责。

在1964年5月召开的那次中央工作会议上，毛泽东指出了过去曾经出现过只发展沿海，忽视发展内地工业；只强调建设内地，不注意充分利用沿海工业基础这样两种倾向。50年代后期，由于"大跃进"带来的严重困难，不得不大幅度地压缩基本建设战线，西南三线建设迟缓了。毛泽东在那次会议上指出："攀枝花建设要快，但不要潦草；攀枝花建设不起来，睡不着觉。"广义而言，毛泽东这里说的攀枝花，实际上是整个西南三线建设的代名词，而攀枝花钢铁基地是三线建设的重点。他讲话的精神实质，是要求加快三线建设步伐。这次会议，对动员全党重视西南三线建设，起了很大作用。党中央对西南三线建设抓得很紧，又很慎重，先确定由李富春主持三线建设，以后周恩来总理也亲自领导。1965年，周总理陪西哈努克亲王由重庆到武汉途中，要重庆市委书记鲁大东在船上汇报西南三线建设情况和经验。周总理作了许多指示，其中特别讲到，三线建设按物资作综合平衡集中力量打歼灭战，节省下的建设投资分成三份：一份留给建设单位，一份给建筑单位，一份帮助农民搞"四不四要"〔即：不占或尽量少占农民的良田好地；不拆或少拆民房；不迁或少迁居民；不搞高标准非生产建设，坚持延安精神，勤俭节约。要求搞农业用水；要求搞农业用电；要给农民留肥料（粪、尿）；要给农民留泔水喂猪〕，使农业增加生产。

1964年下半年，成立了西南三线建设委员会，由中共中央西南局第一书记李井泉兼主任，程子华和阎秀峰任副主任。还专门成立了三线铁道建设总指挥部和铁道兵总指挥部，李井泉任总指挥，吕正操、熊宇忠任副总指挥。后来，彭德怀也被派到西南，任三线建设委员会副主任。当时，中央许多领导同志，如彭真、贺龙、陈毅、李富春、谭震林、薄一波等，都先后到西南三线建设现场实地考察和指导工作。由此可见，不仅是毛泽东，整个党中央和中央领导同志，都很重视西南三线建设。

比如攀枝花钢铁厂厂址的选择，就是当时首先要解决的大问题。为此，程子华与中央有关部委、四川省委的负责同志一起，加上一百多名各方面专家和技术人员，用一个多月的时间，遍历攀枝花、乐山、西昌等18个厂址实地考察，详细分析、比较各个厂址的优缺点。最后选择了攀枝花、西昌和乐山三个厂址。又把三个厂址作了比较，根据科学院负责地震工作的同志介绍，西昌有地震问题，历史上曾发生过十级地震。安宁河水库渗水，用邛海水有与农业争水的矛盾。最后，争论的焦点集中在攀枝花和乐山两地。当时，有的同志竭力主张在乐山建厂，理由是那里人多，土地平坦，接近工业城市。程子华等同志则主张在攀枝花建厂。正好这时李富春、薄一波到攀枝花和乐山两地调查，他们听取了双方不同意见的汇报，回京以后根据实地调查的情况和听到的各方意见加以详细研究。1965年2月，李富春、薄一波向毛泽东主席、周恩来总理做了汇报。毛泽东在听了汇报后指出：乐山地址虽宽，但无铁无煤，如何搞钢铁？这才最后决定在攀枝花建钢铁厂。在攀枝花建厂的好处是：该地区铁矿丰富，又有较多的煤炭资源；钢铁辅助材料基本齐全；金沙江从中穿过，有取之不尽、用之不竭的工业和生活用水，靠近成昆铁路，便于同六盘水地区的煤矿连接起来；紧挨林区，便于木材供应；地处亚热带，农业生产的条件很好；把工厂摆在高山脚下的坡地上，不占良田，便于建设起一个新的城市。

攀枝花钢铁厂确定建设后，毛泽东曾提出这样一个问题："攀枝花钢铁厂建设起来后，提不出铁，炼不出铁，后悔不后悔？"毛泽东自己回答说："不后悔。"由此可以看出毛泽东的决心。

然而，攀枝花地处川西南山区，交通不便，当时，去那里作调查都不容易。先从成都坐飞机到西昌，再由西昌坐汽车到会理，停一天之后，又从会理坐汽车到金沙江的拉鲊、鱼鲊过渡。金沙江的两岸都是海拔两千米以上的高山，经过云南省的仁和镇，到金沙江边的渡口，再由渡口坐船而下，一直到攀枝花山脚下的江边下船，爬十几里山坡，才到攀枝花村。在这里了解了攀枝花矿山情况后，往西走上十几里山路到弄弄坪，进行调查研究。回来时是乘船过金沙江，经渡口到仁和镇。金沙江水流湍急，漩涡很多，船一旦卷进漩涡就很危险。早先到攀枝花时，一位工程师就因坐船遇到漩涡而牺牲。

三线建设委员会组织国家计委和国务院有关部的副部长们，各部的计划局长、基建局长、设计院负责人，西南局书记阎秀峰、四川省委书记杨超、云南省委书记郭超及其他有关局长到攀枝花现场进行调查研究，用三天时间察看了各厂矿的场址、铁路支线和公路网的线路，用两天时间分别作自己的建设计划，再用三天时间开会，做出了冶金部和各部的以钢铁为中心的综合平衡建设方案。各部门很快做出了初步设计。攀枝花周围都是荒凉、贫穷山沟，村庄既小又稀少，文盲很多，而且每个村里都有麻风病人。据当地人传说：鸡吃了麻风病人吐的痰，人再吃了这种鸡下的蛋，就会传染上麻风病。一传十，十传百，人们恐惧起来，害怕在这里工作。卫生部很快派来一位局长，告诉大家：解放前，麻风病是无法医治的，为避免传染，往往把麻风病人集中起来，关在房内用火烧死。解放后，我国对麻风病已能医治，除病情十分严重的不能治好外，一般都能治愈。现在麻风病院的负责人，多是治好的麻风病人，病院的医生和护士，都养鸡、吃鸡蛋，没有人传染上麻风病。这种病只能直接传染，不能间接传染。全国除少数几个省外，大多数省都有这种病。这样，才消除了大家的恐惧心理，安下心来工作。

1965年秋，中共中央总书记邓小平，乘坐一辆吉普车，沿险峻的山路来到这开满攀枝花的地方，审定钢铁厂的建设方案。并视察了大部分地方，做出了一系列重要决定。他把第一机械工业部部长段君毅召到重庆，具体指示要充实兵器工业的一些重要工厂的力量；派钱敏任西南三线建设委员会副主任，加强三线建设的领导工作。接下来，数万铁道兵奉命开进滇川交界的群山之中，拉开了修建成昆铁路的序幕。京、津、冀、鲁、豫五地的1500辆汽车，满载着设备和物资，日夜兼程在滇川道上。10万建设大军从祖国的四面八方云集金沙江安营扎寨，攀钢建设当时成了三线建设中的重中之重。

在党中央的领导下，中央各部门和全国各地党委密切配合、通力协作，加之现场广大建设者的艰苦奋斗和创造性劳动，西南三线建设的工作基本上达到了毛泽东主席提出的要求。兴建起了攀枝花这样大型的钢铁工业基地；常规武器配套计划提前完成了，还有许多其他重要厂矿。现在这些厂转为军民结合，正在我国经济建设中发挥着越来越大的作用。当然，限于当时的认识，对一旦发生战争的飞机轰炸估计过高，因而把一些工厂建在山沟，车间的完整生产过程也分散建设了，造成不能实行生产线的机械化、电气化，多花了投资，也多浪费了设备和材料。

大批英雄的建设者们，积极响应党中央和毛泽东的号召，满怀热爱祖国、热爱社会主义的热情，迅速奔赴艰苦的大三线。上海和沿海经济发达地区担负了支持大三线建设的重任，国家先后向上海下达了三百多个搬迁项目，其中大部分是国防军工、基础工业和短线产品，迁移方式主要是迁厂、调人、建新厂。

我国的三线建设大体分为两个阶段，一个阶段是1964年至1968年；另一个阶段为1969年至1973年。1964年至1968年，三线建设的重点放在西南地区，采取沿海地区支援内地建设的方法，在将一部分工厂、工程迁到内地的同时，对内地新建项目的建设由沿海地区抽调干部、工人和技术人员来支援。在1964年到1968年间，我国西南三线建设取得了重大成就。在这期间先后开始修筑贯通西南的川黔、成昆、贵昆、湘黔等几条重要铁路；新建、扩建了攀枝花、包头、酒泉等大型钢铁基地和为国防服务10个迁建、续建项目；在四川、贵州、甘肃等地建设了一批为国防服务的石油、机械、电力项目。这就使得西南"三线"战略大后方基地已初具规模。

1969年至1973年间的三线建设，由于"文化大革命"的影响，给大三线的建设增加了很多困难，有些项目的建设工期被拖得很长，有些项目造成了很大的浪费。但是，当年的三线建设者，扎根山沟，艰苦创业，做出了巨大贡献。他们为三线建设"献完青春献终身，献完终身献子孙"。他们经历了长达十几年的艰苦建设，经历了物质条件匮乏的漫长岁月，一个门类齐全的工业体系，包括一大批国家重要的钢铁、常规兵器、航空、航天、能源、电子、重型机械、发电设备制造工业基地终于在大三线建成，三线建设给内地的一些城市带来了发展机遇，促进了内地经济繁荣和社会进步。攀枝花、六盘水、十堰、西昌等，过去是荒山野岭，现在成了著名的以钢铁、煤炭、汽车和有色金属为主导产业的新兴工业城市。"文革"结束后，有些三线建设项目仍在继续完成。

案例点评：

1. 战备形势紧迫、建设正急正快

1964年，国际局势动荡，战争因素急剧增长。美国扩大越南战争，直接威胁中国安全；苏联在中国边境陈兵百万；台湾当局制造台湾海峡的紧张局势。面对迫在眉睫的战争形势，国防安全已经成为头等大事。

在5月间进行的中共中央北京工作会议上，毛泽东要求全党把三线建设当作一件很重要、很紧迫的战略任务来看待。他指出，国防工业建设要同帝国主义、修正主义争时间，抢速度，对沿海工厂搬迁和三线建设要热心些，不能冷冷清清，积极性越高越好，哪怕是粗糙一点，也要赶快搞起来。1965年4月，针对美国侵越战争不断升级的趋势，中共中央发出了《关于加强备战工作的指示》，明确指出，美帝国主义在越南采取扩大侵略的步骤，直接侵犯越南，严重地威胁着我国的安全，全党、全军和全国人民在思想上和工作上要准备应付最严重的局面，要加强备战。

当时的判断是，战争会早打、大打，因此要抢时间、争速度，赶在战争爆发前尽快建设"三线"战略大后方。

当时，各级"三线"建设指挥部都把抢时间、争速度放到了突出地位。结果一些建设项目未经周密勘探就盲目定点；当时还采取"三边"原则，即边勘探、边设计、边施工，没有搞好总体设计就全面施工；片面追求速度，忽视施工质量；辅助和配套设施没有建成就凑合投产。不仅造成了许多返工浪费，而且把一些工厂建在断裂层、滑坡带、山洪口或缺水区，遗留一些以后不好解决的工程建设问题。许多建设项目长期形不成生产力，给国民经济背上了十分沉重的包袱。

2. 计划经济的运作模式造成资源配置效率低下

三线建设是一种发展封闭的内向型经济：国家是唯一的投资主体，所有制结构是单一的国有经济，调节机构是国家计划和行政命令，动力是单一的精神动员，格局是依靠国内自有资金、自有资源。党和政府一声令下，几百万建设大军就浩浩荡荡地向西部转移，一大批工厂企业、高等院校和科研机构就纷纷内迁，一批批建设物资就源源不断地调往三线，三线建设是典型的计划经济的产物。

计划经济最大问题是不能使资源得到有效配置。三线建设形成了一大批国有企业，这些企业在当时只是国家机关的行政附属物，丧失了人、财、物、产、供、销的自主权，既无动力，又无压力，也没有活力。结果造成资源配置效率低下，浪费惊人。据有关部门测算，1966年至1972年，无效投资达300多亿元，占同期国家用于三线资金的18%强。

3. 政治运动影响三线建设

三线建设主要是在"文化大革命"期间搞起来的，明显地带有政治性。当时推进三线建设的办法主要是政治手段，包括政治动员和号召、阶段斗争和大会战等。

三线建设开始时进展迅速，"文化大革命"爆发后，形势发生剧变，许多三线建设的各级领导干部"靠边站"，造反武斗浪潮更使地方"三线"建设工程陷于混乱之中，许多科技人员遭到伤害，重要科研攻关项目停滞不前。从1967年至1969年年初，不少三线建设项目如成昆铁路、重庆兵器工业基地等处于停顿和半停顿状态，其余的也在艰难维持之中。

1969年中共九大召开后，国内政治局势稍趋缓和，三线建设领导班子、施工力量、物质资金得到充实，重新展开。

政治运动给三线建设的影响很大，特别表现在所谓"政治建厂"上。1970年1月下旬，国家建委召开全国基本建设现场会，主要内容是学习和推广属于"大三线"的第二汽车制造厂、江山机械厂与焦枝铁路的经验，即走"政治建厂"的经验；发动贫下中农参加基本建设，大打人民战争的经验；边建设、边施工安装、边生产，先生产后生活、先厂房后宿舍的经验；发扬"干打垒"精神，节约建筑材料的经验等。这些经验，在一定程度上违背了客观经济规律和基建程序，给三线建设造成了危害。

4. 积累率过高，投资结构不合理

首先是农、轻、重产业结构比例失调。三线建设的投资方向主要集中于重工业和国防工业。根据安排，在国家整个基本建设850亿元的投资中，重工业、国防工业、交通运输共628亿元，占74%；农业120亿元，只占14%；轻工业37.5亿元，仅占4.4%。"三五"计划期间，三线地区的国防工业、原材料工业、机械制造业和铁路运输的投资，占该地区总投资的72%，结构显然不利于农业、轻工业的发展。

其次是扩大了社会总需求与总供给的矛盾，直接原因是三线建设形成基本建设规模过大，积累率过高，抑制了消费，人民生活受到了影响。"三五""四五"时期，职工工资事实上处于冻结状态。这一时期，全国消费水平是1949年以来增长最慢的。

5. "山、散、洞"的方针影响开发效益

作为战备工程，根据三线地区的地形地貌，毛泽东提出"大分散，小集中"和"依山傍水扎大营"的意见，中央进而确定的"靠山、分散、隐蔽"的建设方针是有它的合理性的，特别是关系到国家安危的一些国防尖端工程，更应首先考虑其隐蔽性。但是，过分强调了"山、散、洞"原则，势必违反经济规律，达不到应有的效益。

如一个三线企业，下属的研究所和生产车间分散在5个县11条山沟里，最长距离146

公里，内部联结公路达 700 多公里，联系十分不便，造成工序之间重复倒运，花费了大量人力物力。很多现代化程度极高的尖端技术，深山里的条件显然不适合其发展，由于远离经济文化中心的城市，布点过于分散，并在相对封闭的状态下进行开发，这些镶嵌在西部大地上的一个个现代工业基地对周边地区的辐射功能受到限制。

6. 忽视沿海老基地的发展，影响整体国力的增长

由于集中建设三线地区，全国有 380 多个项目、14.5 万人、3.8 万台设备从沿海地区迁到三线地区。由于西部当地经济基础比较落后，措施难以配套，大量资金和设备闲置，施工队伍窝工严重，生产、生活问题较多，造成长期不能开工或开工不足。第三个五年计划中，累计三线地区投资为 482.43 亿元，占基本建设投资总额的 52.7%；整个内地建设投资为 611.15 亿元，占全部基本建设投资总额的 66.8%；沿海投资为 282.91 亿元，占 30.9%。在底子厚、本来能取得很高经济效益的沿海地区，投资相对严重不足，影响了生产规模的扩大。

五、实践项目

项目 1：研读文献心得

篇目：

(1) 陈广生：《雷锋小传》，中国青年出版社 1981 年版
(2) 中共中央：《关于建国以来党的若干历史问题的决议》（1981 年 6 月 27 日）
(3) 刘少奇：《在中国共产党第八次全国代表大会上的政治报告》（节选）（1956 年 9 月 15 日）
(4) 毛泽东：《论十大关系》（1956 年 4 月 25 日）
(5) 毛泽东：《关于正确处理人民内部矛盾的问题》（1957 年 2 月 27 日）
(6) 胡绳：《中国共产党的七十年》，中共党史出版社 1991 年版
(7) 席宣、金春明：《文化大革命简史》，中共党史出版社 1996 年版
(8) 肖冬连等：《求索中国——文革前 10 年史》，红旗出版社 1999 年版
(9) 朱正：《1957 年的夏季：从百家争鸣到两家争鸣》，河南人民出版社 1998 年版
(10) 谢春涛：《庐山风云：1959 年庐山会议简史》，中国青年出版社 1996 年版
(11) 牛大勇、沈志华：《冷战与中国的周边关系》，世界知识出版社 2004 年版
(12) 逄先知、金冲及：《毛泽东传》（下），中央文献出版社 2003 年版
(13) 金冲及、黄峥：《刘少奇传》（下），中央文献出版社 1998 年版
(14) 金冲及：《周恩来传，1949—1976 年》，中央文献出版社 1997 年版
(15) 薄一波：《若干重大事件与决策的回顾》，中共中央党校出版社 1991 年版
(16) 萧克、李锐、龚育之：《我亲历过的政治运动》，中央编译出版社 1998 年版
(17) 图门、祝东力：《刘少奇蒙难始末》，中共党史出版社 1998 年版
(18) 张化、苏采青：《回首文革》，中共党史出版社 2000 年版

流程：（1）教师向学生提供阅读文献信息：可从图书馆借阅的参考书目，可供下载比

较可靠的网络地址，电子版的可阅读文献需设置并发送到公共邮箱供学生下载。

（2）教师在课堂上对阅读文献做简单讲解，提出撰写读书心得报告的具体要求。

（3）学生阅读文献，撰写并按时提交读书心得报告。成果可用PPT、经过整理的资料片、学术论文等形式呈现。

（4）教师评定成绩并做简要小结、反馈。

评价：

考核指标	考核结果			
	优	良	中	差
学习态度				
自主学习能力				
合作学习能力				
知识运用能力				
学习效果				
总体评价				

项目2：观看音像资料

资料：

1.《中印边界自卫反击战》

中印边界自卫反击战是1962年6月至11月间，中国人民解放军在藏南边境上进行的一场反侵略作战。中国军队在这次作战的军事层面上大获全胜，沉重地打击了印度尼赫鲁政府的地区霸权主义和扩张政策，保卫了中国西部的边防，打击了当时国际上的反华逆流和中国西藏的分裂主义势力，维护了祖国的统一和中华民族的尊严。但在战胜之后，中国因各方面原因单方面将军队后撤，使印度得以占领藏南中印争议地区。

2.《欢腾的小凉河》

根据同名小说改编。"文化大革命"时期，二队和九队同住在小凉河边。借助这条河的优势，两个队在生产上都取得了大丰收。然而，对于下一步的发展方向，两个队却产生了截然不同的看法。二队要进行水利建设，根治小凉河，实现自流灌溉。县革委会的夏副主任对"文化大革命"一直持怀疑态度，他更加支持九队的设想，退耕还林、还塘，大兴农林牧副渔的多样化生产，代替单调的、不符合自然法则的"以粮为纲"的生产方向。夏副主任利用县委张书记到大寨学习的机会，实现九队的设想，搁浅了二队兴修水利的计划。周昌林没有被压服，坚决地和他展开针锋相对的斗争，严正指出：翻案是不得人心的。大队副业会计白汉成依仗表姐夫夏副主任的势力，与富裕中农阮富刚等结成一伙，利用搞副业做地下包工头，把生产队劳力抽出去，还在鱼塘窃取私利，挖社会主义墙脚，并且大造反革命舆论，破坏根治小凉河，使用各种手段给周昌林施加压力。二队社员姚梦田在白汉成的煽动下外出做工，周昌林发觉后飞舟追回，和姚妈妈一起痛诉血泪家史，进行阶级教育。姚梦田沉痛地交出了白汉成和他订立的所谓"互助合同"。周昌林识破这张所谓"合同"，与中华人民共和国成立前的卖身契本质一样，认识到堵不住资本主义的路，就迈不开社会主义的步，于是抓住这份活教材，召开了批判资本主义的现场会。白汉成狗急跳墙，下毒手破坏九队的鱼塘，妄图嫁祸于二队，挑动两个生产队的群众斗群众。周昌林识破了他的阴谋，发动群众彻底揭露了这个新生资产阶级分子的面目，耐心地教育帮助徐振才，使他认识了错误。两个生产队并肩奋战在开河工地上，小凉河欢腾了！但斗争并没有结束，要把社会主义革命进行到底，必须以无产阶级专政理论武装头脑，以阶级斗争为纲，坚持党的基本路线。周昌林又敲起了继续战斗的金钟，警钟长鸣，响彻小凉河两岸，在祖国大地上震荡。

3.《焦裕禄》

1962年冬，被任命为兰考县委第二书记的焦裕禄走马上任。他看到火车站上挤满外出逃荒的饥民，大街上成群结队的乞丐，心情十分沉重。为改变兰考贫穷落后的面貌，焦裕禄立即深入基层，访贫问苦，调查研究，制定出治理肆虐兰考百年之久的风沙、水涝、盐碱三害的方案。这时，上级调来的救灾物资运到兰考，负责发放工作的县委副书记、县长吴荣先却坐视不管。焦裕禄主动率领县委干部去火车站卸货、发货，招致吴荣先的不满。不久，地委赵专员亲赴兰考，宣布调整县委领导班子，任命焦裕禄为县委书记。焦裕禄不顾肝脏经常胀痛，在治理"三害"第一线坚持工作，领导兰考人民战天斗地，深得群众拥戴。不久，县园艺场老场长由于过度操劳，活活累死，使焦裕禄受到极大震动为。改变基层干部长期缺油少粮的状况，焦裕禄决定为他们增加口粮配给，不料有人受吴荣先指使借题发挥，向地委告状，赵专员率调查组赴兰考了解实情。兰考数百群众堵住会议室大门，为焦书记鸣冤叫屈，使吴荣先不可告人的目的化为泡影。不久，兰考又遇特大水灾，焦裕禄强忍肝痛，始终坚持抗灾第一线，终因肝病剧烈发作，被送进医院，诊断为"肝癌后期，皮下扩散"。1964年5月14日晨，焦裕禄与世长辞，近十万群众自愿赶来，组成一支浩浩荡荡的送葬队伍，将焦裕禄骨灰送回兰考。

流程：（1）教师提供音像资料来源，提出撰写观后感的评审标准和要求。

（2）学生在观看影视资料的基础上撰写观后感。观后感可有多种形式，包括学术论文、PPT、经过整理的资料片等。

（3）学生提交观后感并进行交流。

（4）教师根据学生完成情况评定成绩并计入平时成绩。

项目3：指导学生从事专题论文写作

教师在实践教学过程中结合《中国近现代史纲要》下编"从新中国成立到社会主义现代化建设新时期"理论课教学内容的学习，给学生列出一系列论题，让学生围绕所列的论题,自选一个,进行论文写作训练,包括论题的分析、资料的收集、结构的设置、文字的组织、参考文献信息的规范等。通过这种方式给学生提供练习写作中国现代史、共和国史专业论文的机会,并调动他们学习的积极性。学生参考题目如下(学生亦可自拟题目):

(1) 试论中共八大的历史功绩
(2) "大跃进"的形成原因和造成的后果
(3) "七千人大会"的当代启示
(4) 试析"文化大革命"的起因
(5) "文化大革命"的严重后果
(6) 论我党历史上的三次重大转折

项目4:指导学生搜集先进人物事迹

指导学生搜集、查阅相关资料,撰写社会主义革命与社会主义建设时期无产阶级革命家、革命先烈以及各民族、各阶层中涌现出来的爱国者、劳动模范、先进人物、先进集体、英雄人物的先进事迹。学生参考题目如下(学生亦可自拟题目):

(1) 毛泽东、刘少奇、朱德、周恩来、任弼时、董必武、邓小平、张闻天、陈毅、彭德怀、贺龙等老一辈革命家在社会主义建设时期严于律己、为官清廉、甘守清贫的事迹。
(2) 甘当革命"螺丝钉"的雷锋
(3) 舍身救火写青春的向秀丽
(4) 用一人脏换来万人净的时传祥
(5) 老劳模史来贺
(6) "杂交水稻之父"袁隆平
(7) 中国知识分子的优秀代表蒋筑英
(8) "当代保尔"张海迪
(9) 黄继光舍身堵枪眼的英雄壮举
(10) 国际共产主义战士罗盛教
(11) 为整体胜利而自我牺牲的伟大的共产主义战士邱少云
(12) 抗美援朝中的毛岸英
(13) 不朽的志愿军"杨根思英雄排"
(14) 赞"身在大漠,魂系中华"的"两弹一星"精神
(15) 鞍钢工人阶级的光辉典范——孟泰
(16) 欧阳海舍身救列车的英雄事迹
(17) 中国航天之父——钱学森
(18) "宁肯少活二十年,拼命也要拿下大油田"的"铁人"王进喜
(19) "两弹元勋"邓稼先
(20) 身先士卒、以身作则的县委书记焦裕禄

第十章　改革开放与现代化建设新时期

一、知识提要

通过讲授，认识党的十一届三中全会实现了中华人民共和国成立以来党和国家发展的历史性伟大转折，中国从此进入改革开放和现代化建设的新时期；了解中国特色社会主义道路开辟和发展的过程，懂得中国共产党在社会主义初级阶段的基本理论、基本路线、基本纲领、基本任务；了解改革开放和现代化建设取得的巨大成就和主要经验，认识坚持走中国特色社会主义道路对实现中华民族伟大复兴的意义。

二、重点搜索

重点1：中国特色社会主义道路的艰辛探索

方向决定道路，道路决定命运。无论搞革命、搞建设、搞改革，道路问题都是最根本的问题。在中国这样一个经济文化落后的国家探索国家富强、民族复兴的道路，是极为艰巨的任务，照搬照抄不行，必须立足国情，做自己的选择，走自己的路。中国共产党在革命、建设、改革各个时期，坚持从中国国情出发，积极探索符合中国实际的道路。这种独立自主的探索精神，这种坚持走自己道路的坚定决心，来自于对马克思主义真理的深刻理解和把握，来自于对中国革命、建设和改革伟大实践认识的不断升华，来自于对正反两反面经验的科学总结，这是中国共产党和人民推进事业发展的立足点。

在革命时期，中国共产党创造性地解决了马克思列宁主义基本原理同中国实际相结合的一系列重大问题，提出通过新民主主义革命走向社会主义的理论，制定了新民主主义革命总路线，开辟了以农村包围城市、最后夺取全国胜利的革命道路。中华人民共和国成立后，中国共产党在迅速医治战争创伤、恢复国民经济的基础上，不失时机地提出了过渡时期总路线，顺利完成了由新民主主义革命向社会主义革命的转变。新民主主义革命的胜利、社会主义基本制度的确立，实现了中国历史上最深刻最伟大的社会变革，为当代中国一切发展进步奠定了根本政治前提和制度基础。

社会主义基本制度确立以后，如何在中国建设社会主义，是中国共产党面临的崭新课题。为找到一条适合中国国情的社会主义建设道路，中国共产党进行了艰苦探索。在这个过程中，毛泽东明确强调要把马克思列宁主义基本原理同中国实际进行"第二次结合"。他发表的《论十大关系》《关于正确处理人民内部矛盾的问题》等重要著作，集中反映了中国共产党在这个时期对建设社会主义的新认识，也初步形成了把我国建设成为一个强大的社会主义国家的战略思想。在党的领导下，我国各族人民意气风发投身于社会主义建设，在不长的时间里就取得了社会主义建设的基础性成就，使我国社会发生了翻天覆地的

第十章 改革开放与现代化建设新时期

变化。尽管探索艰辛坎坷，但形成的理论成果、取得的成就、积累的经验，为探索建设中国特色社会主义道路奠定了坚实的理论与实践基础，提供了重要的启示。

在结束"文化大革命"、党和国家面临向何处去的重大历史关头，中国共产党顺应时代要求和人民期待，以巨大的政治勇气和理论勇气推进改革开放，开启了探索中国特色社会主义的新进程。1978年召开的党的十一届三中全会，重新确立解放思想、实事求是的思想路线，做出了把党和国家工作重心转移到经济建设上来、实行改革开放的历史性决策，实现了中华人民共和国成立以来中国共产党历史上具有深远意义的伟大转折。1982年，邓小平在党的十二大发出响亮号召："把马克思主义的普遍真理同我国的具体实际结合起来，走自己的道路，建设有中国特色社会主义。"从那时起，在改革开放中建设中国特色社会主义，开创中国特色社会主义道路，成为我们党新时期全部理论和实践的主题。中国特色社会主义道路的成功开创，打开了我国社会主义现代化建设的新局面。

"历尽天华成此景，人间万事出艰辛。"找到一条正确道路是多么不容易。独特的文化传统，独特的历史命运，独特的基本国情，注定了我们必然要走适合自己特点的发展道路。中国特色社会主义道路，不是从天上掉下来的，而是中国共产党人带领全国各族人民在不懈探索和艰苦奋斗中一步一个脚印踏出来的。几十年的探索历尽了千辛万苦，经历了严重曲折，付出了各种代价。其中的甘苦，唯有中国人民感受最深，也最有发言权。

独立自主是中华民族的优良传统，是中国共产党、中华人民共和国立党立国的重要原则。在中国这样一个人口众多和经济文化落后的东方大国进行革命和建设的国情与使命，决定了我们只能走自己的路。

中国共产党领导人民进行社会主义建设，经历改革开放前后两个历史时期。习近平深刻指出，这是两个既相互联系又有重大区别的时期，本质上都是中国共产党领导人民进行社会主义建设的实践探索。中国特色社会主义是在改革开放的历史新时期开创的，也是在中华人民共和国已经建立起社会主义基本制度并进行了二十多年建设的基础上开创的。如果没有1978年中国共产党果断决定实行改革开放，并坚定不移地推进改革开放，坚定不移地把握改革开放的正确方向，社会主义中国就不可能有今天这样的大好局面。同样，如果没有1949年建立中华人民共和国并进行社会主义革命和建设，积累了重要的思想、物质、制度条件，积累了正反两方面经验，改革开放也难以顺利推进。改革开放后的社会主义实践探索是对前一个时期的坚持、改革、发展。虽然这两个历史时期在进行社会主义建设的指导思想、方针政策、实际工作上有很大差别，但两者绝不是彼此割裂的，更不是根本对立的。不能用改革开放后的历史时期否定改革开放前的历史时期，也不能用改革开放前的历史时期否定改革开放后的历史时期。我们要向前看、向前走，但不能忘记走过的路。我们不能用今天的时代条件、发展水平、认识水平去要求前人，不能苛求前人干出只有后人才能干出的业绩。既不能割断历史，也不能虚无历史，而是要坚持做到社会主义革命和建设的成就决不能否定、改革开放和社会主义现代化建设的方向决不能动摇。

重点2："三步走"战略与"两个一百年"奋斗目标

1840年鸦片战争以来，中华民族面临着两大历史性课题：一是求得民族独立、人民解放；二是实现国家繁荣富强、人民共同富裕。

以毛泽东为代表的中国共产党人，成功地领导和进行了新民主主义革命，初步完成了民族独立、人民解放这一历史性课题，建立了人民当家做主的新中国。而实现国家繁荣富强、人民共同富裕的历史性课题也就随之摆在了中国共产党和中国人民面前。毫无疑问，要实现这一历史性课题，就必须实现社会主义现代化。

中华人民共和国成立后，对于中国实现社会主义现代化的时间表，毛泽东曾经给出了一个清醒的估算。1954年，毛泽东提出，建成一个伟大的社会主义国家，大概要经过50年即十个五年计划。1956年，在接见参加中共八大的南共联盟代表团时，他更把时间放宽至100年，表示要使中国变成富强的国家，需要50年到100年的时光。1961年，毛泽东在接见英国元帅蒙哥马利时明确指出："在我国，要建设起强大的社会主义经济，我估计要花一百多年。"1964年，周恩来在全国人大三届一次会议上，第一次明确宣布按两步走实现四个现代化的战略：第一步，建立一个独立的比较完整的工业体系和国民经济体系；第二步，全面实现农业、工业、国防和科学技术的现代化，使我国经济走在世界的前列，并把它作为在20世纪内我国的奋斗目标。

改革开放以后，邓小平总结毛泽东领导中国社会主义建设时期的经验教训，提出了到21世纪中叶实现现代化的"三步走"发展战略。1987年4月，邓小平第一次提出了分"三步走"基本实现现代化的战略目标。同年10月，党的十三大把邓小平"三步走"的发展战略构想确定下来，明确提出：第一步，从1981年到1990年实现国民生产总值比1980年翻一番，解决人民的温饱问题；第二步，从1991年到20世纪末，使国民生产总值再翻一番，达到小康水平；第三步，到21世纪中叶，国民生产总值再翻两番，达到中等发达国家水平，基本实现现代化。然后在这个基础上继续前进。从"两步走"到"三步走"，充分体现了党对我国基本国情和发展战略认识的深化。

1997年，党的十五大把"三步走"战略的第三步进一步具体化，提出了三个阶段性目标，其中就包含了首次明确提出的"两个一百年"的奋斗目标。"到建党一百年时，使国民经济更加发展，各项制度更加完善；到下世纪中叶建国一百年时，基本实现现代化，建成富强民主文明的社会主义国家。"此后，党的十六大、十七大报告、胡锦涛在纪念党的十一届三中全会30周年大会上的讲话中都重申了这"两个一百年"的奋斗目标。

党的十八大报告再次重申："在中国共产党成立一百年时全面建成小康社会，在新中国成立一百年时建成富强民主文明和谐的社会主义现代化国家。"同时，明确提出，实现社会主义现代化和中华民族伟大复兴是建设中国特色社会主义的总任务。

中国特色社会主义总任务的提出是总结历史、立足现实、着眼未来得出的坚定结论，是党向人民做出的新的庄严承诺，表明党对肩负的历史责任和使命倍加清醒、高度自觉，也彰显了党的道路自信、理论自信和制度自信。

重点3：全面建成小康社会

20世纪末，经过全国人民的努力奋斗，我国成功实现了"三步走"战略的前两步目标，人民生活总体上达到了小康水平。但这种小康是低水平的、不全面的和发展很不平衡的：低水平的，即人民生活刚刚进入小康的门槛；不全面的，即已经达到的小康很大程度上仅侧重于经济或物质文明方面的指标；发展很不平衡，即已经达到小康水平的主要是东部沿海发达地区的城乡居民或中西部的城市居民。为此，2002年党的十六大在我国人民生活总体达到小康水平的基础上，提出了全面建设小康社会的目标要求。而党的十八大报告则将"全面建设小康社会"改为"全面建成小康社会"，并在党的十六大、十七大的基础上，提出了全面建成小康社会奋斗目标的新要求。从"建设"到"建成"，一字之变，体现了我国发展阶段的重大变化。如果说"全面建设小康社会"是侧重于全面小康社会建设的过程的话，那么，"全面建成小康社会"则更侧重于全面小康社会的结果。

党的十八大从经济、政治、文化、社会、生态等五个方面提出了全面建成小康社会的新的目标要求。其中，最引人注目的目标是到2020年"实现国内生产总值和城乡居民人均收入比2010年翻一番"，这充分体现了中国共产党千方百计增加居民收入的执政理念。同时，党的十八大报告还提出了"两个同步"，即居民收入增长和经济发展同步、劳动报酬增长和劳动生产率提高同步。这同样充分体现了实现发展成果由人民共享的思路。

重点4：实现中华民族伟大复兴的中国梦

实现中华民族伟大复兴，是近代以来中国人民最伟大的梦想，我们称之为"中国梦"。其基本内涵是实现国家富强、民族复兴、人民幸福。

鸦片战争以后，中国之所以从一个泱泱大国、世界强国，逐步沦落为西方列强竞相蚕食之地，陷入了半殖民地半封建社会的深渊，有两个根本的原因：一是社会制度的腐败，二是经济技术的落后。唯有解决了这两大历史性课题，中华民族才有可能走向伟大复兴。

中国共产党领导的新民主主义革命的胜利、新中国的成立和社会主义制度的建立，实现了民族独立、人民解放，结束了黑暗的、腐败的旧制度，为实现中华民族伟大复兴的中国梦奠定了坚实的社会制度基础。而新中国成立以来，特别是改革开放以来，我国在经济社会等方面取得的举世瞩目的成就，为实现中华民族伟大复兴的中国梦夯实了强有力的物质技术基础。因此，我们才有理由说，我们比历史上任何时期都更接近于中华民族伟大复兴的目标，比历史上任何时期都更有信心、有能力实现更为远大的目标。也正是在这充满希望的历史节点上，习近平提出了旨在实现中华民族伟大复兴的中国梦。

实现中华民族伟大复兴中国梦的重要内容和基本任务之一是实现祖国完全统一。国家的完全统一是民族复兴的最重要也是最主要的标志，没有国家的完全统一，就没有完全意义上的民族复兴。中华民族的伟大复兴既是一个走向现代化、实现繁荣富强的过程，也是一个实现祖国完全统一的过程。只有实现祖国的完全统一，才能更好地凝聚整个民族的智慧与力量，加快国家现代化建设的步伐，更好地在国际上展现中华民族团结奋进、朝气蓬勃的雄姿，使中华民族真正屹立于世界民族之林。

1945年，中华民族历经八年艰苦抗战，终于战胜了日本法西斯，台湾重新回到了祖国的怀抱。但随后，蒋介石集团在由自己挑起的内战中遭到失败，退踞台湾，并在美国的支持下与大陆长期对峙，抗拒统一，台湾问题由此产生。中华人民共和国成立后，中国共产党针对台湾问题先后实施了武力解放台湾的方针、和平解放台湾的方针以及"和平统一、一国两制"的构想，以最大的诚意来解决台湾问题，实现祖国的完全统一。"和平统一、一国两制"的科学构想已经成功运用于解决香港、澳门问题。香港、澳门相继回归祖国，是按照"一国两制"方针实现祖国完全统一的重要步骤，对台湾问题的解决有着重要的示范作用。

新的历史时期,国共两党在坚持一个中国原则、维护中华民族整体利益的基础上实现了良性互动,开创了两岸关系和平发展的新局面。2013年2月25日,习近平在会见中国国民党荣誉主席连战一行时的谈话中指出:两岸关系虽然历经坎坷,但终究能打破长期隔阂,开启交流合作。这是因为,两岸同胞同属中华民族,这种天然的血缘纽带任何力量都切割不断;两岸同属一个中国,这一基本事实任何力量都无法改变;两岸交流合作得天独厚,这种双向利益需求任何力量都压制不住。更是因为,全体中华儿女有决心通过自己的不懈奋斗自立于世界民族之林,这种全民族的共同愿望是任何力量都阻挡不了的。"兄弟齐心,其利断金。"实现中华民族伟大复兴,需要两岸同胞共同努力。我们真诚希望台湾同大陆一道发展,两岸同胞共同来圆中国梦。携手推动两岸关系和平发展,同心实现中华民族伟大复兴,应该成为两岸关系的主旋律,成为两岸中华儿女的共同责任和历史使命。

重点5:当代中国为什么要全面深化改革?

当今世界正在发生广泛而深刻的变化,当代中国正在发生广泛而深刻的变革。经过30多年的改革开放,我国的经济建设在取得举世瞩目的巨大成就的同时,也面临着一系列突出矛盾和挑战,前进道路上还有许多可以预见和难以预见的困难与问题。例如,发展中不平衡、不协调、不可持续的问题依然突出,发展方式依然粗放,产业结构不合理,科技创新能力不强,城乡区域发展差距和居民收入分配差距依然较大,社会矛盾明显增多,教育、就业、社会保障、医疗、住房、生态环境、食品药品安全、安全生产、社会治安、执法司法等关系群众切身利益的问题较多,部分群众生活困难,形式主义、官僚主义、享乐主义和奢靡之风问题突出,一些领域消极腐败现象易发多发,反腐败斗争形势依然严峻,各种体制性障碍在一定程度和一定范围内依然存在,等等。要解决发展中的这些难题,迎接前进路上的严峻挑战,化解来自各方面、各领域、各环节的风险,更好地发挥中国特色社会主义的制度优势,就必须在新的历史起点上全面深化改革。不这样做,我们就难以实现党的十八大描绘的全面建成小康社会、加快推进社会主义现代化、实现中华民族伟大复兴的宏伟蓝图。只有坚持改革开放和全面推进改革开放,才能有效坚持和发展中国特色社会主义,不断推进中国特色社会主义制度的自我完善和发展,也才能进一步解放和发展社会生产力,继续充分释放全社会的创造活力。

全面深化改革,首先要注重改革的全面性。改革作为新时期党领导的一次新的革命,是要对各方面体制进行根本性的变革。党的十八届三中全会通过的《中共中央关于全面深化改革若干重大问题的决定》提出,要紧紧围绕使市场在资源配置中起决定性作用,全面深化经济体制改革;紧紧围绕坚持党的领导、人民当家做主、依法治国有机统一深化政治体制改革;紧紧围绕建设社会主义核心价值体系、社会主义文化强国深化文化体制改革;紧紧围绕更好保障和改善民生、促进社会公平正义深化社会体制改革;紧紧围绕建设美丽中国,深化生态文明体制改革;紧紧围绕提高科学执政、民主执政、依法执政水平深化党的建设制度改革。

全面深化改革,还要注重改革的深化。要以更大的政治勇气和智慧,不失时机深化重要领域改革,坚决破除一切妨碍科学发展的思想观念和体制机制弊端,攻克体制机制上的顽症痼疾，突破利益固化的藩篱，攻坚克难，敢于直面难啃的硬骨头。

《中共中央关于全面深化改革若干重大问题的决定》对全面深化改革做出了战略部署，总目标是完善和发展中国特色社会主义制度，推进国家治理体系和治理能力现代化。为此，必须更加注重改革的系统性、整体性、协同性，加快发展社会主义市场经济、民主政治、先进文化、和谐社会、生态文明，让一切劳动、知识、技术、管理、资本的活力竞相迸发，让一切创造社会财富的源泉充分涌流，让发展成果更多更公平惠及全体人民。

重点 6：全面提高开放型经济水平

中国的改革始终与开放同步。对外开放 30 多年来，从建立经济特区到开放沿海、沿江、沿边、内陆地区再到加入世界贸易组织，中国越来越快、也越来越多地融入了世界，在促进自身快速发展的同时也为世界的繁荣发展做出了重要贡献。目前中国已经是世界上第一大出口国、第二大进口国、第二大吸收外资国、第三大对外投资国、第一大外汇储备国。但取得这些辉煌成就的同时，也要面对经济全球化驱动力、世界经贸格局、国际产业竞争与合作态势、我国参与经济全球化的基础和条件、国际社会对我国的认知和期待等国内外环境发生的变化，需要迎接对外开放产业重心面临调整、通货膨胀压力较长时期内存在、我国步入高成本时代、外部冲击加大等新的挑战。

因此，为实现党的十八大提出的全面建成小康社会的目标，推进中国特色社会主义发展，适应经济全球化的新形势，必须实行更加积极主动的开放战略，构建开放型经济新体制，发挥竞争新优势，全面提高开放型经济水平。

全面提高开放型经济水平，要正确把握对外开放面临的新形势。从国际方面看，一方面经济全球化使各国经济发展的相互依存程度继续加大；另一方面经济全球化也出现了新的变化。从国内方面看，经过 30 多年的改革开放，我国已经形成了较为成熟的开放型经济体系。因此，只有准确把握机遇，主动应对各种挑战，实行更加积极主动的开放战略，全面提高开放型经济水平，才能更好地利用两个市场，优化配置两种资源，发挥两种人才作用，不断扩大我国经济发展的空间。

全面提高开放型经济水平，要完善互利共赢、多元平衡、安全高效的开放型经济体系。处理好扩大对外开放和坚持自力更生的关系，把立足点放在依靠自己力量的基础上，充分利用国际国内两个市场、两种资源，以开放促改革促发展。

适应经济全球化新形势，必须推动对内对外开放相互促进、引进来和走出去更好结合，促进国际国内要素有序自由流动、资源高效配置、市场深度融合，加快培育参与和引领国际经济合作竞争新优势，以开放促改革。

全面提高开放型经济水平，要构建开放型经济新体制，主动适应经济发展新常态形成竞争新优势。为此，要放宽外商投资市场准入，创新利用外资管理体制，改革对外投资管理体制，加快自由贸易区建设，扩大内陆地区对外开放，加快沿边地区开放步伐，改革行业商（协）会管理体制，在改革创新中培育参与和引领国际经济合作竞争新优势，在日趋激烈的国际竞争中把握主动权。

三、深度阅读

阅读1：《解放思想，实事求是，团结一致向前看》

写作背景：

《解放思想，实事求是，团结一致向前看》是邓小平在中共中央工作会议闭幕会上的总结报告。这次中央工作会议是中共十一届三中全会的准备。邓小平的这个讲话实际上是三中全会的主题报告，是在"文化大革命"结束以后，中国面临向何处去的重大历史关头，冲破"两个凡是"的禁锢，开辟新时期新道路、开创建设有中国特色社会主义新理论的宣言书。学习和掌握这篇讲话的精神，对于坚持解放思想、实事求是的思想路线，不断研究新情况、解决新问题，开拓马克思主义的新境界、开辟有中国特色社会主义的新局面，意义十分重大。

粉碎"四人帮"后，党开始进行拨乱反正，但是此时，"两个凡是"的禁锢尚未冲破，党的路线方针政策尚未端正。《解放思想，实事求是，团结一致向前看》正是在这样的历史背景下发表的。

经过十年的"文化大革命"，中国积累了大量政治、经济、社会问题，困难成堆、问题成堆、百废待举、百业待兴。粉碎"四人帮"后，广大人民渴望迅速恢复正常的社会秩序和生产、生活秩序，祈盼国家安定团结，经济迅速发展，摆脱贫困落后的状态，使社会主义现代化事业兴旺发达。而当时主持中央工作的主要领导人仍然坚持"以阶级斗争为纲"和无产阶级专政下继续革命的理论，并提出了"两个凡是"，使党和国家的工作总体上受到严重阻碍，出现了两年的徘徊状况，中国面临着向何处去的重要抉择。当时存在着三种可能：一是按照"两个凡是"的错误方针办，走老路；二是实行全盘西化，走邪路；三是以解放思想、实事求是为指导，走一条符合中国国情的建设社会主义的新路。

在这样的形势下，中共中央召开了党的中央工作会议。这次会议原定了农业问题，1979年、1980年国民经济计划安排问题和讨论李先念在国务院务虚会议上的讲话三个议程。在讨论这些议题之前，还有一个事关全局的问题，即把全党工作着重点转移到社会主义现代化建设上来，这也是这次会议的中心议题。但是，以什么指导思想实现工作重点转移，实现工作重点转移要扫除哪些障碍，要不要彻底纠正"文化大革命"及其以前的"左"倾错误，实际上涉及党的思想路线、政治路线、组织路线问题。经过从1978年11月10日到12月12日一个多月的讨论和思想交锋，开展批评与自我批评，在一系列重大问题上取得了重大突破，为十一届三中全会做了充分准备。正是在这样的背景下，邓小平代表党中央做了题为《解放思想，实事求是，团结一致向前看》的重要讲话。

原著节选：

解放思想是当前的一个重大政治问题。

解放思想，开动脑筋，实事求是，团结一致向前看，首先是解放思想。只有思想解放了，我们才能正确地以马列主义、毛泽东思想为指导，解决过去遗留的问题，解决新出现的一系列问题，正确地改革同生产力迅速发展不相适应的生产关系和上层建筑，根据我国的实际情况,确定实现四个现代化的具体道路、方针、方法和措施。

在我们的干部特别是领导干部中间,解放思想这个问题并没有完全解决。不少同志的思想还很不解放,脑筋还没有开动起来,也可以说,还处在僵化或半僵化的状态。这并不是因为他们不是好同志。这种状态是在一定历史条件下形成的。

一是因为十多年来,林彪、"四人帮"大搞禁区、禁令,制造迷信,把人们的思想封闭在他们假马克思主义的禁锢圈内,不准越雷池一步。否则,就要追查,就要扣帽子、打棍子。在这种情况下,一些人就只好不去开动脑筋,不去想问题了。

二是因为民主集中制受到破坏,党内确实存在权力过分集中的官僚主义。这种官僚主义常常以"党的领导""党的指示""党的利益""党的纪律"的面貌出现,这是真正的管、卡、压。许多重大问题往往是一两个人说了算,别人只能奉命行事。这样,大家就什么问题都用不着思考了。

三是因为是非功过不清,赏罚不明,干和不干一个样,甚至干得好的反而受打击,什么事不干的,四平八稳的,却成了"不倒翁"。在这种不成文法底下,人们就不愿意去动脑筋了。

四是因为小生产的习惯势力还在影响着人们。这种习惯势力的一个显著特点,就是因循守旧,安于现状,不求发展,不求进步,不愿接受新事物。

思想不解放,思想僵化,很多的怪现象就产生了。

思想一僵化,条条、框框就多起来了。比如说,加强党的领导,变成了党去包办一切,干预一切;实行一元化领导,变成了党政不分、以党代政,坚持中央的统一领导,变成了"一切统一口径"。违反中央政策根本原则的"土政策"要反对,但是也有的"土政策"确是从实际出发的,是得到群众拥护的。这些正确政策现在往往也受到指责,因为它"不合统一口径"。

思想一僵化,随风倒的现象就多起来了。不讲党性,不讲原则,说话做事看"来头"、看风向,满以为这样不会犯错误。其实随风倒本身就是一个违反共产党员党性的大错误。独立思考,敢想、敢说、敢做,固然也难免犯错误,但那是错在明处,容易纠正。

思想一僵化,不从实际出发的本本主义也就严重起来了。书上没有的,文件上没有的,领导人没有讲过的,就不敢多说一句话,多做一件事,一切照抄照搬照转。把对上级负责和对人民负责对立起来。

不打破思想僵化,不大大解放干部和群众的思想,四个现代化就没有希望。

目前进行的关于实践是检验真理的唯一标准问题的讨论,实际上也是要不要解放思想的争论。大家认为进行这个争论很有必要,意义很大。从争论的情况来看,越看越重要。一个党,一个国家,一个民族,如果一切从本本出发,思想僵化,迷信盛行,那它就不能前进,它的生机就停止了,就要亡党亡国。这是毛泽东同志在整风运动中反复讲过的。只有解放思想,坚持实事求是,一切从实际出发,理论联系实际,我们的社会主义现代化建设才能顺利进行,我们党的马列主义、毛泽东思想的理论也才能顺利发展。从这个意义上说,关于真理标准问题的争论,的确是个思想路线问题,是个政治问题,是个关系到党和国家的前途和命运的问题。

实事求是,是无产阶级世界观的基础,是马克思主义的思想基础。过去我们搞革命所取得的一切胜利，是靠实事求是；现在我们要实现四个现代化，同样要靠实事求是。不但中央、省委、地委、县委、公社党委，就是一个工厂、一个机关、一个学校、一个商店、一个生产队，也都要实事求是，都要解放思想，开动脑筋想问题、办事情。

在党内和人民群众中，肯动脑筋、肯想问题的人愈多，对我们的事业就愈有利。干革命、搞建设，都要有一批勇于思考、勇于探索、勇于创新的闯将。没有这样一大批闯将，我们就无法摆脱贫穷落后的状况，就无法赶上更谈不到超过国际先进水平。我们希望各级党委和每个党支部，都来鼓励、支持党员和群众勇于思考、勇于探索、勇于创新，都来做促进群众解放思想、开动脑筋的工作。

原著解析：

把实事求是与解放思想统一起来，作为我们党的思想路线。邓小平首先指出："解放思想，开动脑筋，实事求是，团结一致向前看，首先是解放思想。"邓小平之所以在文章的一开头就强调解放思想，这是因为，不少同志的思想还很不解放，脑筋还没有开动起来，还处在僵化和半僵化的状态，尤其是干部特别是领导干部中间，解放思想这个问题并没有完全解决。而只有思想解放，才能正确地以马列主义、毛泽东思想为指导，解决过去遗留的问题，解决新出现的一系列问题，正确的改革同生产力迅速发展不相适应的生产关系和上层建筑，根据我国的实际情况，确定实现四个现代化的具体道路、方针、方法和措施，才能更好地坚持党的实事求是的思想路线。邓小平还指出："实事求是，是无产阶级世界观的基础，是马克思主义的思想基础。过去我们搞革命所取得的一切胜利，是靠实事求是；现在我们要实现四个现代化，同样要靠实事求是。"这些讲话，一方面重新确立了党的实事求是的思想路线，另一方面又把实事求是与解放思想统一起来，共同作为我们党的思想路线。

坚持解放思想，破除思想僵化是当务之急。文章分析了思想僵化的危害和产生思想僵化的原因。认为产生思想僵化的原因，一是因为十多年来，林彪、"四人帮"大搞禁区、禁令，制造迷信，把人们的思想封闭在他们的假马克思主义的禁锢圈内，不准越雷池一步；二是因为民主集中制受到破坏，党内确实存在权力过分集中的官僚主义；三是因为是非功过不清、赏罚不明、干和不干一个样，甚至干得好的反而受到打击，什么事都不干的，四平八稳的，却成了"不倒翁"；四是因为因循守旧，安于现状，不求发展，不求进步，不愿接受新事物的小生产的习惯势力还在影响着人们。这些原因使一些人不去开动脑筋想问题了，从而造成思想不解放，思想僵化。关于思想僵化的危害，邓小平指出：思想一僵化，条条、框框就多起来了；思想一僵化，不讲党性、不讲原则、随风倒的现象就多起来了；思想一僵化，不从实际出发的本本主义也就严重起来了。因此，不打破思想僵化，不解放干部和群众的思想，四个现代化就没有希望，破除思想僵化是当务之急。

是否坚持解放思想、实事求是的思想路线关系到党和国家的前途和命运。邓小平指出："一个党，一个国家，一个民族，如果一切从本本出发，思想僵化，迷信盛行，那它就不能前进，它的生机就停止了，就要亡党亡国。"他还阐述了坚持解放思想、实事求是的思想路线与制定和坚持正确的政治路线的关系：思想路线是确定政治路线的基础，不解决思想路线问题，不解放思想，正确的政治路线就制定不出来，制定了也贯彻不下去，所以正确的政治路线能不能贯彻下去，关键是思想路线对不对头。因此，"思想路线问题，是个政治问题，是个关系到党和国家的前途和命运的问题。"

阅读2：《习近平谈治国理政》

写作背景：

党的十八大以来，以习近平为总书记的新一届中央领导集体，带领全党全国各族人民积极应对前进道路上的困难和挑战，坚定不移深化改革开放，大力推进国家治理体系和治理能力现代化，凝聚起实现中华民族伟大复兴中国梦的强大力量，开启了中国改革开放和现代化建设的新征程。在中国共产党领导下，中国人民正在奋力开拓中国特色社会主义更为广阔的发展前景。国际社会越来越多地把目光投向中国、聚焦中国。当代中国将发生什么变化，发展的中国将给世界带来什么影响，越来越成为国际社会广泛关注的问题。

习近平作为中国党和国家的最高领导人，围绕治国理政发表了大量讲话，提出了许多新思想、新观点、新论断，深刻回答了新的历史条件下党和国家发展的重大理论和现实问题，集中展示了党的新一届中央领导集体的治国理念和执政方略。为回应国际社会关切，增进国际社会对中国发展理念、发展道路、内外政策的认识和理解，中国国务院新闻办公室会同中共中央文献研究室、中国外文出版发行事业局编辑出版了《习近平谈治国理政》一书。

原著节选：

1. 每个人都有理想和追求，都有自己的梦想。现在，大家都在讨论中国梦，我以为，实现中华民族伟大复兴，就是中华民族近代以来最伟大的梦想。这个梦想，凝聚了几代中国人的夙愿，体现了中华民族和中国人民的整体利益，是每一个中华儿女的共同期盼。历史告诉我们，每个人的前途命运都与国家和民族的前途命运紧密相连。国家好，民族好，大家才会好。实现中华民族伟大复兴是一项光荣而艰巨的事业，需要一代又一代中国人共同为之努力。空谈误国，实干兴邦。我们这一代共产党人一定要承前启后、继往开来，把我们的党建设好，团结全体中华儿女把我们国家建设好，把我们民族发展好，继续朝着中华民族伟大复兴的目标奋勇前进。

2. 面对浩浩荡荡的时代潮流，面对人民群众过上更好生活的殷切期待，我们不能有丝毫自满，不能有丝毫懈怠，必须再接再厉、一往无前，继续把中国特色社会主义事业推向前进，继续为实现中华民族伟大复兴的中国梦而努力奋斗。

实现中国梦必须走中国道路。这就是中国特色社会主义道路。这条道路来之不易，它是在改革开放30多年的伟大实践中走出来的，是在中华人民共和国成立60多年的持续探索中走出来的，是在对近代以来170多年中华民族发展历程的深刻总结中走出来的，是在对中华民族5000多年悠久文明的传承中走出来的，具有深厚的历史渊源和广泛的现实基础。中华民族是具有非凡创造力的民族，我们创造了伟大的中华文明，我们也能够继续拓展和走好适合中国国情的发展道路。全国各族人民一定要增强对中国特色社会主义的理论自信、道路自信、制度自信，坚定不移沿着正确的中国道路奋勇前进。

实现中国梦必须弘扬中国精神，这就是以爱国主义为核心的民族精神，以改革创新为核心的时代精神。这种精神是凝心聚力的兴国之魂、强国之魂。爱国主义始终是把中华民族坚强团结在一起的精神力量,改革创新始终是鞭策我们在改革开放中与时俱进的精神力量。全国各族人民一定要弘扬伟大的民族精神和时代精神,不断增强团结一心的精神纽带、自强不息的精神动力,永远朝气蓬勃迈向未来。

实现中国梦必须凝聚中国力量。这就是中国各族人民大团结的力量。中国梦是民族的梦,也是每个中国人的梦。只要我们紧密团结,万众一心,为实现共同梦想而奋斗,实现梦想的力量就无比强大,我们每个人为实现自己梦想的努力就拥有广阔的空间。生活在我们伟大祖国和伟大时代的中国人民,共同享有人生出彩的机会,共同享有梦想成真的机会,共同享有同祖国和时代一起成长与进步的机会。有梦想,有机会,有奋斗,一切美好的东西都能够创造出来,全国各族人民一定要牢记使命,心往一处想,劲往一处使,用13亿人的智慧和力量汇集起不可战胜的磅礴力量。

中国梦归根到底是人民的梦,必须紧紧依靠人民来实现,必须不断为人民造福。

原著解析:

习近平同志关于实现中华民族伟大复兴中国梦的重要论述,是在新的历史起点上对实现我国未来更高奋斗目标的政治动员和大众化表达,深刻体现了辩证唯物主义和历史唯物主义的世界观和方法论。

中国梦的提出和实现,具有历史必然性和历史合理性。习近平同志指出,实现中国梦是中华民族近代以来最伟大的梦想,凝聚了几代中国人的夙愿;当前,我们比历史上任何时期都更接近中华民族伟大复兴的目标;从未来看,到中国共产党成立100年时全面建成小康社会的目标一定能实现,到中华人民共和国成立100年时建成富强民主文明和谐的社会主义现代化国家的目标一定能实现,中华民族伟大复兴的梦想一定能实现。

中国梦体现了宏观、中观、微观层面内涵的辩证统一。在宏观层面,中国梦体现了中国利益与世界利益的辩证统一,与世界上其他国家人民的美好梦想息息相通,中国梦是和平发展之梦、合作共赢之梦;在中观层面,中国梦体现了国家利益、民族利益、人民利益的辩证统一,其基本内涵是国家富强、民族振兴、人民幸福,中国梦归根到底是人民的梦;在微观层面,中国梦体现了个人利益与民族利益的辩证统一,中国梦是民族的梦,也是每个中国人的梦,致力于让每个人都人生出彩、梦想成真。

中国梦的实现必须形成共识、凝聚力量、攻坚克难。习近平同志指出,实现中国梦必须走中国道路,这就是中国特色社会主义道路;必须弘扬中国精神,这就是以爱国主义为核心的民族精神和以改革创新为核心的时代精神;必须凝聚中国力量,这就是中国各族人民大团结的力量。

习近平同志关于实现中华民族伟大复兴中国梦的重要论述,丰富和发展了马克思主义哲学关于推动社会历史发展应坚持合规律性与合目的性、尊重客观规律与发挥主观能动性辩证统一的基本原理。

四、案例解析

案例1:《光明日报》发表《实践是检验真理的唯一标准》

案例来源:《〈光明日报〉发表〈实践是检验真理的唯一标准〉》,人民网,http://

cpc. people. com. cn/GB/33837/2535004. html。

案例内容：

1978年5月11日，《光明日报》刊登了题为《实践是检验真理的唯一标准》的特约评论员文章。当日，新华社转发了这篇文章。12日，《人民日报》和《解放军报》同时转载。

文章论述了马克思列宁主义的实践第一的观点，正确地指出任何理论都要接受实践的考验。马克思主义的理论并不是一堆僵死不变的教条，它要在实践中不断增加新的内容；当时，依然存在着"圣经上载了的才是对的"错误倾向，这是"四人帮"强加在人们身上的精神枷锁，必须坚决打碎。这篇文章引发了关于实践是检验真理的唯一标准问题的讨论。党内外绝大多数人支持和拥护这篇文章的观点。虽然华国锋指示中央宣传部门的某些负责人，对真理标准问题的讨论"不表态""不卷入"；汪东兴在有的场合指责这篇文章"实际上是把矛头指向主席思想的"，责问"这是哪个中央的意见？"加以压制，但是，这一讨论受到邓小平、叶剑英、李先念、陈云、胡耀邦等多数同志的积极支持，讨论在全国逐步开展。从6月到11月，中央党政军各部门、全国绝大多数省、市、自治区和大军区的主要负责同志都发表文章或讲话，一致认为，坚持实践是检验真理的唯一标准这一马克思主义的原则，具有重大的现实意义。这一讨论为党的十一届三中全会的召开准备了思想条件。

从某种意义上讲，这是20年来最响亮、最具关键意义的口号。"文革"以来，一句顶一万句的"最高指示"成了检验真理的唯一标准，从来没人敢提出：用什么检验"最高指示"？这一口号的提出，并不是单纯地向毛泽东不容置疑的权威提出挑战，而是为新的探索扫平道路。

随着"实践是检验真理的唯一标准"这一观念权威性的确立，无数冤假错案得以纠正，一批批的农民包产到户，自农村起步的改革开始了，人们不再把发家致富当作一种罪恶，越来越多的新生事物让国人应接不暇。当然，更重要的是，中国人从此踏上了务实的道路，真是一句口号改变了中国人的生活。

案例点评：

粉碎"四人帮"后，党和人民迫切需要纠正"文化大革命"的错误，拨乱反正，扭转危局，开辟新的征程，而当时主持中央工作的华国锋坚持"两个凡是"的错误方针，继续维护党在一段时间内指导思想上的错误，从而使党和国家工作出现了在徘徊中前进的局面。

华国锋在粉碎"四人帮"的斗争中有功，以后也做了有益的工作，但他并没有从根本上认清"文化大革命"的问题，特别是没有认清"文化大革命"和毛泽东晚年错误的关系。他没有胆识解决既要清除"文化大革命"的错误，又要维护毛泽东的历史地位和毛泽东思想的指导地位这样一个复杂问题。他把捍卫毛泽东的旗帜同否定毛泽东发动和领导的"文化大革命"对立起来，提出了"两个凡是"的错误方针。

"两个凡是"，即：凡是毛主席做出的决策，我们都坚决拥护；凡是毛主席的指示，我们都必须始终不渝地遵循。这种对毛泽东生前的决策和指示拒绝作任何分析的观点，说明长期以来"左"的指导思想还未从根本上改变。在这种情况下，只有冲破"两个凡是"的严重束缚，才能重新确立党的实事求是的思想路线，实现伟大历史性转折。于是，真理标准问题的大讨论就不可避免地爆发了。

首先站出来反对"两个凡是"的是邓小平。邓小平提出要完整准确地理解毛泽东思想的科学体系，强调毛泽东思想的精髓就是实事求是，旗帜鲜明地提出"两个凡是"不符合马克思主义。其他老一辈无产阶级革命家和不少老同志也从不同角度提出，要恢复和发扬党的实事求是的传统和作风，正确认识理论和实践的关系，把实践作为检验真理的唯一标准。

1978年5月11日，《光明日报》以特约评论员名义，发表题为《实践是检验真理唯一标准》的文章。这篇文章从根本上否定了"两个凡是"的错误方针，鲜明地指出：一个理论是否正确反映了客观实际，是不是真理，只能靠社会实践来检验，这是马克思主义认识论的一个基本原理；实践不仅是检验真理的标准，而且是唯一的标准。文章经新华社转发后，在全社会引起了强烈反响，一场意义重大、影响深远的关于真理标准问题的大讨论，在全国范围内逐步展开。

关于真理标准问题的讨论，实质上是关于党的思想路线的争论，是"两个凡是"错误指导方针和实事求是的正确思想路线的尖锐对立和斗争。这场讨论不是一般问题的争论，而是大是大非问题的争论，归根到底是两种世界观的争论，涉及哲学的基本问题。

关于真理标准问题的讨论，是继延安整风运动后的又一次普遍的马克思主义教育运动和伟大的思想解放运动。它冲破了个人崇拜和"两个凡是"以及长期以来"左"倾错误思想的束缚，重新确立了解放思想、实事求是的马克思主义思想路线，有力地推动了各条战线拨乱反正工作的开展，为实现党的工作历史性转折奠定了思想理论基础。

案例2：中国共产党十一届三中全会在北京举行

案例来源：《中国共产党十一届三中全会在北京举行》，人民网，http://cpc.people.com.cn/GB/33837/2535013.html。

案例内容：

1978年12月18日，中国共产党第十一届中央委员会第三次会议在北京举行，会议由华国锋主持。会议决定把全党工作的重点和全国人民的注意力转移到社会主义现代化建设上来。全会批判了"两个凡是"的错误方针，充分肯定了必须完整地、准确地掌握毛泽东思想的科学体系，高度评价了实践是检验真理的唯一标准问题的讨论。确定了解放思想、开动脑筋、实事求是、团结一致向前看的指导方针。全会在正确分析国内外形势的基础上，决定停止使用"以阶级斗争为纲"的口号，否定"无产阶级专政下继续革命"的错误理论。

全会原则上同意1979年、1980年两年的国民经济计划安排，同意将《中共中央关于加快农业发展若干问题的决定（草案）》和《农村人民公社工作条例（试行草案）》下发讨论和试行。全会还讨论了"文化大革命"中发生的一些重大政治事件和历史遗留的某些历史问题，决定撤销中央发出的有关"反击右倾翻案风"运动和天安门事件的错误文件。审查纠正了过去对彭德怀、陶铸、薄一波、杨尚昆等同志所做的错误结论。会议决定健全党规党纪，反对个人崇拜，少宣传个人，加强集体领导，并着重提出了发扬社会主义民主、加强社会主义法制的任务。

全会增选陈云为中央政治局委员、政治局常务委员、中央委员会副主席，邓颖超、胡耀邦、王震为中央政治局委员；增补黄克诚、宋任穷、胡乔木、习仲勋、王任重、黄火青、陈再道、韩光、周惠为中央委员。全会决定成立中央纪律检查委员会，并选举产生了中央纪律检查委员会的组成人员。

案例点评：

党的十一届三中全会是在党和国家面临向何处去的重大历史关头召开的。1976年10月粉碎"四人帮"后，广大干部群众强烈要求纠正"文化大革命"的错误，彻底扭转十年内乱造成的严重局势，使党和国家从危难中重新奋起。但是，这一顺应时势的愿望遇到严重阻碍，党和国家工作在前进中出现徘徊局面。与此同时，世界经济快速发展，科技进步日新月异，国家建设百业待兴，真理标准讨论热潮涌起。国内外大势呼唤中国共产党尽快就关系党和国家前途命运的大政方针做出政治决断和战略抉择。

党的十一届三中全会的中心议题是，把全党工作的重点转移到社会主义建设上来。围绕这个中心议题，大会讨论和确立了三条路线和两个方针。三条路线：一是重新确立了实事求是的思想路线。全会全面认真纠正"文化大革命"中及其以前"左"倾错误，坚决批判了"两个凡是"的错误方针，充分肯定了必须完整、准确地掌握毛泽东思想的科学体系，高度评价了关于真理标准问题的讨论，确定了解放思想、开动脑筋、实事求是、团结一致向前看的指导方针。二是重新确立了正确的政治路线。全会决定果断停止使用"以阶级斗争为纲"的口号，把党和国家的工作重心转移到经济建设上来。三是重新确立了正确的组织路线。全会决定健全民主集中制，健全党规党纪，严肃党纪。

两个方针：一是改革开放的方针。全会提出，实现四个现代化，要求大幅度提高生产力，也就必然多方面地改变同生产力发展不适应的生产关系和上层建筑，改变一切不适应的管理方式、活动方式和思想方式。同时，全会提出要在自力更生的基础上积极发展同世界各国平等互利的经济合作，努力采用世界先进技术和设备，加快社会主义建设。二是健全社会主义民主和加强社会主义法治的方针。会议提出，为了保障人民民主，必须加强社会主义法制，使民主制度化、法律化，做到有法可依，有法必依，执法必严，违法必究，法律面前人人平等。

党的十一届三中全会是中华人民共和国成立以来党的历史上具有深远意义的伟大转折。全会从根本上结束了长期以来的"左"倾错误，重新确立了马克思主义的思想路线、政治路线、组织路线，形成了以邓小平为核心的党的中央领导集体，揭开了社会主义改革开放的序幕，标志着中国共产党人在新的时代条件下的伟大觉醒，显示了我们党顺应时代潮流和人民愿望、勇敢开辟建设社会主义新路的坚强决心。

在党的十一届三中全会春风的吹拂下，神州大地万物复苏、生机勃发，拨乱反正全面展开，解决历史遗留问题有步骤进行，社会主义民主法制建设走上正轨，党和国家领导制度和领导体制得到健全，国家各项事业蓬勃发展。我们伟大的祖国迎来了思想的解放、经济的发展、政治的昌明、教育的勃兴、文艺的繁荣、科学的春天。党和国家又充满希望、充满活力地踏上了实现社会主义现代化的伟大征程。

案例3：小岗村——中国农村改革第一村

案例来源：《小岗村：中国农村改革第一村》，城市化网，http://www.ciudsrc.

com/new_xinwen/yaowen/2011—06—07/13790.html。

案例内容：

1978年冬，小岗村严俊昌、严立坤、严宏昌等18位农民以"托孤"的方式，冒险在土地承包责任书上按下鲜红手印，实施了"大包干"。这一"按"竟成了中国农村改革的第一份宣言，它改变了中国农村发展史，开创了中国改革开放史。

一、一纸"生死状"拉开中国农村改革序幕

改革开放30余年以来，在人们的记忆中，没有哪个村庄能像小岗村那样，用草草写下的一纸约定改写历史；也没有哪个农民群体，能像当年的18位好汉一样，用鲜红的手印掀起改革的大幕。

1978年以前的小岗村，只有20户人家100多人，是全县有名的穷困村，"吃粮靠返销，用钱靠救济，生产靠贷款"，每年秋后，家家户户都要外出讨饭。全村没有一间砖瓦房，许多农户的茅草屋破烂不堪，家徒四壁，有的穷得全家只剩一床棉被。

1978年秋，凤阳遭遇特大旱灾，粮食歉收，不少农户又开始准备出门讨饭。11月底的一个夜晚，在严宏昌的"秘密"倡导下，小岗村"十八户"的当家人聚集在村民严立华家，摁下了生死手印，决定秘密分田到户。在摁满手印的"秘密协议"上，歪歪扭扭地写着这样一行字："收下粮食后，首先交给国家，保证国家的，留足集体的，剩下都是自己的；万一走漏风声，如果队干部因分田到户而蹲班房，他家的农活由全队社员包下来，还要把小孩养到18岁。"小岗村18户农民，勇于打破旧的生产关系的束缚，冒着坐牢的危险，率先在全国实行联产承包责任制，拉开了中国农村波澜壮阔的改革序幕，由此而载入史册。

从小岗村生产队18户农民签订全国第一份包干到户合同起，以包产到户、包干到户等为主的责任制迅速在中国得以推广。1982年中央一号文件中指出："目前实行的各种责任制，包括小段包工定额计酬，专业承包联产计酬，联产到劳，包产到户、到组，包干到户、到组等等，都是社会主义集体经济的生产责任制。不论采取什么形式，只要群众不要求改变，就不要变动。"这个文件对包产到户、包干到户是社会主义经济的界定，彻底地解决了人们对包产到户、包干到户的后顾之忧。1987年，全国有1.8亿农户实行了家庭联产承包为主的责任制，占全国农户总数的98%。

二、"大包干"让村民实现丰衣足食

在当初"秘密"协议"收下粮食后，首先交给国家，保证国家的，留足集体的，剩下都是自己的"刺激下，小岗村村民的生产积极性得到极大解放和提高。包干到户的农民不再像以往那样懒散地干活，与之相反，他们不辞辛劳地精心地耕种自己那份来之不易的土地。

"大包干"第一年，小岗村发生了巨大变化。全村粮食总产13.3万斤，相当于1955年到1970年粮食产量总和；油料总产3.5万斤，相当于过去20年产量的总和；人均收入400元，是1978年22元的18倍。由此，小岗村率先在安徽全省实现了丰衣足食。目前，小岗村下辖23个村民小组，拥有849户、3823人，耕地面积8713亩。客观地说，小岗村30年来变化很大，进步明显。"大包干"虽然激发了农民种田的积极性，迅速实现了丰衣足食的愿望，但从整个发展过程来看，"大包干"本身却难以全面推动小岗村走上小康之路。

第十章 改革开放与现代化建设新时期

小岗村位于淮河平原的腹地,举目望去地势平坦,没有丘陵。但土地贫瘠,碱化严重,适宜种植水稻、小麦。与二十多年前相比,这里发生了很大的变化,但远没达到小康。因为农民除了种地卖粮,没有其他经济来源。"小岗发展成这个样子,我都不甘心。"50多岁的段永霞愤愤不平地说。她是当年按手印的18位村民中严宏昌的妻子。在她看来,小岗失去了太多的发展机会。作为村里的能人,在担任村委会主任期间,严宏昌说自己先后搞了8个项目。其中镀锡铜线厂在凤阳县创了三个第一:投资额第一,科技含量第一,利税第一。这个项目后来成为县里的企业。前几年小岗与全国别的农村一样,经历着农民负担重、收入增长缓慢的历史阵痛。

三、再举敢为天下先的变革大旗

"分田到户"还能一直沿袭下去吗?多年后,很多小岗人再次陷入思索当中。在沉寂多年,小岗村几乎淡出公众视线之时,随着国家建设社会主义新农村决策的提出,错过很多发展机遇的小岗村在村党委书记沈浩的带领下,再次举起了变革的大旗。

如今,小岗村的村民们口里说出最多的两个词就是"发展"和"新农村"。扛了二十多年"中国改革开放第一村"的大旗,小岗人发现:在建设社会主义新农村的征程上,"旗手"落到了队伍的后面!小岗,满怀求发展、建设新农村的迫切心理和渴望。

2005年6月19日,小岗村投资300多万元的"大包干"纪念馆建成开馆。纪念馆真实再现了当年"大包干"从酝酿到发生、发展的惊心动魄的历史过程。纪念馆已经被列为省、市、县三级爱国主义教育基地,近10所知名高校将其作为大学生社会实践基地。

2006年2月18时下午2时,70多户小岗村的家庭代表在村委会开会。会后宣布"小岗村发展合作社"以每亩500元的价格租用农民的土地。当年小岗村18位元老之一的严俊昌告诉记者:"来参加此次会议的70多户村民100%都同意将土地返租给合作社。在合作社先给租金的情况下,大部分同意出租,租期暂定5年。5年后,农民可以以土地入股分红,或者重订租金。"小岗全村1800亩土地,除了400余亩已经种植葡萄外,其他的土地全部纳入合作社,将集中起来的土地种植高效饲料和蔬菜。按照这种集体经营模式,在村民自愿的前提下小岗村与上海三农公司达成协议,今年在小岗村兴办国家标准化的10个养猪小区,年出栏5万头,吸收60名村民就业。

"根据村民代表的讨论,小岗在未来几年内还会出现种猪生产协会、物业社等集体组织,还计划成立8个不同类型的'社',按照现代工厂的管理模式来经营小岗村,在3~5年内确保小岗人均年收入达到5000元以上。"

按照中央"一号文件"精神,要大力加强农村现代流通体系建设。小岗人计划在小岗建设大约占地15亩的农贸市场。农贸市场有100个摊位,每个摊位年租金200元。这必将成为小岗村村民增收的又一有效途径。

四、"三步走"战略助推"四型"村建设

当前,小岗村正坚定不移贯彻胡锦涛总书记视察小岗村重要讲话精神,践行科学发展观,以"发展现代农业、开发旅游业、招商引资办工业"三步走发展战略为目标,努力推动小岗村经济又好又快发展。具体来说,这三步走为:

第一步:调整产业结构,发展现代农业。实施"凤还巢"和人才工程,利用在外务工经商的八十多名"第二代小岗人"的智慧、技术、信息和资金优势,大力推行现代农业。

目前，全村95％以上农户都种植了葡萄，总面积达600亩，人均葡萄年收入超2000元；2006年，3名大学生被优惠政策吸引到小岗村，通过从农民手中租地尝试种植大棚双孢菇，当年建35棚，占地28亩；2007年发展到179棚，占地150亩。在龙头企业带动下，养殖业迅速发展，计划养殖种鸡150万只，以龙虾为主的水产养殖面积已达200多亩。

第二步：以"纪念馆"带动旅游业。小岗村"大包干"纪念馆自2005年6月建成以来，已累计接待游客五万多人，实现门票收入一百多万元。去年小岗村被省旅游局和省农委确定为滁州市唯一一个农家乐旅游示范村，还被列为省市县青少年教育基地。凤阳县也把小岗村旅游列入旅游发展规划，并与县内的皇陵、皇城、韭山洞等景点连线，捆绑推介。

第三步：着力办好工业园，实现小岗村跨越发展。2004年初。小岗村组建成立小岗村现代农业有限责任公司，打开了小岗村工业经济发展之门。小岗村大学生创业园、外来人员创业园等均初具规模。近年来，第二代小岗人通过招商引资先后办起了小岗面业、钢构厂、装饰材料厂、节能电器公司等工业企业。

以"三步走"为契机，小岗村制定了"四型"村建设目标，力争让小岗村经济又好又快发展。建设现代农业示范村。抓好粮食生产，发展特色农业，推进项目建设。以调整优质品种，推广高产栽培技术为重点，建设5000亩粮田。发挥传统优势农业，将全村黑豆种植面积稳定在2000亩，鼓励村民更新调优葡萄品种，扩大葡萄种植面积600亩，申报并注册"小岗村无公害葡萄"。

建设城乡统筹先行村。进一步做好小岗村总体规划编制，推进小岗新区、石马新区的建设，开发旅游业，打造红色旅游产业。整合资源，丰富小岗村4A级旅游景点，打造崭新的旅游景区。将"大包干"纪念馆、档案馆、当年小岗、村头文化广场、葡萄园、农家乐等共同构建成融红色旅游、现代农业观光游、农家乐游为一体的小岗村乡村风情景区。

建设制度创新实验村。为弘扬"大包干"首创精神，大胆创新农村金融、人才、乡村治理制度，开展小岗村土地综合利用改革试点工作。加快金融机构创新，全面推进小岗村农民资金互助合作社发展壮大，发挥农民专业合作社作用。对来小岗村创业（包括大学生）给予扶持政策，设立创业投资基金；选送优秀农村青年进入大中专院校定向培训，通过选送培养成为新农村建设有用人才。

建设文明和谐新农村。充分发挥村民委员会作用，发挥党员议事、村民代表议事的职能作用，树正气、改民风，开展好依法治村。启用"农家书屋""职工书屋"，将群众组织起来开展读书竞赛。实施"农村劳动力转移培训阳光工程"和"农业科技入户示范工程"，提高村民的创业技能。在十七大精神指引下，小岗村人民将继续解放思想，把"大包干"精神转化为发展热情，在改革中创新，在发展中突破，用敢为人先的精神，全面建设富强、民主、文明、和谐的新小岗。

案例点评：

中国农村改革的发源地——凤阳小岗村里有两座图腾式的雕塑。一座是当年拼死分田到户的十八条好汉群像，另一座则是《邓小平文选》第二卷上的一句话——"大包干会不会影响集体经济，我看这种担心是不必要的"。小岗村民们把这句话镌刻在大理石上，立在村头。正是邓小平的这句话，结束了改革先行者们长达数年的忐忑。

三十多年前,安徽省凤阳县小岗村只是一个有20户、115人的生产队。小岗作为"吃粮靠返销、用钱靠救济、生产靠贷款"的"三靠村"而闻名,大多数村民都曾出门讨过饭。1978年冬,小岗村的18位农民以"敢为天下先"的精神,在一纸分田到户的"秘密契约"上按下鲜红的手印,实行了农业"大包干",从此拉开了中国农村改革的序幕。"大包干"这种家庭联产承包制度,解放了农村的生产力,最终上升为中国农村的基本制度,解决了亿万人民的温饱问题。

安徽省凤阳县小岗村,一个中国农村的缩影,一个承载太多期望的村庄。作为一个普通的中国村庄,小岗村因率先实行"大包干"农村联产承包责任制,带动中国亿万农民解决了温饱问题而满身光环,但与中国大多数乡村一样,小岗村也一度陷入"一年越过温饱线,20年没过富裕坎"的困惑。近年来,在新农村建设中,小岗村重振改革创新的"大包干"精神,根据自身特点,开始探索发展多种形式的土地规模经营,初步实现了从传统耕作向现代农业的多点突破,探索出一条"现代农业旅游产业和工农业协调发展"的改革致富之路。如今的小岗,葡萄园、养殖场、蘑菇种植大棚等土地集中经营已经初具规模,基础设施初步完善,兴建了学校、幼儿园、文化广场等教育文化设施,多家农户还拥有了自己的私家轿车。三十多年来,小岗走过了贫困,走过了温饱,走过了困惑,走出了希望。

案例4:春风之旅——邓小平南方讲话

案例来源:《春风之旅——邓小平南方谈话》,载《党史纵览》2012年第2期。
案例内容:

1992年1月17日,农历腊月十三,离猴年春节还有半个多月。这天晚上,一辆列车从北京出发,越过黄河,跨过长江,直奔珠江而来。车上,载着一位88岁的老人,还有他的家人儿孙。他们要去温暖的南方过春节。

这位老人就是邓小平。1978年,正是他,为共和国开启了解放思想的大门,迎来了改革开放的春天。而在1992年这次看似平常的旅行中,他那带着浓重乡音却铿锵有力的话语再次响起,再一次为中国的改革开放带来扑面春风。

又一个春天的故事,从这里拉开序幕。

一、"到了深圳,我坐不住啊"

1月19日上午8时许,在深圳火车站月台上,几位省、市负责人和其他迎候的人们,在来回踱步,互相交谈,他们正以兴奋而激动的心情等待着……

来了!一列长长的列车呼啸而来,缓缓地停在月台旁边,此时,时钟正指向9时整。

不一会儿,邓小平出现了!人们的目光和闪光灯束都一齐投向这位引领一代风骚的伟人身上。

他,身体十分健康,炯炯的眼神,慈祥的笑脸,身着深灰色的夹克、黑色西裤,神采奕奕地步出车门。他的足迹,在时隔8年之后,又一次踏在处于改革开放前沿的深圳这块热土上。

千里迢迢,身车劳顿。但是,邓小平却毫无倦意。他说:"到了深圳,我坐不住啊,想到处去看看。"

随后，邓小平在省市负责人陪同下，乘车观光深圳市容。车子缓缓地在市区穿行。这里，8年前到处可见一汪水田、鱼塘，羊肠小路，低矮房舍。

现在，宽阔的马路纵横交错，成片的高楼耸入云端，到处充满了现代化的气息。邓小平看到这片繁荣兴旺、生机勃勃的景象，十分高兴。

车子行至火车站前，邓小平的大女儿邓林指着火车站大楼那苍劲有力的"深圳"两个大字，对邓小平说："您看，这是您的题字，人们都说写得好。"

二女儿邓楠打趣说："这是您的专利，也属知识产权问题。"邓小平听后笑了起来。随即，邓小平又向省委负责人提出了对广东发展的要求："广东20年赶上亚洲'四小龙'。"他还特别叮嘱："不仅经济要上去，社会秩序、社会风气要搞好，两个文明都要超过他们，这才是有中国特色的社会主义。"

车子不知不觉到了皇岗口岸。邓小平走到深圳河大桥桥头，深情地眺望对岸，那边，就是香港。

二、基本路线要管一百年，动摇不得

1月20日上午9时35分，邓小平在广东省和深圳市负责人陪同下，来到国贸大厦参观。

在53层的旋转餐厅里，邓小平俯瞰深圳市容。他看到高楼林立，鳞次栉比，一派欣欣向荣的景象，很是高兴。

坐下来后，他先看一张深圳经济特区总体规划图。接着，时任中共深圳市委书记李灏向邓小平汇报深圳的改革开放和经济建设的情况。

听了汇报后，邓小平和省市负责人作了较长时间的谈话。邓小平先是充分肯定了深圳在改革开放和建设中所取得的成绩。然后，他说，要坚持党的十一届三中全会以来的路线方针政策，关键是坚持"一个中心、两个基本点"。不坚持社会主义，不改革开放，不发展经济，不改善人民生活，只能是死路一条。基本路线要管一百年，动摇不得。

三、仙湖公园种下高山榕

1月21日，邓小平来到中国民俗文化村和锦绣中华微缩景区游览。

1月22日，深圳阳光明媚，仙湖植物园内春意盎然。这天，邓小平和时任国家主席杨尚昆带领两家三代人到仙湖植物园植树和游览，给园内园外带来了无尽的喜悦。看到一种名叫"发财树"的植物，小女儿邓榕风趣地对父亲说："以后咱们家也种一棵。"

邓小平被这些珍稀植物吸引住了，他观赏得很仔细，注意听介绍，还不断提问。他指着一棵天鹅绒竹芋问："它长不长芋头？"植物园负责人答："不长，只供观赏。"邓榕接着说："爸爸很喜欢吃芋头。"植物园的同志说，这种竹芋的叶子，摸上去像绒布。邓小平听了，好奇地摸了一下。10时10分，邓小平和杨尚昆在一片开阔的草地上，种下一棵常青树——高山榕。

四、"你们要搞快一点！"

时间过得真快，邓小平在深圳，一晃几天过去了。1月23日，邓小平离开深圳前往珠海特区。在蛇口码头，邓小平向码头走了几步，突然又转回来，向李灏说："你们要搞快一点！"把握时机，快一点将经济建设抓上去，这是邓小平对深圳的期望，也是时刻萦绕在邓小平心头的一件大事。

第十章 改革开放与现代化建设新时期

李灏说:"您的话很重要,我们一定搞快一点。"

"东方风来满眼春"。邓小平来到深圳,使深圳进一步涌起改革开放的春潮。邓小平在这里发表的许多重要谈话,对深圳的改革开放和建设,对整个社会主义现代化建设事业,都有着重大而深远的意义。

五、"看准了的就要大胆地试,大胆地闯"

上海,是邓小平这次南下之行的最后一站。

2月3日晚,农历除夕之夜。邓小平与上海市党政军负责同志、老同志及各界人士欢聚一堂,共迎猴年新春佳节。

当邓小平、杨尚昆出现在会见大厅时,全场掌声如雷。时任上海市委书记吴邦国等同志迎上前去,说:"我们代表上海1300多万人民向你拜年,祝你们新年快乐,健康长寿!"邓小平、杨尚昆含笑着说:"向你们拜年!向上海人民问好!"

春节过后。邓小平通过听汇报,与人交谈,了解情况。他充分肯定了1991年上海在改革开放中取得的成绩,并开诚布公地坦言道:"回过头看,我的一个大失误就是搞四个经济特区时没有加上上海。要不然,现在长江三角洲,整个长江流域,乃至全国改革开放的局面,都会不一样。"

邓小平分析了上海加大改革力度的有利条件,说:"上海在人才、技术和管理方面都有明显的优势,辐射面宽。""上海民心比较顺,这是一股无穷的力量,目前完全有条件搞得更快一点。"他特地谈到浦东:"浦东开发比深圳晚,但起点可以更高,我相信可以后来居上。"

邓小平对上海的发展寄予很大的希望。他说,"上海一年就有很大的变化。三年会有更大的变化。"他嘱咐有关负责同志:"上海改革开放胆子要大一些,看准了的就要大胆地试,大胆地闯。"

案例点评:

二十多年前邓小平踏上"南行"之路,在这段途经武昌、深圳、珠海和上海几千公里、历时一个多月的行程中,这位中国改革开放的总设计师一边调研视察,一边发表了一系列振聋发聩的新观点,后来被统称为"南行讲话"。其中最著名的论断包括:不要纠缠于"姓资"还是"姓社"的问题讨论,"改革开放的判断标准主要看是否有利于发展社会主义社会的生产力,是否有利于增强社会主义国家的综合国力,是否有利于提高人民的生活水平","计划和市场不是社会主义和资本主义的本质区别"……

邓小平的"南行讲话",科学总结了十一届三中全会后我国改革开放的基本实践,肯定了实践中取得的成就和基本经验,精辟阐述了社会主义的本质特征,明确回答了困扰和束缚人们思想的许多重大问题,集中反映了我们党对社会主义建设规律的深刻认识,体现了共产党人坚持和发展马克思主义的政治勇气和理论智慧,标志着邓小平理论进一步完善,是把我国改革开放和现代化建设推向新阶段的又一个解放思想、与时俱进的宣言书。

"南行讲话"所倡导的伟大变革具有丰富的内涵和意义。从理论认识上看,就是"解放思想"。改革不可能事先设计、规划好一张完美的蓝图,所以,只要在大方向上对国家、民族和人民有利,就值得尝试和实践。所谓"摸着石头过河""大胆试、大胆闯,试了不行大不了再收回来""不管白猫黑猫,抓到老鼠就是好猫"指的都是这个意思。从实践操作上看，就是依靠人民群众的创造力，尊重人民群众创造美好生活的热情和智慧，呼应和鼓励民众推动的变革。改革是自上而下不断放权和分权的过程。这就意味着政府要继续转变职能，减少行政干预，打破垄断以及既得利益者的阻碍，为民众提供更加自由、公平和开放的市场环境。

二十多年来，中国加入了世贸组织，是全球第一大出口国、第二大进口国。伴随着透明度、非歧视、国民待遇和公平竞争等世贸组织原则逐渐渗入我国经济体制机制，我们成功融入世界经济主流，中国离不开世界，世界也离不开中国。

二十多年来，南方谈话已经成为指引和激励我们开拓奋进的宝贵精神财富。我国国内生产总值已经由1992年的2.69万亿元一跃而到2012年的51.9万亿元，经济总量排名世界第二。

当今中国，人民对深化改革开放、保持平稳较快发展充满期待，一场经济发展方式大调整正在展开；当今世界，国际经济政治环境正在发生深刻变化，一场发展格局大变革方兴未艾。中国发展既面临重大机遇，也面临严峻挑战。面对复杂的国内外环境，"南行讲话"的思想意义愈加凸显，其精神力量愈显宝贵。"发展才是硬道理""坚持党的基本路线一百年不动摇"。这是我们党领导社会主义建设的一条基本经验，更是改革开放给我们的重要启示。重温"南行讲话"，就是要发扬解放思想、实事求是的理论品质，高举中国特色社会主义伟大旗帜，坚持改革开放，推动科学发展，促进社会和谐。为夺取全面建成小康社会新胜利、实现中华民族伟大复兴而奋斗！

案例5：对外经济全方位开放——改革开放35年经济发展成果述评

案例来源： 王珂：《对外经济，全方位开放》，载《人民日报》2013年11月26日。
案例内容：

对外贸易总量从1978年的206亿美元增至2012年的38671亿美元；连续多年成为吸收外商直接投资最多的发展中国家；对外直接投资存量2012年底达到5319亿美元……改革开放35年，我国日益融入国际市场，对外开放的广度和深度不断拓展，实现了从封闭半封闭到全方位开放的伟大历史转折。这是我国从大规模"引进来"到大踏步"走出去"的35年，也是我国抓住全球化机遇一跃成为世界贸易大国的35年。

一、对外贸易跨越式发展

改革开放初期，我国对外经济交流活动十分有限，再加上国内市场化水平不高，造成与国际市场相对隔绝的状态。近35年来，我国外经贸事业乘风破浪，快速前行，实现了跨越式发展。

1978年，我国货物进出口总额仅排在世界第29位。2012年则比1978年增长186倍，年均增长16.6%，居世界第二；货物出口总额20487亿美元，增长209倍，年均增长17%，居世界第一；货物进口总额18184亿美元，增长166倍，年均增长16.2%，居世界第二。2012年，我国货物出口总额和进口总额分别占世界的11.2%和9.8%。规模提升的同时，进出口商品结构也在优化。改革开放之初，我国出口商品以初级产品为主。35年来，出口商品附加值大幅提高，国际竞争力明显提升，以制成品换初级产品的格局逐渐定型。出口总额中，初级产品占比由1980年的50.3%下降到2012年的4.9%，工业制成品占比由49.7%上升到95.1%。进口商品构成也随国力和开放程度的变化而演变，2003年以来工业制成品进口额比重逐渐下降，至2012年降至65.1%。外贸转型升级步伐加快，出口贸易从规模速度型走向质量效益型。2010年我国高技术产品出口占货物总出口的比重升至31.2%。出口市场多元化取得良效，对东盟、美洲和非洲等新兴市场的出口比重增加。

二、利用外资"质""量"齐升

2013年11月18日，全球著名化妆品集团欧莱雅宣布，将在湖北宜昌斥资逾2亿元，建设其在亚太地区最大的彩妆生产基地。这是当年7月将亚太区总部从巴黎迁往上海后，欧莱雅的又一重大布局。

"不断改善的投资环境和庞大的市场需求，决定了中国成为欧莱雅亚太市场的重中之重。"欧莱雅集团执行副总裁贝瀚青说。35年来，我国充分发挥资源、劳动力等要素优势和巨大的潜在市场优势，成为国际直接投资的热土，外资成为推动我国经济发展和技术进步的重要力量。

1979—2012年，我国实际使用外商直接投资12761亿美元，1984—2012年以年均18%的速度高速增长。目前，来华投资的国家和地区超过190个，在华外资企业数量已超过28.5万家，跨国公司世界500强已有480多家在华投资或开展经营活动。我国吸收外资已连续二十多年位居发展中国家首位。

利用外资不但要看金额，还应看水平。我国利用外资正朝着提高综合优势和总体效益的方向迈进。服务业利用外资发展迅速。在世贸组织分类的160个服务贸易部门中，中国已开放100个，占62.5%，接近发达成员平均水平。服务业吸收外资占全国实际使用外资总量的比重提高到2011年的47.6%，占比首超制造业。高科技产业吸收外资明显增加。电子信息、集成电路等技术密集型产业吸收外资继续得到发展，新能源、新材料、节能环保等战略性新兴产业的外商投资也渐成规模。截至2010年底，外商投资的高新技术企业占全国同类企业总数的23.8%。功能性机构发展态势良好。外商对华投资从传统的加工装配环节逐步向产业链高端延伸，在华设立的地区总部、研发中心、结算中心、物流中心等增多，服务范围在扩大。截至2011年年底，外资研发中心已达1600多家，其中近半从事先导技术研究。从无到有、从少到多、从规模速度型转向质量效益型、从生产领域扩展到服务领域，我国利用外资实现了规模和质量的全面提升。

三、企业走出去互利双赢

2010年，浙江吉利控股集团与美国福特汽车公司签署了吉利收购沃尔沃100%股权的协议，中国汽车企业冲向全球汽车制造业的顶端。

既"引进来"，又"走出去"。改革开放以来，我国以更积极的姿态参与国际竞争与合作，不断完善企业"走出去"政策促进体系、服务保障体系和风险控制体系，企业对外投资合作快速发展。数据显示，2012年，我国对外直接投资净额达878亿美元。

联合国贸发会议发布的《2013世界投资报告》显示，2012年全球外国直接投资流出流量1.39万亿美元，年末存量23.59万亿美元。以此为基数计算，2012年中国对外直接投资分别占全球当年流量、存量的6.3%和2.3%，2012年中国对外直接投资流量名列全球国家（地区）排名的第三位，存量位居第13位。

对外直接投资地区和行业分布广泛。1.6万家境内投资者在国（境）外设立对外直接投资企业近2.2万家，分布在全球179个国家和地区，涉及商务服务业、批发和零售业、采矿业、交通运输、制造业等领域。企业"走出去"的形式和内容不断创新。跨国并购日益活跃，吉利收购瑞典沃尔沃轿车公司、联想收购IBM个人电脑业务、中石化收购瑞士Addax公司股权等一批重大并购案件顺利实施。一大批企业初具跨国公司规模，全球化经营程度不断提高。

中国企业"走出去"实现互利双赢。2011年，我国企业境外纳税超过220亿美元，同比增长88.7%，雇佣当地员工88.8万人，员工本地化率72.8%。大部分企业积极履行社会责任，热心投身公益事业，受到当地各界普遍赞誉和欢迎。

案例点评：

"开放带来进步，封闭导致落后。"认识这条规律，中国曾付出沉重的代价。如今，随着中国的改革航船驶入水流激荡而又气象万千的深海，海纳百川、从容自信的高水平对外开放格局，正在孕育生成。

对外开放，是催动改革之花层层绽放的力量。开放带动改革、改革呼唤开放是一条基本经验。1978年5月，国务院副总理谷牧带队考察西欧，久困求变的中国人向外部世界投来一瞥好奇而急切的张望。在1984年党的十二届三中全会上，对外开放被确定为长期的基本国策。

从试办经济特区到上海自贸区成立，从对外贸易、利用外资到推动实现亚太自由贸易区路线图，从适应国际规则到参与制定国际规则，中国的对外开放由区域而全方位、由具体政策而顶层设计，和改革相互推动，成为过去三十多年中国少走弯路、快速发展的"秘诀"。

季风吹拂，会改变洋流方向。作为负责任的大国，中国日益深入地参与全球化进程，也将推动完善国际规则体系。三十多年来，越来越开放的中国，已经在某种程度上改变了世界。通过更加积极地参与国际治理，中国正与国际社会更紧密接轨。

"打开窗子，才能实现空气对流，新鲜空气才能进来。"在全球化背景下的对外开放，深度参与才有深入收获。更高水平的对外开放不仅是贸易往来，还有资金融通；不仅是设施联通，还有民心互通；不仅要政策沟通，还有文明互动。在二十国集团领导人第九次峰会上，习近平主席强调，要建设"开放型世界经济"。世界贸易扩大了，各国都获益。世界市场缩小了，对各国都没有好处。只有维护多边贸易体制，构建互利共赢的全球价值链，培育全球大市场，才能让世界经济走出阴霾、拥抱蓝天。世界的灯光不会因开放分享而黯淡，只会因互联互通而灿烂。

案例6："一带一路"打开"筑梦空间"

案例来源： 王敬文：《习近平提战略构想："一带一路"打开"筑梦空间"》，中国经济网，http：//www.ce.cn/xwzx/gnsz/szyw/201408/11/t20140811_3324310.shtml。

案例内容：

2014年5月21日，习近平在亚信峰会上发言时指出：中国将同各国一道，加快推进"丝绸之路经济带"和"21世纪海上丝绸之路"建设，尽早启动亚洲基础设施投资银行，更加深入地参与区域合作进程，推动亚洲发展和安全相互促进、相得益彰。习近平总书记提出建设"新丝绸之路经济带"和"21世纪海上丝绸之路"的战略构想,强调相关各国要打造互利共赢的"利益共同体"和共同发展繁荣的"命运共同体"。这一跨越时空的宏伟构想,从历史深处走来,融通古今,连接中外,顺应和平、发展、合作、共赢的时代潮流,承载着丝绸之路沿途各国发展繁荣的梦想,赋予古老丝绸之路以崭新的时代内涵。

案例点评:

"一带一路"这条世界上跨度最长的经济大走廊,发端于中国,贯通中亚、东南亚、南亚、西亚乃至欧洲部分区域,东牵亚太经济圈,西系欧洲经济圈。它是世界上最具发展潜力的经济带,无论是从发展经济、改善民生,还是从应对金融危机、加快转型升级的角度看,沿线各国的前途命运,从未像今天这样紧密相连、休戚与共。

"一带一路"不仅是实现中华民族振兴的战略构想,更是沿线各国的共同事业,有利于将政治互信、地缘毗邻、经济互补等优势转化为务实合作、持续增长的优势。

"一带一路"战略合作中,经贸合作是基石。遵循和平合作、开放包容、互学互鉴、互利共赢的丝路精神,中国与沿线各国在交通基础设施、贸易与投资、能源合作、区域一体化、人民币国际化等领域,必将迎来一个共创共享的新时代。

建设"一带一路",是以习近平同志为总书记的党中央主动应对全球形势深刻变化、统筹国内国际两个大局做出的重大战略决策。它对推进我国新一轮对外开放和沿线国家共同发展意义重大。当前,经济全球化深入发展,区域经济一体化加快推进,全球增长和贸易、投资格局正在酝酿深刻调整,亚欧国家都处于经济转型升级的关键阶段,需要进一步激发域内发展活力与合作潜力。"一带一路"战略构想的提出,契合沿线国家的共同需求,为沿线国家优势互补、开放发展开启了新的机遇之窗。"一带一路"在平等的文化认同框架下谈合作,是国家的战略性决策,体现的是和平、交流、理解、包容、合作、共赢的精神。

回顾历史,2000多年前,各国人民就通过海陆两条丝绸之路开展商贸往来。从2100多年前张骞出使西域到600多年前郑和下西洋,海陆两条丝绸之路把中国的丝绸、茶叶、瓷器等等输往沿途各国,带去了文明和友好,赢得了各国人民的赞誉和喜爱。

如今,随着中国经济的崛起和腾飞,中国在更多方面有能力帮助别国,特别是作为制造业大国,中国不仅可以输出丰富多彩、价廉物美的日常用品,而且能够向世界提供更多的技术和设备。作为全球主要外汇储备国,中国能够携手各国共同应对金融风险,中国有实力投资海外,与急需资金的国家共同把握发展机遇。

案例7:官方基尼系数公布的背后

案例来源: 房玉西:《官方基尼系数公布的背后》,载《人民日报》2013年1月19日。

案例内容:

2013年1月18日,国家统计局局长马建堂在国务院新闻办的新闻发布会上首次披露由该局测算的基尼系数。马建堂表示,全国居民基尼系数的计算和发布,需要从城乡分开的、城乡收入概念不一致的住户调查制度,走向全国统一的城乡可比的住户调查制度。由于过去我国一直实行的是城乡分开的住户调查,所以只有分城乡的农村居民人均纯收入和城镇居民人均可支配收入,没有全国居民的可支配收入,没有可比的同样指标的城乡居民收入。经过近两年的准备，国家统计局对原有的城乡分开的住户调查制度进行了重大改革，从去年12月1日开始，全国40万户居民已经按照全国统一的城乡可比的统计标准、指标体系进行记账。根据这个新的全国统一城乡可比的统计标准分类口径，国家统计局对过去分城乡的老口径的住户基础资料，特别是收入资料，进行了整理、计算，然后得出2003年到2012年全国居民基尼系数。

从2003年到2012年，全国居民收入的基尼系数分别为0.479、0.473、0.485、0.487、0.484、0.491、0.490、0.481、0.477、0.474。从2008年金融危机以后，随着我国各级政府采取了强有力的惠民生若干措施，基尼系数从2008年最高的0.491逐步回落。马建堂还同时提供了世界银行计算的中国居民收入基尼系数，两者的数据很接近，国家统计局有关单位测算的数据还略微高一点。他表示，这数据说明了加快收入分配改革、缩小收入差距的紧迫性。由于这组数据是按照新标准、新口径、老资料计算出来的，不排除2013年会按照新标准取得的新数据，对这些历史数据进行适当修订。

他还表示，中国基尼系数自2008年开始逐步回落。基尼系数的回落反映了收入差距正在一定程度上进行逐年调整，同时不容忽视的是，2012年的0.474仍然超过联合国设定的0.4警戒线。0.4是一条"警戒线"，超过这条线则表示一个国家或地区的贫富两极分化较大。相关资料显示，基尼系数在0.3至0.4之间表示收入差距相对合理，主要发达国家的基尼系数约在0.24到0.36之间。

对于刚刚公布的官方基尼系数，马建堂认为，第一，基尼系数的数据及曲线说明了国家加快收入分配改革、缩小收入差距的紧迫性，因为0.47到0.49之间的基尼系数不算低；第二，说明了从2008年金融危机以后，随着中国各级政府采取了惠及民生的若干强有力的措施，中国的基尼系数从2008年最高的0.491逐步有所回落。

早前曾不断有相关机构向公众发布其测算的民间基尼系数。西南财经大学公布的中国家庭金融调查结果显示，2010年中国家庭的基尼系数为0.61，城镇家庭内部的基尼系数为0.56，农村家庭内部的基尼系数为0.60。东部地区基尼系数为0.59，中部地区的基尼系数为0.57，而西部地区的基尼系数为0.55。2012年9月，社会科学文献出版社发布《社会管理蓝皮书中国社会管理创新报告》，其测算的2010年中国基尼系数为0.438。此外，社科院等机构也曾对基尼系数做过调查和计算，按照社科院对2008年全国家庭收入的调查，当时中国基尼系数达0.54。

对于各方不同的声音，国家统计局局长马建堂认为，无论官方统计还是民间调查，都需要建立科学的统计制度，规范的抽样方法，适量的、妥当的样本数目，以及严谨的发布态度。官方统计和研究机构调查之所以会有差距，一来因为统计方法、测量口径的不同；二来如果高收入阶层漏报财产或者瞒报财产，会使基尼系数发生巨大变化。隐性收入、隐瞒财富等是收入调查统计工作中非常困难的部分。

然而，无论是官方数据、研究机构测算还是民众感受，虽略有差距，但均反映了中国贫富两极分化趋于严重的现状。不可否认，改革开放以来贫富差距扩大有一部分的合理因素，这是市场化改革促进效率提高带来的必然结果。然而，在财富分配两极分化背后，隐藏着诸多不公问题，如教育、就业、医疗等机会不平等因素，以及权力寻租、贪污腐败、垄断牟利等非公平因素造成的不合理、不合法致富现象，都会引发公众强烈不满，导致中国社会矛盾日益凸显。

对此，十八大报告对群众最为关心的"提高低收入人群收入"做了明确规定。报告指出，增加低收入者收入，包括农民、困难群众、企业退休职工、工薪阶层最低收入者。一向最为关注的企业退休职工将得到合理提资，处于贫困阶层的下岗职工将得到不同方面的扶助，国家重点解决城乡困难群众生活，提高最低工资标准，将缩小他们与高收入者的差距；农民从种粮，从优惠政策，从加大补助，加大技术援助，加大医疗、低保投入方面提高他们的收入。

报告还指出，"调节过高收入，取缔非法收入"，"规范收入分配秩序，保护合法收入"，使分配公平公正进行。收入分配历来是国民关注的焦点，此次官方基尼系数的公布激发了各界的热烈讨论，背后的原因值得我们深思。宏观层面，收入分配制度亟待完善，各级地方政府在响应中央号召，加强收入调节分配的同时，也要花大力气进行公办教育、公办医疗、公办社会福利等公共服务的建设，真正把惠民生重视起来，在"公平"领域逐渐补足"政府缺位"，才能真正增强国民的安全感和幸福感。微观层面，部分民众在抱怨贫富不均的同时，也要立足自我，少一些怨声载道，谨记"勤劳致富"的古训不能丢。

案例点评：

基尼系数是意大利经济学家基尼于1922年提出的，它能较客观、直观地反映和监测居民之间的贫富差距，预报、预警和防止居民之间出现贫富两极分化，因此得到世界各国的广泛认同和普遍采用。

基尼系数，按照联合国有关组织规定，低于0.2表示收入绝对平均；0.2—0.3表示比较平均；0.3—0.4表示相对合理；0.4—0.5表示收入差距较大；0.6以上表示收入差距悬殊。通常把0.4作为收入分配差距的"警戒线"。

贫富差距的出现有其客观必然性。其一，由于劳动者个体天然禀赋的差异和家庭负担的不同，实行按劳分配原则必然产生收入和富裕程度的不同。其二，经济体制改革打破了过去传统的高度集权的计划经济体制和单一的公有制经济，为收入分配差距提供了前提条件。其三，发展社会主义市场经济，在价值规律和竞争作用下的优胜劣汰，使具有不同竞争能力的人在富裕程度上出现差距。其四，城乡之间、地区之间、脑力劳动与体力劳动之间，以及不同经济领域和部门之间客观上存在的差别，也必然引起收入的差别和富裕程度的不同。

改革开放以来出现的贫富差距的原因是多方面的。其一，与收入分配制度改革有关。随着改革开放和收入分配制度的改革，形成了以按劳分配为主体、多种分配方式并存的分配制度，对于提高资源配置效率、调动劳动积极性和推动经济发展、社会进步起到了积极作用。同时，社会成员所拥有的资本、技术和管理等生产要素的质和量的差异，导致了贫富差距。特别是近年来，劳动在收入分配中的占比明显下降，进一步扩大了普通劳动者与投资者、管理者的收入差距。其二，与体制改革不到位和发展不平衡有关。目前我国还处于体制改革和社会转型的过程中，有些发展社会主义市场经济需要的体制机制还没建立起来，而有些不符合市场经济要求的规则仍然存在，体制的不健全必然造成分配的不公平。同时，由于地域优势差异、政策倾斜等原因，不同地区、领域、行业改革推进的先后和力度不同，因而享有的机会、占有的资源也不尽相同，就会导致利益分配的差异。其三，与收入分配调控政策不完善、作用发挥不充分有关。在市场经济条件下，初次分配主要发挥市场机制的作用，不可能自发调节收入差距，同时初次分配中，没有明确国家、企业、居民三者合理的分配比例关系，没有建立劳动报酬正常增长机制，劳动者工资增长赶不上国民经济增长和企业利润增长。这就需要政府在再次分配中进行干预和调节，以保证收入分配公平。但是再次分配中，没有以制度形式明确各级财政用于社会保障以及转移支付的支出比例，难以确保再次分配的公平性、合理性。其四，保障制度不健全、覆盖面狭窄、保障水平低。一方面，对高收入的税收调节还不是很有效；另一方面，对低收入者的保障也不给力。此外，对某些"灰色"和非法收入缺乏有效约束监管，致使有些行业或个人获取高额收入，扩大了与社会其他成员的收入差距。其五，还要看到贫富差距问题有其深刻的社会历史原因。贫富差距看起来是改革开放以后的事情，但实际上，有些是长期发展过程中积累下来的问题，只是随着经济的发展和改革的深入凸显出来。比如，长期形成的城乡二元结构就是导致城乡之间分配不公、城乡之间收入差距的重要原因。

贫富差距是社会发展进程中的必然现象，在一定的历史发展阶段，是具有一定积极作用的社会现象。它有利于尊重和保护一切有利于人民和社会的劳动，保护一切合法的劳动收入和合法的非劳动收入；有利于鼓励知识创新和科技创新；有利于发挥多种经济成分的积极作用；有助于吸引人才和留住人才。收入差距的存在既能激发人们努力提高自身的能力和素质，又能激发人们为创造社会财富而奉献自己的体能和智能，也就是说只有让那些对社会贡献较大的人得到较多的报酬，才能调动社会其他成员的积极性和创造性，促进社会发展。事实上中国经济的快速发展就是通过"先富带动后富"的方式即承认贫富差距实现的。搞平均主义、"吃大锅饭"，非但不能达到真正的社会公平，还会打击人们的积极性，阻碍经济发展、社会进步。

贫富差距的出现的确有其客观必然性以及一定的合理性和积极作用，但是，如果超出合理的范围和限度，就会产生消极作用。其一，贫富差距过大、分配不公制约社会主义优越性的发挥。作为参与社会主义现代化建设的一分子，每一位劳动者都有权利平等分享改革开放的成果，有权利获得公平的收入分配。贫富差距过大，是与实现共同富裕的目标相违背的。更加注重分配公平，是社会主义制度的本质要求，是坚持发展为了人民、发展依靠人民、发展成果由人民共享的根本体现。其二，贫富差距过大阻碍经济又好又快发展。近年来，内需不足越来越成为我国经济发展中的突出问题。由于高收入者消费需求增长空间不大，而低收入者虽有消费需求，但无力增加消费支出，使消费需求这个经济增长的重要引擎发挥不出应有的作用。其三，贫富差距扩大抑制社会发展进步的动力。一方面，部分低收入者生活困难、社会地位下降，降低了他们对改革的认同感和参与改革、投身建设的积极性；另一方面，部分既得利益者害怕改革触及自身利益，则会成为改革的阻力。同时，收入差距持续扩大，会导致激励机制扭曲，使部分低收入者对通过勤奋劳动提高生活水平失去信心，从而丧失工作和创造的激情，影响经济社会的长期发展。其四，贫富差距过大影响社会和谐稳定。分配不公会使部分经济困难的群体产生心理失衡，引发他们对社会的不满，从而成为社会矛盾的主要"孵化器"，影响社会的和谐稳定。当前出现的一些社会矛盾和冲突，包括许多群体性事件，很多就是源于贫富差距悬殊。贫富差距过大还容易影响社会风气，造成人们价值观的扭曲和人生观的庸俗化，使"金钱万能"的拜金主义思想泛滥。同时,部分低收入者若由于长期得不到生活、医疗和教育等的保障,生存能力、发展能力日益低下,则可能陷入恶性循环。

案例8:新时期"铁人"——王启民

案例来源:

1. 中共黑龙江省委党史研究室:《中共黑龙江简史》,中央文献出版社2003年版。
2. 赵培兴:《中共黑龙江历史青少年读本》,中共党史出版社2003年版。

案例内容:

王启民,浙江湖州人,中共党员,现任大庆油田有限责任公司总经理助理、副总地质师。他自1961年从北京石油学院毕业后,一直在大庆油田从事地质开发研究工作。先后主持了油田分层注水、接替稳产、油田高含水期开采等8项重大开发试验任务,参加和组织了40项科研攻关课题以及油田"七五""八五""九五"开发规划编制研究等工作,获国家和部、局级奖17项,为大庆油田的开发建设,特别是原油5000万吨以上高产稳产21年做出了杰出的贡献。1978年获全国科技大会奖并当选为第五届全国人大代表;1985年被国家人事部命名为"中青年有突出贡献专家";1991年被授予黑龙江特等劳动模范,并被批准享受政府特殊津贴;1995年获中国十大科技成果奖、国家科技进步奖、孙越崎科技教育基金能源奖,以及中国石油天然气总公司特等劳动模范、全国先进工作者荣誉称号;1996年"稳油控水"系统工程荣获国家科技进步特等奖;1996年8月27日,被大庆石油管理局党委命名为"新时期铁人"。

20世纪70年代中期,由于"文化大革命"的干扰和破坏,大庆油田中区西部试验区的油井平均含水上升到54%,油田地下形势严重恶化。为了控制含水上升和保持原油稳产,王启民带领试验组来到中区西部九平方公里的试验区,搞"分层开采、接替稳产"试验,将油田上的单井资料收集整理了八种,近一万个数据,绘制出了油田第一张高含水期地下油水饱和度图,从而揭示出油田不同含水期开发的基本规律和稳产办法,有力地指导了油田开发实践。到1985年,大庆油田不但胜利实现5000万吨稳产十年,而且还攀上了年产5500万吨高峰,创造了世界油田开发史上的奇迹。

1984年,王启民受命承担了大庆油田1986年至1995年第二个5000万吨稳产十年规划的编制任务。这个规划囊括了大庆油田"七五"和"八五"两个五年计划。国家要求年产5500万吨不能降,超出的500万吨指标从何而来?王启民发扬"有条件要上,没有条件创造条件也要上"的老"铁人"精神,向国内外公认的难啃硬骨头——表外储层要油。由于大庆油田地质成因条件的特殊性,造成了地下油层多、层间变化大、0.5米以下的表外储层充分发育。这些单独看起来很"瘦",加起来又很"肥"的油层,被王启民及其伙伴们认为是新的资源宝藏。于是,他们开始了艰难的攻关。历经数次失败,1986年年初,在油田领导的支持下,他又和伙伴们制订详细计划,成立了试验小组,通过对1500多口井的地质解剖、分析、研究,以及对4个试验区45口井采取试油、试采和注水开发等措施,把理论研究与反复实践相结合,取得了重大突破,从而为全面开发表外储层提供了科学依据。

进入90年代,大庆油田全面进入高含水开发阶段。如何寻找一条既不大幅度提液,又能保持稳产,切实可行地把稳油与控水统一起来的开发新路,王启民为此呕心沥血、殚精竭虑。他以老"铁人"为榜样,发扬"为国争光、为民争气"爱国主义精神,组织科技人员潜心研究,集中群体的智慧,得出了不同区块、不同井网、不同井点的地下油层在注水开发过程中,始终存在着不均衡性的结论。

根据这一特点,采用老井转抽、新井压裂、打加密井、堵水等技术措施,探索出了一套符合油田实际的开采技术,这就是作为确保油田持续高产稳产重大战略方针的"稳油控水"系统工程。这一工程的实施使大庆油田实现了三年含水上升不超过1%,即到1995年年底,油田综合含水没有超过81%,有效地控制了产液量剧增,与国家审定的"八五"油田开发指标相比,5年累计多产原油610多万吨,少产液24749万吨,累计增收节支150亿元,而且使大庆油田连续21年保持年产5000万吨以上高产稳产。这一凝结着以王启民为代表的油田广大科技人员和职工心血的成果,标志着大庆又攀上了世界油田开发的新高峰,因为世界上同类油田高产稳产的最长年限仅为12年。

王启民以顽强的意志,始终与会战初期落下的终身不愈的类风湿疾病作斗争,胸怀全局,心系油田,继承和发扬老"铁人"精神,保持了大庆会战时期艰苦创业的那么一股劲头,用现代科学技术知识推动了大庆油田生产的发展。

案例点评:

王启民的事迹在全国人民中产生广泛影响,得到党和国家领导人的充分肯定和高度赞誉。1997年江泽民同志亲切接见了王启民,并称他为"新时期的铁人"。王启民的事迹是发扬老"铁人"精神的体现,更为老"铁人"精神注入了新的时代内涵,这就是:勇于探索、敢闯禁区、勤政廉洁、勇攀科学高峰。使学生认识到,王进喜、王启民这样先进的模范在石油工业和大庆油田的开发建设以及国家的经济发展中所起的作用是巨大的。特别是他留给我们的"铁人精神"、新"铁人精神",永远像一面鲜红的旗帜在指引着我们。在推进社会主义现代化建设的今天,我们应当牢记他们的名字,学习他们的精神并付诸实践,使社会主义事业不断焕发生机。

五、实践项目

项目1:文献研读心得

篇目:(1)胡锦涛:《坚定不移沿着中国特色社会主义道路前进 为全面建成小康社会而奋斗——在中国共产党第十八次全国代表大会上的报告》,人民出版社2012年版。

(2)中共中央宣传部:《习近平总书记系列重要讲话读本》,学习出版社、人民出版社2014年版。

(3)《中共中央关于全面深化改革若干重大问题的决定》,人民出版社2013年版。

(4)《习近平谈治国理政》,外文出版社2014年版。

流程:(1)教师向学生提供阅读文献信息:可从图书馆借阅的参考书目,可供下载比较可靠的网络地址,电子版的可阅读文献需设置并发送到公共邮箱供学生下载。

(2) 教师在课堂上对阅读文献做简单讲解,提出撰写读书心得的具体要求。

(3) 学生阅读文献,撰写并按时提交读书心得报告。成果可以 PPT、经过整理的资料片、学术论文等形式呈现。

(4) 教师评定成绩并做简要小结、反馈。

评价:

考核指标	考核结果			
	优	良	中	差
学习态度				
自主学习能力				
合作学习能力				
知识运用能力				
学习效果				
总体评价				

项目2:观看音像资料

资料:

1.《辉煌六十年》

为隆重庆祝中华人民共和国成立60周年,中共中央宣传部、中央文献研究室、中央党史研究室、国家发改委、国家广电总局、中央电视台联合摄制了大型文献专题片《辉煌六十年》。该片通过回顾党领导人民的奋斗史、创业史、改革开放史,全景式、大跨度、多领域地反映了中华人民共和国成立60年来特别是改革开放30多年来中国共产党团结带领全国各族人民进行社会主义革命、建设和改革取得的历史性变化、历史性成就、历史性进步,深刻昭示是历史和人民选择了马克思主义、选择了中国共产党、选择了社会主义,深刻揭示只要我们坚定不移地走中国特色社会主义道路,坚定不移地推进改革开放,就一定能够实现中华民族的伟大复兴。

2.《复兴之路》

该片以鸦片战争以来一百多年的重大事件为视角,运用生动详细的历史资料,向我们展示了一幅幅振兴图强的全景画面,使我们在历史的长河中体味百年祖国的沧桑巨变,体味中华民族的奋斗历程。《复兴之路》一片按照历史线索,逐集表现了中国如何在国家危亡之际开始了民族觉醒,如何在民族救亡的探索之中选择了社会主义道路,如何在社会主义建设的过程中实现了改革开放的历史性突破，如何在中国建立起社会主义市场经济体制，如何在新的历史时期提出科学发展，建设富强、民主、文明、和谐的社会主义现代化国家。

流程：（1）教师提供音像资料来源，提出撰写观后感的评审标准和要求。

（2）学生在观看影视资料的基础上撰写观后感。观后感可有多种形式，包括学术论文、PPT、经过整理的资料片等。

（3）学生提交观后感并进行交流。

（4）教师根据学生完成情况评定成绩并计入平时成绩。

后　　记

本书是针对"中国近现代史纲要"课程的实践教学而编写的辅助教材。通过多年教学经验的积累，编者共同的认识是：实践教学对提升学生理论素养、锻造学生实践能力、培养学生创新思维起到了重要的作用，但同时也感觉到实践教学作为一个与实际相联系的教学环节，在进行过程中，无论是从教学内容的安排设定，还是从路径和方法的选择实施上，都需要在宏观上进行整体规划，在微观上进行引导把握。因此，迫切需要一部教材作为实践教学的基准，以使实践教学做到完整和走上规范化。我们的想法得到了领导的关心和支持，经过教师们一年来的辛勤工作，终于完成了《中国近现代史纲要实践实训教程》的编写工作，我们感到很欣慰。

特别需要指出的是，本书在编写和出版过程中得到学校相关领导的热情关心和帮助，在此对各位领导对教学工作的高度重视和大力支持表示衷心的感谢，同时对为编辑本书默默做出贡献的同人们也表示深深的谢意！

本书由邹庆华主编，副主编为张春波、马伟，全书由彭立学审定。具体写作分工是：第一章，陈娆，约2.5万字；第二章，王君，约3万字；第三章，杨淑玉，约3.2万字；第四章，林艳，约1.8万字；第五章，马伟，约1.6万字；第六章，张春波，约2.8万字；第七章，杨淑玉，约2.9万字；第八章，贝丽静，约3.5万字；第九章，张春波，约4万字；第十章，邹庆华，约4万字。

由于编者水平有限，书中疏漏和不当之处在所难免。我们衷心希望广大读者能关心、支持本书，并希望读者朋友能不吝赐教，把您对本书的宝贵意见和建议告诉我们，以便我们及时修改、提高，使其日臻完善。

编　者

2016年10月